中国社会科学院财贸所重点课题
中国市场营销研究中心（MRCC）重点课题
中国社会科学院科研局出版资助

中国社科智库系列
Think Tank Series of Chinese Social Sciences

中国城市营销发展报告
（2009—2010）
通往和谐与繁荣

China City Marketing Development Report

A Road to Harmony and Prosperity

主　　编　　刘彦平

副 主 编　　许　峰　钱明辉　李妍嫣

主编助理　　易　炜　庄德林

中国社会科学出版社

图书在版编目(CIP)数据

中国城市营销发展报告(2009—2010)——通往和谐与繁荣/刘彦平主编．
北京：中国社会科学出版社，2009.10

ISBN 978 - 7 - 5004 - 8035 - 8

Ⅰ．中…　Ⅱ．刘…　Ⅲ．城市管理—市场营销学—研究报告—中国
Ⅳ. F299. 23

中国版本图书馆 CIP 数据核字（2009）第 128514 号

选题策划　胡　靖
责任编辑　门小薇
责任校对　修广平
责任印制　戴　宽
封面设计　李尘工作室

出版发行　中国社会科学出版社
社　　址　北京鼓楼西大街甲 158 号　　邮　编　100720
电　　话　010 - 84029450(邮购)　　传　真　010 - 84017153
网　　址　http://www.csspw.cn
经　　销　新华书店
印刷装订　三河市君旺印装厂
版　　次　2009 年 10 月第 1 版　　印　次　2009 年 10 月第 1 次印刷
开　　本　880 × 1230　1/16
印　　张　23.25
字　　数　564 千字
定　　价　88.00 元

中国城市营销发展报告课题组

顾　　问　裴长洪　郭国庆　陈栋生　金元浦　邹东涛　肖金成　丁俊杰　泽波·瑞尼斯特
　　　　　倪鹏飞

组　　长　刘彦平

副 组 长　许　峰　钱明辉　李妍嫣

组长助理　易　炜　庄德林

核心成员　许　峰（山东大学管理学院）
　　　　　钱明辉（中国人民大学信息资源管理学院）
　　　　　李妍嫣（中国人民大学商学院）
　　　　　易　炜（三峡大学公共管理系）
　　　　　金元浦（中国人民大学文学院）
　　　　　泽波·瑞尼斯特（芬兰 Meritleader 国际机构）
　　　　　姜智彬（上海外国语大学新闻传播学院）
　　　　　周　凯（南京大学新闻传播学院）
　　　　　陈　凯（北京林业大学经济管理学院）
　　　　　谭昆智（中山大学政治与公共事务管理学院）
　　　　　韩　君（韩国首尔国立大学管理学院）
　　　　　冯　蛟（宁夏大学国际教育学院）
　　　　　康凌翔（宁夏大学经济管理学院）
　　　　　庄德林（上海财经大学国际工商管理学院）
　　　　　赵　峰（北京师范大学经济与资源管理研究院）
　　　　　王　宇（首都师范大学国际文化学院）
　　　　　代　琦（同济大学建筑与城市规划学院）
　　　　　董彦峰［博达伟奥（北京）公关顾问有限公司］
　　　　　王丹丹（福州大学管理学院）
　　　　　芦星月（北京师范大学经济与资源管理研究院）
　　　　　李光明（中国人民大学商学院）
　　　　　虞　旸（南京大学新闻传播学院）
　　　　　秦晓楠（山东大学管理学院）
　　　　　吕秋琳（山东大学管理学院）

袁祥飞（中国邮政集团公司）

何　飞（中国人民大学商学院）

于亚卓（中国人民大学商学院）

曾　艳（中国人民大学商学院）

胡晶晶（中国人民大学商学院）

刘婷婷（中国人民大学商学院）

廖　熠（中国人民大学商学院）

李子南（中国人民大学商学院）

周肖燕（中国人民大学商学院）

刘　琳（南京大学新闻传播学院）

杨泽康（中国人民大学商学院）

严　蓓（中国人民大学商学院）

贾森磊（中国人民大学商学院）

丛　鑫（中国人民大学商学院）

吴　思（中国人民大学商学院）

贺　婧（中国人民大学商学院）

马雯君（中国人民大学商学院）

杨浙帅（中国人民大学商学院）

薛妍琴（中国人民大学国际关系学院）

刘彦平（中国社会科学院财贸所）

主要著者简介

刘彦平 中国人民大学管理学博士,中国社会科学院金融学博士后。中国社会科学院财政与贸易经济研究所,副研究员,中国城市营销发展报告课题组组长,兼中国人民大学中国市场营销研究中心副主任、教授,中国市场营销研究中心(MRCC)副主任、研究员,全球城市竞争力项目组(GUCP)研究员。主要研究成果有专著《城市营销战略》,合著《市场营销学通论》、《服务营销管理》、《中国城市竞争力报告(No.4~No.6)》。参与国家级科研课题多项,发表学术论文数十篇。曾主持参与宁波市、澳门特别行政区、成都市等多项城市营销及城市品牌战略规划课题,担任部分城市和企业顾问。主要致力于城市营销、品牌管理、城市治理和公共关系等方面的研究。

许　峰 北京大学经济学博士,芬兰赫尔辛基商学院管理学博士后。现为山东大学管理学院副教授,硕士生导师。主要研究成果有专著《城市产品理论与旅游市场营销》,合著《中国城市竞争力报告(No.1)》(获第十一届孙冶方经济科学著作奖),发表学术论文数十篇。参与主持国家和省级科研课题多项,参与主持城市品牌及旅游发展规划的课题多项。主要致力于旅游开发与规划、城市与区域经济、战略管理与营销、品牌经济与管理等领域的研究。

钱明辉 管理学博士,中国人民大学信息资源管理学院讲师、博士后,现任中国市场营销研究中心(MRCC)助理主任。在国内外学术期刊发表学术论文30余篇,出版教材2部。主持中国博士后科学基金项目1项,参与国家自然科学基金项目2项,以及澳门特别行政区、成都市等地的多项城市营销战略规划项目。研究领域涉及市场营销理论、城市营销、电子政务、交叉销售、体验营销、口碑营销等。

李妍嫣 女,中国人民大学商学院博士生。参编《分销渠道管理》等高校教材2部,参与国家社科基金等国家级课题5项,发表中英文学术论文近10篇。任国家职业资格培训教程《营销师》(四级)编委,《市场营销文摘卡》和《市场营销案例》(国家核心一级期刊)杂志编辑。参与澳门特别行政区、成都市等城市营销战略规划课题若干项。研究方向为动态定价、博弈论、竞争战略和城市营销。

金元浦 中国社会科学院文学博士。现为中国人民大学文学院教授、博士生导师。中国人民大学文化创意产业研究所所长。中国中外文学理论学会常务副会长兼秘书长。中国人民大学人文奥运研究中心执行主任,北京人文奥运研究基地首席专家。中国人民大学复印报刊资料《文化研究》卷主编。中国创意产业国际论坛秘书长。发表论文200余篇,出版专著10余种,主编文化产业及文化研究类论丛、译丛30余种。被多个省市区聘为文化创意产业发展顾问。

泽波·瑞尼斯特(Seppo Rainisto) 芬兰赫尔辛基科技大学工学博士。现任芬兰 Meritleader 国际机构主席。《地区品牌化和公共外交》杂志（伦敦）编委，地区营销与公共外交协会（柏林）顾问团成员。拥有近 30 年的著名跨国公司管理工作经验，并在高校从事过多年教学和研究。主要著作有《塑造芬兰品牌》、《地区品牌规划：如何塑造国家、城市和目的地品牌》等。曾为欧洲许多地区、城市和社区提供指导和咨询，被公认为当今地区营销及品牌化研究领域的重要学者之一。

姜智彬 复旦大学新闻传播学博士后。现任上海外国语大学新闻传播学院院长、教授，博士生导师。中国广告协会学术委员会委员，中国广告教育研究会常务理事，中国高等教育学会新闻学与传播学研究会理事，中国优秀广告作品 IAI 年鉴奖学术评委，上海市生态经济学会理事。独著《城市项目品牌与特大活动管理》等 4 部，合著 5 部，主编《现代广告学》等教材 3 本，发表论文 30 余篇。主持或参与国家级、省市级课题多项。主要研究方向为城市品牌、城市营销与广告传播。

易 炜 中国市场营销研究中心研究员，中国屈原学会会员。现为三峡大学政法学院公共管理系副教授。发表传统文化和市场营销方面的研究论文 20 余篇，参编著作多部。曾为数十家企业集团和政府部门提供规划和咨询服务。主要从事城市营销、公共管理和品牌管理等方面的研究。

周 凯 南京大学社会学博士，中国人民大学管理学博士后。现任南京大学新闻传播学院广播电视与新媒体系主任，副教授、硕士生导师，兼中国营销学会常务副秘书长，中国人民大学中国市场营销研究中心副主任、教授，南京大学社会风险与公共危机管理研究中心研究员。发表学术论文数十篇、正式出版物 10 部，主持省部级课题研究 5 项，并任数家政府机构、企业及传媒的顾问。

陈 凯 中国人民大学管理学博士。现为北京林业大学经济管理学院副教授。研究方向为非营利组织营销、市场导向理论。参与国家级科研课题多项，发表学术论文 30 余篇。

谭昆智 中山大学政治与公共事务管理学院副教授，硕士生导师。兼广东省公共关系协会副秘书长。出版《城市营销》、《组织文化研究》等独著 8 部，参著 5 部，发表学术论文 20 余篇。主持国家级和省部级科研课题多项。主要从事城市营销、公共关系、市场营销、组织文化等方面研究。

庄德林 合肥工业大学人文经济学院国际贸易系讲师，上海财经大学国际工商管理学院博士生（在读）。主编《国际市场营销学》教材 1 部，参编著作两部。参与国家级和省部级课题多项，发表学术论文 10 余篇。主要研究方向为城市营销、服务营销和国际营销。

课题分工

1. 编者分工。刘彦平担任本报告主编，负责全书结构规划、研究思路和规范设计、CMI 指标体系设计、课题组协调和总统稿；副主编许峰负责理论与实践对标研究设计以及第 V 部分的统稿；副主编钱明辉参与课题研究设计，负责城市品牌化研究以及第 II、III、IV、VI 部分的统稿；副主编李妍嫣参与课题研究设计，负责 CMI 计量模型研究、数据处理以及第 I 部分的统稿；主编助理易炜、庄德林负责数据校核及第 VII 部分的统稿。

2. 数据与资料收集。课题组核心成员均参与了数据与资料收集工作。其中，中国人民大学商学院 06 级本科生杨泽康、严蓓、贾森磊、丛鑫、吴思、贺婧、马雯君、杨淅帅及国际关系学院 07 级本科生薛妍琴等同学主要参与了 CMI 指数相关客观数据的收集工作，07 级硕士生何飞、于亚卓、曾艳，08 硕士生胡晶晶、刘婷婷、廖熠，09 级硕士生李子南、周肖燕，山东大学管理学院 08 级硕士生秦晓楠和吕秋琳，南京大学新闻传播学院 05 级本科生刘琳、08 级硕士生虞旸等参与了部分资料收集和研究工作。

3. 执笔分工。关于总报告撰写和 CMI 指数分析及点评部分的执笔人如下：第 1 章：李妍嫣，钱明辉；第 2 章：刘彦平；第 5 章（一）：李妍嫣、钱明辉；第 5 章（二）：钱明辉、李光明；第 5 章（三）：钱明辉；第 5 章（四）：钱明辉；第 6 章：易炜、钱明辉、杨泽康、严蓓、贾森磊、丛鑫、吴思、贺婧、马雯君；第 7 章（二）：陈凯；第 8 章（二）：贾森磊；第 9 章（二）：王丹丹；第 10 章（二）：李光明、钱明辉；第 11 章（二）：代琦、杨泽康；第 12 章（二）：易炜；第 13 章（二）：芦星月。

4. 著者分工。除指数分析的 5 章外，本书其余 18 章均为课题组成员的原创性学术研究成果。兹按报告目次将相关章节题目及其著者（知识产权拥有者）列出，望本书的引用者切实加以留意：

刘彦平：《城市营销理论分析框架》，第 3 章

刘彦平：《城市营销指数指标设计与概念模型》，第 4 章，一、二

李妍嫣：《城市营销指数的计量模型与测度方法》，第 4 章，三

陈　凯：《东北城市营销发展述评》，第 7 章

董彦峰：《华北城市营销发展述评》，第 8 章

王丹丹：《华东城市营销发展述评》，第 9 章

谭昆智：《华南城市营销发展述评》，第 10 章

代　琦：《西南城市营销发展述评》，第 11 章

易　炜：《华中城市营销发展述评》，第 12 章

芦星月：《西北城市营销发展述评》，第 13 章

泽　波·瑞尼斯特著，刘彦平译：《城市品牌化前沿理论与实践》，第 14 章，一（一）

刘彦平：《城市品牌化标杆经验：爱丁堡案例》，第 14 章，一（二）

钱明辉、李光明：《中国城市品牌营销观察及政策展望》，第 14 章，二，三

许　峰：《城市旅游营销：打造宜游城市》，第 15 章

韩　君：《城市投资促进战略的前沿理论与标杆经验》，第 16 章，一

赵　峰：《中国城市投资促进的实践观察》，第 16 章，二，三

冯　蛟：《品质人居：迈向幸福城市》，第 17 章

中文摘要

　　本书是我国第一部系统性的城市营销研究报告。报告回顾了中国城市营销的发展历程，提出城市营销指数（CMI）模型并对中国（大陆）100个城市的营销发展进行了定量分析。此外，就城市品牌、旅游、投资和人居等四个重点营销领域进行了理论对标与经验对标研究。

　　本书探讨了科学发展观、文化创意产业、2010上海世博会以及城市形象危机管理等城市营销前沿和热点问题，并以城市营销组织与管理的瓶颈——城市营销治理作为本书的主题，进行了理论和对策研究。

　　《中国城市营销发展报告》将每两年推出一期新报告，以梳理和拓展前沿的理论，提炼并介绍最新的经验。作为集体努力的成果，本书致力于推进城市营销研究，并为城市营销实践提供指导与参考。

Abstract

This is the first city marketing research report in China. While China city marketing development history has been reviewed as the qualitative observation, City Marketing Index (CMI) has been formulated as a quantitative analysis tool in the report which includes 5 sub-indicators, such as city brand strengths, city marketing constructions, city marketing communications, digital city marketing and city marketing outcomes and so on, and all these indicators are supported by more than 100 data items. Based on the CMI model, we tested and ranked 100 cities in China – mainland.

Based on theoretical and empirical framework, we researched four main areas of city marketing, i. e. , city branding, marketing city as a tourism destination, marketing city as an investable location and marketing city for its livable quality etc. , not only leading theories, but also best practices.

The report focus on several hot topics of city marketing, such as sustainable development, cultural creative industries, 2010 Shanghai Expo and crisis management in city marketing, etc. Furthermore, City marketing governance has been discussed as the theme of the report to resolve the bottleneck problem of city marketing management.

China City Marketing Development Report will be a serial publication biennially to promote researches and practices of strategic city marketing development in China.

序　一

　　在经济全球化日益加剧的历史进程中，世界各国的城市在吸引人才、吸引投资、吸引游客等方面都展开了激烈的争夺战。与此同时，残酷的竞争也使得城市的实力得到锤炼、强化和提升。面向未来，这种竞争还将长期延续下去。

　　增强城市竞争力，需要动员城市各方力量从多层面上做出努力。而其中尤为重要的是提升城市营销的能力。城市营销的能力可以由城市品牌、营销建设、营销沟通、网络营销以及营销效益等方面得以体现。这与以往人们所理解的政绩工程、形象工程、市长工程等"城市经营"的做法，可谓大相径庭。

　　城市营销与一般营销的相似之处，就在于它也要调查预测城市客户的现实需求和潜在需求，也要从满足客户需求出发配置资源、安排城市营销组合，也要进行市场细分、市场选择和市场定位等。其中，城市品牌化是城市营销的制高点。每一个成功营销的城市都应有其独特的品牌。这就需要城市管理者从战略规划、形象塑造、基础建设、文化保护与创新、宣传推广、协调管理等各个环节精心设计，付出智慧和努力。只有这样才能借助旅游营销，打造宜游城市，吸引众多游客；只有这样才能更好地优化投资环境，建成宜业城市，支持投资者发展事业，实现其理想和抱负；也只有这样才能真正注重城市的人居品质。诚如李瑞环同志对珠海城市建设的忠告那样，要体现城市优势特色，充分"显山露水"，并设法为城市居民创造幸福美好的生活环境。

　　当前，我国各城市正在认真贯彻科学发展观，城市管理理念不断创新。不少城市的文化创意产业有了迅速发展，城市形象塑造日益取得进步。我欣喜地看到，北京、上海、天津、成都、重庆、青岛、大连等城市都在发生着令人振奋的变化。包括我曾任职的珠海市，在城市营销方面也取得了明显的进步。2009 年 6 月上旬，我赴新加坡参加世界贸易组织举办的亚洲议员会议时重游了这座 16 年前到过的"花园城市"——今天的"非常新加坡"（Uniquely Singapore），联想到我国城市这十几年来日新月异的进步和发展，不禁心潮澎湃，感慨万千。我深信，城市营销也将为我国城市化进程和城市社会经济的发展发挥越来越重要的作用。

　　刘彦平博士多年从事城市营销理论与实践的研究探索，是我国城市营销研究领域成果卓著的拓荒者之一。他潜心治学，刻苦钻研，曾多次赴国内外城市进行实地考察和调研，与国外城市营销专家也保持着十分密切的联系。近年来，他曾主持参与澳门特别行政区、宁波市、成都市等许多城市的营销策划，致力于推动国内城市营销的专业化发展。他的《城市营销战略》一书已成为城市营销学界的重要文献。

　　在他的精心组织、主持下，这部《中国城市营销发展报告》终于面世了，其中凝聚着课题组全体同事的智慧和辛劳。这部著作概念清晰，逻辑严密，布局合理，阐述有力，具有重要的科学价值和实践意义，读后令人备感启发和振奋，受益无穷。这部著作既值得各级城市管理者阅读，也值得市场营销专业的本科生、硕士生和博士生学习。

目前，城市营销正在发展成为市场营销学的一门重要分支学科。希望能有更多的学者关注这一领域，有更多的优秀著作问世。衷心祝愿刘彦平博士及其研究团队再接再厉，为城市营销科学的繁荣与发展继续作出不懈的努力，并不断取得新的、更大的成绩。

郭国庆

2009 年 6 月 26 日

序　二

非正式的地区营销已经存在几个世纪了，但专业化的地区营销研究文献却是从20多年前才开始发展，而规范的地区营销规划和实践则更是近年来才有的现象。1993年，菲利普·科特勒、欧文·雷恩和唐纳德·海德出版了专著《地区营销》，深刻地阐明了市场营销原理和工具完全可以适用于地区和城市的营销。该书作为最早的地区营销研究著作之一，奠定了地区营销这一学科的基础。此后，在这一杰作的基础上，他们与其他专家合作，又先后推出了《欧洲地区营销》《亚洲地区营销》《拉美地区营销》等著作，大大推动了这一学科的发展。

2003年，我在赫尔辛基科技大学的博士论文《地区营销的成功要素：北欧和美国的地区营销实践研究》（*Success Factors of Place Marketing: A Study of Place Marketing Practices in Northern Europe and the United States*）可能是最早的地区营销博士学位论文之一。2005年，刘彦平在其博士论文的基础上出版了《城市营销战略》，也是较早的城市营销研究专著，我很高兴成为他论文研究的国外指导人。到现在，已经有越来越多的博士生正在聚焦于城市营销及城市品牌的研究。

地区品牌的概念在20世纪90年代以来获得了相当程度的发展，英国专家西蒙·安霍尔特（Simon Anholt）在其多部著作特别是在《富有竞争力的识别》（*Competitive Identity*）一书中，对地区、城市乃至国家品牌概念的发展贡献尤为卓著。2004年，英国帕尔格雷夫·麦克米伦（Palgrave Macmillan）出版公司旗下的《城市品牌化与公共外交》（*Place Branding and Public Diplomacy*）杂志创刊，西蒙·安霍尔特担任执行主编，我作为编委会的创始成员之一，与专家们一道对地区品牌化问题进行了研究。2007年，地区品牌化与公共外交协会在德国柏林成立，我担任顾问团成员并参与了欧洲城市营销的一些讨论和实践。我的总体感受是，虽然近些年特别是近三四年来世界各地有关城市品牌化的热情大大高涨，但迄今为止，相关研究成果在实践当中的应用还远远不够。

塑造并维护地区品牌并非易事，而且从理论和方法上讲，与传统的产品和服务品牌也有很大的区别。然而，企业领域的品牌化经验却应被视为城市品牌化的重要资源。本人曾在著名跨国公司任职，在欧洲、美国和拉美等地从事过企业营销和品牌推广方面的工作，深感城市品牌化与企业领域的经验有着密切的关联。城市管理者若能关注、借鉴和学习企业营销和品牌管理的经验，将大有裨益。2009年初，我与提姆·莫拉嫩（Teemu Moilanen）博士合著的《地区品牌规划：如何塑造国家、城市和目的地品牌》正式出版，这本书全面涉及国家、城市和旅游目的地等不同层面的地区品牌规划，并且给出了规划步骤和程序的建议，以及如何制定规划实施的时间表等，希望能对地区品牌的塑造和推广起到一些积极的作用。

地区的声望和形象，是该地区居民最宝贵的资产，也是其未来财富的重要源泉。开展城市营销、塑造城市品牌，是能够带来强大正面回报和成功的一项投资。持续和专业地塑造地区品牌，可以促进出口、吸引更多游客，引进更多人才，吸引更多的投资，并能显著改善公共外交实务的环境。在未来，如果不能有效学习和运用这些已被企业实践了100多年的营销原理和方法，没有哪个城市、政府和目的地能够成功地管理自己。对于第一部《中国城市营销发展报告》的问世，我感到非常振奋，我向我的中国研究伙伴们致以热烈的祝贺。就国际范围内的城市营销研究而言，我认为这部著作是具有很高价值的文献。城市、地区乃至国家层面的政府相关实践者、城市营销（新闻、旅游及招商等）机构以及这一研究领域的学者和学生，其他对城市营销感兴趣的机构和个人，都有必要认真阅读本书，并且我相信每位读者都将从中受益。城市营销是一门新兴的学科，也是城市管理者越来越关注的实践领域。愿课题组同仁及其他城市营销学者能持续、深入地拓展这一领域的研究，也愿中国的城市都能从战略性的城市营销规划与努力中获得发展和成功。

泽波·瑞尼斯特（Dr. Seppo Rainisto）

2009 年 5 月，芬兰

目　录

中国城市营销发展：
总体报告

China City Marketing Development:
General Report

第1章 中国城市营销指数得分与排名①

一、中国城市营销指数（CMI）2007—2008 年 100 个城市排名（见表 1—1）

表 1—1　中国 100 个城市的 CMI 总体得分与排名

城市名称	总体得分	总体排名	品牌指数	品牌排名	建设得分	建设排名	沟通得分	沟通排名	网络得分	网络排名	效益得分	效益排名	营销力度得分	营销力度排名
北京	126.176	1	1.340	1	0.930	1	0.970	2	0.935	1	0.932	3	94.163	1
上海	113.090	2	1.209	4	0.900	2	0.984	1	0.904	3	0.952	1	93.513	2
成都	105.898	3	1.239	2	0.865	6	0.851	7	0.878	9	0.824	21	85.459	9
重庆	103.583	4	1.223	3	0.864	7	0.829	8	0.868	12	0.825	20	84.665	12
杭州	101.737	5	1.167	6	0.867	5	0.882	3	0.874	10	0.865	8	87.203	5
宁波	100.649	6	1.178	5	0.852	15	0.809	15	0.907	2	0.850	13	85.425	10
天津	93.478	7	1.066	8	0.877	4	0.879	4	0.864	18	0.887	6	87.688	4
南京	92.008	8	1.066	7	0.859	10	0.868	6	0.868	14	0.857	10	86.290	6
深圳	90.157	9	1.020	13	0.882	3	0.819	11	0.892	5	0.941	2	88.355	3
青岛	88.513	10	1.062	9	0.852	13	0.805	16	0.821	44	0.855	12	83.335	15
广州	86.729	11	1.006	21	0.862	8	0.875	5	0.818	48	0.892	4	86.181	7
泉州	85.690	12	1.061	10	0.828	32	0.773	23	0.845	24	0.785	45	80.795	25

① 本书所有排名仅涉及中国大陆地区城市，未含香港、澳门及台湾地区。

续表

城市名称	总体得分	总体排名	品牌指数	品牌排名	建设得分	建设排名	沟通得分	沟通排名	网络得分	网络排名	效益得分	效益排名	营销力度得分	营销力度排名
武汉	84.921	13	1.011	20	0.847	17	0.796	17	0.892	6	0.825	19	84.001	14
大连	84.899	14	1.000	23	0.844	18	0.823	9	0.868	13	0.860	9	84.873	11
东莞	84.849	15	1.018	15	0.858	11	0.730	47	0.879	8	0.865	7	83.308	16
无锡	84.664	16	1.017	17	0.837	22	0.809	14	0.835	32	0.848	14	83.230	17
沈阳	84.260	17	1.018	16	0.833	26	0.812	12	0.809	59	0.856	11	82.756	18
温州	84.144	18	1.024	12	0.833	27	0.795	18	0.864	20	0.796	32	82.185	20
苏州	83.974	19	0.982	29	0.850	16	0.812	13	0.868	15	0.891	5	85.532	8
绍兴	83.377	20	1.012	19	0.839	20	0.760	29	0.894	4	0.801	30	82.359	19
昆明	83.301	21	1.031	11	0.839	21	0.772	24	0.844	26	0.776	50	80.795	26
济南	80.309	22	0.996	24	0.840	19	0.751	36	0.846	23	0.789	39	80.656	29
南宁	80.240	23	1.020	14	0.810	52	0.767	25	0.804	67	0.767	58	78.704	45
厦门	79.870	24	0.950	37	0.855	12	0.782	22	0.879	7	0.846	15	84.061	13
烟台	79.680	25	0.988	26	0.821	37	0.737	42	0.854	22	0.815	23	80.670	28
长沙	79.646	26	0.989	25	0.852	14	0.766	26	0.799	69	0.806	28	80.551	30
扬州	79.323	27	1.003	22	0.804	62	0.733	45	0.820	46	0.806	27	79.093	40
潍坊	77.831	28	0.985	27	0.810	50	0.708	54	0.842	30	0.802	29	79.033	41
贵阳	77.781	29	0.984	28	0.820	38	0.765	27	0.786	80	0.790	38	79.016	42
常州	76.598	30	0.946	38	0.829	31	0.757	32	0.828	39	0.824	22	80.951	23
洛阳	76.229	31	1.014	18	0.815	46	0.688	66	0.744	91	0.760	67	75.173	78
郑州	76.097	32	0.934	42	0.860	9	0.759	31	0.843	28	0.795	33	81.431	21
西安	75.162	33	0.931	44	0.831	29	0.788	21	0.821	45	0.791	37	80.759	27
柳州	74.830	34	0.972	31	0.791	80	0.724	50	0.817	49	0.746	82	76.946	54

续表

城市名称	总体得分	总体排名	品牌指数	品牌排名	建设得分	建设排名	沟通得分	沟通排名	网络得分	网络排名	效益得分	效益排名	营销力度得分	营销力度排名
呼和浩特	74.700	35	0.969	33	0.820	39	0.734	44	0.753	89	0.775	51	77.061	53
海口	74.668	36	0.945	39	0.812	48	0.753	34	0.832	35	0.764	60	79.009	43
中山	74.109	37	0.934	43	0.798	68	0.696	60	0.873	11	0.807	26	79.364	38
威海	73.967	38	0.941	40	0.828	34	0.681	69	0.843	29	0.792	36	78.604	47
宜宾	73.401	39	0.970	32	0.777	93	0.679	73	0.830	37	0.742	89	75.702	69
银川	72.831	40	0.957	36	0.807	58	0.710	53	0.810	57	0.718	98	76.140	63
桂林	72.686	41	0.962	34	0.822	35	0.760	30	0.686	99	0.755	72	75.591	72
西宁	72.556	42	0.961	35	0.791	79	0.691	65	0.804	66	0.733	93	75.505	73
南通	72.307	43	0.905	51	0.832	28	0.702	57	0.867	17	0.794	34	79.886	35
宜昌	71.867	44	0.937	41	0.783	87	0.697	59	0.843	27	0.745	84	76.691	58
乐山	71.743	45	0.974	30	0.768	98	0.655	87	0.766	85	0.757	68	73.661	94
南昌	71.629	46	0.908	50	0.819	41	0.741	41	0.809	58	0.788	42	78.922	44
芜湖	71.258	47	0.930	45	0.802	66	0.714	51	0.762	87	0.789	40	76.662	59
佛山	70.950	48	0.902	53	0.834	25	0.663	84	0.813	54	0.836	17	78.649	46
福州	70.613	49	0.885	58	0.828	33	0.761	28	0.816	50	0.785	44	79.761	36
石家庄	69.909	50	0.872	62	0.836	23	0.789	20	0.808	61	0.773	53	80.135	34
珠海	69.795	51	0.867	65	0.835	24	0.724	49	0.821	43	0.840	16	80.496	31
焦作	69.404	52	0.916	47	0.807	55	0.679	72	0.795	73	0.748	78	75.743	67
三亚	69.374	53	0.871	63	0.808	54	0.734	43	0.854	21	0.788	41	79.628	37
包头	69.323	54	0.897	55	0.809	53	0.680	71	0.830	38	0.773	52	77.291	51
济宁	68.800	55	0.901	54	0.817	42	0.666	83	0.812	56	0.760	66	76.382	62
黄山	68.635	56	0.867	66	0.807	56	0.747	39	0.831	36	0.782	46	79.181	39

续表

城市名称	总体得分	总体排名	品牌指数	品牌排名	建设得分	建设排名	沟通得分	沟通排名	网络得分	网络排名	效益得分	效益排名	营销力度得分	营销力度排名
丽江	68.562	57	0.903	52	0.806	59	0.673	79	0.797	71	0.761	65	75.935	65
吉林	68.270	58	0.909	49	0.792	78	0.710	52	0.739	92	0.763	61	75.112	79
秦皇岛	68.078	59	0.882	59	0.816	44	0.678	74	0.834	34	0.762	62	77.219	52
长春	67.617	60	0.842	71	0.806	60	0.789	19	0.809	60	0.807	25	80.281	33
马鞍山	67.321	61	0.865	67	0.786	85	0.694	62	0.864	19	0.771	55	77.860	50
太原	67.298	62	0.858	69	0.815	47	0.707	55	0.823	42	0.793	35	78.458	48
大同	67.206	63	0.897	56	0.803	65	0.635	94	0.805	65	0.755	70	74.946	85
唐山	67.122	64	0.892	57	0.794	77	0.643	89	0.797	72	0.778	49	75.289	76
乌鲁木齐	66.954	65	0.873	61	0.817	43	0.748	38	0.733	93	0.772	54	76.734	57
台州	66.879	66	0.831	73	0.821	36	0.749	37	0.867	16	0.781	47	80.466	32
合肥	66.413	67	0.820	75	0.830	30	0.753	33	0.845	25	0.814	24	81.040	22
邯郸	66.203	68	0.875	60	0.799	67	0.675	76	0.806	63	0.746	83	75.646	70
丹东	66.073	69	0.919	46	0.781	89	0.624	96	0.704	98	0.769	57	71.932	97
开封	66.048	70	0.912	48	0.779	91	0.683	68	0.709	96	0.728	95	72.461	96
哈尔滨	65.638	71	0.811	78	0.819	40	0.822	10	0.815	52	0.781	48	80.911	24
绵阳	64.967	72	0.848	70	0.796	71	0.681	70	0.834	33	0.753	74	76.600	60
株洲	64.405	73	0.868	64	0.790	82	0.666	82	0.765	86	0.747	80	74.212	92
惠州	63.977	74	0.816	77	0.775	95	0.727	48	0.803	68	0.829	18	78.376	49
大庆	62.566	75	0.835	72	0.797	70	0.632	95	0.825	41	0.744	86	74.957	84
兰州	62.241	76	0.820	74	0.816	45	0.751	35	0.727	95	0.741	90	75.901	66
徐州	62.127	77	0.809	80	0.803	64	0.704	56	0.777	83	0.787	43	76.801	55
荆州	62.072	78	0.809	81	0.805	61	0.732	46	0.777	84	0.755	73	76.737	56

续表

城市名称	总体得分	总体排名	品牌指数	品牌排名	建设得分	建设排名	沟通得分	沟通排名	网络得分	网络排名	效益得分	效益排名	营销力度得分	营销力度排名
葫芦岛	61.232	79	0.862	68	0.766	99	0.565	100	0.750	90	0.761	64	71.044	98
十堰	61.042	80	0.818	76	0.810	51	0.641	92	0.794	75	0.740	91	74.601	90
龙岩	60.612	81	0.810	79	0.803	63	0.642	91	0.807	62	0.743	87	74.874	89
沧州	60.295	82	0.803	82	0.811	49	0.651	88	0.798	70	0.742	88	75.082	80
遵义	60.099	83	0.801	83	0.794	76	0.639	93	0.805	64	0.765	59	75.056	81
安庆	59.960	84	0.801	84	0.785	86	0.667	81	0.795	74	0.749	76	74.897	87
衡阳	59.614	85	0.784	89	0.807	57	0.699	58	0.812	55	0.723	96	76.032	64
九江	59.611	86	0.796	85	0.796	72	0.642	90	0.786	79	0.770	56	74.884	88
巢湖	59.468	87	0.791	87	0.747	100	0.691	64	0.813	53	0.756	69	75.180	77
景德镇	59.290	88	0.791	86	0.781	88	0.685	67	0.792	76	0.740	92	74.936	86
北海	59.065	89	0.788	88	0.779	90	0.746	40	0.729	94	0.745	85	74.971	83
湘潭	58.045	90	0.767	91	0.791	81	0.658	86	0.816	51	0.761	63	75.639	71
宝鸡	57.329	91	0.760	92	0.794	75	0.694	61	0.780	82	0.748	79	75.419	74
郴州	56.394	92	0.752	93	0.788	84	0.675	77	0.788	77	0.750	75	75.023	82
玉溪	56.118	93	0.774	90	0.777	94	0.619	97	0.781	81	0.723	97	72.472	95
泰安	56.030	94	0.733	96	0.795	74	0.677	75	0.837	31	0.748	77	76.427	61
鄂尔多斯	55.902	95	0.751	94	0.797	69	0.691	63	0.756	88	0.733	94	74.451	91
延安	55.594	96	0.737	95	0.770	97	0.673	78	0.827	40	0.747	81	75.413	75
汕头	54.960	97	0.726	98	0.790	83	0.663	85	0.820	47	0.755	71	75.708	68
赤峰	53.490	98	0.725	99	0.778	92	0.670	80	0.787	78	0.718	99	73.812	93
阜新	51.374	99	0.730	97	0.774	96	0.583	98	0.661	100	0.796	31	70.353	99
克拉玛依	45.304	100	0.670	100	0.796	73	0.573	99	0.704	97	0.633	100	67.654	100

二、2007—2008 年中国 60 个城市 CMI 分项指标排名① (见表 1—2 至表 1—6)

表 1—2　CMI 前 60 个城市的城市品牌强度指数排名

城市名称	品牌指数	品牌排名	吸引力得分	吸引力排名	关注度得分	关注度排名	独特性得分	独特性排名	包容性得分	包容性排名	规划管理得分	规划管理排名
北京	1.340	1	0.822	2	0.921	1	0.913	1	0.576	10	0.901	5
成都	1.239	2	0.873	1	0.661	5	0.658	4	0.439	28	1.000	1
重庆	1.223	3	0.780	5	0.716	2	0.681	3	0.585	8	0.791	12
上海	1.209	4	0.822	3	0.660	6	0.713	2	0.675	2	0.612	33
宁波	1.178	5	0.739	10	0.694	3	0.439	27	0.589	6	0.866	6
杭州	1.167	6	0.791	4	0.325	14	0.611	5	0.511	16	1.000	1
南京	1.066	7	0.764	6	0.268	17	0.548	10	0.479	19	0.707	26
天津	1.066	8	0.704	16	0.301	15	0.481	20	0.529	13	0.750	22
青岛	1.062	9	0.745	9	0.287	16	0.299	50	0.478	20	0.935	3
泉州	1.061	10	0.714	14	0.337	11	0.515	12	0.465	22	0.707	26
昆明	1.031	11	0.664	30	0.374	9	0.424	32	0.516	15	0.612	33
温州	1.024	12	0.672	27	0.486	8	0.431	30	0.533	12	0.433	49
深圳	1.020	13	0.677	24	0.334	12	0.400	38	0.626	3	0.500	42
南宁	1.020	14	0.720	12	0.117	34	0.446	25	0.459	23	0.791	12
东莞	1.018	15	0.653	33	0.127	30	0.341	42	0.847	1	0.559	36
沈阳	1.018	16	0.660	31	0.108	36	0.460	23	0.432	29	0.866	6
无锡	1.017	17	0.660	32	0.104	38	0.427	31	0.501	17	0.829	9

① 表 1—2 至表 1—6 的 60 个城市均为本报告 CMI 总分中排名前 60 名的城市。

8

续表

城市名称	品牌指数	品牌排名	吸引力得分	吸引力排名	关注度得分	关注度排名	独特性得分	独特性排名	包容性得分	包容性排名	规划管理得分	规划管理排名
洛阳	1.014	18	0.619	44	0.101	40	0.589	6	0.329	57	0.866	6
绍兴	1.012	19	0.719	13	0.325	13	0.549	9	0.404	38	0.500	42
武汉	1.011	20	0.683	22	0.246	18	0.571	8	0.431	30	0.559	36
广州	1.006	21	0.761	7	0.355	10	0.515	13	0.585	7	0.250	55
扬州	1.003	22	0.665	28	0.116	35	0.472	21	0.368	48	0.829	9
大连	1.000	23	0.684	21	0.122	32	0.282	53	0.519	14	0.829	9
济南	0.996	24	0.698	18	0.232	21	0.431	29	0.441	27	0.612	33
长沙	0.989	25	0.691	19	0.235	20	0.488	17	0.406	37	0.559	36
烟台	0.988	26	0.733	11	0.163	26	0.345	41	0.426	32	0.707	26
潍坊	0.985	27	0.630	41	0.082	48	0.305	47	0.407	36	0.935	3
贵阳	0.984	28	0.689	20	0.244	19	0.304	48	0.330	56	0.791	12
苏州	0.982	29	0.701	17	0.182	25	0.513	14	0.594	5	0.354	52
乐山	0.974	30	0.592	51	0.138	27	0.484	18	0.341	54	0.750	22
柳州	0.972	31	0.612	47	0.063	53	0.317	44	0.598	4	0.707	26
宜宾	0.970	32	0.607	48	0.129	29	0.403	37	0.353	51	0.791	12
呼和浩特	0.969	33	0.595	49	0.052	58	0.484	19	0.401	39	0.750	22
桂林	0.962	34	0.504	56	0.080	49	0.450	24	0.418	35	0.791	12
西宁	0.961	35	0.566	53	0.072	52	0.414	35	0.398	40	0.791	12
银川	0.957	36	0.586	52	0.093	44	0.417	34	0.331	55	0.791	12
厦门	0.950	37	0.758	8	0.669	4	0.312	46	0.446	25	0.000	58
常州	0.946	38	0.639	39	0.106	37	0.381	40	0.480	18	0.559	36
海口	0.945	39	0.651	34	0.137	28	0.273	55	0.349	53	0.750	22

续表

城市名称	品牌指数	品牌排名	吸引力得分	吸引力排名	关注度得分	关注度排名	独特性得分	独特性排名	包容性得分	包容性排名	规划管理得分	规划管理排名
威海	0.941	40	0.615	45	0.086	46	0.227	56	0.421	34	0.791	12
宜昌	0.937	41	0.382	60	0.077	51	0.440	26	0.431	31	0.791	12
郑州	0.934	42	0.679	23	0.185	24	0.298	52	0.446	26	0.500	42
中山	0.934	43	0.676	25	0.082	47	0.277	54	0.569	11	0.500	42
西安	0.931	44	0.641	38	0.185	23	0.587	7	0.425	33	0.250	55
芜湖	0.930	45	0.593	50	0.055	56	0.412	36	0.362	49	0.661	31
焦作	0.916	46	0.624	43	0.058	54	0.507	16	0.327	58	0.500	42
吉林	0.909	47	0.497	57	0.038	60	0.509	15	0.376	45	0.559	36
南昌	0.908	48	0.708	15	0.119	33	0.419	33	0.374	46	0.354	52
南通	0.905	49	0.664	29	0.077	50	0.333	43	0.454	24	0.433	49
丽江	0.903	50	0.562	54	0.227	22	0.301	49	0.359	50	0.500	42
佛山	0.902	51	0.626	42	0.099	41	0.393	39	0.578	9	0.250	55
济宁	0.901	52	0.514	55	0.056	55	0.313	45	0.395	41	0.661	31
包头	0.897	53	0.675	26	0.046	59	0.141	58	0.350	52	0.707	26
福州	0.885	54	0.644	37	0.554	7	0.435	28	0.228	60	0.000	58
秦皇岛	0.882	55	0.634	40	0.088	45	0.176	57	0.385	44	0.559	36
石家庄	0.872	56	0.651	35	0.104	39	0.298	51	0.391	42	0.354	52
三亚	0.871	57	0.491	58	0.124	31	0.084	60	0.302	59	0.791	12
珠海	0.867	58	0.645	36	0.098	42	0.117	59	0.477	21	0.433	49
黄山	0.867	59	0.386	59	0.053	57	0.461	22	0.368	47	0.500	42
长春	0.842	60	0.614	46	0.097	43	0.547	11	0.388	43	0.000	58

表1—3　　CMI 前 60 个城市的城市营销建设指数排名

城市名称	营销建设指数	营销建设排名	公共服务得分	公共服务排名	人居建设得分	人居建设排名	产业质量得分	产业质量排名	创新建设	创新建设排名	旅游建设得分	旅游建设排名	城市管理得分	城市管理排名
北京	0.930	1	0.328	4	0.488	11	0.701	2	0.410	2	0.936	1	0.583	5
上海	0.900	2	0.344	3	0.468	18	0.715	1	0.353	3	0.207	7	0.588	4
深圳	0.882	3	0.494	1	0.650	2	0.424	4	0.431	1	0.085	29	0.278	58
天津	0.877	4	0.205	18	0.437	26	0.427	3	0.302	6	0.202	10	0.603	3
杭州	0.867	5	0.203	19	0.513	9	0.367	6	0.234	9	0.181	11	0.505	8
成都	0.865	6	0.234	10	0.434	27	0.281	12	0.283	7	0.213	5	0.479	12
重庆	0.864	7	0.215	12	0.346	50	0.272	15	0.139	31	0.343	2	0.661	2
广州	0.862	8	0.327	5	0.573	3	0.382	5	0.127	35	0.176	12	0.356	42
郑州	0.860	9	0.194	20	0.362	48	0.242	22	0.228	11	0.202	9	0.675	1
南京	0.859	10	0.170	32	0.522	7	0.336	7	0.147	26	0.213	4	0.494	10
东莞	0.858	11	0.397	2	0.704	1	0.259	21	0.332	5	0.055	40	0.220	60
厦门	0.855	12	0.172	29	0.440	24	0.263	18	0.201	15	0.210	6	0.503	9
青岛	0.852	13	0.175	26	0.474	15	0.308	10	0.232	10	0.118	23	0.464	14
长沙	0.852	14	0.236	9	0.438	25	0.236	23	0.254	8	0.147	17	0.405	27
宁波	0.852	15	0.187	22	0.466	20	0.259	20	0.213	14	0.173	13	0.427	19
苏州	0.850	16	0.137	45	0.549	5	0.269	16	0.156	25	0.206	8	0.428	18
武汉	0.847	17	0.214	13	0.392	42	0.323	8	0.191	17	0.166	14	0.345	45
大连	0.844	18	0.177	25	0.471	17	0.316	9	0.182	18	0.094	26	0.404	28
济南	0.840	19	0.171	31	0.400	40	0.269	17	0.214	13	0.159	15	0.322	51
绍兴	0.839	20	0.282	6	0.524	6	0.215	32	0.167	21	0.063	33	0.355	43
昆明	0.839	21	0.206	16	0.328	53	0.260	19	0.160	23	0.099	25	0.514	7
无锡	0.837	22	0.144	41	0.472	16	0.234	25	0.147	27	0.134	21	0.423	20

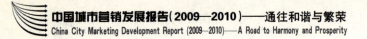
续表

城市名称	营销建设指数	营销建设排名	公共服务得分	公共服务排名	人居建设得分	人居建设排名	产业质量得分	产业质量排名	创新建设	创新建设排名	旅游建设得分	旅游建设排名	城市管理得分	城市管理排名
石家庄	0.836	23	0.153	36	0.395	41	0.235	24	0.134	33	0.145	18	0.468	13
珠海	0.835	24	0.252	8	0.483	12	0.212	34	0.156	24	0.045	51	0.421	21
佛山	0.834	25	0.179	23	0.478	14	0.219	29	0.220	12	0.059	35	0.373	37
沈阳	0.833	26	0.172	28	0.409	37	0.290	11	0.120	37	0.121	22	0.369	39
温州	0.833	27	0.206	17	0.362	47	0.218	30	0.173	20	0.109	24	0.384	35
南通	0.832	28	0.133	46	0.519	8	0.141	54	0.343	4	0.051	47	0.365	40
西安	0.831	29	0.171	30	0.366	46	0.225	28	0.114	40	0.232	3	0.295	56
常州	0.829	30	0.172	27	0.481	13	0.197	37	0.118	38	0.090	28	0.408	25
泉州	0.828	31	0.222	11	0.499	10	0.184	42	0.105	42	0.058	38	0.429	17
福州	0.828	32	0.168	33	0.432	28	0.273	14	0.144	28	0.068	31	0.355	44
威海	0.828	33	0.107	53	0.558	4	0.189	40	0.197	16	0.053	42	0.407	26
桂林	0.822	34	0.158	35	0.370	43	0.167	45	0.133	34	0.143	19	0.343	46
烟台	0.821	35	0.119	50	0.468	19	0.216	31	0.112	41	0.080	30	0.373	38
贵阳	0.820	36	0.151	38	0.308	56	0.196	39	0.140	30	0.054	41	0.524	6
呼和浩特	0.820	37	0.178	24	0.310	55	0.276	13	0.174	19	0.061	34	0.298	55
南昌	0.819	38	0.125	49	0.460	22	0.207	35	0.162	22	0.058	36	0.323	49
济宁	0.817	39	0.132	48	0.451	23	0.145	52	0.140	29	0.058	39	0.420	22
秦皇岛	0.816	40	0.141	43	0.428	32	0.229	27	0.115	39	0.053	43	0.338	47
洛阳	0.815	41	0.133	47	0.300	57	0.176	44	0.103	44	0.142	20	0.385	33
海口	0.812	42	0.162	34	0.423	33	0.213	33	0.030	58	0.049	48	0.490	11
潍坊	0.810	43	0.104	54	0.465	21	0.143	53	0.135	32	0.046	50	0.384	34
南宁	0.810	44	0.138	44	0.403	39	0.196	38	0.085	47	0.058	37	0.357	41

续表

城市名称	营销建设指数	营销建设排名	公共服务得分	公共服务排名	人居建设得分	人居建设排名	产业质量得分	产业质量排名	创新建设	创新建设排名	旅游建设得分	旅游建设排名	城市管理得分	城市管理排名
包头	0.809	45	0.191	21	0.420	35	0.231	26	0.070	53	0.034	58	0.309	53
三亚	0.808	46	0.259	7	0.430	30	0.153	48	0.013	60	0.051	46	0.444	16
焦作	0.807	47	0.108	51	0.354	49	0.117	57	0.095	45	0.090	27	0.456	15
黄山	0.807	48	0.100	56	0.429	31	0.148	49	0.035	57	0.149	16	0.378	36
银川	0.807	49	0.214	14	0.406	38	0.187	41	0.090	46	0.040	56	0.261	59
丽江	0.806	50	0.145	40	0.367	45	0.148	50	0.080	48	0.052	44	0.418	23
长春	0.806	51	0.143	42	0.368	44	0.202	36	0.066	54	0.042	54	0.396	30
扬州	0.804	52	0.097	57	0.431	29	0.147	51	0.105	43	0.046	49	0.385	32
芜湖	0.802	53	0.095	58	0.413	36	0.154	47	0.123	36	0.051	45	0.310	52
中山	0.798	54	0.209	15	0.421	34	0.135	56	0.054	55	0.026	60	0.322	50
吉林	0.792	55	0.108	52	0.340	51	0.179	43	0.080	49	0.035	57	0.307	54
西宁	0.791	56	0.152	37	0.316	54	0.139	55	0.052	56	0.068	32	0.293	57
柳州	0.791	57	0.147	39	0.329	52	0.111	58	0.075	51	0.027	59	0.385	31
宜昌	0.783	58	0.070	60	0.281	59	0.165	46	0.072	52	0.040	55	0.338	48
宜宾	0.777	59	0.102	55	0.256	60	0.060	60	0.079	50	0.044	53	0.397	29
乐山	0.768	60	0.074	59	0.299	58	0.072	59	0.020	59	0.044	52	0.416	24

CMI 前 60 个城市的城市营销沟通指数排名

表 1—4

城市名称	沟通指数	沟通排名	本地支持得分	本地支持排名	节会营销得分	节会营销排名	旅游推广得分	旅游推广排名	投资促进得分	投资促进排名	国际推广得分	国际推广排名
上海	0.984	1	0.935	1	1.000	1	0.881	2	1.000	1	0.878	2

续表

城市 名称	沟通 指数	沟通 排名	本地支 持得分	本地支 持排名	节会营 销得分	节会营 销排名	旅游推 广得分	旅游推 广排名	投资促 进得分	投资促 进排名	国际推 广得分	国际推 广排名
北京	0.970	2	0.846	2	0.846	3	0.979	1	0.844	2	0.909	1
杭州	0.882	3	0.537	5	0.851	2	0.802	3	0.473	11	0.369	12
天津	0.879	4	0.609	3	0.583	13	0.639	6	0.722	3	0.433	5
广州	0.875	5	0.568	4	0.781	5	0.599	9	0.541	8	0.440	4
南京	0.868	6	0.515	6	0.834	4	0.636	7	0.531	9	0.319	26
成都	0.851	7	0.425	10	0.648	10	0.607	8	0.589	4	0.354	17
重庆	0.829	8	0.471	7	0.453	20	0.480	21	0.573	7	0.389	9
大连	0.823	9	0.263	25	0.700	9	0.541	14	0.383	22	0.411	6
深圳	0.819	10	0.201	30	0.583	14	0.487	20	0.579	5	0.399	7
沈阳	0.812	11	0.321	16	0.704	8	0.490	19	0.332	33	0.329	23
苏州	0.812	12	0.136	53	0.600	12	0.557	12	0.508	10	0.372	11
无锡	0.809	13	0.311	20	0.765	6	0.381	43	0.434	14	0.252	38
宁波	0.809	14	0.179	39	0.644	11	0.494	18	0.462	12	0.361	15
青岛	0.805	15	0.320	18	0.406	23	0.438	30	0.367	26	0.573	3
武汉	0.796	16	0.451	9	0.245	37	0.505	15	0.440	13	0.365	13
温州	0.795	17	0.311	21	0.520	17	0.378	44	0.434	15	0.354	16
长春	0.789	18	0.340	14	0.704	7	0.324	52	0.247	47	0.329	24
石家庄	0.789	19	0.385	11	0.458	19	0.366	46	0.343	31	0.383	10
西安	0.788	20	0.193	34	0.173	51	0.590	10	0.576	6	0.395	8
厦门	0.782	21	0.092	56	0.495	18	0.575	11	0.412	19	0.298	30
泉州	0.773	22	0.324	15	0.400	24	0.501	17	0.368	25	0.193	46
昆明	0.772	23	0.356	13	0.418	21	0.290	56	0.425	17	0.291	32

续表

城市名称	沟通指数	沟通排名	本地支持得分	本地支持排名	节会营销得分	节会营销排名	旅游推广得分	旅游推广排名	投资促进得分	投资促进排名	国际推广得分	国际推广排名
南宁	0.767	24	0.289	23	0.265	32	0.467	24	0.421	18	0.293	31
长沙	0.766	25	0.320	17	0.245	38	0.447	27	0.430	16	0.275	34
贵阳	0.765	26	0.288	24	0.552	15	0.464	25	0.314	37	0.090	59
福州	0.761	27	0.318	19	0.387	26	0.386	41	0.352	29	0.231	40
绍兴	0.760	28	0.211	28	0.283	29	0.446	28	0.400	20	0.331	22
桂林	0.760	29	0.155	48	0.212	42	0.660	5	0.330	34	0.309	28
郑州	0.759	30	0.364	12	0.200	45	0.548	13	0.280	41	0.269	36
常州	0.757	31	0.195	32	0.283	30	0.446	29	0.374	24	0.343	21
海口	0.753	32	0.170	42	0.529	16	0.391	38	0.206	50	0.309	27
济南	0.751	33	0.468	8	0.158	53	0.357	49	0.281	40	0.322	25
黄山	0.747	34	0.216	27	0.122	59	0.696	4	0.346	30	0.176	49
南昌	0.741	35	0.300	22	0.418	22	0.223	58	0.321	36	0.243	39
烟台	0.737	36	0.222	26	0.245	39	0.393	37	0.271	43	0.344	20
三亚	0.734	37	0.094	55	0.400	25	0.423	32	0.192	52	0.345	19
呼和浩特	0.734	38	0.190	36	0.274	31	0.394	36	0.386	21	0.211	43
扬州	0.733	39	0.194	33	0.245	40	0.463	26	0.271	42	0.272	35
东莞	0.730	40	0.167	43	0.367	27	0.417	33	0.333	32	0.135	55
珠海	0.724	41	0.204	29	0.361	28	0.475	22	0.135	58	0.198	45
柳州	0.724	42	0.189	37	0.200	46	0.389	39	0.365	27	0.227	41
芜湖	0.714	43	0.082	58	0.158	55	0.468	23	0.327	35	0.263	37
吉林	0.710	44	0.200	31	0.173	50	0.284	57	0.254	46	0.363	14
银川	0.710	45	0.189	38	0.158	54	0.387	40	0.356	28	0.183	48

续表

城市名称	沟通指数	沟通排名	本地支持得分	本地支持排名	节会营销得分	节会营销排名	旅游推广得分	旅游推广排名	投资促进得分	投资促进排名	国际推广得分	国际推广排名
潍坊	0.708	46	0.160	44	0.173	52	0.363	47	0.204	51	0.352	18
南通	0.702	47	0.172	40	0.200	47	0.359	48	0.175	55	0.309	29
宜昌	0.697	48	0.153	49	0.141	58	0.434	31	0.300	38	0.148	52
中山	0.696	49	0.155	47	0.255	35	0.371	45	0.267	44	0.129	57
西宁	0.691	50	0.130	54	0.187	49	0.402	34	0.293	39	0.129	56
洛阳	0.688	51	0.158	45	0.200	48	0.384	42	0.164	56	0.212	42
威海	0.681	52	0.138	51	0.212	43	0.312	53	0.130	60	0.283	33
包头	0.680	53	0.088	57	0.122	60	0.292	55	0.381	23	0.187	47
焦作	0.679	54	0.073	60	0.212	44	0.398	35	0.231	48	0.148	53
宜宾	0.679	55	0.192	35	0.255	34	0.334	50	0.192	53	0.086	60
秦皇岛	0.678	56	0.172	41	0.212	41	0.192	59	0.266	45	0.211	44
丽江	0.673	57	0.076	59	0.158	56	0.502	16	0.136	57	0.152	50
济宁	0.666	58	0.136	52	0.265	33	0.302	54	0.131	59	0.148	54
佛山	0.663	59	0.155	46	0.141	57	0.332	51	0.212	49	0.125	58
乐山	0.655	60	0.153	50	0.255	36	0.182	60	0.185	54	0.149	51

表1—5　CMI 前60个城市的城市网络营销指数排名

城市名称	网络得分	网络排名	网站功能得分	网站功能排名	网站设计得分	网站设计排名	网站互动得分	网站互动排名	形象展示得分	形象展示排名	网络沟通得分	网络沟通排名
北京	0.935	1	0.348	22	0.833	12	0.333	8	0.833	1	0.692	1
宁波	0.907	2	0.405	13	0.833	12	0.502	1	0.358	15	0.276	6

续表

城市名称	网络得分	网络排名	网站功能得分	网站功能排名	网站设计得分	网站设计排名	网站互动得分	网站互动排名	形象展示得分	形象展示排名	网络沟通得分	网络沟通排名
上海	0.904	3	0.277	35	1.000	1	0.167	27	0.513	6	0.483	2
绍兴	0.894	4	0.247	40	1.000	1	0.458	3	0.501	10	0.094	14
深圳	0.892	5	0.364	20	0.833	12	0.333	8	0.176	35	0.426	3
武汉	0.892	6	0.308	28	1.000	1	0.376	6	0.506	8	0.082	17
厦门	0.879	7	0.611	1	0.917	8	0.333	8	0.008	55	0.333	5
东莞	0.879	8	0.314	25	1.000	1	0.208	23	0.505	9	0.063	21
成都	0.878	9	0.419	10	0.583	37	0.250	13	0.534	5	0.112	12
杭州	0.874	10	0.246	41	0.750	26	0.216	15	0.631	2	0.087	16
中山	0.873	11	0.471	4	0.833	12	0.209	21	0.338	17	0.073	19
重庆	0.868	12	0.309	27	0.583	37	0.167	27	0.500	11	0.166	10
大连	0.868	13	0.516	3	0.833	12	0.167	27	0.277	27	0.075	18
南京	0.868	14	0.287	33	1.000	1	0.110	47	0.355	16	0.140	11
苏州	0.868	15	0.373	19	1.000	1	0.218	14	0.337	18	0.032	32
南通	0.867	16	0.340	24	0.917	8	0.214	16	0.547	4	0.007	52
天津	0.864	17	0.467	5	0.833	12	0.208	25	0.167	42	0.109	13
温州	0.864	18	0.131	56	0.750	26	0.458	2	0.202	31	0.184	8
三亚	0.854	19	0.269	37	1.000	1	0.333	8	0.167	43	0.024	35
烟台	0.854	20	0.540	2	0.833	12	0.167	27	0.215	28	0.019	38
济南	0.846	21	0.306	29	0.833	12	0.211	18	0.189	33	0.040	27
泉州	0.845	22	0.375	18	0.833	12	0.083	49	0.190	32	0.092	15
昆明	0.844	23	0.178	51	0.833	12	0.375	7	0.167	43	0.034	31
宜昌	0.843	24	0.239	44	0.750	26	0.276	12	0.334	22	0.005	56

续表

城市名称	网络得分	网络排名	网站功能得分	网站功能排名	网站设计得分	网站设计排名	网站互动得分	网站互动排名	形象展示得分	形象展示排名	网络沟通得分	网络沟通排名
郑州	0.843	25	0.466	6	0.583	37	0.167	27	0.206	30	0.046	24
威海	0.843	26	0.436	8	0.833	12	0.209	22	0.170	39	0.006	54
潍坊	0.842	27	0.283	34	0.583	37	0.167	27	0.506	7	0.009	49
无锡	0.835	28	0.415	12	0.750	26	0.042	50	0.335	20	0.017	41
秦皇岛	0.834	29	0.179	50	0.833	12	0.167	27	0.336	19	0.008	50
海口	0.832	30	0.293	31	0.417	51	0.167	27	0.372	14	0.036	28
黄山	0.831	31	0.418	11	0.917	8	0.167	27	0.018	52	0.056	23
宜宾	0.830	32	0.190	49	0.667	35	0.209	20	0.380	13	0.003	60
包头	0.830	33	0.392	15	0.750	26	0.167	27	0.168	41	0.004	57
常州	0.828	34	0.357	21	0.750	26	0.042	52	0.333	23	0.012	45
珠海	0.821	35	0.245	42	0.583	37	0.167	27	0.177	34	0.035	29
青岛	0.821	36	0.348	23	0.667	35	0.167	27	0.002	58	0.168	9
西安	0.821	37	0.200	48	0.583	37	0.167	27	0.167	43	0.057	22
扬州	0.820	38	0.220	46	0.500	44	0.000	54	0.333	23	0.010	48
广州	0.818	39	0.014	60	0.583	37	0.167	27	0.567	3	0.362	4
柳州	0.817	40	0.203	47	0.500	44	0.208	26	0.333	23	0.008	51
福州	0.816	41	0.116	57	0.833	12	0.209	19	0.002	57	0.217	7
佛山	0.813	42	0.398	14	0.250	57	0.167	27	0.167	43	0.035	30
济宁	0.812	43	0.224	45	0.417	51	0.167	27	0.334	21	0.005	55
银川	0.810	44	0.158	52	0.333	54	0.417	4	0.170	38	0.015	42
南昌	0.809	45	0.422	9	0.750	26	0.208	24	0.002	59	0.018	39
沈阳	0.809	46	0.295	30	0.833	12	0.000	54	0.174	37	0.071	20

续表

城市名称	网络得分	网络排名	网站功能得分	网站功能排名	网站设计得分	网站设计排名	网站互动分	网站互动排名	形象展示得分	形象展示排名	网络沟通得分	网络沟通排名
长春	0.809	47	0.376	17	0.500	44	0.042	53	0.167	43	0.043	25
石家庄	0.808	48	0.376	16	0.917	8	0.167	27	0.000	60	0.022	37
西宁	0.804	49	0.271	36	0.417	51	0.167	27	0.169	40	0.011	46
南宁	0.804	50	0.455	7	0.500	44	0.211	17	0.009	54	0.024	36
长沙	0.799	51	0.242	43	0.500	44	0.167	27	0.052	51	0.040	26
丽江	0.797	52	0.151	53	0.500	44	0.167	27	0.167	43	0.012	44
焦作	0.795	53	0.310	26	0.250	57	0.386	5	0.070	50	0.003	58
贵阳	0.786	54	0.291	32	0.250	57	0.083	48	0.209	29	0.014	43
乐山	0.766	55	0.148	54	0.750	26	0.000	54	0.176	36	0.003	59
芜湖	0.762	56	0.249	39	0.500	44	0.042	51	0.011	53	0.030	33
呼和浩特	0.753	57	0.136	55	0.333	54	0.000	54	0.333	23	0.006	53
洛阳	0.744	58	0.264	38	0.750	26	0.000	54	0.002	56	0.011	47
吉林	0.739	59	0.112	58	0.333	54	0.000	54	0.167	43	0.029	34
桂林	0.686	60	0.073	59	0.000	57	0.000	54	0.500	12	0.018	40

表1—6 CMI前60个城市的城市营销效益指数排名

城市名称	效益得分	效益排名	投资效益得分	投资效益排名	出口效益得分	出口效益排名	旅游效益得分	旅游效益排名
上海	0.952	1	1.000	1	0.883	2	0.580	5
深圳	0.941	2	0.855	2	0.895	1	0.603	2
北京	0.932	3	0.757	3	0.791	5	0.714	1

续表

城市名称	效益得分	效益排名	投资效益得分	投资效益排名	出口效益得分	出口效益排名	旅游效益得分	旅游效益排名
广州	0.892	4	0.549	7	0.755	8	0.596	3
苏州	0.891	5	0.560	6	0.862	3	0.472	11
天津	0.887	6	0.652	4	0.752	9	0.457	12
东莞	0.865	7	0.467	9	0.806	4	0.410	20
杭州	0.865	8	0.459	10	0.733	14	0.485	9
大连	0.860	9	0.504	8	0.722	15	0.414	19
南京	0.857	10	0.411	12	0.712	16	0.497	8
沈阳	0.856	11	0.625	5	0.605	37	0.379	29
青岛	0.855	12	0.434	11	0.742	11	0.427	16
宁波	0.850	13	0.387	15	0.777	6	0.401	23
无锡	0.848	14	0.385	16	0.761	7	0.406	21
厦门	0.846	15	0.370	18	0.735	13	0.435	15
珠海	0.840	16	0.406	13	0.711	17	0.377	31
佛山	0.836	17	0.382	17	0.736	12	0.348	42
武汉	0.825	18	0.393	14	0.627	29	0.371	32
重庆	0.825	19	0.309	21	0.637	26	0.442	14
成都	0.824	20	0.304	22	0.656	24	0.423	17
常州	0.824	21	0.349	19	0.669	21	0.363	35
烟台	0.815	22	0.228	28	0.742	10	0.357	38
长春	0.807	23	0.336	20	0.589	40	0.350	41
中山	0.807	24	0.280	24	0.687	19	0.303	54
扬州	0.806	25	0.257	26	0.625	33	0.386	26

续表

城市名称	效益得分	效益排名	投资效益得分	投资效益排名	出口效益得分	出口效益排名	旅游效益得分	旅游效益排名
长沙	0.806	26	0.293	23	0.609	36	0.363	36
潍坊	0.802	27	0.148	42	0.645	25	0.449	13
绍兴	0.801	28	0.158	38	0.701	18	0.378	30
温州	0.796	29	0.188	33	0.672	20	0.343	43
郑州	0.795	30	0.232	27	0.576	44	0.391	25
南通	0.794	31	0.218	30	0.626	31	0.350	40
威海	0.792	32	0.182	34	0.634	27	0.366	34
西安	0.791	33	0.179	35	0.611	35	0.386	27
贵阳	0.790	34	0.087	50	0.605	38	0.477	10
济南	0.789	35	0.201	32	0.632	28	0.332	47
芜湖	0.789	36	0.171	36	0.661	23	0.329	49
三亚	0.788	37	0.110	47	0.476	58	0.572	6
南昌	0.788	38	0.262	25	0.604	39	0.289	55
福州	0.785	39	0.219	29	0.667	22	0.254	60
泉州	0.785	40	0.161	37	0.626	32	0.353	39
黄山	0.782	41	0.086	52	0.480	57	0.558	7
昆明	0.776	42	0.145	44	0.626	30	0.319	51
呼和浩特	0.775	43	0.151	41	0.551	49	0.381	28
包头	0.773	44	0.157	40	0.577	42	0.335	46
石家庄	0.773	45	0.139	46	0.613	34	0.317	52
南宁	0.767	46	0.140	45	0.576	43	0.322	50
海口	0.764	47	0.211	31	0.530	52	0.280	56

续表

城市名称	效益得分	效益排名	投资效益得分	投资效益排名	出口效益得分	出口效益排名	旅游效益得分	旅游效益排名
吉林	0.763	48	0.158	39	0.528	53	0.331	48
秦皇岛	0.762	49	0.146	43	0.556	48	0.307	53
丽江	0.761	50	0.018	59	0.403	59	0.586	4
济宁	0.760	51	0.094	49	0.567	45	0.340	44
洛阳	0.760	52	0.105	48	0.559	47	0.335	45
乐山	0.757	53	0.052	56	0.516	55	0.415	18
桂林	0.755	54	0.060	55	0.518	54	0.398	24
焦作	0.748	55	0.051	57	0.532	50	0.357	37
柳州	0.746	56	0.081	53	0.580	41	0.268	59
宜昌	0.745	57	0.086	51	0.562	46	0.279	57
宜宾	0.742	58	0.026	58	0.513	56	0.370	33
西宁	0.733	59	0.077	54	0.387	60	0.403	22
银川	0.718	60	0.000	60	0.531	51	0.268	58

第 2 章

中国城市营销发展：研究总述

作为我国第一部系统性的城市营销研究报告，本书全面回顾了中国城市营销的发展历程，提出城市营销指数（City Marketing Index，CMI）模型并对国内 100 个城市的营销发展进行了定量分析。在此基础上，就城市品牌、旅游、投资和人居等四个重点营销领域，进行了理论对标与经验对标研究。此外，报告还深入探讨了科学发展观、文化创意产业、2010 年上海世博会以及城市形象危机管理等城市营销前沿和热点问题，并以城市营销组织与管理的瓶颈——城市营销治理作为本期报告的主题，进行了理论和对策研究。兹将报告的主要研究思路和观点总述如下。

一、城市营销理论分析框架

城市营销已成为全球化时代城市发展战略转型的一个重要特征之一。城市营销的发展可划分为四个阶段，即离散式城市推销阶段、组合式城市营销阶段、城市形象营销阶段和城市品牌营销阶段。这四个发展阶段并没有严格的时间段划分，实践中也不存在一个依次推进的逻辑，其实质是城市营销的四个理念，即推销理念、营销理念、形象理念和品牌理念，标志着城市营销的不同发展阶段特征。

城市营销战略系统包括营销规划、营销组合和营销治理三个部分。城市营销战略规划包括组织要素、任务要素、形象要素、市场要素、协同要素和投资要素六要素，构成城市营销系统性、科学性和持续性的保障。城市营销组合策略包括"产品—顾客"策略、"价格—成本"策略、"渠道—便利"策略、"促销—沟通"策略、"人员—满意"策略、"过程—连贯"策略、"有形化—可信度"策略和"合作—协同"策略等。城市营销治理则是城市营销的基本组织、管理与控制平台。其中，城市营销战略规划的作用模式是"掌舵"，城市营销组合策略的作用模式是"划桨"，城市营销治理是组织和运行机制，三者彼此协同，缺一不可。

二、城市营销指数：实证分析框架

为进一步发现中国城市营销的进展与问题，验证并强调城市营销的核心理论与主张，本报告提出城市营销指数（CMI）体系并对中国城市营销发展进行量化研究。CMI 包括 5 个主题层指标，即品牌强度指数（含品牌吸引力、品牌关注度、品牌独特性、文化包容性、品牌规划与管理 5 个次主题层）、营销建设指数（含公共服务、人居建设、产业质量、创新建设、旅游建设、城市管理 6 个次主题层)、营销沟通指数（含本地支持、节会营销、旅游促进、投资推广、国际推广 5 个次主题层）、网络营销指数（含网站功能、网站设计、网站互动、形象展示、网络沟通 5 个次主题层）和营销效益指数（含投资效益、出口效益和旅游效益 3 个次主题层）。上述每一个次主题层又包含若干由单一或多项数据合成的指标。在 CMI 体系中，城市营销建设是基础指数、城市营销沟通是推动指数、城市网络营销是趋势指数，城市营销效益是效益指数，四者渐次递进、相互作用，作为"城市营销力度"的综合体现，构成城市营销指数的基础性测度。而城市品牌强度则因其关键的战略性作用，可视之为一个系数，影响着一个城市的总体营销发展水平和绩效。表示为公式，即城市营销指数＝品牌强度指数×城市营销力度；或：城市营销指数＝品牌强度指数×（建设指数＋沟通指数＋网络指数＋绩效指数）。

三、城市品牌化：城市营销制高点

报告阐述了城市品牌化的前沿理论与实践，提出城市营销及品牌化战略的成功要素框架。其中，城市营销与品牌化成功要素包含三个维度，即（1）内部维度。包括规划组织、愿景和战略分析、城市识别与城市形象、公司协作以及领导力等，组成城市营销实践的核心要件。（2）辅助维度。包括政治一致、全球市场、本地发展和过程协同等，旨在应对城市网络及城市营销实践宏观环境的挑战。（3）方法与能力维度。包括战略开发、组织能力、实质呈现、评估及跟进等，进一步揭示城市营销所面临的专业性挑战。上述框架中所有要素都是相互联系、相互作用的，支撑着城市营销的成功实践。

聚焦到城市品牌化，其成功要素更应关注以下内容：（1）多样化行动者的承诺；（2）不同层面的参与者；（3）聚焦自身资源；（4）核心主张陈述；（5）城市独特识别与定位；（6）常规的财政支持；（7）清晰的组织架构和管理机制；（8）有效的公私协作；（9）整合和持续的信息；（10）避免政治因素的左右。

报告分析了芬兰、美国和北欧城市在地区经济发展中的城市品牌化实践，并详细剖析了英国爱丁堡的城市品牌化标杆经验。此外，从规划、形象、建设、沟通和管理等角度，全面观察和评价了中国城市品牌化的状况，并给出了相应的政策建议，包括：（1）建立专业的城市营销组织；（2）建立城市品牌化管理制度；（3）建立统一的城市形象；（4）进行个性化城市品牌定位；（5）做好城市品牌推广。

四、旅游营销：打造宜游城市

报告归纳并论述了城市目的地旅游营销的前沿理论与实践，包括构建政府主导下整体营销的协作机制，制定基于敏捷战略、快速应变的竞争对策，培育创新导向的主题化、序列化旅游产品，推进区域定位下不同细分市场的深度拓展，完善信息时代数字导向的网络营销模式以及通过事件营销发挥注意力经济效应等。报告并以伦敦——领导型城市旅游营销之品牌制胜、迪拜——追赶型城市旅游营销之精准定位、芭堤雅——成熟型城市旅游营销之临危不惧等，作为标杆经验加以分析和介绍。此外，报告从规划、形象、建设、沟通和管理等角度，全面观察和评价了中国城市旅游目的地营销状况，点评了青岛、杭州、成都和大连等经典案例。在此基础上，提出若干政策启示与展望，包括：（1）营销模式的多方参与与多元整合协作；（2）营销决策中的公共利益与公共参与并重；（3）营销视角的平等心态与平民情怀融合；（4）营销内容的实际信息与实时变化披露。

五、投资促进：建设宜业城市

报告归纳论述了城市投资促进（或招商营销）的前沿理论与实践，包括准确设计城市营销定位，组建高效的投资促进团队，通过外部竞争环境分析定位城市投资促进方向，发展城市优势资源吸引外部投资者以及通过城市营销战略来实质性促进投资等。报告分析了美国费城、中国昆山以及法国戛纳、澳大利亚、迪拜、英格兰、新加坡等国家和地区的投资促进经验。此外，报告还从规划、形象、建设、推广以及管理等方面，梳理和剖析了国内城市的投资促进经验，并指出若干亟待改进的问题，如招商引资软环境有待改善、招商引资政策的连续性和继承性有待增强、招商引资管理体制有待革新以及存在忽视社会效益现象等问题。在理论与经验对标研究基础上，报告提出若干政策思考和建议，包括：（1）招商引资硬环境改善与环境优化并举；（2）招商引资的政策制定完善与政策落实同行；（3）招商引资整体规模扩大与管理体制优化协同；（4）招商引资的经济效益与社会效益并重。

六、品质人居：迈向幸福城市

城市的宜居性是国际范围内城市科学研究领域的热点议题，也是当前城市居民和政府关注的焦点。报告在国内外相关研究基础上，对城市宜居性的思想渊源、研究进展等方面进行了梳理；选取了新加坡、温哥华等较具代表性的宜居城市作为标杆研究对象，分析了其宜居城市建设中的成熟理念和成功经验。在此基础上，分别从规划、形象、建设、推广和管理等五个层面，对国内宜居城市建设实践进行了分析和总结。同时，报告还进一步探讨了宜居城市建设的发展趋向和相关政策思考，认为未来的宜居城市建设应该是融"高度发达的社会文明度、充足的经济富裕度、独特的环境优美度、舒适的生活便宜度和高效的公共安全度"为一体的综合性功能城市。宜居城市应该具备整体宜居性，经济高效性、文化多元性、社会和谐性、资源环境可持续性等特征。应以科学发展观和构建和谐社会为指导，以"人"的尺度建设宜居城市，走城市的可持续发展之路。

七、中国城市营销发展的正确道路与当务之急

本报告认为，中国的城市营销实践已经迈出了可喜的步伐，并且正处在开启战略性和专业化转型的关键阶段。报告分析了我国城市营销的进展，包括城市营销意识和热情空前高涨、城

市营销推广力度逐年加强以及城市营销生长点遍地开花等。同时，中国城市营销发展中的诸多问题和不足主要表现在营销组织分散、战略规划缺乏和技能经验不足等方面。着眼于中国城市营销的专业转型和升级，报告聚焦现阶段中国城市的主要困惑和突出问题，包括认识困惑、机制困惑、方法困惑和资源困惑等，作为突破和改进的发力点与当务之急。综合相关探索的基本理论与核心主张，报告认为坚持中国城市营销的正确（专业正确）道路，应重点把握三个方面的工作，一是推进营销治理，包括政府治理、公私协作治理和区域治理三个层面；二是加强战略规划，主要指加强城市营销的战略统筹及强化城市品牌的整合功能；三是开展关系营销，以实现城市社会资本的自我增值，并创新城市的合作策略。针对我国城市营销中的突出困惑，报告对我国城市营销当前的突围之道进行了研究和论述。一是"基于正确观念"，即树立经济与社会共赢的正确城市营销理念。二是"始于品牌定位"，提出要打破品牌标志和口号"神话"、准确把握和设计城市识别及品牌定位、走出品牌标志和口号的迷思等。三是"兴于组织建设"，即必须要有专门的组织和领导建构，城市营销才会迈出实质性的步伐。四是"成于内部营销"，是指现阶段中国的城市营销发展将借由内部营销而奠定成功的基础，或者说，当前中国的城市营销任务就是内部营销。

八、城市营销：科学发展观背景下的城市管理理念变革

报告认为，城市营销是践行科学发展观背景下的城市管理理念变革。当前，全球化竞争、技术进步、城市化的泡沫、城市同质化、低社会城市化水平和环境资源约束，特别是弥漫全球的金融危机，困扰着中国的绝大多数城市。如何开辟科学发展观指导下的中国特色城市化道路，是我国城市冲出重围、走向繁荣的必由之路。城市营销是从应对城市竞争和城市困境的实践中逐渐发展、成熟起来的应用理论，其理论特质决定了它可以成为中国特色城市化道路的一条战略路径。报告通过需求导向的城市建设——以人为本的产品设计和供给；顾客便利角度的渠道设计——以人为本的网络资源；倾听与对话——以人为本的沟通方法；让渡城市顾客价值——可持续发展的路径选择；以及公共价值——城市营销的终极追求等角度，论述了城市营销"以人为本"的本质要求和理念回归。此外，战略性的城市营销提倡"协调、共治"的城市营销治理和城市品牌组合，通过对城市利益相关者的统筹协调，为城市营销的成功提供根本的组织和协同保障，同时也最大限度地保证经济、社会、文化和自然的全面协调发展。

九、文化创意产业：大竞争时代的城市品牌构建

报告认为，文化创意是大竞争时代构建品牌城市的核心要素，是原创力时代城市的核心竞争力。报告阐述了城市文化竞争力的新概念，并论述了当代城市博弈的四个方面，包括创意城市——原创力时代的核心竞争力；网络城市——数字化时代内容产业的高端展开；华彩城市——注意力经济时代的城市形象再塑；以及舒适城市——体验经济时代的快乐生存。创意经济是城市品牌的坚实支撑，21 世纪成功的城市将是快乐最多的城市，是生活最有滋味的城市。

十、2010 上海世博会与城市营销机会

　　报告还特别关注了 2010 上海世博会与内地城市的营销机会。报告回顾了世博会的城市营销历史，介绍了世博会主题体系变迁和营销模式变迁历程，分析了世博会推动城市品牌营销的意义和营销机制，并特别指出世博会塑造城市品牌的营销误区，如"蒙特利尔陷阱"、城市改造陷阱和突发事件陷阱等。报告认为，世博会是战略性的城市文化营销，不仅对城市经济的发展具有重要意义，更是城市文化发展的原始动力，表现为文化传递的五大体系：（1）世博会的核心体系；（2）主办城市的文化体系；（3）主办国家的文化体系；（4）参展国的文化体系；（5）具有普遍价值的世界文化体系。上述五大体系构成了一个庞大的世博会文化系统。此外，报告还剖析了上海世博会的城市营销资源，包括城市最佳实践区、网上世博会展示、城市企业展馆展示等，并重点针对我国内地城市如何围绕上海世博会抓住和创造营销机会，提出了若干策略建议。其中包括城市世博营销的区域策略，如世博圈营销理念、世博圈营销机制和世博圈营销对策等，以及城市世博营销的地方策略，如合作竞争、借势发展与错位发展、营造世博经济氛围、构筑针对性枢纽工程、打造特色产业优势和提升城市能级水平等。此外，作者还分析了城市世博营销中的企业策略，包括上海世博会品牌赞助合作、标识特许经营以及商业活动经营等。

十一、城市营销中的危机管理

　　在当前特定的经济和社会背景下，报告还专门研究了城市营销中的危机管理问题。指出城市营销潜在的危机挑战，主要表现在人居环境被破坏、社会秩序被扰乱、贸易投资机遇被阻隔以及营销资金遭遇瓶颈等方面。同时分析了危机带给城市营销的潜在机遇，如城市形象强化机遇、经验教训累积机遇和城市品牌重塑机遇等。报告介绍了美、德、澳、韩、日等国的城市危机管理经验，分析了我国部分城市的危机管理案例。针对我国当前城市营销中普遍的危机管理缺陷，如危机防范意识薄弱、危机管理主体缺位、危机管理机制不健全、相应保障机制缺失、信息沟通机制不畅、社会公众危机意识淡漠、城市公共安全投入严重不足等，探讨了城市营销中危机管理的原则和机制，如信息流通、引导舆论导向、构建城市应急文化、建立多层级交流与合作危机应对机制等，并提出了若干具体的政策建议。

十二、城市治理转型及其国际经验与中国进展

　　城市营销是城市治理的重要领域和典型形式之一，但城市营销中的治理认识和实践，却面临许多困难和误区。报告剖析了从传统城市管理向现代城市治理转型的若干基本理论问题，如城市治理的内涵、特点、结构和治理模式，指出城市善治与公共价值是城市治理的核心原则和目标。在此理论与认识基础上，梳理了城市治理的国际经验与发展趋势，包括公私协作不拘一格、民主参与注重创新、社区自治和谐包容、大都市区协同治理、城乡一体平等自治、文化治

理厚积薄发以及数字治理方兴未艾等。报告同时也探讨了中国城市治理的进展与问题,指出改革开放以来,中国的城市管理逐步摆脱政治经济社会一元化格局,城市治理转型取得了相当的进展,但同时也面临一些问题和挑战,主要包括:(1)府际关系不顺;(2)政府管理滞后;(3)社会部门弱小;(4)公民参与不足;(5)公私协作悖谬;(6)社区治理失灵;(7)治理平台缺位。

十三、城市营销治理:机理、模式与运行机制

报告在理论文献和经验观察的基础上,论述了城市营销治理的概念内涵和内在机制,提出了城市营销治理模式是一种网络化的治理模式。这一模式的含义是:(1)超越行政本位;(2)内部交叉营销;(3)外部交叉营销;(4)强化核心组织;(5)发展项目组织;(6)优化制度厚度。报告结合我国香港特别行政区、荷兰阿姆斯特丹、美国爱丁堡等城市营销治理经验,提炼出如下城市营销治理的运行机制:(1)公民参与;(2)公私合作;(3)元治机制;(4)治理能力;(5)决策机制。

十四、走向善治:中国城市营销治理的政策思考与建议

从我国的实际情况出发,报告认为推进城市营销治理应该从规范城市营销职能和确立城市营销组织建制开始,在此基础上逐步加强公共部门、社会部门和私人部门的协同,推动城市营销治理的制度化建设。为此,报告提出了加强我国城市营销治理的几项对策建议:(1)确立城市营销行政职能与建制,包括正式建制和非正式建制的政府治理路径及其具体措施建议。(2)开展公私协作治理。包括成立城市营销核心规划与领导组织,如组建城市营销委员会等公私协作平台。最后,报告还探讨了城市营销治理的绩效评估问题。

作为一项集体研究的成果,报告尝试通过定量与定性相结合的方法来深入研究中国城市营销的发展,致力于梳理和拓展前沿的理论、提炼并介绍最新的经验,以期推进城市营销理论研究,为我国城市营销实践提供指导与参考。

城市营销战略：
理论与实证分析框架

Basic Theoretical and Empirical Framework of
Strategic City Marketing Planning

第 3 章 ·····▶
城市营销理论分析框架①

一、城市营销概述

（一）城市营销概念解读

城市是全球经济活动、政治生活和文化发展的重要节点，在经济全球化背景下，城市比以往任何时候都需要以全球视角来审时度势，发掘并利用新的资源；同时，城市也比以往任何时候都需要更多地认识和创造本地的资源，以发展比较优势，增强竞争能力。这也就是所谓的"全球化思考，本地化行动"。城市营销正是在这样一个大背景下兴起，并成为全球化时代城市发展战略转型的重要特征之一。

学者们曾分别从城市竞争、城市发展、城市规划等多个角度，就城市营销②的概念给出自己的定义。其中有两个最具代表性的定义，界定了城市营销概念的基本内涵。

一是阿什沃思等人（Ashworth & Voogd，1990）的定义，即"城市营销是通过城市活动尽可能与目标顾客群的需要相关，根据既定目标及相应的战略规划，追求社会及经济功能最大化的过程"。这一定义明确地将城市营销的社会功能和经济功能并列，将城市营销视为一个整体协同的过程。这在一定程度上也体现了欧洲城市营销学者的传统，即注重协调城市社会发展与经济增长、整合自然和社会规划策略，追求令所有利益相关者满意的"和谐城市"（harmonious city）。

二是科特勒及其合作者（Kotler et al.，1993，2002a）所给出的定义，即"地区营销是指为满足地区目标市场的需求而进行的规划和设计，成功的地区营销应使市民、企业对其所在的社区感到满意，游客和投资者对地区的期望得到满足"。这一定义指出了地区或城市营销的目标，概括了城市营销的顾客，并紧紧扣住了市场营销的核心概念——需求。同时从需求的角度，也关注到社会（市民、企业和社区）和经济（游客、投资者）这两个层面。但这一定义的概念社会属性表述则略欠清晰，表现出北美城市营销学者的特点，即倾向于将城市视为一个"企业"、追求城市营销促进城市经济发展的功能，长于运用专业化的营销原理来研究可执行的城市营销战略及其推广策略。

菲利普·科特勒等（Kotler et al.，1993）总结了战略性地区营销的三大因素群（见图3—1），

---

① 本章在《城市营销战略》（刘彦平，2005）一书相关章节的基础上提练、修编而成，作为本课题研究特别是 CMI 指数分析的一个基础理论框架。

② 城市营销（City marketing）与地区营销（Place marketing）的概念内涵相同，只有空间指涉的差异，故文献中常常可替换使用。

包括目标市场、营销要素和规划组织。其中，目标市场包括出口商、观光与商务游客、新居民、企业总部、制造商、投资者等；营销要素是指地区吸引物、基础设施、人员、地区品牌以及地区的生活品质；而规划组织则是由政府、企业和市民组成并对地区营销计划和控制过程负责的机构。这个由内到外的概念要素圈层奠定了城市营销的基本概念范畴，我们可以称之为"城市营销概念轮"。

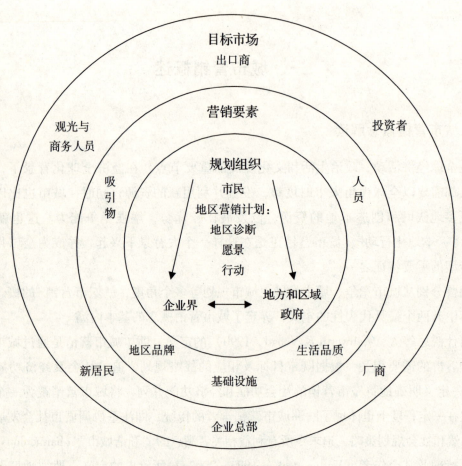

图3—1　城市营销概念轮

资料来源：Kotler et al.（1993：19），略有修改。

随着城市营销研究的深入，城市文化、城市治理、城市创新、城市软实力等理论元素，也正在不断地扩展和丰富着城市营销概念的内涵和外延。

（二）城市营销的主体与目标市场

1. 城市营销的主体

科特勒等分析了主要的地区营销者类型，包括本地层面的公共部门营销者和私人部门营销者，区域层面的营销者、国家层面的营销者和国际层面的营销者等（见表3—1）。

表 3 - 1	地区营销中的主要营销者

当地营销者

公共部门的营销者

1. 市长或城市管理者

2. 城市规划部门

3. 商业开发部门

4. 投资促进部门

5. 旅游局

6. 会议管理部门

7. 公共信息部门

8. 基础设施管理部门（交通、教育、卫生等）

私人部门营销者

1. 房地产开发商或代理商

2. 金融机构（商业银行、抵押银行及保险公司等）

3. 电力和供气等公用事业公司

4. 商会或其他地方商业团体

5. 接待业和零售业（酒店、宾馆、百货公司、其他零售商等）

6. 旅行社

7. 各种协会

8. 劳动力市场

9. 运输公司（出租车、铁路、航空等）

10. 建筑师

11. 媒体（报纸、广播、电视等）

区域层面的营销者

1. 区域经济开发部门

2. 区域旅游委员会

3. 县或州政府

国家层面的营销者

1. 政府首脑

2. 政府相关管理部门

3. 国家旅游委员会

4. 对内投资代理机构

国际层面的营销者

1. 大使馆或领事馆

2. 国际商业组织

3. 与某地区有特殊联系的经济发展机构及投资机构

4. 与某地区有关的国际性企业

资料来源：根据 Kotler et al.，1993，2002a 整理。

上述四个层面的城市营销主体，其具体的组成可能比表中所列举的更为丰富，并且在不同的国家和地区也必然存在着较大的差别。然而这个框架的意义在于，城市营销者应该充分认识到本地私人部门的主体地位，并应努力开发和联合区域、国家乃至国际层面的营销者资源，建立有效的"主体间"的工作关系。

2. 城市营销的目标市场

关于城市营销目标市场（即城市顾客）的构成，学者们大多持相似的看法，认为主要包括商品和服务生产者、企业总部或地区分支、外来投资及出口市场、旅游及餐饮娱乐、新的居民等。其中，城市内部顾客包括本地的居民、雇员和企业；外部客户包括非常住人口、非本地的企业、商务旅行者和观光者、投资者以及出口市场的买主等（见表3—2）。

表3—2　　　　　　　　　　　　　城市的四类主要目标市场

1. 游客

　　a. 商业游客：商业游客是指参加商业会议者、选址考察者以及前来买卖商品者

　　b. 非商业游客：非商业游客是指观光者或旅行者

2. 居民和雇员

　　a. 专业人才，包括科学家、医生等

　　b. 技术工人

　　c. 富裕者

　　d. 投资者

　　e. 企业家

　　f. 非技术工人（国内居民或国外移民）

3. 商业和工业

　　a. 重工业

　　b. "清洁"工业（组装企业、高科技企业、服务企业等）

　　c. 新创企业

4. 出口市场

　　a. 国内其他区域的市场

　　b. 国际市场

资料来源：Kotler et al., 1993。

　　当然，上述四类城市营销目标市场的具体组成类型，在不同的地区，可能有不同的表述和侧重。但其启示却在于城市营销要内外并重，而不是单纯重视外部的顾客。当然，对城市营销目标市场的认识，也要有一个务实和发展的眼光。比如，近年来随着知识经济的发展，一些教育基础和相关设施较好的城市，越来越注重学习环境的营销。也就是说，求学者特别是留学生，成为很重要的目标市场类型。此外，随着城市品牌形象的重要性获得空前的重视，从传播规律上讲，意见领袖对品牌受众（目标市场）的影响非常关键。因此，与城市目标市场相关的影响者或意见领袖，通常是传媒人士、专业人士、行会或协会领袖、政府部门的相关人员等，也应该是城市营销的目标市场，但这尤其需要根据城市的实际情况，进行具体而深入的分析。

　　很显然，城市营销的主体及目标市场都是多样化的，这也是城市营销区别于企业营销的基本特征。如何制定出地区或城市统一的营销战略规划和决策，如何成功贯彻和执行这些规划和决策，亦即城市营销的组织和协调问题，就成为城市营销所必须面对的根本挑战。为此本报告将在主题研究部分专门探讨城市治理转型时代的城市营销治理问题。

（三）城市营销的发展阶段

　　一般的看法是，较为自觉的城市营销实践起源于19世纪50年代的美国西部大开发时期，甚

至可以追溯到更远的时代。然而在很长的发展阶段里，城市营销的实践基本上属于城市推销或城市促销的范畴。多数学者认为地区营销经历了三个发展阶段（Bailey，1989；Kotler et al.，1993；Ward，1998；Barke，1999），他们的划分和表述各不相同，但大体特征却约略相似。值得一提的是荷兰学者卡沃拉兹（Kavaratzis）将新近兴起的城市品牌化列为城市营销第四发展阶段的前奏（Kavaratzis，2007），颇具见地。综合上述文献观点和相关史料梳理，我们可将城市营销的发展历程归纳为如下四个阶段。

第一阶段：离散式城市推销阶段。这一阶段的城市营销，主要的目标在于促进制造业的发展。比如 20 世纪 30 年代美国南部各州的"烟囱角逐"（即促进重工业发展）。这一阶段的城市营销侧重以低成本劳力、土地，以及优惠的税收和金融支持来吸引投资和移民，主体分散化，目标短期化，因此确切地讲应该称之为"城市推销"而不是营销。

第二阶段：组合式城市营销阶段。第二阶段的城市营销，已在城市竞争加剧的压力下开始接受或吸纳企业营销的经验，开始注重竞争环境和顾客需求的分析，并尝试运用市场细分、选择和定位以及营销组合策略等专业营销手段。城市的内部资源、基础设施、生活品质和产业集群等受到格外重视。这一阶段的城市营销开始将外部的游客、投资者和内部的居民、企业都视为城市的目标顾客，公私协作也较为活跃，已然进入专业化的城市营销阶段。但城市营销的整合性战略规划还不够，过于重视城市广告和城市事件活动。

第三阶段：城市形象营销阶段。形象营销是城市营销发展的高级阶段。随着全球化的深入以及信息和通信技术的发展，城市面对的竞争压力倍增，不确定性也进一步增强。相对稳定又有独特性的城市形象成为城市的重要资源和力量。这一阶段的城市营销以形象营销为主流，其营销方法和经验更为成熟。城市识别（如视觉识别、口号等）、环境风貌、创意设计和整合沟通，成为这一阶段的主要营销方法。城市文化、全球化因素及生活质量成为营销战略的中心因素，城市营销组织能力问题也被提上了日程并获得了可观的进展。

第四阶段：城市品牌营销阶段。品牌营销阶段是当今城市营销的最新趋势和最前沿动态。卡沃拉兹（Kavaratzis，2007）将 2000 年以来的城市品牌化发展，视为通往城市营销第四阶段的努力，这一观点是比较理性的。城市品牌营销以形象营销经验为基础，实现了形象到品牌的超越。① 在这一阶段，城市更加自觉、主动地以专业化品牌理论为指导进行城市品牌建设、沟通、维护和管理，目的在于打造更为显明、独特和丰富的城市品牌形象。建立扎实的城市品牌化治理结构，提升城市营销和品牌化能力，是这一阶段的基本任务和特征。本报告认为，部分城市营销领先的城市，目前已跨入城市品牌营销阶段，本报告将在标杆经验研究部分对此加以介绍。

需要指出的是，上述城市营销的四个发展阶段并没有严格的时间段划分，实践中也不存在一个依次推进的逻辑。它更像是城市营销的四个理念②，即推销理念、营销理念、形象理念和品牌理念，分别标示城市营销的不同发展阶段特征。由于各国、各地的城市起点不同，城市营销的发展态势也极不均衡。拿我国来说，可以说大多数城市还处在离散式城市推销阶段，只有少

---

① 有关内容，请参见本章关于"形象要素"的阐述。
② 市场营销理念包括生产观念、产品观念、推销观念、营销观念、客户观念和社会营销观念等，这也是从理念演变的角度来衡量市场营销的发展。

数城市进入组合式城市营销阶段，为数少的城市才刚开始尝试形象营销。至于城市品牌营销，确切地讲在我国尚未出现。

二、城市营销战略规划框架

一般来说，城市营销战略是指城市根据其现有或潜在的目标市场的需求及竞争现实，甄别、发掘和创造城市的价值与利益，通过设计、生产和提供比竞争城市更能满足城市顾客特定需求的城市产品或服务，来提升城市竞争力、促进城市发展的一系列研究、计划、执行和组织控制的过程。在文献的基础上，本报告以组织要素、任务要素、形象要素、市场要素、协同要素和投资要素作为分析城市营销战略规划的六大要素。

（一）组织规划

组织规划是城市营销战略的首位要素。这一要素包含两层含义，即确定规划组织，以及确保其组织和领导能力。

1. 规划组织

城市营销规划首先要求设立为城市营销计划及实施负责的组织和机构。当前，学界普遍认为城市营销组织一开始就需要具备商业方面的知识和经验，公共部门和私人部门之间的合作，是城市获得未来成功的先决条件。

2. 组织与领导能力

规划组织的管理和协调直接关系到城市营销实践的成败。一方面，一个城市要能够激发尽可能多的营销主体的参与热情，并成功协调各方的努力。这就需要提出创新的营销理念，以及制定并实施合理的城市发展策略。换句话说，规划组织因其职责所在，还必须是称职的管理组织。能否确保城市营销的正确方向和战略高度，能否有效调动公私协力和主体间的合作，很大程度上取决于城市的组织能力。另一方面，能否有效驾驭城市营销复杂过程并使其趋向既定的战略方向，来自个体或集体的领导力也是一个重要的影响因素。城市营销组织者应该同时具备倾听者、塑造者、召集者、推进者及构想者等综合角色特征，并能以大胆而自信的风格，凝聚城市不同的利益相关者（Clark，2002），远见、沟通和勤奋工作，是领导公共组织的三个突出要素，比之私人部门的领导工作更富有挑战性，也更加艰难（尼古拉斯·亨利，2002）。因此，城市营销的组织者不仅是营销战术的指挥者，更应是构想和把握大局的战略家。领导者的形象魅力和感召力经常成为城市竞争中的决胜因素（Rainisto，2003）。成功的领导者往往能够达成营销实践事半功倍的效果，他们甚至能够成为城市形象产品的组成部分。

组织规划是城市营销战略的第一要素。确立城市营销规划组织，是城市营销实践的坚实基础。同时，城市营销组织按其使命和目标的不同也分为多层级的主体和类型，表现为一个组织网络体系。

（二）任务规划

城市营销服务于城市的根本任务和目标。城市营销的任务规划，是指城市管理者有责任设定组织或部门的发展使命和方向，规划其战略发展途径，建立目标体系并设计达成这些目标的战略方案。任务规划要素包含如下三方面的工作。

1. 分析营销环境

城市营销战略的制定和实施是一项复杂的和具有挑战性的工作，其中首要的任务，就是要分析城市营销环境。这就需要进行 SWOT 分析，目的在于城市能够捕捉和创造机会，规避或抵御威胁。

（1）优势和劣势分析。城市的优势和劣势是一个相对的概念。一方面，城市营销者应该针对顾客的特定需求来辨识和区分当地的优势和劣势；另一方面，还应该根据竞争对手的情况进一步评估这些优势和劣势。

长远来看，城市的优势和劣势是一个城市总体能力的综合体现。菲利普·科特勒（2001b）认为，一个地区的能力是政府领导、地区生产要素禀赋、地区产业结构、地区社会融合性及地区文化、态度与价值观五方面要素综合作用的结果。一个城市应该定期评估自己的优势和劣势，才能切实发展和保障在机遇中获胜的能力。此外，因为各种要素的重要性不同，所以还要考虑每个要素的权重。城市的优劣势并不是固定不变的，它尤其和城市政府的政策制定以及政府领导与企业领导之间的团队协作有着密切的关系。因此，在明辨自身现实优劣势的基础上，选择基于优势的发展战略，还是并无优势但可创造优势进而取得成功的创新导向战略，是城市管理者面临的重大决策。

（2）机遇与威胁分析。城市的外部环境可以按照政治与法律、经济与人口、社会与文化以及科学技术等大类，以更细的变量来进行考察和衡量。外部环境分析的目的，在于利用城市的优势去捕捉机遇，同时通过避开、纠正或弥补其弱势来抵挡威胁。因此，城市应建立适当的监测系统来检测和评估周围环境的变化，及时调整适应环境变化的发展策略，采用对应的措施以最有效地利用机会，同时最有力地抵御、减轻或转移威胁。

2. 确定使命和愿景

城市发展战略管理，要求在城市使命、目标、资源、能力与迅速变化的城市竞争环境之间发展和保持一种切实可行的战略适应。确定使命和发展愿景，是城市营销战略规划的基础。使命规定着城市或其某一职能部门存在的根本任务，而愿景则是对城市在竞争环境中通过长期努力所要获得的地位的构想。使命和愿景应能界定城市的主要发展领域，确定城市的长期战略道路，勾画出清晰的、激动人心、催人奋进的城市发展战略图景。

3. 设立城市发展的目标体系

城市的使命和愿景应进一步具体化为一系列各级组织层次的目标，实施目标管理（MBO）。城市发展目标体系的设立应遵循以下三个原则：一是具体化。从管理的需要出发，应该尽可能地具体化、数量化。二是目标要有现实性。要从城市的现实机遇和资源状况出发来设定目标，而不是城市管理者的主观愿望。三是目标体系的协调性。不同类型和层次的目标应彼此融洽和协调，才有利于城市价值的最大化。

理性的任务设定和管理，如使命、愿景和目标体系等，有利于规避城市追求政绩或出于攀比心理的盲目发展和投入。

（三）形象规划

城市形象是城市管理者高度重视的领域，而城市品牌化，则是形象规划的专业工具。因此，这里的形象规划，是指以城市品牌识别、城市品牌定位为核心的一系列城市品牌建设相关的营销设计和管理策略。其中，城市品牌识别指城市营销者希望创造和保持的能引起人们对城市美好印象的独特联想。这些联想代表着城市的价值特征，暗示着城市对其顾客的承诺。城市品牌识别是一种主动的策略安排，表明城市管理者希望城市如何被认知，或者说，是城市管理者所希望标榜的城市特质。确立清晰的城市品牌识别是塑造城市形象的前提和基础。就城市品牌识别进行营销沟通的产物，亦即城市品牌识别投射到受众头脑或心智中所形成的"图像"，就是城市品牌形象。对城市品牌识别和城市品牌形象的设计和管理，以及相关的一系列计划安排和实施过程，叫城市的品牌化。

1. 城市品牌识别

城市品牌识别是一个城市区别于其他城市所特有的吸引力和价值的总和，是城市品牌创建工作的核心驱动力量。缺乏识别设计的城市形象建设，形同赌博或冒险，注定收效不大乃至失败。城市品牌识别不只是城市视觉标识（logo）或口号（slogan），而是具有立体化特征的整合系统。依据大卫·艾克（2001）的品牌识别系统模型，我们可以发展出一个城市品牌识别系统的基本模型（见图3—2）。

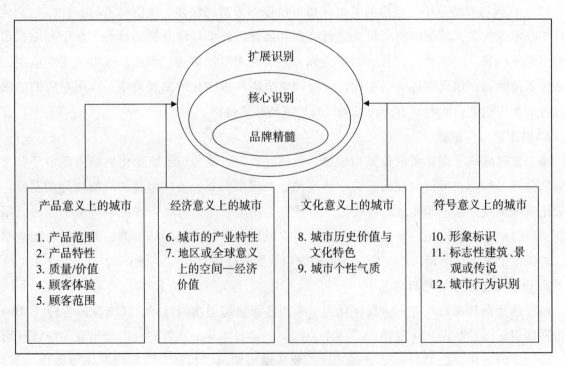

图3—2　城市品牌识别系统

资料来源：根据大卫·艾克（2001）整理而成。

城市品牌识别可分为三个层次，即品牌精髓、核心识别和扩展识别。核心识别是品牌识别中最重要的部分，集中体现着城市价值和战略思想，并能突出与其他城市品牌的差异。核心识别可以沿用到城市的人居类产品、旅游类产品、创业投资类产品等方面，主要包括城市核心价值和个性。按照大卫·艾克的断言（2001），我们也可以说，如果人们根据一个城市的核心识别来认知城市品牌，那么这个城市在竞争中已经是稳操胜券了。扩展识别包括核心识别以外的所有识别元素。鉴于核心识别的高度凝练和概括，可能导致内容的模糊和理解的歧义，扩展识别旨在使识别更加具体、准确和完整。此外，从沟通和认知的角度来说，一些品牌识别虽无法归入核心识别，但却具有不可忽略的价值因而列为扩展识别。此外，品牌精髓是核心识别中的关键要素，提炼品牌精髓具有重要的战略意义。它是品牌识别各要素协同和联系的枢纽，也是与城市顾客取得共鸣并持续推动城市价值取向的深刻力量。比如，爱丁堡的品牌精髓是"鼓舞人心"（inspiring）、杭州的品牌精髓是"生活品质"、重庆的品牌精髓是"人人共建、人人共享"等。

我们将城市品牌识别归纳为四类12项。产品意义上的城市品牌，包括产品范围、产品特性、质量/价值、顾客体验、顾客范围等识别元素；经济意义上的城市品牌，包括城市的产业特性（一般就是城市的总体特性）、区域或全球意义上的空间价值等识别元素；文化意义上的城市品牌，包括城市历史价值和文化特色，以及城市的气质和个性等识别要素；符号意义上的城市品牌，包括视觉形象标识、象征性建筑、景观和传说，以及城市行为识别（如重大城市节庆活动等）等识别要素。上述每一项识别要素均可用一个词或几句话来表达，关键要真实表现城市的吸引力和价值，而不必受标语或口号规则的限制。大卫·艾克认为，一个典型的品牌识别需要6—12项元素才能完整地说明品牌的内涵。城市可根据自身实际和竞争状况来加以取舍和设定。

需要指出的是，上述品牌识别的意义，表现在经由价值取向和可信度达成与城市顾客的有效沟通，并与之建立持久的、良性的关系。这也是品牌识别对于城市品牌创建的核心要义所在。

2. 城市形象

与城市识别的主动创制不同，形象表现为被动的接受和认知。城市形象在很大程度上决定着城市顾客的态度和反应，因此，必须对城市形象进行有效的管理。科特勒等指出，城市形象是受众对一个城市的信念、观点和印象的总和，是大量相互关联的城市信息的精练和简化，是人们加工和提炼城市大量原始数据的产物。如果无法获得资料，就不会有加工的发生；如得不到正面的、对城市有利的资料，消极的加工结果就有可能产生（Kotler et al., 1993）。城市品牌形象管理涉及三种类型的工作，即形象测度、相应的形象策略及形象设计。科特勒等认为，城市形象是可以识辨和多变化的，城市营销者应跟踪不同目标受众对城市的印象及变化并对其施加影响，即进行战略形象管理（SIM）。

在各类受众群体中进行城市形象调查和测量，有助于城市营销者评估城市形象的成绩和不足。城市形象是一个综合体，应从不同的侧面对之进行测度和认识。此外，就城市形象不同的认知度采取相应的策略也是必要的。过分吸引人的形象会带来负效应（如旅游旺季的拥挤、噪声甚至污染等），应设法使其平衡和可持续发展；正面的形象要保持和强化；弱势的形象可通过基础的建设和营销沟通大为改观；矛盾的形象（如不同群体对同一城市所持的截然不同的观点和态度）应有针对性地加以改变；负面形象则需要精心的策划和长期的努力才能扭转，包括从不利因素中发掘积极因素，或持续努力排除不利因素等。

3. 城市品牌化

上述城市品牌识别的建立和城市品牌形象的管理，本身就是城市品牌化的基础性工作。在此基础上，城市品牌化的核心任务就是品牌定位、品牌决策以及品牌传播。

品牌定位是品牌识别指导下的沟通策略。识别是"魂"，定位是"用"，二者结合，才是对战略品牌管理思想的灵活应用。

一个鲜明的、强有力的城市识别和城市形象，是当今城市最具市场价值的资源。外部的顾问或许对城市品牌定位有实质性的帮助，但品牌塑造的持续努力和最终成败却取决于城市管理者、营销者对城市品牌的深刻理解和洞察（Rainisto，2003）。获得专业化知识和技能，进行专业化的品牌定位和管理，是值得城市营销者高度重视的课题。

其次，与企业或产品品牌一样，城市品牌也存在一系列决策问题。一是主副品牌决策。即城市首先需要有一个统领性的主品牌（umbrella brand），主品牌是城市总体品牌形象的表现，反映城市在所有利益相关者及影响者之中的独特价值；同时，城市也需要副品牌或子品牌（sub-brands）。副品牌旨在树立城市在不同细分市场中的独特价值，比如旅游方面的副品牌（如"云台山"品牌之于焦作品牌）、投资方面的副品牌（如工业园或开发区的品牌等）等。主副品牌各自需要不同的创建和发展策略，但更重要的还在于主副品牌的科学整合，使其相得益彰，增益城市完整的品牌形象。二是联合品牌（co-brand）决策。联合品牌可以是地区或城市间的联合，比如城市间的合作品牌建设（如丹麦首都哥本哈根与瑞典城市乌普萨拉联合打造 Copenhagen-Uppsala Region 品牌，粤港澳联合打造"大珠三角"品牌等）；也可以是城市与企业品牌或产品品牌的联合，如强势城市品牌带动企业品牌（首尔实施"共同品牌事业"，其 Hi Seoul 品牌标识可用于指定扶持的中小企业的产品）等，或强势企业及产品品牌带动城市品牌（如"鄂尔多斯羊绒衫"之于鄂尔多斯市、"双汇"之于漯河等）。此外，凯文·莱恩·凯勒（2003）从利用次级品牌联想杠杆的角度，进一步扩展了品牌联合思路，比如利用著名人物、代言人、令人瞩目的活动或事件及第三方资源等来提升品牌形象（如世界经济论坛年会之于瑞士小镇达沃斯、博鳌论坛之于博鳌和琼海等），对扩展城市品牌化的研究提供了很好的启发。总之，城市品牌决策是城市无形资产的战略管理模式。正确的品牌决策，可极大增进城市的吸引力和城市品牌资产。

此外，关于城市品牌的传播与沟通，涉及广告、公关关系、直销、销售促进、人员推销等多种推广手段，其中也包括口号、歌曲、体育赛事、大型活动、品牌形象大使等常用的沟通工具。同时，选择何种媒体、如何把握宣传的时机、如何开发媒体组合策略、如何评估沟通与宣传的效果以及如何处理相互冲突的媒体渠道关系等，也是城市营销者需要认真对待的问题。

（四）市场规划

这里的市场规划，包含现代目标市场营销（target marketing）中的三大基本要素，即市场细分、目标市场选择以及城市产品的市场定位。这里需要注意的是，城市产品具有层次性，即作为城市整体的产品（一般指城市形象或品牌）和面向不同市场需求的城市产品（如人居类城市产品、旅游类城市产品、创业投资类城市产品等），其市场的细分、选择和定位，从立意到方法都有所差别，但核心的原理是一致的。

1. 城市营销市场细分

对于任何一个城市来说，资源总是有限的。满足所有市场的需求显然毫无可能。城市营销的市场细分，就是指按照城市顾客的欲望与需求，将所有潜在的顾客划分成若干个具有共同特征的子市场的过程。通过市场细分，城市可以更深刻地理解和选择其目标市场，可以主动调适和减缓在目标市场上的竞争态势，如采取利基（niche）市场营销等，进而生产和创造更能满足目标消费者需求的城市产品和服务。更重要的是，通过专注于特定的目标子市场，不断提升服务，有效满足顾客需求，能够有效降低城市总体成本，提高城市营销的运行效率和城市的综合收益。在城市营销市场细分中，重点要关注的是如下三个方面的问题：

（1）城市顾客行为的分析。市场是由具有特定需要和欲望，而且愿意并能够通过交换来满足这种需要或欲望的全部潜在顾客所构成的（菲利普·科特勒，1999）。城市市场即由游客、居民和雇员、商业和工业、出口市场等构成。对顾客决策和购买行为的了解，是城市营销市场分析的基础性工作。城市顾客的购买行为，是其信息搜集过程、空间选择过程和心理过程的统一。其中，城市顾客往往非常重视信息的收集，这些信息可能来自人缘（亲朋、同事等）、商业资料（广告、营销材料、互联网信息等），也可能来自公共资源（大众传媒、地区排名等）或经验（直接或间接的游历）。他们利用这些信息，由大到小圈定并不断缩小目标城市的空间或地域范围直至作出最后的决策。此外，顾客的心理过程，包括理性认知和情感等，也会极大影响城市吸引因素的评估权重。其中文化因素、社会因素乃至个人因素就非常重要。城市顾客的"购买"行为，表现为迁居、投资、设立分支机构、旅游、求学等，所牵涉的顾客成本和风险相对商业消费品要高出许多。因此，对城市顾客的购买后行为绝不能忽视。城市应该发掘或培养其独特的吸引力，而不可运用夸张的宣传甚至虚假的宣传来激发顾客过高的期望。当然，顾客决策参与者分为倡议者、影响者、决策者、信息把关者、购买者和使用者等，准确了解上述不同角色，更清楚地掌握城市买主的决策过程和结构，将有助于城市营销者采取更加积极和有效的营销对策。

（2）界定城市顾客的基本类型及其需求。对城市营销的市场界定和顾客分类，事实上是细分市场基础性的工作和初步的阶段。城市顾客可分为旅游者、居民和雇员、投资者和企业、出口市场四类，每一类城市顾客，都应尽可能细化其亚类型。比如，旅游者市场由两大部分组成，即商务旅游者和非商务旅游者。许峰（2004）以休闲（leisure）、游憩（recreation）和旅游（tourism）这三个不同的概念（LRT），将之区分为更细的类别（见图3—3）。

（3）设计城市营销市场细分的变量。上述不同类型的城市顾客既包括个体顾客，也包括组织顾客。对于居民、雇员、游客和个人投资者，可以借鉴消费者市场细分的方法，采用地理变量、人口变量、心理变量和行为变量来进行细分；而对企业、机构投资者和出口市场，则可借鉴组织市场细分的人口统计变量、经营变量、购买方式变量、环境变量和个性变量来进行细分。

需要说明的是，实践中并不存在穷尽性细分的可能性和必要性。市场的可衡量、可进入及有开发价值，是城市营销市场细分的有效标志。

2. 城市营销市场选择

选择目标市场，首先要回答如下几个问题，即细分市场是否有必要？城市在这个细分市场中是否有竞争优势？这种竞争优势是否可持续？这就涉及细分市场的规模、增长潜力、竞争状

		业余爱好　　室内休闲 户外健身　　郊野游憩 宗教仪式　　市内购物 其他	休 本 闲 地	休
旅 游	旅　休 游　闲	观光度假　　探亲访友 康体健身　　体育赛事 教育修学 文化旅游　　社会交往 其他	游　异 憩　地	闲
	旅　商 游　务	商务谈判　　展览及贸易活动 会议旅游　　奖励旅游　　其他		

图 3—3　LRT 类型及结构划分

资料来源：许峰（2004）。

况、城市相对应的资源和目标等问题。当然，对这些问题的进一步评估要视不同层面的城市产品而定。作为整体的城市产品（如城市形象）首先应与本地居民和企业进行沟通并获得其认可，而城市的辐射范围及其期望的未来地位所涉及的价值体系（区域或城市价值网络）应是其外部市场选择的基本经济和空间参照。作为分类、分行业的城市产品，其市场选择则需分别进行更细致的评估。总之，应根据细分市场的需求和自身资源与优势来理性选择目标市场。

3. 城市营销的市场定位

城市营销市场定位的要义，是要根据目标市场的需求，选择并明确显示城市产品与竞争性城市产品相比所具有的差异化价值以及竞争优势（吸引力），从而在顾客心目中占据一个可信的和独特的地位。因此，定位过程一般可通过三大步骤来完成，即评估和确认自身优势、准确选择差异化竞争优势、对所选优势进行符号化表达和显示。

城市产品和城市营销目标存在层次性、多元性，这就决定了城市营销定位的层次性和多元性特征。城市产品可选用六种主要途径来定位，即属性定位、利益定位、功能定位、顾客定位、竞争参照定位及优势等级定位等。这样，在战略营销视野中，城市的定位就表现为一个多元层级体系（见表3—3）。

表3—3　　　　　　　　　　　　　城市营销定位的多元层级体系

城市产品类别	属性	利益	功能	顾客	竞争参照	优势等级
整体城市产品 （城市形象或品牌）						
人居生活类城市产品						
创业投资类城市产品						
旅游休闲类城市产品						

资料来源：本研究设计。

城市营销市场定位，体现着定位的战略意图和方向，是城市营销从规划到实施的一个承上启下的战略环节。关于定位决策，需要注意以下几点：

（1）城市总体形象定位是所有定位工作的基础，指导着各类城市产品的定位方向和风格。

（2）定位要力求真实、准确。定位过高、定位过低、定位混乱以及定位缺乏事实支撑等，都将引致负面乃至严重的形象后果。

（五）协同规划

城市所面临的诸多内外关联，比如空间、环境、经济、文化、社会和政治等方面的关联因素正日益凸显和强化。这些关联因素直接或间接地影响着城市的发展。因此，协同规划作为城市营销战略规划中应具备的战略联动思维和联动策略安排非常重要，同时也是城市营销战略整体建构中重要的即时性反馈和调整机制。协同规划要素主要内容包括内外市场协同、地区（城市）间协同以及环境协同三个方面。

1. 内外市场协同

在经济全球化的时代，"全球化思考，本地化行动"越来越成为城市的基本理性选择。一个城市必须努力夯实发展的基础，设法使现有的企业、居民和雇员感到满意和认可。同时，城市处在各种各样的网络联系之中，还必须面对更广泛区域甚至国际市场的竞争和挑战。根据外部市场的需求和竞争进行市场选择和定位，发展城市的竞争优势和独特吸引力，进而提升城市的品牌价值，是当今城市应认真关注的重要战略环节。比之低成本的优势，独特的吸引力和鲜明有力的品牌能够带给城市更大的利益和价值，同时也能吸引更多的资源和创造更多的机会。此外，区域或国际市场中的重大事件或变动往往对相关的城市形成强大的冲击，同时也带来难得的机会。如日益活跃的东盟论坛、2010年的上海世博会等，对相关的地区或城市而言，都具有特别深刻的战略营销意义。这些区域或国际的市场变局改变着竞争态势乃至规则，也孕育着大量的机会。城市营销者应及时从这些变化中发现价值创造机会，不断地调整城市营销战略以适应环境的需求。

除塑造城市品牌外，选择和促进城市产业集群也是当今城市协同内外市场的有效战略举措。借由促进产业集群的努力（如价值链招商），城市可更好地感应和融入区域乃至全球城市价值网络，获得有力的分工位置。当然，城市发展的逐步外向化乃至国际化步伐必须与城市现实的实力相匹配。胸怀世界，步步为营，善于在夯实自身基础的同时捕捉战略机遇的城市往往能以小搏大，异军突起。

2. 地区（城市）间协同

以往孤立的城市管理模式已经导致了诸如环境污染、基础设施重复建设等大量本可回避的问题。因此，在环境、教育、安全以及经济发展等方面，区域间、政府间合作不仅是可能的，而且更是必要的。特别是近年来，在我国城市化进程当中，城市组团式发展现象也日趋强化，并正在成为新一轮财富增长的战略平台。"共享共建"的基础设施网络化协同和市场协同，也大大降低了投资和交易成本，被视为是提升城市竞争力、区域竞争力和地区形象的动力源。

3. 环境协同

城市的建设和发展本身以及外部环境变动，都会带来相应的"外部性"问题。积极的外部性可以增益城市价值，而消极的外部性则会阻碍城市的发展。其中，就城市环境而言，污染问题和交通拥堵正日益成为城市面临的两大典型的消极外部性问题，两者与城市生活环境和商务环境竞争力密切相关。因此，在城市营销战略的初始规划以及实施过程中严格控制消极外部性，是城市营销的重要任务。成功的城市总是善于保持边际私人成本与边际社会成本的合理平衡，因此较少拥堵，更清洁也更富效率。优化基础设施投资、改革环境方面的税收政策和相关项目的财政援助或补贴政策以及开展积极的公私协作等，都是加大环境协同治理的有效途径。而积极推动城市的组团式发展，则是改良污染、拥堵等"城市病"的更长远的重要举措。倡导并设法确立"绿色城市"和"生态城市"的价值，是城市营销体现城市"科学发展观"的重要环节之一。

（六）投资规划

合理的投入预算和稳定的资金保障，是城市营销战略规划的重要内容，也是各级、各类城市营销组织实施城市营销战略的基本保障，事实上，即使尚未发起自觉的城市营销规划，相关的投入也是存在的。如与市民、企业的沟通、招商引资活动和宣传的投入、旅游促进活动的投入等。作为城市营销战略规划中的投资规划，确切地讲是投资（investment）决策，而不是单纯的支出成本（expenditure），投资规划就是要通过合理的预算计划及严格的预算与支出管理，确保城市营销达成既定的战略目标，实现城市价值收益的增值。

一般而言，政府的公共预算投入，是城市营销预算构成的基础，用以确保城市营销组织的设立与基本运行，特别是保障最重要的市场研究和关键性的营销战略行动的开展。另外，公私协作是城市营销的基本动力机制，私人部门及第三部门（无偿或低薪志愿者援助是第三部门的特殊投入方式之一）的投入，往往是城市营销预算更重要的来源。还有就是所谓的公共（产品）服务民营化问题，各国就此已进行了多年的摸索（萨瓦斯，2002），我国也有些成功的经验值得城市营销者进行深入研究，并在实践中审慎探索。

在上述六个战略规划要素中，组织要素是前提、基础和起点，由此推及任务、形象和市场等渐次递进的战略要素，共同构成城市营销战略规划的核心。协同要素和投资要素是由组织要素衍生出来的两大战略规划要素，是城市营销战略规划工作达成系统性、科学性和持续性的保障。

三、城市营销组合策略框架

市场营销组合策略（marketing mix），是指企业或组织为达成目标，在选定的目标市场上，从环境、自身能力和竞争状况出发，以顾客需求为中心，对企业可控因素进行最佳组合和运用的系统化策略。最经典的市场营销 4P 组合是指产品、价格、渠道和促销这四种策略。20 世纪 90年代，美国市场学家罗伯特·劳特伯恩提出了以"4C"为主要内容的市场营销组合即 4C 理论，即针对产品策略，提出应更关注顾客的需求与欲望；针对价格策略，提出应重点考虑顾客为得到某项商品或服务所愿意付出的代价；针对渠道策略，提出应更多地考虑顾客获得某项商品或服务的便利性；并强调促销过程应用是一个与顾客保持双向沟通的过程。

鉴于城市及城市营销的特点和复杂性，传统的市场营销4P或4C等组合策略，很难满足城市营销实践的需求。在文献基础上，结合对市场营销实践的观察，我们提出兼顾城市营销主体和城市顾客的城市营销"八对"（8P & 8C）组合策略，包括"产品—顾客"（product - customer's needs）策略、"价格—成本"（price - cost）策略、"渠道—便利"（place - convenience）策略、"促销—沟通"（promotion - communication）策略、"人员—满意"（people - contentment）策略、"过程—连贯"（process - consistency）策略、"有形化—可信度"（physical evidence - credibility）策略和"合作—协同"（partnership - coordination）策略等。

（一）"产品—顾客"策略

城市也可被视为是一个完整的"实体"产品，其属性是能满足市场需要的城市软硬环境及其灵魂——城市形象。此外，按城市营销的四大市场及其需求，可将整体城市产品细化为人居生活类产品、创业投资类产品和旅游休闲类产品。其中，人居生活类产品包括满足居民、雇员需求的一切城市软硬环境，如市民生活设施、教育及培训水平、就业环境、社会治安及城市环境的清洁度、舒适度和优美度等；创业投资类产品是能够满足企业和投资者创业、成长和发展的一切城市软硬环境，包括区位优势、基础设施、市场准入、地方生产要素、人才、金融支持、经济活力、政府服务等；旅游休闲类产品是满足游客、访客需求的一切城市软硬环境，包括旅游景点、配套设施、交通服务、接待服务等。上述每一类产品，还可依需求进行进一步细分和归类。

城市产品如此繁杂，从营销效率和效益的角度，要求城市营销者特别注重城市的品牌营销。鲜明的城市品牌将使所有的城市产品受益并增值。其次，城市还要善于建立一个合理的"产品结构"，比如从需求、竞争和自身资源出发，开发并打包一些较有竞争力的、最能增加城市价值的重点产品，如城市产业集群、旅游产品新组合、特别的节日或事件等，以此产生"晕轮效应"、带动其他城市产品。

城市营销绝不仅指把现有的城市产品"卖"出去，更重要的是要从城市顾客的需求出发，充分运用城市的资源去开发城市产品、创新城市产品，进而能够比竞争城市更好地满足游客、投资者、企业和居民等城市顾客的需求。

当然，城市产品也有其导入、增长、成熟和衰退的生命周期。城市人口的涨落、产业结构的变动乃至城市的兴衰，正是城市生命周期的综合体现。准确把握宏观环境的变化以及顾客偏好的变迁，对城市产品进行生命周期管理，也是"产品—需求"策略的重要内容之一。

（二）"价格—成本"策略

与企业产品的价格不同，城市的价格更多地要从城市顾客的成本角度来认识，比如，居民的生活成本、企业的创业成本、投资者的投资成本、游客的旅游成本等,从成本角度可更准确地理解城市产品的价格。城市产品是凝结在空间特征中的顾客需求的投影,这个投影往往体现为相关联的一组城市顾客的利益。相对于顾客需求而言的某项城市产品的价格,往往是其所包含的更细化的一组城市产品价格的反映。比如,投资者到某地投资设厂就是对一组城市产品(软性和硬性的投资环境)的"购买"和"消费",其成本包括土地价格、运输成本、劳动力素质、劳动力价格、税收政策、政府服务的有效性和便利程度、社会服务的专业性和便利性程度等。相应地,城市收获的是税收、就业和当地消费增加等一组复杂的收益。可见,企业市场营销中建立在量化分析基础上的价格策略(如成本加成法等),很难直接挪用到城市营销中来。

城市的价格是相对于城市产品的价值而言的一个概念。与市场上的其他买主一样,城市顾客也是价值最大化的追求者和实践者。复杂、抽象和多样化的城市产品,正是借由城市顾客的需求而彰显其特性和价值,并通过顾客满意而实现其价值的。从这个意义上说,城市营销的过程可以视为是一个让渡顾客价值,以赢得顾客满意度和忠诚度的过程。顾客让渡价值概念的战略意义在于,城市必须提供高于竞争对手的顾客让渡价值,才可能对目标市场更具吸引力。城市可以通过两个方面来改进工作,一是通过改进城市形象、优化城市产品、提升城市服务及人员的价值等,来设法增进城市顾客的总价值;二是可以通过降低成本、减少城市顾客的时间、精力和体力耗费,来降低城市顾客的总成本。这两方面的工作,与城市软硬环境的特性和品质息息相关。以城市招商引资为例,正如经济发展与合作组织(OECD)的一项研究显示,如果过度依赖各种土地价格优惠、能源价格优惠、税收优惠、贷款支持等激励政策来吸引国外直接投资,会造成地区间的恶性竞争,长期来看对地区的发展有害无益。真正能够增强地区竞争力和持续发展的引资策略应该是改进地区投资软环境特别是综合服务能力,其实质就是增加顾客的让渡价值。

(三)"渠道—便利"策略

城市营销渠道是指能够面向城市目标市场推广城市产品、宣传城市形象的相关中介或关系网络。作为城市营销组合要素之一,"渠道—便利"策略解决城市产品推广、城市形象传递的可达性(accessibility)及城市顾客获得城市产品的便利性(Convenience)。城市营销渠道大致可分三种类型(见表3—4),即组织类型、活动类型和互联网类型。其中,组织类型包括本地及有辖属关系的各级政府部门(如政府新闻部门、旅游局、招商局、文化局、外事局等)、非营利机构(如商会、行业协会等)、非正式社会组织(如同学会、宗亲会等)、科研学术机构、传媒、中介/顾问机构、企业及城市其他合作伙伴等;活动类型是指定期或不定期举办的、有一定影响的大型活动或事件(如博览会、论坛等);互联网类型主要指各类与城市营销有关的网站(如投资服务网、旅游咨询网等)。

表 3—4　　　　　　　　　　　　　城市营销渠道示例

渠道类型		渠道成员
组织类型渠道	本地政府部门及辖属关系的各级政府部门	**本地层面** 新闻、宣传部门 旅游局、文化局 投资促进局、招商局、对外经济贸易主管部门 外事部门 驻外办事机构 城市规划部门 创业园、开发区、高新区等 **地区层面** 地区政府领导 地区投资促进部门 地区旅游管理部门 地区文化管理部门 **国家层面** 政府首脑 相关管理部门（旅游管理部门、投资促进机构等） **国际层面** 大使馆或领事馆 与某地区有特殊联系的经济发展机构及投资机构
	本地及相关地区的非营利机构（NPO）	各种商会、行业协会及经济、社会促进组织
	相关非正式社会网络	同乡会、同学会、宗亲会等
	学术科研机构	大学、科研院所
	中介、顾问机构	相关评价机构、企业孵化器、专业顾问公司（广告、公共关系等）
	企业	旅行社、相关传媒机构、与某地区有关外地或国际性企业
	其他合作伙伴	已缔结的友好城市（姊妹城市）、战略同盟等
活动类型渠道		较有影响的博览会 较有影响的论坛 其他较有影响的事件或活动（如城市运动会等）
互联网类型渠道		各类营销渠道成员网站 专业城市营销网站（如城市旅游信息网站、投资服务网站等）

资料来源：本研究整理。

　　设法使城市的产品和服务比竞争对手的更易获得，是"渠道—便利"策略的关键。因此，城市营销的渠道选择与渠道合作机制的建立，要结合营销目标等战略安排，同时顾及城市所能达到的组织能力以及关系网络（network of relationships）资源的整合能力。

（四）"促销—沟通"策略

在城市营销组合中，"促销—沟通"策略旨在就城市产品和顾客需求之间达成及时的交流和充分的沟通，以更好地树立城市形象、促进城市产品推广以及加强与渠道网络的合作关系。城市促销是城市营销实践长期以来最常见的形式，至今已积累了丰富的经验。

从城市营销战略系统的角度来讲，促销与沟通的前提是首先要判断"对谁说"或"与谁沟通"的问题（受众或对象），即城市营销的市场细分和选择。其次要明确"说什么"的问题，这要根据城市产品的市场定位、城市品牌定位以及城市营销目标体系等战略规划要素来进行设计。这是作为城市营销组合策略子系统要素的"促销—沟通"与传统城市促销的根本区别所在。

在上述战略前提下，"促销—沟通"策略要解决"怎么说"的问题。常用的沟通工具如广告、公关传播、展览展示、节庆活动、直销、销售促进、人员推销乃至影视、歌曲、体育比赛、品牌大使和代言人等。重要的是，要达到良好的效果，就要设法使这种"说"变成是一种"对话"，一种双向的交流与沟通。这就需要研究城市顾客的态度、行为方式，以相应选择最适合的沟通模式。这是城市营销者所应予以重视和探究的。

（五）"人员—满意"策略

在提供城市产品或服务的过程中，"人"和"顾客满意"是一对不可或缺的因素。一方面，城市营销的参与者（actors）组成人员是生产、创新城市产品，提供相关服务的主体，城市营销规划机构、执行机构的员工，以及城市管理、市政服务、旅游服务、投资服务等相关机构的从业人员，其工作的态度和水平也是决定当地市民、企业和外部的游客、投资者等城市顾客对城市产品满意程度的关键因素之一。正确选用、组织、培训和激励相关的人员，是努力提高城市产品和服务质量工作的一个组成部分，对于城市顾客的购买决策和"购后协调"都具有重要的意义。因此，这里的"人员—满意"策略实质上是以顾客为导向的城市营销组织人力资源开发和管理的问题。

另一方面，市民的参与和贡献也是影响城市顾客满意度的关键因素之一。市民本身是营销过程的参与者，其意见和建议对于营销的规划和执行相当重要。更重要的是，市民在创造良好友善、有活力和有吸引力的城市氛围，提升城市内外顾客满意度方面发挥着不可替代的作用。市民的价值取向、态度和平均素质正日益成为评价城市投资软环境的重要指标之一，其对城市旅游业发展的影响也更直接、显著。

（六）"过程—连贯"策略

这里的"过程"是指城市营销策略实施的连续性，具体表现为城市产品或服务交付给顾客的任务、流程、组合活动和日常工作。在城市营销中，城市顾客通常把产品或服务的交付系统感知为城市产品本身的一个部分，其利益或满足，不仅来自城市产品本身，同时也来自对产品交付过程的感知和体验。当城市产品之间差异性不甚明显时，"过程"就会成为竞争优势的重要来源之一。

与企业市场营销一样，从确保产品和服务交付过程质量的角度加强战略控制当然非常重要。但鉴于城市产品的多元性、复杂性以及城市顾客需求的多元性和复杂性，城市营销中的过程管理所面临的最大挑战，就是策略实施的"连贯性"问题。在营销执行过程中，各种利益相关者的意见可能相互冲突，特别是政府的平行职能部门，很难指导或协调其他部门。如果没有一套合理的机制加以管理和协调，也可能导致有风险的妥协，这些都可能使城市营销的执行特别是产品交付过程的连贯性受损。如在企业（合法）入驻所涉的准入门槛及相关办理和审批手续方面，各主管部门之间以及政府与市民之间很可能意见相左，或态度、表现不一，必然会影响到入驻过程的顺利进行，等等。

因此，从营销执行的连贯性、一致性角度来设计、确保产品交付的过程管理规范，是"过程—连贯"策略的基本要求。加强过程管理中的领导力，以及建立有效的产品交付"过程协同机制"则是"过程—连贯"策略的关键。这就对城市营销的领导和执行机构在管理方面提出了更多、更高的要求。

（七）"有形化—可信度"策略

"有形化"或称"有形展示"，是指一切可传达城市产品特色及优点的有形组成部分。城市产品是综合的和抽象的，难以感知和评价。但顾客感官对与城市产品相关有形物的感知及由此所获得的印象，却会直接影响到顾客对产品价值和城市形象的认识与评价。

服务营销理论认为，有形化策略应体现并促进营销策略。有效的城市营销有形化策略重点应聚焦于三方面的信息，即物质环境、信息沟通和城市产品价值的信息，它们影响着城市顾客对城市产品质量的期望与判断。依此设计城市产品的有形展示手段，并努力与城市营销整体策略达成相互支撑、相得益彰的效果，在城市营销策略执行过程中往往会收到出人意料的效果。

有形化重在借以传递产品特色及优势，其策略目标就应该是最大可能地增加这些特色和优势的可信度，从而影响顾客感知、评价和判断。在城市经营的负面案例中，好大喜功、劳民伤财的形象工程，"展示"的是官员的自私和愚妄，而非城市顾客的期待。我们对城市营销的物质环境、信息沟通和价值信息的"有形化—可信度"策略进行了如下概括和提炼（见表3—5）。

表3—5 城市营销的有形展示策略

信息类型	类型要素	要素特征	策略向度：可信度
物质环境	氛围因素	不易引起顾客立即注意的背景	空气的质量（如气温、湿度、空气污染情况等）；噪声；气氛；环境整洁度
	设计因素	顾客最易察觉的刺激	美学因素（如建筑、色调、风格等）；功能因素（如设施、舒适度、城市VIS等）
	社会因素	环境中的人	其他顾客（数量、行为、素质）；员工（数量、行为、素质）

信息类型	类型要素	要素特征	策略向度：可信度
信息沟通	城市产品有形化	处于接触点前沿，需要高度的创造性来发掘	凸显产品相关有形物（如标志性雕塑、景观和建筑）；创造体现产品特性的有形物（如节事活动、城市口号、市歌等）
	信息有形化	顾客最关心的关键信息	媒体信息沟通（广告、新闻等）；口碑传播；品质保证和服务承诺；产品信息的象征化、符号化、情感化（如城市形象大使、城市纪念品等）
价值信息	顾客成本	传达产品品质或市场目标的信息	成本指标的有形显示（如居民消费水平、要素价格指数、税收等产业政策）
	顾客价值	体现顾客利益和机会的重要信息	利益指标的有形显示（如基础设施优势、城市经济发展重要指数、城市社会服务于政府效率指数、顾客体验价值描述、成功案例展示等）

资料来源：本研究归纳整理。

当然，在城市营销实践中，"有形化—可信度"策略应该遵循以下三条原则：一是诉诸顾客的感官、提供顾客关注的信息；二是所传递的信息要真实；三是策略目的不在于吸引顾客一时的眼球或兴奋，而要致力于发展城市与其顾客的长期信赖关系。

（八）"合作—协同"策略

城市营销涉及广泛，政府部门之间要协同、合作，公私部门之间更需要合作。合作是城市营销执行过程中基本的组织能力保证。特别是企业部门的参与（如旅游、会展、饭店、房地产公司等）能够使公共部门更多地借鉴营销技巧和商业思维，同时也能够增进城市营销的资金保障。高校和研究机构的介入，将使城市营销获得更多的知识和理论支持，增加项目的科学论证，从而降低营销实践的风险。对于一些与科技相关的城市营销项目，如吸引高科技企业入驻等，高校和科研机构的参与者更能显示其谈判参与者的沟通价值。而公众组织的参与（如行业协会、商会等）也能在有效降低组织成本的同时，增进营销执行的力度，等等。"合作—协同"策略是城市营销组合策略最重要的要素之一，是整合其他七对组合要素的"黏合剂"。

上述城市营销组合策略应体现城市营销的战略意图和战略方向，是城市营销战略规划在执行层面的展开和细化。如果说城市营销战略规划的作用模式是"掌舵"（steering），那么城市营销组合策略的作用模式就是"划桨"（rowing）。两者彼此协同，缺一不可。

总之，城市营销的努力，正是通过优化、提升城市的软硬环境及相关服务，发掘和创新城市的独特吸引力，来满足市民、投资者、旅游者、企业等城市顾客的生活和工作需求、创业和投资需求、旅游和休闲需求以及企业发展和扩张的需求等，进而树立城市正面和良好的形象，提升城市的核心竞争力。战略性的城市营销能够打破"城市增长悖论"、引导城市产业发展并促进城市发展的可持续性和和谐度，是创造和提升城市价值的有效战略。

更重要的是，城市营销的终极目标在于实现或提供公共价值。然而公共价值却不可能单凭理性供给或市场力量所能达成。因此说，这种价值蕴涵于城市产品与城市顾客的关系之中，蕴涵于城市发展和竞争的过程之中，而且实现公共价值的过程，往往也表现为公共价值与私人价值正向激励与博弈的过程。因此，城市营销的组织平台和运行过程，必然是一个多主体、民主化的治理机制。建设城市政治文明，优化参与、协商和协同的网络化城市治理结构，是城市营销的内在要求，我们将在报告的主题研究部分集中探讨这一问题。

第4章 •••••▸

城市营销指数：实证分析框架

城市营销是操作性很强的应用学科，探讨城市营销的实证分析框架，对于加强理论研究、促进实践发展，具有重要的意义。实证分析包括定性和定量两个基本维度。其中，定性分析主要是对城市营销中不易被量化或取数的内容进行观察（资料分析、访谈调研等）和推断。本报告在第四部分进行了中国城市营销发展述评研究，全面梳理了我国城市营销的发展脉络。同时，依据城市营销理论分析框架即战略规划六要素、营销组合八要素以及城市营销治理等，就城市营销理论与经验对标（报告第五部分）也进行了深入的观察和剖析。此外，课题还特别就城市营销的定量分析框架进行了探索，在相关研究的基础上提出城市营销指数的概念及其指标体系，并将其作为分析和测度中国城市营销发展的工具，以期通过定性和定量相结合的研究，为我国城市营销的发展提供更好的指导和启发。本章拟着重从城市营销指数的研究背景、内容和方法等角度，来阐述城市营销的定量分析框架。

一、城市营销评估的研究背景和目的

目前，有关城市营销总体发展评价的研究尚不多见，指标化的研究则更属阙如。然而在城市营销的具体领域中，相关的研究却较为活跃。

（一）关于城市品牌的研究

2008年8月，在对欧洲72个主要城市的大样本调研基础上，著名的赛佛伦（Saffron）品牌顾问公司发布了"欧洲城市品牌张力排名"（European City Brand Barometer）。该项研究[1]同时采用了两类指标，即城市资产优势指标和城市品牌优势指标。其中，城市资产优势包括文化因素（含景观、历史文化、美食餐饮、购物等）和宜居因素（含综合成本、气候天气、步行便利性及公交便利性等），城市品牌优势包括形象认知、魅力度、口碑价值和媒体认知等测度指标。就上述两类指标的比值，计算出每个城市的品牌利用度，亦即"城市品牌张力"。这一研究显示，不少城市资产优势远大于品牌优势，比如索菲亚和汉堡，品牌优势被普遍低估，表明其加强城市营销的迫切性。一些城市品牌优势则大于实际的品牌资产，比如爱丁堡、格拉斯哥和利物浦等，受到游客和投资者的追捧，说明其城市营销的成功。还有一些城市则有过度营销和夸大其魅力的嫌疑，如曼彻斯特、布里斯托尔和纽卡斯尔等，也值得警惕。这项研究引发了欧洲城市的浓厚兴趣。

2005年，安霍尔特（Anholt，2005）提出国家品牌指数（NBI），包括出口、文化传统、旅

---

① 参见 www. citymayors. com/marketing/city - brands. html；以及 saffron - consultants. com/wp - content/uploads/Saff_ CityBrand-Barom. pdf。

游、政府管理、投资与移民以及民众 6 项指标。2006 年起他又发展了城市品牌指数（CBI），包括城市声望地位（Presence）、城市环境素质（Place）、城市发展机会（Potential）、城市活力（Pulse）、市民素质（People）及城市基本条件（Prerequisites）6 项一级指标，又称"城市品牌六边形"（Anholt，2006），每一指标之下又细分为若干二级指标。未来品牌（FutureBrand）公司①也开发了一套国家品牌指标（CBI）的三级评价体系，具有一定的参考价值。其指标主要包括：纯正真诚，历史、艺术和文化，度假胜地/酒店，休闲/放松，海滩，自然美景，奇异景观，户外活动/体育运动，安全，商务便利性，商务旅行，会议，夜生活/餐饮、购物，消费成本和新近发展速度等。这套评价体系明显地偏重于旅游观光评价。中国国家统计局国家经济景气监测中心②于 2005 年 11 月发布了《中国城市品牌经济状况报告》，其中就提出了"中国城市品牌经济评估指标体系"。该指标体系包括五个一级指标，即资源评价指标、产业评价指标、企业评价指标、政府评价指标以及城市特性指标，在一级指标下又选取了多项二级指标。此外，还有一些国内学者，如李成勋（2003）等，也就城市品牌的评价指标进行了探索和研究。

（二）有关城市投资促进、旅游和人居方面的探讨

目前，从城市营销的角度来专门进行投资促进研究的文献正日益增多，但尚未发现专门的评价指标研究。不过关于投资环境或营商环境的指标研究和排名却浩如烟海、难以计数。专家学者和相关机构从不同的角度出发，运用多种方法，选用各种指标体系来对投资环境进行评估。比如，英国经济学人智库（EIU）的全球营商环境排名，选取劳动力成本、劳动者技能、劳资法规、商业机会、政治环境、宏观经济稳定、法律体系、税收体制、基础设施等指标来对国家和地区的投资环境进行评价。如世界银行集团发布《2008 中国营商环境报告》，采用开办企业、等级物权、获取信贷和强制执行合同等指标，来判断和分析中国各地区的营商环境。2009 年 2 月，为全面提高中国利用外资的质量和水平，中国商务部发布《关于建立招商选资综合评价体系的指导意见》，以推动各地由招商引资向招商选资转变，建立招商选资综合评价体系。③ 招商选资综合评价体系主要包括六个方面的内容，即投资环境评价、综合质量评价、产业升级评价、创新能力评价、资源节约与环保评价及社会责任评价等。该指导体系对于推动中国城市营销中的投资促进，将发挥重要作用。

旅游营销与城市营销的交集，主要在于城市休闲旅游目的地营销领域，内容也极为丰富。比如克拉克（Clarke，2000）指出旅游目的地品牌化存在诸如方便选择、便于感知、超越时间和地域保持一致性、降低决策风险、明确细分市场、协同努力六大作用。魏小安（2002）提出旅游目的地是多种空间要素的组合，是包括经济空间、文化空间和心理空间等在内的复合型空间概念，而旅游目的地的要素也包括吸引要素、服务要素以及环境要素等。其他诸如旅游目的地品牌竞争力评价、旅游目的地舒适度评价、旅游目的地文化要素评价等（郭舒、曹宁，2004；杨亮，2008），亦不可胜数。

关于城市人居环境，国内外研究也比较深入。从城市居民对生活质量的主观感受或者有关

---

① 参见 http：//www. futurebrand. com，2007 - 1 - 29。
② 中国经济网 http：//500. ce. cn/zzcxpplt/jdyt/200511/05/t20051105_ 93435. shtml。
③ 新浪网 http：//news. sina. com. cn/c/2009 - 02 - 20/154917256245. shtml。

生活条件的主客观测量到居民生活条件的客观测度,都有大量的文献,堪称汗牛充栋,文献浩如烟海。其中,曾克尔等(Zenker, Petersen & Aholt, 2009)从城市营销的角度提出一个简要的市民满意度指数(CSI),包括文明和多元、自然和娱乐、工作机会、成本和效率四大类21个变量的指标体系,较具参考价值。近年来,我国学者也非常重视对宜居城市的研究,认为城市应该确立以人为本的价值、适宜居民工作、生活和居住,强调舒适和便利理念(何永,2005;张景秋,2006;李丽萍、郭宝华,2006),并在满足人的基本生活需求的同时,突出完善配套的基础设施、良好的生态环境质量、浓郁的文化氛围、和谐的社会关系及较多的个人发展机会等(袁少军等,2006)。

(三)关于城市网络营销的探讨

随着互联网的普及,网络营销逐渐成为市场营销最重要领域之一。有关城市网络营销的探讨也随之兴起。其中,就城市网络营销绩效的评价研究也有不少进展。比如克里斯特拉(Christelle, 2003)提出城市营销网站评价指标,包括功能、内容、交互性、品牌化、差异化和相关链接六个一级指标以及几十个二级指标。王芳和翟丽娜(2008)就我国地方政府门户网站的G2B服务能力提出一个评价指标体系,包括六个一级指标、18个二级指标与90个三级指标。傅浩等(2006)也就地方政府门户网站地区营销绩效进行了实证分析,提出信息服务、互动服务、电子政务服务、其他应用服务及网站链接等系列评价体系。

此外,有关城市治理绩效评价,实际上与城市营销管理评价问题息息相关。本书在第26章有较详细的回顾与探讨。

(四)构建城市营销评价体系的意义和目的

尽管到目前为止,有关城市营销发展评价的文献和讨论还不够丰富,但已有了一些进展和基础。随着城市营销在中国渐成热潮,如何结合中国城市营销发展的实际情况,探索出一套总体性的城市营销发展测度与评价体系,已成为一个很有意义但同时也极具挑战的研究课题。

第一,从可执行、可衡量的角度,就城市营销发展的关键要素进行梳理和剖析,构建出符合我国实际的城市营销发展评价体系,有助于深入了解我国城市营销的发展态势,并为理论与实践的互动提供数据参考。

第二,通过指标体系的工具价值及其所承载的理论思想,可以为我国城市营销管理提升提供支持,从而引导我国城市营销尽早实现从自发到自觉、从粗放到专业、从战术到战略的转型。

二、城市营销指数(CMI)构建及其概念模型

在市场营销理论中,营销绩效的评价向来是一个挑战。因为市场营销理论认同但无法依赖"理性人假设",要面对兼具经济理性、政治理性、社会理性和非理性情感的具体的人。因此,营销绩效评价很难有一个固定的框架来加以衡量,表现为一个动态的特征。此外,营销绩效的评估更注重面向营销全过程的评估,亦即输入(inputs)、输出(outputs)和效益(outcomes)的

全面、综合评估，其困难和挑战是显而易见的。城市营销有多重主体、多元目标，其市场的背景和机制，要比企业营销更加复杂。加之城市营销目前的总体发展水平有限①，而且不同地区的城市营销发展，比之企业营销的发展水平显得更不均衡，因此，建立城市营销评价指标体系，可以说有着相当的难度。

（一）城市营销指数的概念

城市营销指数（City Marketing Index，CMI）概念的提出，即是为了解决城市营销的发展状况或绩效的评估问题。然而，要建立一个面向过程、兼具主客观要素又适用大样本测度的指标体系，首先就要考虑测度的成本和可行性问题。因为营销绩效评价中，顾客或受众的主观认知因素占据着相当的分量。而要获得这些数据就意味着极为昂贵的投入。因此本课题认为，充分挖掘客观数据和资料，在此基础上建构城市营销发展评价体系是一个比较可行的路径。

在城市营销理论分析框架及城市营销评估的相关文献基础上，我们认为城市营销指数应该包括如下几个方面的内容。

1. 城市品牌形象的测度

品牌是存于受众头脑中的一组资产，本应通过调研来加以评判。但我们也可通过城市品牌形象的呈现及其努力和用心，来推测和预期其接受和认可的程度。城市品牌建设在城市营销中居于战略制高点地位，很大程度上影响甚至决定着城市营销的进展和成效。

2. 基础建设的测度

如前所述，营销远非指现有产品的营销，更重要的是如何满足潜在消费者的需求和期望，包括基础环境的建设，以及新产品（服务）的设计与开发等。城市营销的基础建设，是面向市民、游客、投资者和企业的一组复杂的战略安排，是关系到城市营销潜力和可持续性的重要基础性指标。

3. 营销沟通的测度

城市营销沟通，是城市营销最生动、最醒目的环节，也是城市营销战略能否成功达成的关键。通常我们可以从媒体覆盖、事件活动等营销努力中，来大致评估其营销沟通的专业性和力度。营销沟通反映城市营销发展的推动力量。

4. 网络营销的测度

就网络营销进行重点测度，一方面是考虑城市网络营销的重要性正在急速增加；另一方面，是因为网络还是一个可测度的城市营销渠道。测量大样本城市营销渠道显然不具可行性，但我们却可以通过城市营销的网络，来加以替代性的考察。在网络时代，城市营销者对于营销网络的重视和运用，无论如何都会在其网络上有所体现。可以说，城市网络营销，是城市营销中最典型的趋势指标。

5. 营销效益的测度

城市营销的评估，同样不能偏离目标导向和结果导向的考量。其中，市民满意、人才涌入、

---

① 城市营销发展水平局限的其中一个表现，就是营销相关统计数据的匮乏。一些基本的城市营销数据，比如节庆、会展、各类人才引入、投资促进及旅游推介活动数量、广告投入、各类媒体宣传报道、文化创意产业规模及从业人数、对外文化交流活动次数等，绝大多数城市没有专门的统计口径和数据整理。

投资增长、出口增加、旅游发展就是这种效益的具体呈现。一般而言，投资、出口和旅游，有相对完整的统计数据可资比较和考量。当然，城市营销是一项长期的战略规划和行动，当期业绩只能部分说明当期努力或当前吸引力的收益。在面向全过程的城市营销评价体系中，城市营销效益只是其中的一个环节而已。

（二）城市营销指数（CMI）的构成

基于上述分析，结合数据的可获得性考量，本报告提出城市营销指数（CMI）的5个主题层指标，即品牌强度指数（含品牌吸引力、品牌关注度、品牌独特性、文化包容性、品牌规划与管理5个次主题层）、营销建设指数（含公共服务、人居建设、产业质量、创新建设、旅游建设、城市管理6个次主题层）、营销沟通指数（含本地支持、节会营销、旅游促进、投资推广、国际推广5个次主题层）、网络营销指数（含网站功能、网站设计、网站互动、形象展示、网络沟通5个次主题层）和营销效益指数（含投资效益、出口效益和旅游效益3个次主题层）。每一个次主题层又包含若干指标，指标由单一或多项数据合成。为简约起见，兹将城市营销指数（CMI）的指标体系层次和要素罗列如下（见表4—1）。

表4—1　　　　　　　　　　　　城市营销指数（CMI）指标体系

主题层	次主题层	指标层	数据层
城市品牌强度	品牌吸引力	区位吸引力	行政区位　经济区位
		美誉度	国际荣誉数量　国内荣誉数量　是否全国文明城市
	品牌关注度	国际关注	标题新闻数量
		国内关注	标题新闻数量
	品牌独特性	文化资源	文化遗产数量　非物质文化遗产数量
		历史积淀	建城史年限
		文化活力	文化产业从业人数
		企业形象	中国驰名商标数　中华老字号数　国家地理标志产品数
	文化包容性	文化辐射	港澳台企业数　外资企业数
		文化多样	少数民族数量　少数民族人口占比
		社会包容	流动人口比例
	品牌规划与管理	设计专业性	VI标识专业性
		品牌整合	城市品牌定位的统御性
		定位实质	价值或个性描述
		定位相关	与城市远景战略的相关性或根植性
		品牌元素	市花、市树、市鸟、吉祥物、市歌等
		定位一致	连续两年来城市品牌定位的一致性
		品牌保护	城市品牌注册保护

续表

主题层	次主题层	指标层	数据层
城市营销建设	公共服务	设施基础	机场、铁路、公路的客流吞吐量和货邮吞吐量　人均城市道路铺装面积
		生活便利	万人拥有邮局数　万人移动电话数　万人互联网用户数　万人拥有公交车辆
		文化服务	万人影院数　万人体育场馆数　百人公共图书馆藏书数
		医疗服务	万人医生数　万人病床数
		教育服务	万人拥有高校、普通中学及小学的数量　每万名普通中学拥有专职教师数
	人居建设	城市绿化	人均绿地面积　建成区绿化率
		环境保护	工业废物处理率　生活污水处理率　生活垃圾无害化处理率环境污染治理及环境基础设施投资 GDP 占比
		生活水平	职工平均工资　消费价格指数　恩格尔系数城镇登记失业率三险覆盖率
		人居品质	人均居住使用面积　居民人均消费支出
	产业质量	产业基础	社会劳动生产率　社会消费品零售总额　固定资产投资总额
		金融支持	金融贷款余额　金融机构存款余额
		产业载体	产业集群数量　开发区、园区数量及其等级
		产业服务	生产性服务业增加值 GDP 占比
	创新建设	创新基础	人均财政及教育支出　万人拥有在校大学生数
		创新潜力	各类专业技术人员的数量　各级企业技术中心数量
		创新产出	高新产业产值占比　万人拥有专利数及专利立案数
	旅游建设	旅游形象	定位　标识
		旅游资源	国家和省级重点文物数　A 级以上景区数
		接待能力	星级以上饭店数
		旅游创新	旅游新项目数
	城市管理	市民参与	公示数量　意见征集数
		区域治理	与其他地区或城市的合作机制数量
		管理效率	万元 GDP 财政收入　万元 GDP 财政支出
		管理效果	犯罪率　刑事案件死亡率　交通事故死亡率

续表

主题层	次主题层	指标层	数据层
城市营销沟通	本地支持	媒体支持	本地报刊数量
		社会支持	本地社会团体数量
	节会营销	节庆活跃度	节庆活动数量
		会展活跃度	会展数量
	旅游促进	旅游推广	旅游推介会次数（国内）
		传播曝光	标题新闻报道
	投资推广	投资促进	投资推介会次数（国内）
		投资曝光	标题新闻报告
	国际推广	推广基础	国际友好城市数量
		推广影响	相关标题新闻报道
城市网络营销	网站功能	顾客导向	快速通道或绿色通道数量
		服务信息	服务信息类别数量
		相关链接	链接到本地其他城市营销网站
		语言选择	有效语种数量
	网站设计	内容丰富	信息量（主观）
		界面友好	便利性和亲和性（主观）
		设计美学	设计美观性（主观）
	网站互动	用户黏度	网站注册用户数　网站社区论坛帖子数　跟帖数
		功能互动	虚拟手册　城市虚拟地图
	形象展示	形象规范	所有城市营销网站的 LOGO 及口号
		形象展示	城市主题图片库图片数量
	网络沟通	新闻传播	外部网站报道的标题新闻量
		互动沟通	论坛社区的标题发帖量
		博客营销	城市博客博文数量及其访问量　外网博客报道量
城市营销效益	投资效益	外资投资	外资投资额
		外资项目	外资项目数
	出口效益	出口总额	外贸出口总额
		出口增长	外贸出口总额同比增长率
	旅游效益	旅游人气	入境旅游人次
		旅游规模	旅游总收入
		旅游贡献	旅游总收入占 GDP 的比重
		旅游增长	旅游总收入增长率

资料来源：本研究整理。

　　在上述指标体系中，城市营销总体发展绩效，即城市营销指数，表现为五个一级指标的复杂互动关系。其中，城市营销建设（基础指数）、城市营销沟通（推动指数）、城市网络营销（趋势指数）和城市营销效益（效益指数），是一组渐次递进又相互作用的城市营销发展绩效，作为城市营销力度的综合体现，构成城市营销指数的基础性测度，并与城市品牌强度形成一个相互作用的系统（见图4—1）。

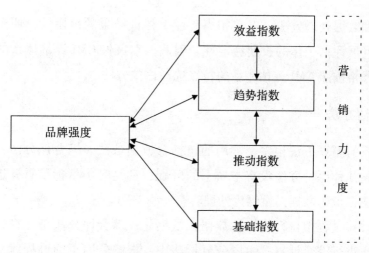

图4—1　城市营销指数关系

资料来源：本研究设计。

在这组相互作用的体系中，城市品牌强度作为一个系数，调节着一个城市的营销发展水平和绩效，这一概念可表示为"城市品牌强度"与"城市营销力度"的乘数，即 CMI = 城市品牌强度 × 城市品牌力度；或，CMI = 城市品牌强度 × （城市营销建设 + 城市营销沟通 + 城市网络营销 + 城市营销效益）。

经课题组专家研讨，确定品牌强度指数分值为1.5分，以彰显其城市营销战略制高点的支配性地位。其中，品牌强度指数分值以1分为临界值，得分高于1分表明该城市的品牌强度较高，在城市营销指数中起到正向调节作用；而得分低于1分则表明该城市的品牌强度较小，减弱了城市营销总体效果。城市营销力度的总体分值为100分，其四项指数分值均为25分。CMI 满分为150分。

作为本报告附件的指标体系中附有数据相关解释。这里需要强调的有以下几点：

（1）上述指标体系并非普适的城市营销发展指数，而是从中国实际出发来设计的。其要旨在于强调城市营销要以顾客需求为核心，基础建设与营销推广要兼顾并重。

（2）顺应网络时代趋势、发展网络营销能力至关重要。特别是城市品牌建设，正日益成为城市营销的战略核心所在，与城市未来的营销效益，可谓密切相关。

（3）在本指标体系中，绝大多数的指标是客观数据指标，其余指标也是在客观资料基础上进行评估和判断的主客观结合指标，应该说数据可信度较高。由于各城市统计口径的不一，甚至不同来源的正规统计数据也会在一定程度上存在差异，课题的后续数据收集确实困难重重。尽管我们已尽了最大的努力，但仍有一些数据如节庆活动的次数等，尚无统一、完整的数据来源，只能通过互联网搜索整理出不完全的数据。因此，本指标体系及其测量结果可作为分析参考而不应是决策依据。我们希望城市管理者尽早建立城市营销数据统计规范,这将对优化城市营销管理、提升城市营销效益起到非常重要的作用。

三、城市营销指数 (CMI) 的测度模型与方法

统一评估流程和数据处理方法可以在相当程度上保证结果的可用性,便于结果进行横向比较,保持城市营销发展评估工作的长期稳定性。因此,本报告 CMI 评估体系的指标测算秉承科学和标准的原则,严格按照 CMI 评估体系的特点选择评估方法。

(一) CMI 评估方法

目前,评价体系的测算方法很多,常用的包括合成指数法、综合评分法、主成分分析法和拉氏双边比较法。这几种评价方法没有本质上的区别,都是赋予指标权重并进行综合打分。但是,不同的评价方法在指标数据无量纲化处理时有一些差别。

合成指数法在计算过程中自行将指标数据无量纲化;综合评分法是先将指标数据统一转化为无量纲化数值后再进行综合计算;主成分分析法中,求解公因子的过程就是指标无量纲化的过程,其权重由公因子特征值的比重计算得到;拉氏双边比较法中关于与基准值的比较就是综合评分法中的指标数据无量纲化过程。上述四种评价方法中都需要对指标进行赋权,只有在主成分分析法中权重是根据指标的贡献率计算得到的,其余三种方法都由专家打分给出。

通过上述各类评价方法的比较,本报告评估体系在"建设指数"、"沟通指数"和"效益指数"的评价中选择改进的拉氏双边比较法,在"品牌指数"和"网络指数"的评价中选择综合评分法。依据评估方法的不同进行数据的无量纲化处理。

本报告评估体系的客观指标部分分为单一指标和综合指标,其中,单一客观指标原始数据的无量纲化处理主要采取了阈值法。报告的综合客观指标则依据理论基础和指标内涵编制公式进行计算。主观指标则全部采用李科特七级量表,通过打分进行测评。

(二) 指标数据标准化方法

数据标准化也就是统计数据的指数化。本报告 CMI 评估体系的指标主要来源于客观数据,同级指标的性质和量纲均呈现一定差异,无法进行比较和分析。因此,我们首先要对数据进行标准化处理。数据标准化处理主要包括数据同趋化处理和无量纲化处理两个方面。

(1) 同趋化处理解决数据的性质问题。不同性质指标对城市营销的作用力不同,无法通过直接合成来反映综合结果,例如,"城镇登记失业率"指标与"人均绿地面积"指标对上级指标"人居建设"的作用方向是相反的,前者对"人居建设"呈现反作用而后者对"人居建设"具有正向作用。因此,我们首先要考虑改变逆指标的数据性质,使所有指标对城市营销的作用力同趋化,再进行数学运算才能得出正确结果。

(2) 无量纲化处理解决数据的可比性问题。无量纲化过程可以将原始数据转化为处于同一数量级别上的指标,用于比较和综合分析。在此我们依据指标的不同内涵采用阈值法的处理方

法。阈值法以指标的最大值和最小值的差距进行数学计算，其结果介于 0—1 之间。具体计算公式如下：

①对于正向指标，意味着得分越大则在该项指标表现越好，计算公式为：

$$X_i = \frac{x_i - x_{min}}{x_{max} - x_{min}}$$

②对于逆向指标，意味着得分越小则在该项指标表现越好，计算公式为：

$$X_i = \frac{x_{max} - x_i}{x_{max} - x_{min}}$$

③对于适度指标，意味着越接近某一特定值则在该项指标表现越好，计算公式为：

$$X_i = \begin{cases} \dfrac{x_{max} - x_i}{x_{max} - x_j}, & x_j < x_i < x_{max} \\[2ex] \dfrac{x_i - x_{min}}{x_j - x_{min}}, & x_{min} < x_i < x_{max} \end{cases}$$

其中：X_i 为指标的标准分数；

　　　x_i 为某城市某指标的指标值；

　　　x_{max} 为某指标的最大值；

　　　x_{min} 为某指标的最小值；

　　　x_j 为特定值。

主观指标通过李科特量表测量得到分值，因此也需要进行无量纲化处理，以保证客观指标与主观指标之间的可比性。主观指标主要采用改进的功效系数法进行无量纲化处理。

（三）指标权数确定

使用标准化处理后的数据进行综合测评，还必须对各参评指标做出较为科学的权数调整，合理反映各测评指标的影响和作用程度，以便得出科学合理的综合测评结果。指标权数的确定一般有两种方法：一是主观赋权，即专家赋权，这种方法的缺点是受人为因素的影响较大。二是客观赋权，是指从原始数据出发，通过一定的数学转换，运用数理统计方法取得指标权重的一种赋权方法。这种方法客观性强，没有人为因素的影响，如主成分分析、因素分析法等。在此，考虑到 CMI 体系较为复杂，各级指标之间具有理论上的内在联系又有现实中的相互影响，因此报告针对指标所处级别分别进行处理。

1. 采用主成分分析法，由四级指标计算三级指标

由于 CMI 的四级指标大多由客观数据构成，每个三级指标内部包含的四级指标数量允许我们通过主成分分析法推算三级指标的表现。主成分分析法有两方面优点：

（1）该方法客观性强，排除了人为因素在此的影响。由于四级指标是报告的基础层，该层数据的处理将直接影响最终结果，主成分分析法的权重通过计算获得，能够在最大限度上保证评估体系的公正客观，让数据反映各城市营销实践的表现。

（2）该方法削弱了数据量对评估结果的影响。本报告的评估体系涵盖 100 个城市，样本城

市统计数据的完备性不同，将会对评估结论造成影响。主成分分析法则可以依据数据表现对那些具有主要影响的指标赋予相对较高的权重，这样可以在很大程度上规避数据的不完备性带来的负面效应。

2. 采用算术平均法，由三级指标逐步推算出二级指标

此处采用算术平均法，即是对每一级别内部的指标权重做相同处理。CMI 评估体系的核心目的是理清城市营销的理论内涵，揭示各要素之间的联系，基于这样的研究思路，本报告认为评估体系从三级指标开始，每层指标内部的各要素对上级指标均具有同等重要的影响，各指标之间不分伯仲，在最大程度上规避人为赋予权重带来的主观偏颇。同时，评估体系的三级指标是通过计算获得等权重的处理方法亦能够直接反映基础数据所揭示的客观规律。最后，根据研究设定的 CMI 计算公式和指标概念分值，合成分项及总体得分。

城市营销指数

Assessment and ranking of
city marketing index

第 5 章

中国城市营销指数点评

本章拟对城市营销指数（CMI）的相关得分与排名情况进行点评①，以分析和揭示我国城市营销的发展特征。

一、100 个城市的 CMI 总体排名点评

城市营销指数系统客观反映了一个城市在城市营销方面的相对发展水平，包括城市品牌强度指数和城市营销力度指数两大类指标（见总报告表 1—1）。通过 100 个城市的 CMI 排位数据，可以有以下几点发现：

（1）100 个城市之间 CMI 得分差距悬殊。排名最高的北京得分为 126.176，是排在最后一名的克拉玛依得分的 2.78 倍。排名最靠前的 6 个城市——北京、上海、成都、重庆、杭州、宁波其得分均超过 100 分，说明城市品牌的放大效应在这些城市当中得到了很好的显现。另外，排名第 7、8、9 位的天津、南京、深圳，其 CMI 得分也都超过了 90 分，表现也很突出。

（2）规模大、经济实力强的区域中心城市排名较高，城市营销发展居于领先地位。在总体排名前 20 位的城市中，直辖市和省会城市有 10 个，其他的 10 个城市：宁波、深圳、青岛、大连、东莞、无锡、温州、苏州、泉州、绍兴，也都是区域经济的中心城市或东部经济重镇。这些城市在经济发展上的成就大大提升了其城市品牌知名度，同时较强的经济实力也为其城市营销建设和沟通提供了物质基础。

（3）城市圈已经成为我国城市营销的一个特点和亮点。在总体排名前 20 位的城市中，长三角城市圈占了 8 个，包括上海、杭州、宁波、南京、无锡、温州、苏州和绍兴。珠三角地区有深圳、广州、东莞 3 个城市。而北京、天津、沈阳、青岛、大连 5 个城市则属于环渤海城市圈。成都、重庆、武汉属于崛起的中西部城市圈。城市圈良好的资源集聚效应、协同优势，以及良性竞争的氛围都极大地促进了区域内城市营销的发展。

（4）部分全国著名的旅游城市排名表现较好，而另外一些旅游城市则表现较差。成都、重庆、青岛、大连、苏州、杭州等作为旅游城市知名度一直很高，而且长期以来进行了有针对性的城市营销规划与管理，打造了较强的城市品牌，对于城市营销发展起到了放大作用。遵义、延安等红色旅游较为发达的地区，营销指数表现较差，从这两项可以发现，仅仅通过旅游或其他零散的要素进行宣传，而不将城市营销进行统筹规划，不会取得令人满意的结果。

---

① 本报告拟对纳入城市营销指数（CMI）计量分析的 100 个中国（大陆）城市进行总体点评。限于篇幅，CMI 的分项点评仅选取 CMI 总体排名前 60 位的城市进行点评。本报告点评的城市中不包括我国香港、澳门以及台湾地区。

（5）城市营销指数存在较明显的区域差异。东部地区城市营销发展水平较高，东北、西北、西南城市营销发展相对滞后。在排名前 20 位的城市中，除了成都、重庆、武汉、沈阳之外，其他的全是东部城市。而在排名后 20 位的城市中，绝大部分则都是西部城市。

另外，如果考虑各个城市在 CMI、品牌强度、营销力度三方面表现的匹配状况，则可以从战略平衡性的角度来对这 100 个城市进行考察。城市营销发展的战略平衡性主要从城市总排名、品牌强度排名及营销力度排名这三个数据的均衡性来观察。一个城市营销比较成功的城市，上述三者应该围绕一个核心开展，具有很好的平衡性。而且通过分析战略平衡性，可以发现一个城市的长处和短板，为城市提供强化优势、改进劣势的参考。本研究以总体排名前 5 位的城市为基础，并结合所有城市中的异常值，即三项排名差异极为悬殊的城市，进行说明。

CMI 排名前 5 位的城市依次是北京、上海、成都、重庆和杭州。排名第 1、2、5 的北京、上海和杭州，城市营销发展比较均衡，北京在城市品牌强度和城市营销力度两个方面均排名第 1；上海在城市营销力度方面排名第 2，在城市品牌强度方面排名第 4；杭州在城市营销力度和城市品牌强度方面分别排在第 5 和第 6。而成都和重庆的城市营销战略平衡性则相对较差。成都在城市品牌强度方面排名第 2，表现十分抢眼，但在城市营销力度方面只排到第 9；重庆在城市品牌强度方面排名第 3，同样十分出色，但在城市营销力度方面只排到第 12，跌出前 10 名之外。

通过数据发析，本研究发现在 100 个城市当中，厦门、合肥、南宁、洛阳等一些城市均衡性较差，如图 5—1 所示。

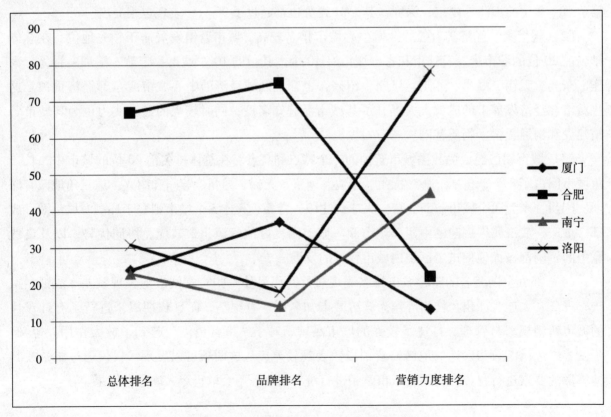

图 5—1　厦门等四城市的 CMI 均衡性表现

资料来源：本研究绘制。

厦门、合肥城市营销力度指标表现很好，但是城市品牌强度却较差，说明这两个城市缺乏明晰的品牌形象，缺乏准确的品牌规划与科学管理，导致在实际营销中多做无用功。南宁、洛阳则相反，品牌强度较好，但是营销力度却不够，"雷声大，雨点小"。

二、60个城市的城市品牌强度点评

城市品牌强度指数是对各个城市在一系列营销努力之下在各类城市顾客当中所建立的品牌形象的综合评价指标，包括品牌吸引力、品牌关注度、品牌独特性、文化包容性、品牌规划与管理五个次主题层，城市品牌强度得分和排名情况见表1—1和表1—2。

（1）自觉的城市品牌营销努力有效增进了城市品牌强度。总体来看，北京、成都、重庆等22个城市的城市品牌强度指数得分超过1.00，北京是唯一一个品牌强度超过1.30的城市，成都、重庆、上海的品牌强度也超过1.20，宁波、杭州的品牌强度则超过1.10，可见在这些城市当中，城市品牌对城市营销的放大效应十分显著，通过建设城市品牌使得城市营销的作用更加突出，给城市带来的积极效用更加显著。另外，我国城市品牌得分地区差异很大，沿海发达地区的城市品牌得分明显占优势，许多非省会城市都超过西北地区中心城市的得分，究其原因，城市品牌得分不仅与城市品牌的独特性等城市本身的品牌资源厚度有关，还和城市品牌的规划与管理有着很大的联系。

具体来说，在城市品牌强度排名前20位的领先城市中，没有一个在西北地区，而华东和华南等经济发达地区则占到了一半以上，例如上海、宁波、杭州、南京、泉州、温州、深圳、东莞、南宁、无锡等。四个直辖市都进入了城市品牌强度得分前10位。从城市品牌强度得分来看，在领先的20个城市得分差异比较大，排名第1的北京与排名第20的武汉得分相差0.33之多。此外，这20个城市在城市规划与管理方面均付出了极大的努力，尤其是成都和杭州，其城市品牌规划与管理得分为1，排名第1，是60个城市中仅有的两个城市品牌规划与管理得分为1的城市。从城市类型来看，这20个领先城市有一半是属于省会城市或者直辖市，另一半是二级城市，但是，这些二级城市全部分布于我国沿海地区，这也许蕴涵着城市品牌与城市经济相辅相成的互动式发展关系。在一级城市中，北京凭借其在关注度、独特性和吸引力方面的优秀表现，毫无悬念地拿到了品牌得分的最高分。而在二级城市中，表现最好的是宁波，其品牌得分排名第5，从二级指标可以看出，作为沿海发达地区二级城市代表的宁波，其品牌独特性得分并不高，而总体得分较高的主要原因在于其在品牌关注度、文化包容性和城市品牌规划与管理三项上的得分表现出色。

（2）华东、华南城市品牌强势。在品牌得分排名第21—40位的城市中，既有省会城市也有二级城市，城市区域分布仍然不均匀，虽然七大区域全部都有涉及，但是这20个城市中仍然有一半处于华南和华东两个经济发达地区。但是，这里有两个城市的排位令人关注。一个是广州，作为广东省会、珠三角经济区域的龙头城市，却没有在城市品牌强度排名进入前20位以内确实有些不尽如人意。仔细观察其各项得分不难发现，尽管广州在城市品牌吸引力、关注度、独特性和文化包容性等方面都表现不错，但是其在城市品牌规划与管理上得分却很低，在60个城市当中排在第55。另一个品牌强度得分令人诧异的城市是厦门。厦门和泉州是相邻的闽南城市，虽然厦门作为经济特区、知名的旅游城市以及海峡西岸经济区与台湾对接的龙头城市而得到了更多的关注，但是泉州的城市品牌强度得分却远远高于厦门。泉州城市品牌强度排名第10，而厦门是第37。细看二级指标不难发现，厦门虽然关注度得分较高，但是其城市品牌的独特性和城市品牌的规划与管理方面得分都大幅低于泉州。泉州不仅是历史名城，现在也是中国的品牌之都，有着雄厚的品牌资源，这是厦门无法比拟的。此外，厦门在城市品牌规划与管理方面也需要进一步改进完善。总体来看，这两个城市的品牌强度排名相对较低都有一个共因，就是城市品牌规划与管理不足，应当在这方面继续努力改进。

（3）文化名城的营销困惑。在城市品牌强度得分排名第41—60位的城市中，城市区域分布比较均匀，七大区域全部都有涉及，只有四个城市是省会城市，它们是郑州、西安、南昌和福州。而其中城市品牌强度得分排名令人意外的也有四个城市。其中两个是省会城市：一个是西安，排名第44位，较呼和浩特、西宁、银川的排名还低许多；另一个是福州，排名第54。西安是我国著名的古都，有着悠久的历史，其城市品牌具有得天独厚的独特性，但其品牌关注度和文化包容性得分都表现欠佳，此外，西安城市品牌规划与管理也只排到第55。因此，在城市品牌强度指数测量中，西安表现得很一般。福州是我国沿海发达地区唯一的一个城市品牌强度得分排位表现较靠后的省会城市。福建省的泉州和厦门排名都远远高于福州，细看二级指标不难发现，福州在城市品牌吸引力、文化包容性以及城市品牌规划与管理方面得分都低于泉州和厦门，尤其是城市品牌规划与管理排位在60个城市的最后，这的确让人大跌眼镜。另外，还有两个表现不错的非省会城市：一个是宜昌，城市品牌强度得分排名第41，另一个是包头，其城市品牌强度得分排名第53。宜昌虽然在城市品牌吸引力和关注度方面表现平平，但是其城市品牌独特性和文化包容性方面得分还不错，尤其是城市品牌规划与管理得分更是令人刮目相看。这些得分表现也许与三峡库区有着很大的关系，当然城市品牌的规划与管理还得靠当地政府部门的城市营销努力来实现。包头是西北地区表现不错的非省会城市，虽然其城市品牌强度得分排名在第53，但是它是西北地区唯一一个排名在前60位的非省会城市。从二级指标可以看出，包头在城市品牌关注度、独特性和文化包容性方面并没有表现出过人之处，但是其城市品牌吸引力和城市品牌规划与管理却使之脱颖而出。尤其是城市品牌规划与管理排在第26位，在西北地区的12个城市中，仅次于西宁和银川。可见，包头和宜昌在城市品牌强度得分上的优异表现与其付出的城市营销努力是密不可分的。

（4）城市品牌战略制胜势在必行。从60个城市的数据来看，城市品牌强度指数与城市营销指数（CMI）排名整体一致性也比较好。城市品牌强度排名前20位的城市中，除昆明、西宁、洛阳三个城市外，其余的17个城市在城市营销指数的排名中也都在前20位内。即便是昆明、西宁和洛阳，其在营销力度中排名分别为第11、14、18，而在城市营销指数的排名则分别为第21、23、31，差距也并不悬殊。说明城市在品牌强度方面的表现，很大程度上反映了其在整个城市营销指数中的排名。

从以上分析可以看到，城市品牌强度得分较高的城市，其城市品牌本身就具有独特性、文化包容性和吸引力，并且备受关注，而且在城市的规划与管理方面付出了较多的努力。这充分说明城市品牌的建设是一项长期的战略性工作，它不仅要靠城市品牌资产的支撑，需要城市品牌战略规划高屋建瓴，更需要持之以恒的坚持。另外，城市品牌建设也表现出木桶原理效应，如果某一项或者某一个环节没有做好，就会影响到全局的表现。强大的城市品牌是先天的资源与后天的努力有序结合的结果。

三、60 个城市的城市营销力度点评

城市营销力度指数是对各个城市在城市营销各项工作中努力程度的综合评价指标。它主要通过城市营销建设（基础指数）、城市营销沟通（推动指数）、城市网络营销（趋势指数）和城市营销效益（效益指数）四个方面的指标来反映，其得分及四个相关指数的排名见表 1—3 至表1—6。

（一）60 个城市的城市营销力度总体表现

从 60 个城市的城市营销力度指数得分和排名的情况来看，北京、上海分列第 1、2，其得分分别为 94.163 分和 93.513 分，是 60 个城市当中仅有的两个得分超过 90 分的城市，超出第 60 位的绵阳 20 分左右。另外，在 60 个城市中，排名最靠前的 10 个城市得分都超过 85 分。

从区域特征上来看，东部沿海城市的表现非常强势，而中西部地区城市的排名则相对靠后。在前 10 名的城市当中，有 9 个城市都属于长三角、珠三角和环渤海城市群；在前 20 位的城市当中，三大城市群的城市也占到了 15 席。特别是长三角城市群，在前 10 位中更是占据了一半的席位，分别是上海、杭州、南京、苏州和宁波。而前 10 位中唯一的中西部城市——成都，也只是排在第 9。不过在中西部城市当中，成都的表现还是非常突出的。在反映城市营销力度的四项指标当中，除效益指数外，其余三项指数，建设指数、沟通指数和网络指数，都排在前 10 位。除此之外，在中西部城市当中，另外两个中心城市重庆和武汉的城市营销力度排名也相对比较靠前，分别排在第 12 和第 14。

城市营销建设指数是对城市营销基础建设的测度，反映了城市在城市营销中"做"的一面；城市营销沟通指数是对城市对外宣传、传播、沟通工作的评价，反映了城市在城市营销中"说"的一面。从数据分析的结果来看，在这 60 个城市当中，城市营销建设指数与城市营销沟通指数排名整体一致性良好，城市营销建设排名前 20 位的城市中，除郑州、东莞、厦门、长沙、济南、绍兴外，有 14 个城市在城市沟通指数的排名中跻身前 20 位，并且厦门、长沙、绍兴在城市营销建设中排位分别为第 12、14、20，在城市营销沟通中的排名分别为第 22、26、29，差距也并不是太大。只有郑州、东莞、济南在城市营销建设中排位分别为第 9、11、19，在城市营销沟通中的排名分别为第 31、47、36，差距较大，说明这三个城市在城市营销基础建设方面虽然具有相对突出的优势，但是城市营销沟通工作未能与城市营销建设工作相配套，从而影响了其在城市营销力度方面的表现。

另外，从 60 个城市的数据来看，城市营销力度指数与城市营销指数（CMI）排名整体一致性也非常好。城市营销建设排名前 20 位的城市中，除厦门外，其余的 19 个城市在城市营销指数的排名中也都在前20位内。即便是厦门，在城市营销力度中排名为第13，在城市营销指数的排名为第24，差距也并不算大。说明城市在城市营销力度方面的表现，很大程度上决定或揭示了其在整个城市营销指数中的排位。

（二）60个城市的城市营销建设表现

CMI总分排名前60位城市的城市营销建设指数及其6个主题层即公共服务、人居建设、产业质量、创新建设、旅游建设和城市管理的得分和排名情况见表1—3。

从60个城市的城市营销建设指数得分和排位的情况来看，北京、上海分列第1、2，其得分分别为0.930分和0.900分，是60个城市当中仅有的两个得分超过0.9分的城市。另外，在60个城市中，排名最靠前的16个城市得分都超过0.85分。

从区域特征上来看，东部沿海城市的城市营销建设相对比较出色，而中西部地区城市的排名则处于60个城市排名的中下游。在前10位的城市当中，有7个城市属于长三角、珠三角和环渤海城市群；在前20位的城市当中，三大城市群的城市也占到了15席。不过在中西部城市当中，成都、重庆、郑州3个城市的表现比较抢眼。这3个城市分别排在第6、7、9，都跻身前10位。在反映城市营销建设指数的6个主题层当中，成都在旅游建设和创新建设方面表现突出，分别排在第5、7；重庆在旅游建设和城市管理方面表现出色，在这两方面都排在第2位；而郑州则在城市管理方面表现最为突出，在60个城市当中排名第1。除此之外，在中西部城市当中，另外两个中心城市长沙和武汉的城市营销建设排位也相对比较靠前，分别排在第14和第17，双双进入前20位。

从排名前5位的城市来看，排在第1、2位的北京和上海，除了人居建设，在其余几个主题层上基本都比较突出。北京在人居建设方面排在第11，上海则排到了第18，均跌出前10位。这也揭示了两个城市今后在加强城市营销建设时，尤其需要在人居建设方面加大力度。排在第3的深圳，在公共服务和创新建设方面表现突出，均排在第1，而在旅游建设与城市管理方面的表现则让人诧异，尤其是城市管理，深圳排在第58。排在第4的天津，在公共服务和人居建设方面分别排在第18和第26，均未能进入前10位，显示出天津今后在城市营销建设方面需要重点加以改进的地方。排在第5的杭州，在旅游建设和公共服务方面分别排在第11和第18，而杭州作为一个知名旅游城市，在旅游建设方面却未能进入前10位，值得相关的城市管理者关注。

从60个城市的数据来看，城市营销建设指数与城市营销力度指数排名整体一致性较好。营销建设排名前20位的城市中，除郑州、长沙、济南外，其余的17个城市在城市营销力度指数的排名中也都在前20位内。而郑州的城市营销建设指数排名第9，在城市营销力度指数中的排名为第21，长沙的城市营销建设指数排名第14，在城市营销力度指数中的排名为第30，济南的城市营销建设指数排名第19，在城市营销力度指数中的排名为第29，差距也都不算太大。说明城市在城市营销建设方面的努力，很大程度上可以反映其城市营销力度的大小。

（三）60个城市的城市营销沟通表现

按照本研究中城市营销沟通指数计算方法计算出来的CMI排名前60位的城市的城市营销沟

通指数及其 5 个主题层（本地支持、节会营销、旅游促进、投资推广和国际推广）的得分与排名情况见表 1—4。

从 60 个城市的城市营销沟通指数得分和排位的情况来看，60 个城市之间得分差距较大。上海、北京分列城市营销沟通的第 1、2，其得分分别为 0.984 分和 0.970 分，是 60 个城市当中仅有的两个得分超过 0.9 分的城市，并且排名第 1 的上海得分超出第 60 的乐山 0.329 分。另外，在 60 个城市中，排名最靠前的 15 个城市得分都超过 0.80 分。

从区域特征上看，东部沿海城市的城市营销沟通表现非常突出，而中西部地区城市的城市营销沟通表现则相对较弱。在前 10 位的城市当中，有八个城市都属于长三角、珠三角和环渤海城市群；在前 20 位的城市当中，三大城市群的城市也占到了 15 席。不过在中西部城市当中，成都、重庆两个城市的表现比较突出，分别排在第 7、8。在反映城市营销沟通指数的 5 个主题层当中，成都在投资促进方面表现突出，排在第 4；重庆则在本地支持和投资促进方面表现较佳，在这两方面都排在第 7。除此之外，在中西部城市当中，另外 3 个城市武汉、石家庄和西安的城市营销沟通排位也相对比较靠前，分别排在第 16、19 和 20，均在前 20 位之内。

从排名前 5 位的城市来看，排在第 1、2 的上海和北京，在 5 个主题层上的排名也基本包揽了前 2 位，可见这两个大城市在城市营销沟通及其相关指标方面的优势非常显著。排在第 3 的杭州，在节会营销方面表现突出，排在第 2，而在投资促进和国际推广方面的表现则稍逊一筹，分别排在第 11、12。杭州作为国内知名的旅游城市，在国际推广方面排在前 10 位之外，值得相关管理者予以重视。排在第 4 的天津，在本地支持和投资促进方面表现较佳，均排在第 3，而在节会营销方面表现稍弱，排在第 13，这也揭示了天津今后在城市营销沟通方面需要重点加以改进的方面。排在第 5 的广州，在 5 个主题层上的表现比较均衡，五方面的排位均在前 10 位之内。

从 60 个城市的数据来看，城市营销沟通指数与城市营销力度指数排名表现出一定的一致性。城市营销沟通排名前 20 位的城市中，除排在第 18—20 的长春、石家庄和西安外，其余的 17 个城市在城市营销力度指数的排名中也都在前 20 位内。另外，西安在城市营销力度指数中的排名为第 27，差距并不大。只是长春和石家庄在城市营销力度指数中的排名为第 33、34，差距较大，这说明对于长春和石家庄而言，城市营销沟通并不是导致其城市营销力度排名靠后的原因所在。

（四）60 个城市的城市网络营销表现

按照本研究中城市网络营销指数计算方法计算出来的 CMI 排名前 60 位的城市的城市网络营销指数及其五个主题层（网站功能、网站设计、网站互动、形象展示和网络沟通）的得分与排名情况见表 1—5。

从 60 个城市的城市网络营销指数得分和排位的情况来看，60 个城市之间得分差距较大。北京、宁波、上海分列城市网络营销的前三甲，其得分分别为 0.935 分、0.907 分和 0.904 分，是 60 个城市当中仅有的三个得分超过 0.9 分的城市，并且排名第 1 的北京得分超出第 60 位的桂林 0.284 分。另外，在 60 个城市中，排名最靠前的 20 个城市得分都超过 0.85 分。

从区域特征上来看，东部沿海城市在城市网络营销方面表现很强势，而中西部地区城市的城市网络营销则相对较为滞后。在前 10 位的城市当中，有 8 个城市都属于长三角、珠三角和环渤海城市群；在前 20 位的城市当中，三大城市群的城市更是占到了 17 席。不过在中西部城市当中，武汉、成都、重庆 3 个城市的表现比较突出，分别排在第 6、9、12，其中武汉和成都更是跻身前 10 位。在反映城市营销沟通指数的 5 个主题层当中，武汉在网站设计和网站互动方面表现突出，分别排在第 1、6；成都在形象展示方面表现突出，排在第 5；重庆则在网络沟通和形象展示方面表现较佳，分别排在第 10、11。

从排名前 5 位的城市来看，排在第 1 的北京，在网络形象展示和网络沟通方面表现突出，均排在第 1，但在网站互动、网站设计以及网站功能方面，分别排在第 11、12 和 22，尤其是在城市门户网站的功能方面，北京还有较大的提升空间。排在第 2 的宁波，在网站互动方面表现最为突出，排在第 1，在网络沟通方面也表现不错，排在第 6，至于网站设计、网站功能以及形象展示三个层面，排名则相对靠后，分别排在 12、13 和 15。总的来看，宁波的城市网络营销各方面的发展相对较均衡，没有明显的弱项，在这方面宁波甚至超过了北京。排在第 3 的上海，在网站设计和网络沟通方面表现突出，均排在第 1，在网络形象展示方面也表现不错，排在第 6，但在网站互动和网站功能方面，表现不尽如人意，分别排在第 27 和第 35，这在 60 个城市当中仅属于中等水平。这样的表现与上海这样一个国际化大都市不相符，因此，上海有必要开展城市网络营销对城市门户网站的网站功能和网站互动加以重视和改善。排在第 4 的绍兴，在网站设计和网站互动方面表现出色，分别排在第 1、3，在网络形象展示和网络沟通方面也表现不错，分别排在第 10、14，但在网站功能方面表现较差，仅排在第 40，因此绍兴今后在开展城市网络营销时，若能加大力度改进城市门户网站的功能，相信其城市网络营销指数将得到较大提升。排在第 5 的深圳，在网络沟通方面表现出色，排在第 3，在网站互动和网站设计方面表现也还可以，分别排在第 10、12，而在网站功能和形象展示方面表现较弱，分别排到了第 20、35，是深圳今后在城市网络营销方面需要重点加以改进的地方。

从 60 个城市的数据来看，城市网络营销指数与城市营销力度指数排名整体上基本一致。城市网络营销排名前 20 位的城市中，有 16 个城市在城市营销力度指数的排名中也都在前 20 位内。但是中山、南通、三亚、烟台这 4 个城市网络营销指数排名前 20 位的城市，其城市营销力度指数都排在 20 位之外，这说明对于上述 4 个城市而言，尽管城市网络营销方面做得不错，但在其他影响城市营销力度指数的层面还未能与其城市网络营销水平相匹配，以至于影响了其城市营销力度指数的排位。

（五）60 个城市的城市营销效益表现

按照本研究中城市营销效益指数计算方法计算出来的 CMI 排名前 60 位的城市的城市营销效益指数及其 3 个主题层次（投资效益、出口效益和旅游效益）的得分和排名情况见表1—6。

从 60 个城市的营销效益指数得分和排位的情况来看，上海、深圳、北京分列城市营销效益的前三甲，其得分分别为 0.952 分、0.941 分和 0.932 分，是 60 个城市当中仅有的 3 个得分超过 0.9 分的城市。另外，在 60 个城市中，排名最靠前的 13 个城市得分都超过 0.85 分。

从区域特征上来看，城市营销效益与地区经济发展水平有着密切的关系，三大城市群的城市营销效益非常突出，包揽了前17个席位。而三大中西部地区的中心城市——武汉、重庆、成都则排在第18、19、20。其中一个重要原因是中西部城市在区位方面所存在的发展劣势，使其在出口绩效方面无法与东部沿海城市相比，因此城市营销效益排名普遍靠后。

从排名前5位的城市来看，排在前5位的上海、深圳、北京、广州、苏州，在营销效益3个主题层面的排名也基本都在前10位，只有苏州在旅游效益方面的排名在第11。基本上这5个城市在城市营销效益三个层面没有特别明显的弱项。

从60个城市的数据来看，城市营销效益指数与城市力度指数排名整体一致性也较好。城市营销效益排名前20位的城市中，除珠海和佛山外，其余的18个城市在城市营销力度指数中的排名也都在前20位内。但是排在第16、17的珠海和佛山，其城市营销力度指数排名分别在第31和46，说明这两个城市在城市营销力度指数的其他层面还有较大的空间需要提升。

四、结论与启示

通过对我国100个城市CMI指数以及前60位城市的城市品牌强度指数和城市营销力度指数的分析和点评，可以得到以下几点结论和启示：

（1）不同城市之间城市营销发展水平差距悬殊。从城市营销指数及各层面指标的数据来看，北京、上海、重庆等直辖市以及成都、杭州、宁波等区域中心城市在城市营销方面走在了全国各大城市的前列，其城市营销指数得分甚至是排名靠后的二线城市的若干倍。比如，相对最后一位的克拉玛依，北京、上海、成都、重庆、杭州、宁波、天津和南京的CMI得分都超过其2倍多；北京的CMI得分是排名75位及其之后的26个城市的2倍多；上海的CMI得分是排名92位及其之后的9个城市的2倍多。

（2）不同地区之间城市营销发展不均衡。总的来看，东部经济相对较发达地区的城市在国内城市营销方面走在了前列。在城市营销指数排名前20位的城市当中，华北、华东、华南的城市占据了15席，中西部城市只有成都、重庆和武汉3个，东北城市只大连和沈阳2个。进一步从城市品牌强度指数和城市营销力度指数来看，在城市品牌强度指数排名前20位的城市当中，华北、华东、华南的城市占据了14席，中西部城市只有成都、重庆、昆明、南宁、武汉5个，东北城市只有1个沈阳；而在城市营销力度指数排名前20位的城市当中，情况与CMI排名里的区域分布情况完全一样，3个中西部城市，2个东北城市，余下的15个全是华北、华东、华南经济相对较发达的城市。

（3）城市群的集群效应在城市营销中作用显著。在城市营销指数评价系统中，长三角、珠三角和环渤海三大城市群的表现非常突出。比如在CMI排名前20位的城市当中，长三角城市群占据了8席、珠三角城市群占据了3席、环勃海城市群占据了5席，三大城市群合计占到16席。而进一步分析城市品牌强度指数和城市营销力度指数可以看到，在城市品牌强度指数和城市营销力度指数排名前20位的城市当中，长三角城市群分别占据了7席和8席，珠三角城市群分别占据了2席和3席，环勃海城市群则均分别占据了4席，三大城市群合计分别占据了13席和15席。可见在我国城市营销发展过程中，同样显现出非常明显的集群效应。

（4）城市营销的差异化特征开始显现。在城市营销指数排名当中，一些排名靠前的中心城市凭借自身在品牌、投资、旅游、人居、文化等多个方面的资源优势，在城市营销各个方面取得了综合协调发展，各项指标均比较领先，比如北京、上海等城市；而另一些受到本身资源规模限制，一时间无法在城市营销的各个方面取得突出发展的城市，也开始从分析自身的营销资源特色入手，谋求差异化的城市营销道路，从而在城市营销指数不同层面的指标上有所表现，比如深圳在公共服务、创新建设方面拔得头筹，东莞则在人居建设方面取得优势，而宁波则在城市网络营销方面领先。

第6章 ····▶▶

中国城市营销指数：20个城市点评^①

本章将对中国城市营销的领军城市，100个城市当中城市营销指数排名前20位的城市进行逐一点评，以考察这些城市的营销发展水平。这20个城市依次是：北京、上海、成都、重庆、杭州、宁波、天津、南京、深圳、青岛、广州、泉州、武汉、大连、东莞、无锡、沈阳、温州、苏州、绍兴。

一、北京

北京是中华人民共和国首都，是中国的政治、文化中心和国际交往中心。作为世界著名古城，北京有着丰富的旅游资源和深厚的文化底蕴，2008年奥运会的成功举办又极大地提升了北京的城市营销效益，使北京在成为现代化国际大都市的进程中又迈出了重要的一步。

北京城市营销指数排名第1。其中，北京的城市品牌强度指数、城市营销建设指数和城市网络营销指数三项指数最高，均位于第1，由此可见北京在品牌发展、基础建设和网络营销方面所取得的突出成就，也反映了北京强大的城市营销力度；北京的营销沟通指数和营销效益指数排名也在全国前列，分别位居第2和第3。在城市营销各个主要方面的领先地位，是北京城市营销得分最高、排名第1的重要原因。

从CMI的各分项指标来看，北京城市营销的现状有着明显的特点。一是在城市营销的多个方面位居榜首：品牌关注度、品牌独特性、节会营销、形象展示、投资、出口、旅游建设、本地支持、国际推广和网络沟通等方面的排名都位于第1。二是北京的城市营销在很多方面都具有极强的优势，排名在前10位，如品牌吸引力、品牌辐射力、品牌规划与管理、公共服务、产业质量、创新建设、城市管理、旅游促进、投资推广与出口绩效等。三是在城市网络营销方面，北京的城市门户网站建设仍需要加强。网站功能、网站设计排名位居前10位之外，网站建设仍需改进。上述分析说明，北京的城市营销在品牌形象和基础建设等方面优势显著，但在网络营销和营销沟通方面仍存在需要提升的空间。

总之，北京在进一步提升城市营销理念的同时，应该充分发挥北京作为国家首都、政治中心、文化中心和国际交往中心的优势，保持并发展在城市品牌形象、城市营销建设和城市网络营销方面的领先地位，改进其他方面的不足。奥运会不仅仅是一次运动会，更是一项城市营销的系统工程，因此，在后奥运时代，北京应该充分利用奥运会的物质、文化、精神、社会和制

---

① 本部分提到各城市在CMI各项指标中的排名均是100个城市的排序结果，个别指标排名数值不同于表1—2至表1—6所列的60个城市的排序结果，请读者在阅读本章时注意区分。

度资源,通过专业规划和努力,使城市营销发展迈上一个新的台阶。

二、上海

上海在 20 世纪 30 年代就有"东方巴黎"的美称,如今又以"东方明珠"享誉世界。上海是我国最大的商业、金融中心,也是西太平洋地区重要的国际港口城市。作为长江三角洲的中心城市,上海兼容并包的海派风格引领着时代的潮流,尽显时尚之都的繁华本色。同时,显示出其对周边城市强大的辐射力。改革开放后,以上海为中心形成了举世瞩目的"长三角城市群"。

上海城市营销指数排名位居第 2,仅次于首都北京。其中城市品牌强度指数继北京、成都、重庆之后排名第 4,在城市营销力度指数的构成中,上海的城市营销沟通指数与城市营销绩效指数以显著优势领跑全国,同时城市营销建设指数名列第 2,城市网络营销指数排名第 3。上海在城市营销力度方面的排名虽居第 2,但如果考虑其对周边城市群的影响力,其城市营销力度的后劲可能不亚于北京。

进一步分析上述数据可以发现,上海在城市营销沟通与城市营销效益方面的突出成绩,很大程度上得益于上海作为国际商业、金融中心,在本地媒体、节庆会展、投资出口、旅游规模等方面所具有的得天独厚的区位优势,也体现了上海成熟的对外交流合作以及卓有成效的城市形象全球推广。其次,在内部建设方面,上海通过完善的基础设施建设打造了良好的城市生活环境,为城市形象建设提供了坚实的经济社会基础。就城市网络营销指数而言,上海的营销力度略有不足,在网站功能与网站互动方面与其他城市相比还存在一定的改进空间。与此对应,上海的城市品牌强度指数由于受到历史积淀等因素的影响与北京相比略逊一筹。此外,上海的品牌规划与管理也与部分城市(如杭州、北京、成都等)存在一定差距,体现了在全球一体化的浪潮下,上海作为国际化大都市在自身定位与特色方面存在有待挖掘的空间,应通过资源整合,运用更为系统化的品牌规划管理输出统一的上海城市形象符号。

总体上说,上海的城市形象建设与营销的关键在于如何准确把握自身特色和定位,在持续的对外交流沟通中发掘城市优势,并设法将优势转化为受众的认知。"城市,让生活更美好",2010 年上海世博会是城市营销的一个难得契机,也是上海加强城市建设,优化经济、科技、社会与文化发展,进而塑造大上海城市品牌的绝佳机会。

三、成都

成都是中国开展城市营销活动最早、最积极的城市之一。从"天府之国"、"中国第四城"、"休闲之都"、"东方伊甸园"、"成功之都"到"一座来了就不想离开的城市",成都一直试图通过城市营销让世人认识到属于这座西部城市的独特魅力。

成都的城市营销指数在 100 个城市中位列第 3,仅次于北京、上海。而城市品牌指数更是超过上海,位居第 2,城市营销力度则位列第 9。在城市营销建设指数、城市营销沟通指数、城市网络营销指数方面,成都分列第 6、7、9,均位列前茅。然而在营销效益指数中,成都表现稍差，仅列第 21 位。

　　作为西南地区的中心城市，成都以其深厚的历史文化积淀、丰富的自然资源和勃发的经济活力为基础，积极开展城市营销活动，为自己赢得了"全国文明城市"、"中国最佳旅游城市"、"联合国人居奖"等国内外荣誉，在海内外成功营销了自己的城市品牌。同时，成都在教育、科技、交通及其他城市建设方面积极推行城市营销建设。在城市营销建设指数方面，成都的表现仅次于北京、上海、深圳、天津和杭州，尤其在人才培养和科技发展方面有突出成就。在城市沟通方面，成都通过开办推介会、缔结友好城市等方式积极在海内外推广旅游资源及投资环境。特别值得一提的是，成都近两年来每年各种节庆会展活动非常活跃，已成为西部当之无愧的会展之都。在开展城市营销活动的过程中，成都已经开始重视城市门户网站的作用，积极利用网络向公众营销自己，并开设了城市博客。但是，成都在城市营销效益指数中排名仍然不高，主要是因为作为西部城市的成都与东部沿海城市相比，经济发展水平仍显不足，在外贸出口、吸引外资等方面仍缺乏足够的竞争力。

　　成都作为中国城市营销的先行者，虽然在各方面已取得了较为突出的成就，但仍有一些不足之处。突出表现为在营销过程中对城市品牌的宣传、沟通、推广缺乏持续、统一的口径，对城市品牌的设计与整合规划也需进一步提升。

四、重庆

　　相比成都，重庆的城市营销活动起步稍晚，但在营销活动的强度和力度方面却毫不逊于成都，进展十分迅速。

　　在城市营销指数的总得分中，重庆位居北京、上海、成都之后，名列第 4，而在城市品牌指数排名中也紧随成都，反超上海，位居第 3。在城市营销建设指数、城市营销沟通指数中，重庆分列第 7、8，均位列前 10 位。但在城市网络营销指数和城市营销效益指数中，重庆表现稍显逊色，分列第 12 和第 20。

　　作为中国最大的直辖市，重庆市辖区内拥有丰富的自然、历史和文化资源，而重庆市也积极利用这些资源开展城市营销活动，推广城市品牌。"宜居重庆、畅通重庆、森林重庆、平安重庆和健康重庆"是重庆近年来着力推出的城市愿景，为城市建设和营销提供了方向。在城市营销建设方面，重庆虽名列前茅，但多是由于其作为直辖市的政策性优势所致，自身的努力稍显不足，在教育、科技方面的投入力度尤其欠缺。在营销沟通方面，重庆重视面向内部公众、旅游者和投资者进行全方位的宣传和沟通，积极开展各类旅游、投资推介活动，并重视各类节庆会展活动的开展，已经取得了可喜成就。然而，重庆在网络营销方面的表现尚显不足，政府门户网站的建设强调对内部市民的服务作用，对外宣传作用显然还未受到足够重视。此外，虽然作为西部重要的工业中心和唯一的直辖市，重庆在对外贸易中的参与程度仍然较低，并且对外资缺乏足够吸引力，这些皆在其营销效益指数中有所体现。

　　总之，重庆市在城市营销方面屡有创新之举，其努力和成就值得嘉许。然而，重庆的城市营销尚缺乏统一、鲜明的形象，此前虽高调发布了其城市标识"人人重庆"，但对该标识的宣传和使用力度尚显不足。

五、杭州

杭州是浙江省政治、经济、科教和文化中心，是长三角城市群重要的副中心城市。无论是"东南形胜，三吴都会，钱塘自古繁华"，还是"江南忆，最忆是杭州"，都体现了"梦想天堂数钱塘、从善如流是余杭"。如今，"生活品质之城"更成为杭州城市形象的崭新品牌。

在城市营销指数排名中，杭州位居第5，仅次于北京、上海、成都、重庆。其中城市品牌强度指数排名第6，城市营销力度指数排名第5。在城市营销力度指数的指标构成中，杭州的城市营销建设指数排名第5，城市营销沟通指数排名第3，城市网络营销指数排名第10，城市营销绩效指数排名第8。

进一步分析上述指标，可知杭州城市营销的特点在于城市品牌强度与城市营销力度各项指标相对均衡，成果也比较显著。从城市品牌强度指数看，杭州排名第6，其中品牌规划管理一项指标排名全国第1，充分体现了杭州系统全面的城市品牌理念，为杭州城市营销的进一步发展提供了强有力的助推作用。杭州如若能在此基础上有效推进品牌关注，增强对周边中小城市的文化包容性，必将发挥强大的城市品牌联动效应。从城市营销力度来看，杭州的各项指标发展均衡。尤其是沟通指数中以节会营销第2、旅游推广第3的优势拉动了杭州城市品牌建设，体现了杭州以品牌节会拉动城市形象的营销理念。但投资促进与国际推广方面稍显不足。城市营销建设指数中，人居建设表现相对突出，与其"宜居城市"的城市定位契合。城市网络营销指数中，其形象展示仅次于北京排名第2，再次体现杭州城市整合营销的理念。但杭州城市营销效益指数相对薄弱，投资效益与旅游效益都有待提高。

总体而言，杭州凭借其独有的优势，在城市营销方面正率先实现品牌建设的突破，未来可期大有作为。

六、宁波

宁波地处中国经济最发达的长江三角洲南翼，是浙江省的副省级城市、国家计划单列市，也是文化部批准的全国历史文化名城。作为我国东部沿海重点开放的港口城市，宁波近年来发展迅猛，其自然环境和人文魅力也与日俱增。

从 CMI 指标测评得分来看，宁波 CMI 总分为 100.649，在全国排名第6，在浙江省排名仅次于杭州，整体上处于领先地位。

分项表现中，城市品牌强度排名位列全国第5，强于省会杭州，城市营销力度得分位列全国第10，说明宁波的城市品牌资源具有一定积淀，品牌规划和定位具有成效，若其城市营销力度能够持续加强，则必将会推动整体营销的更进一步发展。

其中，在城市品牌强度项下，品牌关注度得分很高，仅次于北京、重庆，位居第3；其次是品牌文化包容性和品牌规划与管理，都排名第6，品牌战略规划很到位，而且具有很强的影响力；但品牌独特性得分处在中等水平，这与宁波的文化积淀和活力以及企业的形象等有关。在城市营销力度项下，宁波的城市网络营销、城市营销效益指标均排名前10位，而城市营销建设与城市营销沟通指标均排名前20名，可见宁波的城市营销者们树立了很好的营销理念，在城市推广、城市营销沟通方面表现出色。不过，分析宁波排名相对靠后的城市营销建设指数和城市营销沟通指数，可以看到宁波应该在公共服务、人居建设、产业质量、本地支持上加大力度，以提高整体营销水平。

对于宁波而言，领先的城市营销理念是其城市营销的重要优势。而且宁波能够从旅游营销入手，提升城市的品牌，发挥城市文化的魅力。此外，宁波还是国内第一个开展城市营销规划的城市。不过，在城市营销建设方面宁波仍有需要提升的空间，如果加强理念与实践的结合，则宁波在城市营销方面将更具优势。

七、天津

天津是我国四大直辖市之一，是我国北方最大的沿海开放城市、近代工业的发源地、近代最早对外开放的沿海城市和我国北方的海运与工业中心。天津是环渤海地区的经济中心，国际港口城市和重要的物流中心。作为国家历史文化名城和旅游城市，其独特的近代史迹成为城市的特殊记忆和资产。2008年，天津获选"中国最具幸福感城市"。

天津的城市营销指数排名第7。其中，天津的城市营销建设指数、城市营销沟通指数、城市营销效益指数和城市品牌强度指数排名领先，分别位于第4、4、6、8；天津的城市网络营销指数排名相对靠后，位于第18，说明其在城市网络营销方面仍存在需要提升的空间。总体而言，天津在城市营销各主要方面的表现比较均衡，多个方面位于前列。

从CMI各分项指标来看，天津的城市营销现状有以下特点。一是在城市营销建设方面具有极强的优势。在产业质量、创新建设等方面均位于前10位。二是在城市营销沟通表现方面也相对出色。本地支持排名第3，国际推广排名第6，投资促进、旅游推广和节会营销也位于前20位。三是在城市品牌强度方面，天津排名靠前，但仍有提升的空间。品牌文化包容性、品牌关注度和品牌吸引力均位于前20位，排名比较靠前。而品牌规划和管理、品牌独特性则分别排名第22和23，有待进一步提升。四是在城市网络营销方面问题较多，网站设计和网站沟通均位于前20位，但网站互动和形象展示则排名相对比较靠后，和天津总体排名靠前的地位十分不符，亟待改进。归纳来说，天津在城市营销建设和城市营销沟通方面比较出色，而城市品牌强度需要提升，城市网络营销方面需要加强。

总之，天津在发展经济的同时，应该重视城市营销，加强对城市品牌的营销推广，发扬津门文化的特色，形成天津的品牌竞争力，同时需要重视网络营销这种重要的城市营销渠道。此外，天津还应该加强区域合作，以共同发展并实现城市营销的升华。

八、南京

南京有着近2500年的建城史，是著名的历史文化名城，也是中国的四大古都之一。自公元

3 世纪以来，先后有东吴、东晋和南朝的宋、齐、梁、陈，以及南唐、明、太平天国、中华民国 10 个朝代和政权在此建都立国，南京故有"六朝古都"、"十朝都城"之称。经过 30 余年的改革开放，南京已成为新时代的创业热土，新世纪的创新家园。

在国内 100 个城市中，南京的城市营销指数排名第 8，排在北京、上海、成都、重庆、宁波、杭州和天津之后。其中城市品牌强度指数排名第 7，城市营销力度排名第 6。在决定城市营销力度指数的四个主题层中，南京的城市营销建设指数、城市营销绩效指数排名均位于第 10，城市营销沟通指数排名第 6，城市网络营销指数排名第 14。

对以上数据进行深入分析，可以发现南京的城市品牌强度排名靠前主要得益于其品牌吸引力和品牌独特性。南京是江苏省省会，同时有着悠久的历史和丰富的文化遗产，这使得其品牌吸引力和品牌独特性名列前茅。但数据同样显示，南京的品牌关注度、品牌文化包容性和品牌规划与管理的排名均为 20 位左右。由此可见，南京的城市品牌意识还有待加强，在对城市品牌的管理和宣传方面还有很大的提升空间。南京的城市营销建设指数、城市营销沟通指数和城市营销绩效指数的排名相差不大，都在 10 位以内，只有城市网络营销指数略显靠后，这最终决定了南京城市营销力度的排名。但是，南京作为中国的四大古都之一，完全有实力也有可能进一步提升自己的排名，尤其是在做好城市网络营销方面。例如，南京的网站互动指数排名比较靠后，与其 CMI 排名相差甚大，可见其在城市门户网站互动方面所做工作还相当不够。

总体看来，南京的城市营销指数和各项分指数的排名都普遍比较靠前，只有个别四级指标排序靠后。作为历史名城，南京有着得天独厚的先天优势，若再加以专业化的"城市营销努力"，则南京城市品牌尤可远播四方，吸引海内外更多的游客和投资者。

九、深圳

深圳是珠江三角洲城市群的次中心城市，是我国最早进行改革开放的经济特区。改革开放 31 年来，深圳从中国南海之滨的小镇发展为一座与香港合作打造世界级大都会的现代化城市，是中国改革开放和现代化建设的精彩缩影。

本次城市营销指数排名深圳名列第 9，为珠三角城市群中排名最靠前的城市。深圳的城市品牌强度指数排名第 13，其中次级指标品牌文化包容性排名第 3，说明深圳是一个包容性较强的城市。在品牌关注度指数方面，深圳排名靠前，折射出国内外对深圳的新闻报道及关注度都较高。而城市品牌强度指数的其他几个主题层深圳总体表现一般，如品牌独特性、规划及管理排名均位于中等位置，反映出深圳在这些方面还亟待提高。品牌独特性排名中有部分因素与历史积累有关，如文化遗产数量、建城年史、中华老字号数等，这些因素已经保持在较为稳定的水平，所以较难提高，但是深圳还可以在 VI 标识专业性、城市品牌注册保护等方面加强品牌保护，以全面提高城市品牌强度指数。

解读体现城市营销力度的四项指数，可以看出：总体说来，深圳的城市营销力度指数排名第 3，显示出深圳在城市营销方面所付出的大量努力。具体来说，深圳的努力主要体现在如下几个方面：

首先，深圳城市营销建设指数排名第3，其中具有代表性的是公共服务和人居建设分别位列第1、2，显示出深圳在保证市民生活质量和生活水平方面肯下工夫；产业质量指数深圳排名第4，深圳的生产性服务业高度发达，以银行、证券、保险为主体的现代金融服务业，提供了充足的产业资本供给。但是深圳城市管理指数排名十分靠后，所以深圳应在此方面开展更多的工作。

其次，城市营销沟通指数深圳位于第11，其中较为突出的是投资促进和国际推广，排名均在前10位之内，深圳为投资商构建了良好的投资环境并辅之以相关支持政策。

第三，从城市网络营销指数来看，深圳排名第5，其政府网站"深圳政府在线"界面美观、大方，内容更新较为及时，且分类明确，便于投资者、市民等不同需求的人群找到所需信息。

在城市营销效益指数方面，深圳仅位于上海之后，排名全国第2。其中出口效益排名第1，投资、旅游效益均排名第2，作为中国与世界经济贸易交往的主要门户，深圳一直坚持参与国际竞争与合作，外贸进出口总额连续15年位居全国大中城市首位。需要指出的是，虽然深圳旅游业比较发达，但其占GDP的比重不大。

2011年8月，第24届世界大学生运动会将在深圳举行。深圳是中国改革开放后年轻有为的领先城市，灿烂、青春、活力、激情等气质，是大学生的朝气，也是新兴城市深圳的特质。希望深圳能借此机遇，将城市营销水平提升到一个更高的台阶。

总之，作为我国改革开放的窗口城市，深圳在城市营销方面做出了较大的努力，走在我国城市前列。针对目前排名比较靠后的几个问题，深圳应该加大改进力度。比如在城市管理和旅游绩效等方面应加大工作力度，并在城市品牌方面加强规范性管理，这样深圳才能更好地推进自己的城市营销工作，实现在率先基本实现现代化的基础上，把深圳建设成为重要的区域性国际化城市的战略目标。

十、青岛

青岛位于山东半岛南端、黄海之滨，是全国计划单列市和副省级城市之一。自被德国占领开港迄今，青岛就是重要的军事港口，是我国沿海军事要地。青岛有着秀丽的景色和丰富的旅游资源，同时也是2008年北京奥运会帆船比赛的举办城市。

青岛的城市营销指数排名第10。其中，城市品牌强度指数排名第9，城市营销力度指数排名第15。在决定城市营销力度指数的四个主题层中，青岛的城市营销建设指数排名第13，城市营销沟通指数排名第16，城市网络营销指数排名第44，城市营销效益指数排名第12。可以清楚地看到，在决定青岛城市营销排名的因素中，城市品牌强度指数效力巨大。青岛是中国著名的"品牌之都"，拥有两个世界名牌产品、69个中国名牌产品，其拥有的著名品牌数量甚至超过了国内许多省份。

不过，青岛在城市网络营销指数方面的得分是0.821分，组成城市网络营销指数的各主题层得分都不高，尤其是形象展示方面排名相当靠后。青岛要想增加城市营销的力度，最主要的是要在形象展示、网站设计、网站功能、网站互动以及网络沟通中加大改善力度。

事实上，在承办第29届奥运会帆船比赛和第12届残奥会帆船比赛之时，青岛就提出了打造世界"帆船之都"的城市品牌战略。同时，青岛市凭借其秀丽、迷人的生活环境成为了众多国内外节庆会展的举办地。应该说，改善以上不足，青岛是有基础也有条件的。

青岛能够超越省会城市并在城市营销方面取得如此出色的成绩，足以成为国内多数城市学习的典范。但是"逆水行舟，不进则退"，青岛想要使自己的城市品牌与北京、上海等国际性大都市相媲美，还有很长的一段路要走。但青岛有天时，有地利，亦有人和，青岛的未来让人期待。

十一、广州

广州是广东省的政治、经济、科教文化中心，也是珠三角城市群的中心城市。广州是拥有2200多年悠久历史的文化名城，是中国古代"海上丝绸之路"的发祥地，是中国近现代革命的策源地，更是当代改革开放的主力。在古老传统和现代文化融汇的基础上，广州正向现代化国际城市的宏伟目标迈进。

广州城市营销指数排名第11。其余各项指数排名分别是：城市品牌强度指数排名第21，城市营销建设指数排名第8，城市营销沟通指数排名第5，城市网络营销指数排名第48，城市营销效益指数排名第4。

在城市品牌强度指数中，广州的品牌吸引力、关注度、文化包容性三项指数均位居前10，分别为第7、10、7，属于全国领先水平；其品牌独特性排名第13，也居前列。广州因其自身历史文化、经济区位的独特优势而在上述方面表现优异。但涉及具体操作层面的规划与管理指数广州仅排名第68，处于中下水平。所以广州要想提升整体品牌竞争力，仅依靠原有的积淀是不够的，还应在品牌规划管理方面下足工夫，保证其城市品牌的良好发展。

广州的城市营销力度排名第11，与深圳类似；属于主要依靠城市营销力度提升城市营销水平的城市。这其中起主要作用的当属城市营销效益、城市营销沟通、城市营销建设等指数的得分。其中在城市营销建设指数的公共服务和人居建设方面分别排在第6、3，广州的交通与通信都较为发达，这为市民提供了良好的生活条件；广州的产业质量很强，排名第5，其开发区、园区数量规模都在全国名列前茅；但是广州的创新建设和城市管理分别排名中等略偏下，而这两项正是一个拥有悠久历史的老城保持活力的源泉，所以广州应加大对这些方面的投入。广州的沟通指数排名第5位，归功于其拥有全国领先的报刊媒体行业，同时广州的会展活动也在全国赫赫有名，已举办过上百次的"广交会"更是享誉海内外。城市网络营销指数排名广州较为靠后，广州市政府网站时常出现"页面无法显示"的提示，成为制约其网络沟通的瓶颈。而由市委宣传部主办的"中国·广州"网虽然访问通畅，但是在内容的丰富度、访问便捷性等方面还有待提高。广州的营销效益指数排名第4，其中投资效益与出口效益分别排在第7、第8，显示其作为中国南部对外开放窗口城市的独特优势；旅游效益排名虽然是第3，但旅游绩效在GDP中所占比重不大，这也是广州目前亟须提高的地方。

第16届亚洲运动会将于2010年11月在广州举行，这为加快广州现代化国际大都市建设进程，进一步提升广州的综合竞争力、国际知名度和影响力提供了宝贵机遇。总体来看，广州这座拥有丰富历史及产业资源的城市发展势头良好，但在城市创新、城市管理和网络营销方面的问题较为突出，所以广州若要在城市营销总体排名方面有所提升，不仅要充分利用好其传统优势资源，更应该做好城市的综合管理及网络沟通等方面的工作，使自己成为中国南部的城市营销名片。

十二、泉州

泉州，是福建三大中心城市之一，全国著名侨乡，台湾汉族同胞主要祖籍地，古代"海上丝绸之路"起点之一，历史文化名城，中国品牌之都，建设创新型国家十强市，经济总量在福建省九个设区市中最大，约占全省四分之一。

泉州的城市营销指数排名第12。其中，泉州在城市品牌建设方面处于领先地位，城市品牌强度指数排名第10。城市营销沟通指数和城市网络营销指数排名靠前，分别位于第23、24，城市营销建设指数中等偏上，位列第32。而城市营销效益指数则相对靠后，排名位于第45，有待提升。

从构成城市营销力度的各分项指标来看，泉州的城市营销现状有以下特点。一是在城市品牌建设方面，泉州具有明显的优势，品牌关注度、品牌独特性和品牌吸引力三项排名靠前；同时由于泉州品牌的文化包容性和规划与管理排名均位于前20位之外，因而仍需进一步加强。二是泉州在城市营销建设方面存在一些亮点。主要表现在人居建设、公共服务方面，这两项的排名比较靠前。三是在城市营销沟通方面，泉州在投资促进和国际推广方面仍有所欠缺，这两项排名位于中等或中等偏下。四是在城市网络营销方面，泉州在网站功能、网站设计方面表现尚可，而在网站互动和形象展示方面则明显欠缺，排名相对靠后。归纳来说，泉州的城市营销在城市品牌建设方面做得很不错，在其他环节则既有亮点，也存在需要提升的空间。

总之，对于泉州而言，城市的品牌竞争力是其城市营销的重要优势，应该得到有效的利用。此外，泉州在努力打造中国品牌之都的同时，需要充分开发泉州丰富的历史文化资源，利用海峡西岸的地理区位和同我国台湾同胞的历史渊源，把握住当前海峡两岸关系缓和、谋求共同发展的机遇，推进和加强泉州的投资促进和国际推广工作，在更高的层次上开展泉州的城市营销。

十三、武汉

武汉位于中国中部，是湖北省省会和政治、经济、文化的中心，也是我国六大中心城市之一，中南地区的经济、金融和科技中心，具有优越的地理条件和良好的经济基础。

从CMI指标测评总体得分来看，武汉CMI得分为84.921，在全国排名第13，中部地区排名第1。

在CMI分项指标的表现中，城市品牌强度排名位列全国第20，城市营销力度排名全国第14，与CMI总分处于大致相当的水平。这表明武汉在城市品牌强度和城市营销力度上发展大体均衡，有一定程度的品牌积淀，同时城市营销力度也较大。

其中，在城市品牌强度项下，可以看到，武汉作为一个有着深厚文化积淀和历史积累的城市，其品牌独特性很高；但品牌规划与管理仅处于全国中等水平，可见武汉在城市形象、城市文化的推广方面仍可多下工夫。在城市营销力度项下，武汉的城市网络营销指数得分位于前列，表明城市门户网站对武汉城市营销推广起到了积极作用；而城市营销建设、城市营销沟通、城市营销效益三个指标的排名均低于 CMI 总分排名并且显现出较大程度的不协调，制约着武汉城市营销的发展。

总之，武汉这个两江交汇、三镇鼎立、人文荟萃、商贸繁荣的都市，在城市营销的发展上仍有较大空间。在发挥政治、经济、文化各方面优势的同时，应加强城市品牌的战略规划与定位，并且加大资源整合的力度，加强推广与宣传，使其城市营销更好更快地发展。此外，武汉都市圈的发展对武汉起着拉动作用，因此武汉可以加强与都市圈内其他八个城市的合作，共同营销大武汉。

十四、大连

大连位于辽东半岛最南端，西临渤海，东望黄海，是京津的海上门户，东北的海上中枢。大连经济发达，环境优美，是环渤海经济带上一颗璀璨的明珠。

大连的城市营销指数（CMI）排在第 14，位于东北三省城市的首位，这与其广泛的知名度与影响力不无关系，但政府对城市营销活动的重视也是一个重要的因素。城市品牌强度指数排名第 23，城市营销力度指数排名第 11，可见政府与民间的营销活动对于塑造大连城市形象、传播大连城市影响起到了比较重要的推动作用。

从城市品牌强度指数来看，大连在品牌吸引力、品牌文化包容性方面较强，品牌规划与管理方面表现较佳，排名相对靠前。可以说，在持续的努力之下，"浪漫之都，时尚大连"的品牌形象已经深入人心。但略显不足的是大连的品牌独特性较弱，这也反映出大连作为新兴城市，在短短的百年发展史上没有留下太多的标志和影响力。

从城市营销建设指数来说，大连位于第 18，比较有优势的是人居建设和产业质量这两项，排名靠前。众所周知，大连的城市环境建设在全国名列前茅，人居环境优美，是中国第一个获得"世界环境 500 佳"荣誉的名城，也是中国第一批卫生城市；大连经济发达，其中船舶制造和软件产业在全国首屈一指，不过公共服务和城市管理方面还需要加强，特别是要吸引民间力量参与其中。

从城市营销沟通指数来说，大连位于第 9，节庆会展发达，对外的投资推广和旅游推介也很频繁，这显示出大连在推广城市品牌方面投入了大量的资源。

从城市网络营销指数上看，大连排名第 13，无论是网站功能还是网站设计都很突出。大连的政府网站分五个版面，分别面向居民、投资者、旅游者、企业和"三农"，功能齐全，导航清晰，极大地方便了外界对大连的了解。略显不足的是网站互动较少，网站黏性较低。

从城市营销效益指数来看，大连位于第 9，外商投资、出口和旅游作为三驾马车，对城市经济的发展做出了巨大的贡献。

总之，作为全国重要的港口城市，大连的开放程度和经济活力是有目共睹的，其全力打造的城市形象也逐渐深入人心。大连市政府和民间团体在城市营销上可谓投入巨大，收益颇丰。在缺少历史积淀和文化底蕴的情况下，大连可以说是城市品牌塑造的榜样。当然，如果在创新能力和国际推广上加大投入，那么作为拥有优良地理条件和经济基础的大连，将会在未来发展得更加迅速。

十五、东莞

东莞位于广东省中南部，处于穗港经济走廊中间，是广州与香港之间水陆交通的必经之地。自1988年成为地级市21年来，东莞的经济以平均每年22%的增长率蓬勃发展，成为中国经济发展最快的地区之一。如今东莞正成为冉冉升起的现代制造业名城，拥有"世界玩具之都"、"世界鞋业之都"等美誉，并积极将自己打造为经济、环境、风情等方面都独具优势的魅力城市。

东莞在城市营销指数排名中位居第15，仅次于深圳、广州位列广东省第3名。东莞的城市品牌强度指数排名第15，其中品牌文化包容性排名为全国第1，这主要是由于其庞大的制造业吸引了大量的企业建厂投资，同时增加了外来务工人员，这也是东莞保持经济活力的重要因素。但是其他几项指数——品牌吸引力、关注度和城市规划与管理排名大多在中等或中等偏下，不甚理想，尤其是其品牌独特性排名更是比较靠后。在这几方面做好相应工作成为提升东莞城市品牌强度的关键。

东莞的城市营销力度指数总体排名第16。首先，东莞的城市营销建设指数排名第11，其中创新建设排名第5，公共服务排名第2，人居建设更是位居全国榜首，这几方面属于东莞在城市营销建设指数方面的突出优势。东莞在保持本地区制造业方面独特优势的同时，还应在创新方面进一步加强，才能持续保持其整体产业活力。虽然东莞曾在2003年获得"全国优秀城市"的称号，但由于其缺乏特色旅游资源，旅游方面稍显劣势。其次，东莞的城市营销沟通指数排名第47，东莞需要加大招商引资的推广宣传力度及媒体方面的曝光率，以推进其城市知名度的整体提升。第三，东莞的城市网络营销指数排名第8，表现出色。其政府网站形象整体统一、内容丰富、分类清晰且便于搜索。最后，在城市营销效益指数方面，东莞的投资效益及出口效益分列第9和第4，显示其现代制造业名城的强大实力，但旅游效益排名第25，不具有明显的优势。

综上所述，东莞主要依托其制造业为城市整体发展赢得了良好的基础，但还需要在城市品牌吸引力、关注度及规划方面加大投入。特别是面临金融危机的影响，更应在城市营销创新方面不断改善和提高，力争通过战略性的城市营销来持续增强城市竞争力。

十六、无锡

"太湖明珠"无锡是一座具有3000年历史的江南名城。早在春秋战国时期，就已经是当时的经济、文化中心，孕育了许多文人墨客，至今仍保留着众多的历史遗迹。现代无锡是中国著名的鱼米之乡，是中国民族工业和乡镇工业的摇篮。无锡发达的商业形成了面向全国的强劲辐射力。无锡景色优美，是中国优秀旅游城市之一。

无锡的城市营销指数排名第16，是江苏省除南京之外第2个排名在前20位的城市。无锡的城市品牌强度指数排名第17，城市营销建设指数排名第22，城市营销沟通指数排名第14，城市网络营销指数排名第32，城市营销效益指数排名第14。由城市营销建设指数、城市营销沟通指数、城市网络营销指数和城市营销效益指数的排名综合得出的无锡城市营销力度排名第17。

无锡的城市品牌强度排名能够达到第16，主要原因在于无锡的品牌规划与管理较为出色。无锡的城市营销效益指数排名第14，是各项指标排名中最靠前的，可见其在招商引资和旅游推广方面已经取得了尤为突出的成绩。但无锡的城市网络营销指数、城市营销建设指数相对靠后，说明其在城市硬件设施建设、公共服务提升、城市对外推广，以及城市网络营销等方面还存在较大的提升空间。例如，在设施建设方面，医疗、机场、影院、体育馆、公交车以及图书馆等公共设施还有待增加；同时，专业技术人员和企业技术中心的数量还显不足。在城市网络营销方面，无锡的网站互动指数排名比较靠后，已经落到平均水平之下，可见无锡对城市网络营销的重视程度还有待加强。

总体来说，无锡作为江苏省第2个进入前20位的城市，其在城市营销方面的经验值得省内其他城市借鉴。作为苏南的经济重镇，无锡在城市品牌建设方面有着无限的潜力。

十七、沈阳

沈阳是辽宁省的首府，副省级城市，位于环渤海经济带，是辽中南城市群的中心，也是区域经济发展的重要推动力之所在。

沈阳的城市营销指数（CMI）排名在大连之后，位于第17，显示出沈阳在中国城市中还是具有相当的影响力。城市品牌强度指数排名第16，城市营销力度指数排名第18，这反映出沈阳的城市品牌形象在受众心目中比较清晰，而城市营销力度较大。

从城市品牌强度指数来看，沈阳的品牌吸引力、品牌文化包容性和品牌关注度较弱，分别位于第33、34和44，而品牌独特性与品牌规划与管理得分较高，分别为第26和6。这反映出沈阳具有相对比较明确的品牌形象，比如重工之都、文化名城等，"沈飞"、"沈重"是其工业的象征，而入选世界文化遗产保护单位的沈阳故宫、沈阳北陵和沈阳东陵凸显了这个城市的悠久历史与厚重的文化底蕴。

从城市营销建设指数来看，沈阳位于第26，比较突出的是其经济水平较高。众所周知，沈阳作为著名的重工业城市，其经济在东北三省的城市中首屈一指。沈阳经济技术开发区、沈阳高新技术产业开发区、沈阳出口加工区作为国家级开发区给沈阳经济带来了巨大的推动力，航空、通信、化工等十大重点基地的规划和建设更是为新时代的沈阳经济勾画出美好的明天。同时，沈阳的旅游业也比较发达，城市被誉为"中国十大特色休闲城市"。

从城市营销沟通指数来说，沈阳位于第12，比较突出的是其节庆会展业发达以及国际交流活动频繁。国际性会展有中国国际装备制造业博览会等，全国性的有沈阳国际汽车工业博览会等著名会展。沈阳国际旅游节也颇受关注。

从城市网络沟通指数上看，沈阳整体水平较低，位于第 59，在网站设计上比较清晰，但内容和影响力都较低。

从城市营销效益指数来看，沈阳位于第 11，其中外贸和招商引资在全国大城市中位于前列，投资环境良好，相比较而言，旅游业虽然也发达，但占 GDP 的比重就降低了。

总之，作为东北重要城市，沈阳具有独特的魅力和强大的经济实力，是振兴东北老工业基地的排头兵。但是，沈阳还需要进一步提高市民生活水平，加大环保力度，特别是推进城市营销规划与推广，让"活力之都"迈向更加美好的明天。

十八、温州

温州是中国市场经济起步最早、经济发展最富有活力的城市之一，在改革开放的过程中创造了著名的"温州模式"。温州不仅经济发展迅速、管理体制灵活，而且当地有着悠久的重商传统和开放的文化环境，拥有雄厚的经济实力和自由的发展氛围。

从 CMI 指标测评得分来看，温州 CMI 得分为 84.144，在全国排名第 18，在浙江省仅次于宁波、杭州，排名第 3。

分项表现中，城市品牌强度排名位列全国第 12，城市营销力度得分位列全国第 20，CMI、城市品牌强度、城市营销力度三个指数比较均衡。

其中，在城市品牌强度项下，品牌关注度和品牌文化包容性两个指标得分很高，这是由于温州灵活的经济环境和自由开放的文化环境所致，是其优势所在；但品牌独特性、品牌规划与管理得分处在中等水平，可见温州在自身定位方面存在很大的发展空间。温州的城市营销沟通指数和城市网络营销指数的排名与 CMI 总体大致相当，但城市营销建设指数和城市营销效益指数两个指标与总体排名靠前的地位不符，需要改进，这也表明温州对城市营销有一定的投入，但应该加大重视城市营销输出和效益。

总之，温州在大力发展经济的同时，也应该重视城市的营销，如准确对城市进行定位、加强城市品牌的规划与管理，从而形成温州的竞争优势，进一步推动温州的发展。

十九、苏州

苏州和杭州同为中国传统的历史文化名城和当今的经济重镇。然而与杭州相比，苏州在城市营销方面的努力却并不十分显著。

苏州城市营销指数排名第 19。在城市营销品牌指数一项中表现稍弱，即使凭借其名城的传统优势也仅在 100 个城市中位列第 29。在城市营销建设指数、城市营销沟通指数和城市网络营销指数中，苏州分列第 16、13 和 15，表现较为突出，尤其是城市营销效益指数，更是进入前 5 位。

虽然坐拥着丰富的历史文化资源和经济优势，但苏州在此次评估中显示城市营销意识的不足的问题。城市品牌意识不佳，在城市营销过程中，未能充分利用自己丰富的营销资源塑造出统一、鲜明、独特的城市形象。进入城市营销指数排名前 20 强，多是由于其传统固有优势及经济活力所致。在城市营销建设指数方面，苏州表现虽然稍好，但也多是由于其城市发展起步早，经济发展水平高带来的结果，出于城市营销目的而进行城市建设的努力并不显著。在城市营销沟通方面，苏州的表现差强人意，由于已经拥有相当的知名度，苏州似乎并不热衷于进行城市推广，推介和节庆会展活动似乎不够活跃。但苏州在城市网络营销方面的表现较好，对城市门户网站的重视和利用较充分，尤其注意利用网络与内部公众进行互动交流和沟通。尽管并未实施战略性的城市营销规划，苏州在营销效益一项中却超过杭州、成都等积极进行城市营销的城市位列第4，仅在上海、深圳、北京之后，这主要是由于其在外贸、引资和旅游方面的优势和强大影响力。

总之，苏州拥有丰富的历史、文化、旅游资源和较强的经济优势，如能重视并开展战略性城市营销，将推动苏州获得更大的发展。

二十、绍兴

绍兴素有"文物之邦"、"鱼米之乡"之称，历史悠久，人杰辈出，是我国历史文化名城之一。作为长江三角洲南翼重点开发开放城市，绍兴立足浙江，努力建设经济强市、文化名市、旅游大市，并以此获得新战略时机的开拓式发展。

绍兴在城市营销指数中排名第20。其中城市品牌强度指数排名与城市营销力度排名均为第19。城市营销建设指数排名第20，城市营销沟通指数排名第29，城市网络营销指数排名第4，城市营销效益指数排名第30。

绍兴城市营销特点鲜明。从城市营销力度指数看，绍兴的优势在其城市网络营销、城市营销建设方面，劣势在于城市营销沟通、城市营销效益。优势方面，绍兴在各项城市网络营销指标中，特别是网络沟通方面表现突出，体现了绍兴良好的网站形象展示意识。其另一优势在于扎实的城市营销建设，其中公共服务排名第7，体现了"名士之乡"深厚的城市底蕴。与此同时，绍兴的劣势也较为明显，即其相对落后的城市营销沟通与城市营销效益。从城市营销沟通来看，其本地支持（包括媒体支持与社会支持）、节会营销以及旅游推广方面存在一定的提升空间。与此对应，绍兴的城市营销效益指数略显不足。在城市品牌强度指数方面，绍兴各项指标表现较为平均，品牌独特性方面存在一定优势，但其品牌文化包容性及形象的规划与管理方面仍有待加强。

绍兴作为文化名城，其深厚的历史文化积淀为其提供了强大的品牌内涵，可通过系统规范的品牌形象开发进一步推动城市品牌建设，获得更多的发展机遇和更好的发展业绩。

中国城市营销发展述评

Review of City Marketing
development in China

第 7 章 ▸▸▸

东北城市营销发展述评

一、东北城市营销发展

（一）东北城市营销发展概述

东北城市营销整体水平处于全国中游位置，其中代表性城市——大连的城市营销一度领先国内，成为众多城市学习效仿的对象。该区域城市营销活动的开展获得了较为丰富的成果，吸引了大量游客和投资商，为区域经济的发展作出了积极贡献。这一区域城市营销的任务、形象、市场、投资等要素相对清晰，但城市营销的连贯性、一致性、强度和广度仍有待进一步提高。东北地区城市营销实践呈现出多样性的特点，主要城市的营销活动在一定程度上具有系统性和协同性的特点，次要城市的营销活动相对更具变化，体现了某种不稳定性。

东北城市营销发展具有不平衡性，大连作为东北地区唯一的计划单列市和东北地区旅游经济最发达的城市，城市品牌建设起步最早；沈阳作为副省级省会城市，在城市营销方面投入较大，二者的城市营销水平处于东北地区领先位置；哈尔滨、长春两个副省级省会城市在城市营销方面不断加大人力、物力投入，正在积极追赶；在中小城市中，除了少数在城市营销活动方面有较快进展，多数中小城市还有待进一步提升城市营销理念，加强城市营销活动与宣传。

1. 起源

1985 年首届哈尔滨国际冰雪节和 1988 年首届大连国际服装节暨中国服装出口洽谈会是东北地区最早出现的具有城市营销意义的大事件。之后，大连在城市营销活动中一路领先，成为我国城市品牌建设的领先者。1998 年，大连率先提出自己的城市品牌——浪漫之都，并利用各种渠道、各种方式、各种媒介进行宣传，有效的品牌推广、积极的旅游产品创新再加上适宜的节事庆典等一系列营销推广活动，最终使得大连完成了一个华丽转身，从一个"只闻其名"的普通二线城市一举成为国内外著名的旅游城市，成为国内城市营销的典范。

1992 年前后，大连、沈阳、哈尔滨、长春等城市均开始举办对外节会活动、推广特色旅游、进行商贸洽谈，对初步宣传和推广东北城市形象起到了积极作用。

2. 东北城市营销的排头兵

在东北城市当中，城市营销处于相对领先位置的是大连和沈阳。尤其是大连在城市营销方面起步早，表现突出，一直受到较多的关注。

（1）大连

大连的城市营销可以 1992 年薄熙来接任市长为典型事件，划分为新旧两个时期。薄熙来上任之后，积极进行市政建设，树立大连新形象，大力招商引资，促进新发展，进行产业结构调整，重点发展旅游业，逐步形成大连"浪漫之都"的城市形象。

在查证大量资料的基础上，本报告梳理了大连城市营销的历史脉络，从五个方面提炼出以下比较典型的城市营销实践。

在形象定位方面，1992 年之前，大连的城市形象被定位在重工业。从 1992 年开始，大连集中资源进行产业结构调整，发展旅游业，并带动外围相关产业。1998 年，大连响亮地提出自己的城市品牌——浪漫之都，从 2003 年 1 月起，大连市旅游协会开始向国家商标局申请注册"浪漫之都"商标。2006 年 4 月，累计三年之久，"浪漫之都"城市形象商标注册全部完毕。围绕浪漫之都的定位，大连设立城市营销的目标为"把大连建设成有特色、高品位、国际化、高收益的中国旅游名城和国际风景旅游城市，继而向国际旅游名城迈进"。

在品牌推广方面，"浪漫之都"城市形象确认后，大连立即着手利用各种渠道、各种方式、各种媒介进行宣传。2001 年，大连率先在央视进行城市宣传，通过电视广告创意，展示城市环境与旅游环境。大连是国内第一个在全国 14 个城市电视台的旅游节目联播中宣传大连旅游的城市。"浪漫之都"的旅游品牌信息因此而更为准确到达了城市居民。1999 年开始，"浪漫之都"号大篷车起程，创造了旅游"大篷车"坚持时间最长、走过省市最多、行程最远等多项中国旅游促销之最，还开到了中国香港特别行政区和中国台湾地区，开到了韩国、日本和欧洲。同时，大连常年在北京西客站、上海火车站、东京电子大屏幕上大做形象广告和旅游线路推广，吸引眼球。另外，大连还把旅游景区印在了名片上。

在旅游产品创新方面，大连先后提出了"六大浪漫"、"五张牌"、"50 最"、"阳光、沙滩、大海"为主打的旅游"3S"、"冬游到大连，体验新浪漫"产品等一系列独特的概念性旅游产品，使"浪漫之都"的旅游品牌更加深入人心，也使大连跻身于国际性旅游都市行列。其中最典型的就是"六大浪漫"：浪漫的广场、绿地、喷泉，浪漫的建筑——奏响城市凝固的音乐，浪漫的大海，浪漫的金石滩、旅顺，浪漫的大型旅游节庆活动，浪漫的市民。

在节会营销方面，"服装节"成为诠释大连"浪漫之都"的重要载体。作为改革开放初期第一个服装博览会暨中国服装出口洽谈会，自 1988 年创办以来，每年都在不断进行形式和内容上的创新，将大连的人文精神形象化地向世界作出了诠释，也吸引中国乃至世界更多的目光投向了大连。"大连进出口商品交易会"、"亚欧经济部长会议"是大连的两个重要会议。在大连市政府的管理下，这两个会议不仅带来了直接的经济效益，更成为大连城市品牌传播的重要依托。此外，在大连各地举行的各种文化活动：大连赏槐会、国际啤酒节、国际沙滩文化节、烟花爆竹迎春会等，都成为一个个旅游产品，吸引了大量的海内外游客。

在营销口号方面，20 世纪 90 年代后期大连在国内标新立异，实施城市环境名牌战略，以营销城市作为突破口，提出"不求最大，但求最佳"，规划、建设、优化、美化城市环境，营造最佳的城市投资环境和最适宜人居住的环境，打造环境优美的国际名城。2001 年 8 月 6 日，在申奥成功后的第 24 天，大连就提出"奥运在北京，观光到大连"的响亮口号，使大连在国内旅游城市中屡得先机的同时，又将奥运的契机紧紧握在手中。

（2）沈阳

2005 年初，沈阳经过论证确定将"活力之都"作为城市品牌口号，从八个方面打造城市形象：活力经济、活力工业、活力文化、活力展会、活力环保、活力交通、活力旅游、活力体育。

打造"活力之都"的过程中，沈阳的主要做法概括起来是发展会展业，开展旅游节庆营销。会展业，借世园会举办的契机获得了持续、长足的发展和壮大，"制博会"、"汽博会"、"韩国周"等一些成熟会展品牌，已经成长为沈阳对外开放的标志和代言人。2006 年 5 月 29 日至 6 月 1 日，中国优秀旅游城市国际营销（沈阳）峰会吸引了国内外旅游界高级官员和专家学者、全国 25 个省（直辖市）近 100 个城市的中国优秀旅游城市的市长、旅游局长参加，在国内外产生了广泛影响，大大提高了沈阳的城市知名度。此外，沈阳著名的旅游节庆活动还有：中国沈阳国际冰雪节、中韩旅游大会、中国沈阳国际旅游节等。

3. 东北城市营销的第二梯队

哈尔滨、长春均为副省级省会城市，经济发展、城市开放程度较高，人力资源较为丰富，城市营销水平在东北地区处于第二梯队。

（1）哈尔滨

创办于 1985 年的哈尔滨国际冰雪节，是我国历史上第一个以冰雪活动为内容的区域性节日，成为世界著名的冰雪盛会。2001 年第 17 届冰雪节更被提升为"中国·哈尔滨国际冰雪节"。每年一届的国际冰雪节还包括专利技术新产品交易会、物资交易会等，吸引了众多游客、商家以及媒体报道，大大提高了哈尔滨的知名度。

哈尔滨拥有独特的气候、优美的自然风光和多元的文化底蕴，初步形成了以地域文化特色为主体的冰雪之都、滨水之都、建筑艺术之都等城市品牌。然而，由于缺乏统领，多个城市品牌并存的现象反而弱化了城市主题。2008 年，由哈尔滨市政府相关部门研究提出，以地域文化为灵魂，以冰雪和滨水特质为核心，打造哈尔滨发展规划总体目标——"冰城夏都"。围绕这一总体目标，哈尔滨重点打造冰雪文化名城、旅游文化名城、生态园林城市、历史文化名城、文化魅力之都和创业产业基地六大名城形象。

（2）长春

以往，长春市根据自身资源的特殊性进行自我推介，譬如"汽车城"、"森林城"、"生态城"、"电影城"以及"雕塑城"。2005 年，长春市政府经过深入思索，将城市形象定位在"汽车城"上。原因在于，长春是中国汽车工业的摇篮，汽车产业产值更是占长春市规模以上工业产值的近 80%，这在全国具有唯一性。2008 年 4 月，被誉为"中国汽车第一园"的长春国际汽车公园开工，计划于 2010 年建设完毕并投入使用，这将成为长春走向世界的一张崭新名片。

长春主要通过节会活动来宣传和营销城市形象。在文化旅游方面创办了长春消夏节、长春冰雪旅游节暨净月潭瓦萨国际滑雪节，举办了中国长春国际雕塑作品邀请展；在体育赛事方面通过承办第六届亚冬会、国际雪联越野滑雪世界杯短距离赛等一系列国际体育赛事来提升自身国际知名度，在国际舞台上树立长春城市形象。

4. 东北城市营销的潜力股

伴随着市场经济的发展和城市营销观念的普及，一些中小型东北城市亦开始积极挖掘独特的城市形象，力图通过清晰的城市定位来赢得关注，把握机遇，促进发展。譬如，大庆提出将大庆定位为"绿色油化之都、天然百湖之城"，在保留石油特色的同时，更加突出环境的优美；铁岭以"生产快乐的地方"、"生产健康的地方"以及"生态铁岭、中国水城"这三方面作为主要的城市形象开展营销活动，对国内外游客产生了很大的吸引力；丹东提出"建设成为东北东部现代化沿海港口城市"的城市定位；吉林市将城市形象定位为"宜居、宜游、宜投资设厂的中国北方名城"；阜新提出着力打造一个"绿色、精美、活力的阜新"；葫芦岛作为第一个进行城市品牌注册的城市，正式确定将"关外第一市，魅力葫芦岛"作为城市文化形象定位的表述语。

尽管这些城市开展了一些城市宣传与推广活动，并初步具有了城市名片，但总体而言对城市形象的凝练和城市营销活动的有效开展尚有所欠缺，在城市营销的组织、任务、形象、市场、协同和投资等要素上，相较大连、沈阳、哈尔滨和长春，存在较为明显的差距。若能够在城市营销决策和操作两个层面进行精心设计，保证决策的科学合理和实施方式的快速有效，则将明显提升东北城市的整体知名度和美誉度，从而促进地区社会经济的发展。

表7—1 东北城市营销大事记

序号	事 件	城市	时间	效 果
1	创办首届哈尔滨国际冰雪节	哈尔滨	1985 年	引起国内外强烈反响，大大提高了哈尔滨的城市知名度
2	首届大连国际服装节暨中国服装出口洽谈会	大连	1988 年	国际服装节获得巨大成功，此后每年举办一次，将大连打造成为服装名城
3	国内率先提出城市品牌——"浪漫之都"	大连	1998 年	引领国内城市品牌建设，成为日后众多城市学习的对象。至 2006 年，"浪漫之都"城市形象商标注册全部完毕
4	旅游宣传"大篷车"	大连	1999 年	三年内大篷车走遍了国内 31 个省、市、自治区，并到日本、韩国进行宣传，吸引了众多游客，创造了独特的促销文化
5	国内率先利用央视媒体平台传播城市品牌	大连	2001 年	率先在中央电视台进行城市宣传，把"浪漫之都"城市品牌告知于众，迅速在公众心目中建立起崭新的旅游城市形象
6	第五届亚欧经济部长会议	大连	2003 年	大连迄今承办的规模最大、级别最高的国际性会议，将大连推向国际舞台，是对大连城市品牌建设的最好肯定

序号	事　件	城市	时间	效　果
7	东亚旅游博览会	大连	2004 年	选址大连成为大连城市旅游品牌的一大亮点，更向中国和世界展示了"浪漫之都"的城市形象
8	2005 中国丹东鸭绿江国际旅游节	丹东	2005 年	每年一度的旅游节，吸引了大批中外游客来旅游观光或从事商务活动
9	2005 中国吉林国际雾凇冰雪旅游节	吉林	2005 年	吸引了众多游客，扩大了吉林市的知名度和美誉度
10	参加央视 2006 年度"魅力城市"评选活动	大庆	2006 年	评选活动在电视、网络、报纸等新闻媒体上宣传播报，最大化展示了城市形象
11	举办首届优秀旅游城市国际营销峰会	沈阳	2006 年	面对众多优秀旅游专业人员进行了城市营销传播，提升了沈阳的城市美誉度
12	确定沈阳城市形象定位——"活力之都"	沈阳	2005 年	确定了城市形象，并明确从八个方面着手打造"活力之都"
13	2006 中国沈阳世界园艺博览会	沈阳	2006 年	在央视开展城市宣传，吸引了 1200 万游客，很好地提升了沈阳的城市形象
14	承办第六届亚冬会	长春	2006 年	成功举办第六届亚冬会，迅速提升长春的国际知名度，在国际舞台上树立长春城市形象
15	确定长春城市形象定位——"汽车城"	长春	2005 年	为长春城市营销活动开展定下了基调
16	长春国际汽车公园开工	长春	2008 年	长春构建"汽车城"城市形象的重要营销举措
17	确定哈尔滨规划总体目标——"冰城夏都"	哈尔滨	2008 年	明确了城市营销活动的总体目标
18	承办第 24 届世界大学生冬季运动会	哈尔滨	2009 年	伴随着赛事的成功举办，哈尔滨将自身城市形象极富效率地传播到世界各地，加深了公众对"冰城"的认识

资料来源：本研究整理。

（二）东北城市营销发展特征

1. 存在强势城市，整体水平不高

东北城市营销的整体发展水平处于全国中游，但存在强势城市——大连，强势城市的存在有利于促进区域城市营销实践的开展，这种促进作用近年来体现得更加明显。

东北区域城市营销整体专业水平不高体现在以下三个方面：第一，少数城市形象定位不够清晰，容易产生模糊感，譬如沈阳提出的"活力之都"，这一描述并未体现沈阳的城市特质，并

且不清楚其具体指向，从而难以有效指导城市营销实践；第二，缺乏城市营销组织架构，目前的城市营销活动往往是通过城乡规划局、招商局以及旅游局等部门完成，而城市营销并非这些部门的本职工作；第三，城市营销相关产品的开发和创新有待加强，大连市在城市营销过程中较好地做到了城市产品开发，使得城市品牌具体化、形象化，虽然有些东北城市亦开发了自己的城市产品，但营销力度不够，还需要进一步加强。

2. 营销强度不均，层次差异明显

从东北城市营销的强度来考虑，大连、沈阳、哈尔滨以及长春四座城市无疑走在了区域城市的前列，这些城市在营销努力和投入以及在城市营销效果方面都为东北区域内其他城市做了表率。譬如，一些具有国际影响力的城市营销实践都集中在上述城市，如大连国际服装节、哈尔滨国际冰雪节、沈阳世界园艺博览会以及长春国际汽车公园等。

东北区域一些中小城市先后开展了城市营销活动，但存在层次差异，有些城市重视营销活动的开展，投入较多，譬如2006年大庆市参加中央电视台魅力城市评比活动，首轮评比获得第一，极大地提升了大庆城市形象；相当数量的城市仍然对城市营销重视不够、投入不足，营销观念落后、手法陈旧，营销的广度和强度处于明显弱势，譬如阜新、葫芦岛均提出了自身城市定位，但缺乏相应具体、有力的营销举措进行宣传推广，使得城市形象定位更像是一句口号，难以真正落实。

3. 挖掘城市特质，个性相对突出

东北城市大多具备类似的气候特征和旅游资源，然而多数城市在设计形象定位时，都能够较好地挖掘出该城市的特有禀赋，从而形成了鲜明的个性特征。这样便实现了差异化营销，既使得城市的建设与发展与竞争城市有明显的区别，避免了直接的市场竞争，又有可能实现区域内各城市之间的有效协同，从而可以更好地吸引游客和商贸交易者，有效提升区域竞争力。譬如，长春定位于"汽车城"，大庆定位于"绿色油化之都、天然百湖之城"，哈尔滨定位于"冰城夏都"，而大连则定位于"浪漫之都"，各具特色。

（三）东北城市营销的经验与不足

1. 取得的主要经验

（1）魅力城市领导者可显著提升城市营销活动效果

东北城市营销实践，尤其是大连城市营销实践表明，有志于城市营销的城市管理者有利于将思路和观念上的优势快速转变为现实中的竞争优势，大大促进城市营销实践的发展，显著提升城市营销效果。因此，培养既具有魅力又有志于城市营销的领导人，将是推进城市营销工作的重要一环。

（2）突出统领目标，强化城市印象

为了凸显城市特质，应在若干个特色目标中选择出统领目标，并突出这一统领目标以迅速提升城市形象。只有凭借准确的提炼，才能吸引消费者的注意力，才能够让人们记忆深刻。譬如哈尔滨，在建筑艺术之都、音乐之都、啤酒城等九大城市品牌中凝练出总目标——"冰城夏都"，以此进行城市宣传与推广，给人清晰的城市印象。

（3）强化城市品牌产品开发

城市品牌产品可以将城市品牌形象化、具体化，更可以使旅游观光者、商贸交易者凭借产品重现当时的景况，从而再次产生愉悦、欢快等情景体验。这对于提升城市品牌的知名度和美誉度有很大的帮助。譬如，大连市推出了"六大浪漫"等旅游产品，将"浪漫之都"品牌形象化、具体化，获得很好的口碑。

2. 存在的不足

（1）重视不够、投入不足

东北地区一些城市对城市营销重视不够、投入不足，造成虽具有城市形象定位，却缺乏具体城市营销活动，或者城市营销的广度和强度处于明显弱势的状态。

（2）城市营销活动缺乏深度

城市营销手段较为单一，营销活动缺乏深度，体现为主要通过节事庆典等活动来宣传、推广城市形象，较少考虑将各类推广方式组合应用以有效开展整合营销传播。

（3）缺乏战略协同

东北各城市并未设置专门的城市营销组织机构，亦未专门规定城市营销的运作机制，由此不可避免地引发了城市营销活动缺乏连贯性、一致性和协同性等问题。

二、东北城市营销指数点评

（一）总体表现

东北地区包括黑龙江、吉林和辽宁三个省份，纳入 CMI 指标测评的城市有九个，分别是大连、沈阳、哈尔滨、长春、吉林、丹东、大庆、葫芦岛和阜新。从 CMI 指标测评得分总体情况看，东北地区城市营销在全国处于中下游位置，仅有大连、沈阳两个城市总体排名进入前 20 位，其他城市均排名靠后。根据 CMI 指标排名，可以较为清晰地将这九个城市划分为三个梯队，即领先梯队、跟进梯队和待改进梯队。

领先梯队依次包括大连和沈阳两个城市，是东北地区城市营销的排头兵。其中，大连 CMI 总分为 84.90 分，排在第 14；沈阳 CMI 总分为 84.26 分，排在第 17。跟进梯队依次包括吉林、长春、丹东和哈尔滨四个城市，构成了东北地区城市营销的中坚力量，CMI 总分介于 68.27—65.64 之间，排名分别为第 58、60、69 和 71。待改进梯队依次包括大庆、葫芦岛和阜新三个城市，CMI 总分各为 62.57、61.23、51.37，排名分别为第 75、79 和 99，待改进梯队拖后了东北地区城市营销的整体水平。

（二）分项表现

分项表现主要是从城市品牌强度和城市营销力度两个视角考察城市营销水平。从城市品牌强度排名看，沈阳和大连为东北地区前两位，分别位列全国第 16 和第 23，沈阳能够胜出的主要原因在于，其品牌独特性得分明显高于大连。但是，由于大连在城市营销力度得分方面超过沈阳，尤其是在网络指数方面超过沈阳，从而使大连的 CMI 总分排在沈阳之前。可见，这两个城市在城市品牌强度和城市营销力度两方面各有所长，应当加强彼此沟通，互相学习，实现优势互补，共同进步。

从城市品牌强度考察，多数城市品牌强度排名略高于 CMI 总分排名，唯丹东情况比较突出。丹东城市品牌强度排名第 46，领先其总体排名 23 个位次，表现出不平衡性，原因在于丹东城市营销力度仅排名第 97，严重拖后了其总体排名。

从城市营销力度考察，则有重要发现。吉林、大庆、丹东、葫芦岛和阜新，这五个城市的城市营销力度位于 100 个城市排名中的末端，依次为第 79、84、97、98 和 99。这种区域性城市营销力度的集体沦落令人非常意外，值得东北地区城市营销工作者，尤其是中小城市营销工作者展开深入调研和思考。简单地说，造成今日东北地区城市营销水平不高的重要原因，就在于该区域中小城市群体性的城市营销力度不足，从而拉低了东北地区城市，尤其是中小城市的 CMI 得分。而东北地区的主要城市，包括大连、沈阳、哈尔滨和长春四城市，则呈截然相反的状态，在城市营销力度方面处于全国上游水平，分列第 11、18、24 和 33。这表明，东北城市营销发展的不平衡性，关键原因在于主要城市与中小城市之间城市营销力度的显著差异。

(三)战略平衡性表现

战略平衡性，即城市营销指数排名、城市品牌强度指数排名及城市营销力度指数排名这三项数据的均衡性。东北地区城市营销活动中，同时存在均衡和不均衡两种状况，其中均衡又表现为高水平均衡和低水平均衡两种模式。

领先梯队大连、沈阳两个城市，体现了高水平均衡，尤其是沈阳，三项数据依次为第 17、第 16 和第 18，表明城市营销各项工作均衡展开，而且品牌资产积淀深厚、战略规划有高度，同时营销力度也较大。

跟进梯队哈尔滨、长春、丹东、吉林四个城市，体现了不均衡性，表现为城市品牌强度和城市营销力度排名差异明显。哈尔滨、长春城市营销力度排名第 24、33，与之形成明显差异的是，城市品牌强度排名分列第 78、71。这表明，哈尔滨、长春城市营销力度相对较高，说明相关部门工作积极努力，推动了城市营销进展并收获了一些营销效益，但受品牌资源或品牌战略规划的局限，使得整体营销发展受到影响和局限。丹东、吉林的城市品牌强度排名第 46、49，而城市营销力度排名仅为第 97、79。这表明，丹东、吉林具有一定的品牌资源，但在城市营销建设、城市营销沟通、城市网络营销等方面尚需大力加强。

待改进梯队大庆、葫芦岛和阜新三个城市，则表现为低水平均衡。阜新表现尤为明显，其城市营销指数排名、城市品牌强度及城市营销力度排名分别为第 99、97 和 99，表明自身资源较差，缺乏战略规划，缺乏营销努力，城市营销工作的改进空间很大。

从城市营销力度中的城市营销建设指数和城市营销沟通指数之间的平衡关系看，纳入 CMI 指标测评的九个城市，总体较为平衡，大连、沈阳、长春与哈尔滨四个主要城市均表现为沟通领先于建设，其中哈尔滨情况更为突出。哈尔滨的建设指数排名第 40，而沟通指数为第 10，这种明显的反差说明哈尔滨在城市营销实践方面远落后于其城市营销理念的推广，应当引起注意并加以调整。

（四）小结

东北地区城市营销领先梯队——大连和沈阳，具有良好的战略平衡性，各有长处，应互相借鉴学习；长春和哈尔滨，具有较好的城市营销力度，但要加强城市品牌规划和定位工作，提升品牌强度；吉林、丹东具有较好的城市品牌形象与品牌资源，但城市营销力度明显滞后，应当积极改善城市营销建设、城市营销沟通和城市网络营销等方面，促进城市营销水平的提升；大庆、葫芦岛和阜新，城市品牌强度较弱，品牌形象有待进一步明晰，同时城市营销力度排名相当落后，严重影响了城市营销水平，应在城市品牌强度和城市营销力度两方面下大力气同步进行改善。

第8章

华北城市营销发展述评

一、华北城市营销发展

（一）华北城市营销发展概述

华北城市营销整体水平处于全国中游位置，是城市营销发展相对活跃的区域之一。这一区域城市营销存在区域内发展水平不均衡、缺乏准确而全面的认识等问题，城市营销的连贯性、一致性、强度和广度都有待进一步提高。

华北城市营销水平相对比较分化：北京由于独特的地位，城市营销起步最早，营销水平较高且处于相对领先位置；天津以及个别省会在城市营销方面的意识也在逐渐加强；区域内的其他一些城市，城市营销的观念和手段相对比较落后。

1. 起源

华北城市营销的起源，当数 1990 年的亚洲运动会。1990 年 9 月 22 日至 10 月 7 日，亚运会的成功举办对北京的城市营销有着重要意义。这是中华人民共和国第一次在自己的土地上举办综合性的国际体育大赛，也是亚运会诞生 40 年以来第一次在中国举办。来自亚奥理事会成员的 37 个国家和地区的体育代表团的 6578 人参加了这届亚运会，代表团数和运动员数都超过了此前十届。

中国为办好亚运会做了大量的准备工作，兴建了以亚运会主体育场为主的奥林匹克体育中心和亚运村，并兴建了大量的立交桥和宽敞的马路，北京的市容也因此焕然一新。

2. 华北城市营销的排头兵

（1）北京

北京，这座有着 3000 多年历史的世界著名古城，是中国的政治、文化与国际交往中心，又是生机勃勃、充满活力的综合性产业城市。综观北京地形，依山临海，形势雄伟。诚如古人所言："幽州之地，左环沧海，右拥太行，北枕居庸，南临河济，诚天府之国。"

全球只有极少数城市像北京一样长时间作为一个国家的政治和文化中心。《不列颠百科全书》将北京形容为"One of the world's great cities"（全球最伟大的城市之一）。故宫、天坛、颐和园、北海等数不胜数的古迹也为这座城市添加了更绚烂的色彩。

以成功申奥为标志，北京近年来的城市营销取得了举世瞩目的成绩和进展。北京 2008 奥运会已成为北京城市品牌建设的坚实起点，为北京的城市营销提供了历史性机遇，同时也积淀了巨大的城市品牌资产。北京市政府对城市营销工作非常重视并进行了出色的努力，如北京市投资促进局的成立、总规修编的市场导向理念、政府工作报告对城市形象和城市品牌的重视以及对协同战略的深入探索等。北京市在旅游推广、投资促进、企业服务、人居环境改善等方面，城市营销意识正在不断增强，城市营销战略规划意识也正初步显现。与此同时，在具体城市产品的营销推广中，北京积极尝试和创新营销手段，表现出很强的城市营销执行能力。

不过，北京城市营销工作中依然存在着一些问题和不足，总体来看，北京的城市营销尚未达到战略性的营销水平。

总之，在2008年前后，以及整个奥运会期间，北京成为了世界注意力的聚焦中心之一，展示了城市文化、中华文化的独特魅力，为打造国际一流的现代大都市品牌形象建功甚伟。

（2）天津

天津市地处华北平原东北部，环渤海湾的中心，东临渤海，北依燕山。作为环渤海地区的经济中心，天津将建设"环境优美的国际港口城市，北方经济中心和生态城市"作为城市战略发展目标。

天津在城市营销方面一直在探索，尤其是2004年天津建城600周年纪念期间，围绕着天津卫文化的发掘，开展了一系列的纪念活动，取得了一定的成效。海河综合景观带的改造建设，大面积增加了城市绿地与休闲用地，改善了海河两岸景观，同时，在拆建改造中，保留和修缮了一批历史建筑，提升天津市的整体形象。

此外，城市营销节会活动也为天津增色不少。五大道欧陆风情旅游节、杨柳青民俗文化节、黄崖关长城国际马拉松节、渔阳金秋旅游节、妈祖文化旅游节、海河旅游节暨国际大学生龙舟赛等一批重大旅游节庆活动，提高了天津的知名度与美誉度，树立起天津良好的城市形象，吸引了众多游客和客商前来旅游观光、投资兴业。

名人文化也是天津城市营销的一部分。天津可发掘的名人文化非常丰富，如精武大侠霍元甲、弘一法师李叔同、改革志士梁启超、相声艺术家马三立等名人，都是天津人或曾在天津居住。

3. 城市营销较活跃的若干华北城市

（1）石家庄

作为河北省省会的石家庄，地处京畿重地、燕赵故里，北靠京津，东临渤海，西依太行，素有"南北通衢、燕晋咽喉"之称。

近年来，石家庄确定了"中国药都、全国纺织基地、华北重要商埠和北方特色农业区"的四大特色产业定位，然而这些均属于城市子品牌定位，全市总体城市品牌定位尚待近一步凝练、提升。

通过活动宣传来推广城市形象和城市精神，是石家庄城市营销的一大特点。比如石家庄市城市旅游主题口号和形象标识的公开征集、"中国·石家庄国际投资洽谈会暨第二届中国·石家庄国际健康节"的举办、107个石家庄"城市品牌"名单通过"石家庄十大城市名片评选活动"的最终确定等，都为石家庄的城市营销起到了一定的积极作用。

另外，虽然2008年爆发的"三鹿事件"给石家庄的城市营销带来了不良影响。但在"三鹿事件"后，石家庄积极采取果断措施，如参加建设食品安全放心城市万人承诺签名活动，打造"食品药品安全放心城市"等活动，在一定程度上弥补了"三鹿事件"给石家庄城市形象造成的负面影响。

（2）邯郸

邯郸把建设国家历史文化名城、冀晋鲁豫接壤地区中心城市作为该市的发展目标和城市营销总体战略。

利用节庆活动来提升城市形象，是邯郸开展城市营销的主要方式。2009年，第四届中原民间艺术节在邯郸举办。与此同时，国际标准舞全国公开赛也在邯郸举行，有来自全国71支代表队的1600余名参赛者参加。戏曲票友演唱会、民间歌舞等也同时演出，给邯郸的城市营销增添了活力。

另外，借会展活动提升城市形象也是邯郸的特色之一。2008年，"中国·河北国际建材博览会"、中国北方糖酒副食品展销洽谈会、世界马氏恳亲大会、国际太极拳运动大会等，均在邯郸市举办。

（3）唐山

唐山地处环渤海湾地区中心地带，北依燕山，南临渤海，毗邻京津，素有"京东宝地"之称。

唐山城市营销的重要举措之一就是举办各种会展节庆活动。如第七届中国陶瓷博览会和第四届评剧艺术节的举办，提升了唐山的城市形象，扩大了唐山的知名度。陶博会已在国内外产生了较大影响，对促进唐山乃至全国陶瓷事业发展，弘扬唐山600年陶瓷文化具有重大意义。

唐山是评剧艺术的发源地。为此，国家文化部艺术司、河北省文化厅与唐山市人民政府从2000年起在唐山连续举办了三届中国评剧艺术节，均取得了圆满成功，实现了"文化搭台，经济唱戏"的办会宗旨。

唐山大地震后，利用影视、书籍、报纸等大众媒介恢复及提高自身形象进行城市营销的做法也有一定的借鉴意义。1986年钱钢的报告文学《唐山大地震》发表后，立即在社会上引起强烈反响。20集电视连续剧《唐山大地震》的播出，中央电视台《讲述》栏目在纪念唐山抗震30周年之际推出特别节目《唐山1976》，《燕赵都市报》进行了一次时间持续三个月、总版数超过150个版面的大型策划报道，并携手新浪网，联合全国各省市14家主流都市报，在全国范围内发起"唐山寻亲——寻找30年前废墟上的感动"大型媒体行动，取得了较大的影响，在一定程度上进一步提升了唐山的知名度。

（4）秦皇岛

2001年，秦皇岛提出了"以产业化思路，大力发展体育事业，打造体育名城"的发展目标。

秦皇岛主要通过赛事活动来宣传和营销城市形象和城市精神。秦皇岛已承办了亚洲女篮锦标赛、世界B级自行车锦标赛、中美篮球对抗赛等40多项精品赛事。秦皇岛作为北京奥运会足球分赛场，从2005年开始，一直成为国家队备战2008年奥运会的集训地。目前，设在秦皇岛的奥体中心、体育训练基地、自行车比赛场等就有八处之多，为全国同等城市之最。

建设"绿色城市"，是秦皇岛城市营销的特色之一。秦皇岛开发区投资5000万元建设了体育森林公园；北戴河区投资1亿多元建造奥林匹克公园，建成了世界上最长的奥林匹克墙和国内一流的标准轮滑运动场。

秦皇岛城市营销的另一大特色是利用各种评选机会来营销城市。例如，由中国城市竞争力研究会发布的"2005年中国十佳宜居城市排行榜"揭晓，秦皇岛榜上有名，排第7。2008年，在第二届中国旅游论坛上，秦皇岛市荣获"中国最佳旅游生态城市"称号。

（5）呼和浩特

呼和浩特是一座有着400余年历史的塞外名城，北倚阴山，南濒黄河，同时北通漠北，南连中原，是沟通东西的交通枢纽。

通过体育赛事活动来进行城市营销是呼和浩特的特点之一。呼和浩特与体育的渊源由来已久。全国首届少数民族运动会就是在这里隆重召开，内蒙古自治区各民族的体育项目和设施也大都集中在这里。这里有大型赛马场，有全国马术强队内蒙古马术队，还有马球、马拉松、摔跤、射箭、曲棍球和女子柔道等主要体育项目。

以龙头产业的发展来提升城市知名度，也是呼和浩特的一大特色。位于世界公认的最佳养牛带的呼和浩特，有着"中国乳都"的美誉，蒙牛、伊利两大中国乳业龙头企业是"中国乳都"的两大支柱。

鲜明民族特点和众多名胜古迹是呼和浩特市的一个特点。呼和浩特市内有各种召庙50多座，最为著名的是大召、席力图召、乌素图召和喇嘛洞召。另有昭君墓、万部华严经塔、金刚座舍利宝塔、哈素海、清公主府、绥远城将军衙署等古迹。

举办节庆活动是呼和浩特城市营销常用的方式。"中国·呼和浩特昭君文化节"，从1999年到2007年，已成功举办了八届，其规模和影响不断扩大，成为对外传播经济文化和加强民族团结与社会进步的重要载体。

（6）包头

城市主流产业经济发展带动城市营销和城市定位，是包头市的一大特点，"草原钢城"、"稀土之都"是包头获得的国家级荣誉。

包头主要通过节事活动来营销城市形象。争创全国文明城市、承办全区两个文明现场会和国际草原文化节等盛事，使包头树立了良好的城市形象。

包头通过城市投资、加强城市建设来不断增强城市营销的基础。包头多方筹措资金，成功实施了一批增光添彩的基础设施建设和园林景观建设项目。

（7）太原

"品味古都面食之精，畅游龙城景胜之林，感受三晋古韵之魂"，太原市城市竞争力的核心为"文化"，城市的吸引力为"旅游"。2008年9月，太原市城市旅游品牌形象有了正式定位，"唐风晋韵、锦绣龙城"成为太原城市旅游品牌形象的主题口号。

2003年，太原建城2500年庆典期间出台的"民俗太原"、"风情太原"、"激情太原"和"腾飞太原"四项活动，为提高太原知名度、提升太原市美誉度起到了极大的推动作用。

近年来，太原汾河公园的建设，不仅有利于提升城市形象，吸引外来游客驻足观光，而且也让太原市民感到了城市景致的焕然一新和城市生态的变化。

（8）大同

大同是国务院公布的第一批国家级历史文化名城，"三代京华、两朝重镇"，是大同城的真实写照。大同拥有几千年来历史文化发展的丰富遗存，在全国乃至世界上都具有相当重要的位置。

大同主要通过节会活动来推广城市形象。大同云冈旅游节、第十九届全国（部分）旅游城市旅游局长协作会等都于 2007 年在大同市召开。

大同是首批历史文化名城，也是第二批中国优秀旅游城市。但是，大同并没有针对这一优质资源开展有效的城市营销。一直以来，"煤都"的形象在一定程度上拖累了大同城市品牌美誉度的提升。

4. 华北城市营销的潜力股

（1）沧州

武术、杂技是沧州城市营销的两大载体，沧州城市营销实践的主要方式是结合武术、杂技举办节庆活动，在充分展示沧州文化的同时，推动沧州经济又好又快发展。

首届沧州武术节的成功举办，扩大了沧州武术在全国的影响。1992 年国家体委正式命名沧州为首批唯一地级市的全国"武术之乡"。此外，沧州武术也已走上了产业化发展之路。目前有武术馆、校、社、站 640 余个，各级武术协会均已建立，武术在沧州形成了产业。沧州武术通过全运会、世锦赛、香港国际武术节等国内外武术赛场不断发扬光大。

2006 年，"沧州武术"又被国务院、文化部授予国家级非物质文化遗产。"武术"已成为沧州文化的一大品牌和重要标志，成为沧州的重要城市符号。

与沧州武术同享盛名的是杂技。中国吴桥国际杂技艺术节就曾在沧州成功举办。

（2）赤峰

赤峰市位于内蒙古自治区东南部、蒙冀辽三省区交汇处，东、东南与通辽市和辽宁省朝阳市毗邻，西南与河北承德接壤，西部和北部与锡林郭勒盟相连。"赤峰"因城区东北角有一座赭红色的山峰而得名。赤峰市的城市营销活动主要包括以下几个方面：

首先，提炼和打造"第一品牌"的概念，进而提升城市形象定位。赤峰市历史悠久，文化源远流长；是中华文明的发祥地之一，"八五"时期中国十大考古发现之一的敖汉"兴隆洼聚落遗址"，确立了中华民族 8000 年的文明史，被史学界定名为"华夏第一村"。在翁牛特旗出土的红山文化标志性器物——玉龙，被史学界定为"中华第一龙"。

其次，以城市活动提升城市形象，进行城市营销。内蒙古赤峰市旅游局在全国范围内征集赤峰旅游形象的推广语，该活动塑造了赤峰旅游的整体形象，突出了赤峰旅游资源特点和优势，加大了赤峰旅游宣传促销力度。

（3）鄂尔多斯

鄂尔多斯位于内蒙古自治区西南部，西、北、东三面被黄河环绕，属黄河上中游地区，黄河境内流长 728 公里。南以长城为界，与山西、陕西接壤，西与宁夏回族自治区毗邻，形成秦晋文化与草原文化南北交融的"歌海舞乡"。近年来，鄂尔多斯经济迅速发展，形成引人瞩目的"鄂尔多斯现象"。

鄂尔多斯城市营销的特点是城市形象与产品品牌相得益彰。"羊煤土气"，即羊绒、煤、矿产和天然气，正是代表鄂尔多斯的城市形象产品，帮助鄂尔多斯开展城市营销。

表 8—1   华北城市营销大事表

序号	事件	城市	时间	效果
1	第 11 届亚洲运动会	北京	1990 年	加速北京与世界的融合
2	"武术之乡"正式命名	沧州	1992 年	国粹武术与城市相得益彰
3	平遥古城列入世界遗产名录	平遥	1997 年	跻身世界遗产，成为全球名胜
4	北京 2008 年奥运会申办委员会成立	北京	1998 年	体育赛事推动北京渐入国际大家庭
5	中国·呼和浩特昭君文化节	呼和浩特	1999 年	昭君文化助推城市发展
6	国际摄影大展	平遥	2001 年	融入国际视野
7	纪念北京建都 850 周年	北京	2003 年	再现千年古都文化底蕴
8	天津建城 600 周年纪念	天津	2004 年	天津卫文化深度发掘
9	中非合作论坛北京峰会	北京	2006 年	中非关系发展进入高潮，北京为世界瞩目
10	第 29 届奥林匹克运动会	北京	2008 年	展现新北京

资料来源：本研究整理。

（二）华北城市营销发展特征

1. 积极参与城市营销实践

值得肯定的是，华北地区的诸多城市已经开始了营销城市的实践，然而，由于城市营销的观念在一些二线城市还未普及，对城市营销的认识还存在一定片面性，一些城市还停留在形象识别和视觉识别阶段，而并没有将注意力放在城市特色和城市整体功能的发挥上。

2. 城市营销发展水平不均衡

华北地区内各城市的营销水平彼此差距较大。北京、天津等大城市在城市营销方面走得比较靠前，发展程度较高，而区域内的其他城市则相对较弱。比如北京凭借首都的特殊地位，与世界各国、各地区的经济、贸易、科技、教育、文化等领域的交流日益加强。政府、民间和社会团体之间的友好往来十分活跃。北京与 72 个国家的 124 个首都和大城市有友好往来关系，其中已与 37 个国家的 41 个城市建立了友好关系。而其他一些二线城市的营销水平则几乎与之不在同一发展阶段。

3. 城市营销活跃度较高，观念特征不明显

华北地区在城市营销方面的观念特征不明显，城市产品的前瞻性开发和创新有待加强。从城市营销的角度看，华北地区城市营销资源优势较为突出，但城市产品的创新和开发力度不够。

（三）经验与不足

1. 取得的主要经验

（1）注重历史文化元素的发掘

经过历史的沉淀，华北地区形成了独特的蒙古族文化、畜牧业文化、草原文化、民族交流文化、政治中心文化。如北京力推政治中心文化、内蒙古则侧重草原文化等。通过对这些历史文化元素的充分发掘，将有助于有效开展城市营销工作。

（2）突出旅游资源，注重经济效益

华北地区具有丰富的旅游资源。比如北京对外开放的旅游景点达200多处，全市共有文物古迹7309项，其中有六处世界遗产、两处国家重点风景名胜区、一座国家历史文化名城（北京）、一座中国历史文化名村（爨底下村）、99处全国重点文物保护单位（含长城和京杭大运河的北京段）、326处市级文物保护单位。这为该城市的营销创造了良好的经济收益。

（3）文学影视作品带动，植入式营销无处不在

文学影视作品在推动城市品牌塑造方面发挥着重要的作用。反映清代宫廷生活的影视作品为北京城市营销作出了巨大贡献。央视热播剧《乔家大院》以中国晚清的社会历史为背景，反映了祁县乔家晋商几十年商海拼搏奋斗的故事。这在一定程度上带动了山西祁县、平遥等地的旅游，推动了当地的城市营销。

2. 存在的不足

总体来看，华北地区的城市营销尚未达到战略性的城市营销水平。目前可能存在的主要问题和不足包括：

（1）各城市缺乏统一的城市营销领导机构，使其他各项城市营销战略规划工作难以启动和展开，这是华北地区城市营销工作中存在的最大瓶颈。

（2）城市品牌亟待进行专业化的设计和规划，城市营销缺乏强大的城市形象支撑。

（3）社会公众参与严重不足。华北地区的城市营销，除申奥活动容纳巨大的公众参与热情外，其他的城市营销多属城市促销和推销，表现出浓厚的短期行为特征，而且多由政府部门包揽，缺乏社会公众的广泛参与。

二、华北城市营销指数点评

（一）总体表现

华北地区即北京、天津、河北、山西和内蒙古二市、二省一区，纳入指数分析的城市共有13个，包括呼和浩特、包头、鄂尔多斯、赤峰、北京、天津、石家庄、邯郸、唐山、秦皇岛、沧州、太原和大同等。从CMI指标测评得分总体情况看，华北地区城市营销在全国处于中游偏下位置，并呈明显的两极分化状况。观察纳入指标测评的13个城市，可以根据这些城市CMI指标排名，将其划分为三个梯队，即领先梯队、跟进梯队和待改进梯队。

领先梯队依次包括北京和天津，是华北地区以至全国城市营销的排头兵。其中，北京CMI总分为126.176分，总体排名第1；天津CMI总分为93.478分，总体排名第7。跟进梯队依次包括呼和浩特、石家庄、包头、秦皇岛、太原、大同、唐山和邯郸等城市，CMI总分介于66.203—74.700分之间，排名分别为第35、50、54、59、62、63、64和68。待改进梯队依次包括沧州、鄂尔多斯和赤峰三个城市，CMI总分均低于61分，排名分别为第82、95和98，这三个城市一定程度上影响了华北地区城市营销的总体排名。

总体来看，华北地区的城市营销现状处于全国的中游偏下水平，但其中的领先梯队城市北京和天津位于全国前10位，特别是北京的CMI排名位于第1，是华北地区诸城市借鉴学习的典范。

（二）分项表现

从城市品牌强度排名看，北京和天津为华北地区前两位，分别位于全国的第1和第8，这与两城市深厚的城市品牌资源和有效的品牌规划能力有很大关系。总体而言，在城市品牌强度方面，华北地区城市的城市品牌强度得分排名在全国位于中游偏下水平。其中，呼和浩特、大同、唐山、邯郸和鄂尔多斯这五个城市的城市品牌强度得分排名比其总体排名靠前，而城市营销力度不足，一定程度上说明这些城市没有充分地发挥城市品牌的作用，在城市品牌营销方面尚有欠缺。

从城市营销力度考察，和城市品牌强度排名的格局类似，北京和天津的城市营销力度得分排名位于华北地区的前两位，分别位于全国的第1和第4，由此可以看出北京和天津这两个城市在各个分项方面的领先地位是促成其CMI总体排名靠前的重要原因。从总体来看，在城市营销力度方面，华北地区城市的城市营销力度水平也位于全国的中游偏下水平。在城市营销力度方面值得指出的是，天津、石家庄和太原三城市的城市营销力度得分均高于其总体排名，且排名都位于前50位，由此可以看出三城市对城市营销推广的重视，这也带动了三城市CMI总体排名的提升。

（三）战略平衡性表现

华北地区城市营销活动，虽然从总体而言存在不均衡的状况，但从城市营销水平梯队来看则相对比较均衡，并且可以分为高水平均衡和低水平均衡两种模式。

北京和天津两个城市，体现了高水平均衡，其共同特点是城市品牌强度和城市营销力度排名均位于全国前列。尤其是北京，城市营销指数排名、城市品牌强度排名和城市营销力度排名三个指标得分均位于全国第1，北京城市营销的优势和成效十分明显。天津的城市营销指数排名、城市品牌强度排名和城市营销力度排名分别位于第7、8和4，也呈现高水平均衡。

沧州、鄂尔多斯和赤峰则属于低水平均衡，其共同特点是城市品牌强度和城市营销力度排名均处于落后水平。一方面自身城市品牌资源不足，且缺少战略规划；另一方面更缺少城市营销努力，因而整体上城市营销状况处于低水平，需要在城市品牌投资、规划与营销方面加大力度。

华北地区城市营销不均衡状况主要可以分为两类。一是城市品牌强度排名要高于城市营销力度排名，主要包括呼和浩特、大同、唐山和邯郸四城市。特别是呼和浩特和大同，其城市品牌强度排名要高于其城市营销力度排名 20 位以上，这些城市营销力度的欠缺，拉低了其总体排名，需要加以调整。二是城市营销力度排名要高于城市品牌强度排名，如石家庄、太原、秦皇岛和包头等城市，特别是石家庄和太原其城市营销力度排名要高于其城市品牌强度排名 20 位以上，这些城市在品牌资源不足的条件下，通过加大城市营销力度，提升了其整体城市营销水平。

（四）小结

华北地区城市营销领先梯队城市北京和天津等，同时也作为全国城市营销的领先城市，在保持其城市营销先进水平的同时，需要继续学习借鉴其他国际国内城市的先进经验，实现进一步的提升。沧州、鄂尔多斯和赤峰需要从城市品牌强度和城市营销力度两个方面都作出改进。呼和浩特、大同、唐山和邯郸，则应该加强城市营销力度。石家庄、太原、秦皇岛和包头则应该在进一步加大城市营销力度的同时，加强城市品牌规划和投入。

第9章

华东城市营销发展述评

一、华东城市营销发展

（一）华东城市营销发展概述

目前华东城市营销整体水平在全国位于前列，尤其是杭州与上海，对城市营销开展了系统的研究及实践，并取得了一定的成效。

1. 起源

有学者认为，上海是华东区域最早具有城市营销意识的城市；福州则较早从事城市经营的实践，但并未形成城市营销的观念；而厦门、威海、青岛等城市在城市形象传播方面进行了实践。[①] 由于华东大部分城市都走在改革开放前列，20 世纪 90 年代初期，上海、温州、杭州、苏州、昆山等城市都已经意识到城市营销的重要性，开始依靠政策措施，根据自身优势制定相应的城市营销战略。[②]

2. 华东城市营销领跑者

如果从城市营销资源和城市营销理念两个层面来考察，华东地区城市营销最为活跃的非杭州与上海莫属。

（1）杭州

杭州是一个有山有水有文化又有经济基础的城市。杭州有8000多年的人类繁衍生息的历史，积淀了众多的旅游名胜。"鱼米之乡"、"茶叶之乡"、"丝绸之府"孕育了杭州典型的江南文化，这才有了"忆江南，最忆是杭州"的流连忘返。杭州的城市营销经历了由自发到自主的过程，杭州各行各业经济为其勾勒了诸如"女装之都"、"天堂硅谷"、"休闲之都"、"中国茶都"等城市品牌建设构架。[③]

此外，杭州市政府作为城市营销的主体充分认识到了城市营销是一个系统工程，需要战略规划、资源整合以及有效传播。2004 年，女子十二乐坊成为杭州的城市代言人，代表了杭州的人文艺术以及浪漫气息。2006 年，杨澜作为世界休博会的形象大使，更是代表了杭州的传统与

---

① 刑恩惠：《城市营销模式与策略研究》，辽宁工程技术大学博士论文，2005 年。
② 康宇航、王续琨：《论我国城市营销的现状及其策略》，《江淮论坛》2004 年第 3 期，第 11 页。
③ 《杭州城市品牌发展轨迹解读》，杭州网 www. hangzhou. com. cn，2009 – 05 – 04。

现代、民族与世界、柔情与豪放。[①] 2007 年 1 月,杭州有了明确的城市形象和城市品牌——"生活品质之城"。2007 年杭州率先在新浪开通了城市播客,同年杭州将"生活品质之城"及相关变体注册为城市品牌商标,成立专门城市品牌运营机构,并且从 2007 年到 2010 年,每年投入 500 万作为城市营销的调查、研究以及推广等专项费用。[②] 2008 年杭州市与冯小刚合作,借助《非诚勿扰》成功传播了杭州西溪湿地、茶文化、戏曲等城市营销元素。[③]

杭州通过西博会、中国国际动漫节及博览会、休博会以及女足世界杯赛等向全世界展示了"生活品质之城",杭州的品质文化足以支撑起杭州走向世界,也足以让世界认识中国。[④] 杭州对城市营销的认识及对城市品牌的塑造、传播等,使其成为中国城市营销的领跑者。

(2)上海

相比杭州,上海有着更为优越的经济条件。作为长三角都市圈的经济龙头以及国际化大都市,上海有着明确的功能定位——国际经济、金融、贸易、航运中心,但是上海还未提出明确的城市形象以及城市品牌定位。

2001 年 APEC 会议使上海成为了全世界的焦点,2002 年上海获得 2010 年世博会的举办权,并且自 2003 年至 2010 年,上海将每年耗费数亿元用于城市推广。[⑤] 2004 年 9 月上海举办 F1 大赛,全球最有名的两大主题公园环球影视城和迪斯尼乐园纷纷落户上海,未来的上海将成为激情与梦幻的世界。[⑥]

不仅如此,上海还拥有绝佳的形象代言人。姚明象征上海的高度,刘翔是上海的速度,朗朗的《上海协奏曲》体现了上海的气度。上海在城市公关上比国内其他城市更具超前意识,堪称国内城市营销的典范。

3. 城市营销活跃的华东城市

华东区域内,由于经济发展较快,大多城市的城市营销活动较为活跃,如山东的青岛、威海,江苏的南京、苏州、昆山,浙江的宁波、温州、义乌,安徽的黄山以及福建的厦门、泉州等。各个城市采取的营销方式有所不同,可归纳为四大类,见表 9—1。

表 9—1 　　　　　　　　　　华东部分活跃城市的营销方式

城市营销主要方式	典型城市	表现方式或突出成果
综合能力差异化(政治、经济、文化影响)	南京	省会、长三角经济圈成员、六朝古都,拥有众多历史古迹

① 季靖、陈静:《传播与城市品牌塑造:以杭州、上海为例》,《消费导刊》2008 年第 11 期,第 16 页。
② 《杭州,插个牌子销售城市》,企博网 www.bokee.net,2009 - 05 - 06。
③ 《从〈非诚勿扰〉看浙江城市营销的成功案例》,营销专家博客网 http://blog.globrand.com,2009 - 04 - 30。
④ 《杭州,一个缺乏灵魂的城市》,全球品牌网 www.globrand.com,2009 - 05 - 07。
⑤ 《大连、上海、昆明、成都,从城市符号解读城市营销》,《重庆晨报》2004 - 06 - 24。
⑥ 《F1——上海城市营销的又一次冲动》,http://tianyaxuelian.bokee.com/168480.html,2009 - 05 - 10。

续表

城市营销主要方式	典型城市	表现方式或突出成果
经济发展差异化		
1. 招商引资	苏州	新加坡工业园区、苏州工业园
	昆山	台资企业最密集地区之一
2. 会展经济	宁波	举办各种会展，获得"中国十大会展城市"等称号
	厦门	"九八投洽会"、"台交会"、国际会议展览中心
3. 企业品牌	泉州	安踏、匹克、361°、七匹狼、柒牌、劲霸等
	青岛	海尔、澳柯玛、海信、双星、青岛啤酒等
4. 民营经济	温州	轻工业发达，工业区
5. 商贸经济	义乌	中国小商品城
旅游资源差异化	黄山	两处世界遗产地，16 处 5A、4A 级景区
人居环境差异化	威海	世界上最适合人类居住的范例城市

资料来源：本研究整理。

　　作为六朝古都的南京，秦淮旧事孕育了其深厚的文化底蕴，凭借长三角大都市圈成员以及省会城市的特殊身份成为了江苏省政治、经历、文化中心，其影响力不可小觑。

　　苏州和昆山政府，通过营造良好的招商环境，出台优惠的招商政策，并大力提高政府办事效率，成为招商引资的典范。苏州的新加坡工业园区以及苏州工业园现已成为知名的招商品牌，也成为了苏州的象征；而昆山从 1990 年起开始引进台资，与东莞一起成为大陆台资企业最为密集的两个城市。[①]

　　宁波、厦门两个城市都通过大力发展会展经济来营销城市。至今宁波已成功举办了宁波国际服装节、浙洽会、中国消博会、中国住博会、中国塑博会等多个国家级品牌展会，荣获"中国十大会展城市"、"中国会展管理最佳城市"和"中国十大节庆产业城市"称号[②]；厦门拥有目前国内档次最高，软硬件设施最为齐全的国际会议展览中心，其举办的"九八投洽会"、"台交会"对中国贸易有着重要影响，且每年厦门举办不少于 1000 场的各种国内外会议、产品展览会、推广会等[③]，可见会展经济对宁波与厦门城市营销的重要作用。

　　泉州与青岛属于原产地品牌塑造的范例，城市品牌可以为企业品牌做强有力的背书，相反众多名牌企业的集聚也推动了城市品牌的塑造。泉州拥有 34 个"中国名牌"[④]，其所辖的县级市晋江就拥有安踏、鸿星尔克、匹克、德尔惠、特步、361°等 10 多个中国名牌产品，CCTV-5 几乎成了"晋江频道"[⑤]；而青岛的海尔、澳柯玛、海信、双星、青岛啤酒这五朵金花对塑造青岛城市品牌也是功不可没的。

①　郑昭：《中小城市营销理论与实务》，国防科技大学出版社 2004 年版。

②　董鸿安：《宁波会展旅游与城市营销相结合的发展策略探讨》，《三江论坛》2007 年第 10 期，第 6 页。

③　邱士冰、明心武：《会展经济，厦门一张金灿灿的名片》，《福建日报》2008-09-19。

④　施春来：《海峡西岸经济区建设中福建城市品牌营造》，《商业时代》2007 年第 24 期，第 108 页。

⑤　《安踏，永不止步》，http://www.cnxz.cn/news/top2007，154999. html，2009-05-13。

温州大力发展民营经济，开辟了一条"民营化＋市场化＋工业化"的发展道路，营造有特色的工业园区，以鞋业、服装、打火机、眼镜、锁具、塑料、包装印刷、合成革为代表的轻工业在全国占据较大市场份额。①

义乌发挥自身特色，通过小商品贸易从浙江走向中国，并且辐射东南亚、欧洲等国际市场。

黄山是我国唯一拥有两处世界遗产地的地级市，拥有16处5A、4A级景区，依靠独特的旅游资源，通过30年的城市旅游营销，黄山成为安徽最有知名度的城市之一。

威海将自身发展定位在改善人居环境上并取得了不菲成效。1996年，威海被联合国评为全球改善人居环境100个范例城市之一，之后获得"中国优秀旅游城市"、"国家环境保护模范城市"、"中国人居环境范例城市"、"国际迪拜改善居住环境最佳范例"称号以及联合国人居奖。②

虽然表9—1对各个城市最主要的城市营销方式进行了分类，但一些城市多种营销方式并举，比如苏州、厦门、宁波、青岛等城市也大力发展旅游，注重人居环境的改善；威海积极加入山东半岛制造基地建设的产业分工，大力吸引韩国外资企业，依靠海洋发展旅游。相比之下，昆山、泉州、温州以及义乌等城市功能定位较为专一、明确，都试图以点及面，实现城市营销的系统化。但是黄山目前还只是将城市营销仅停留在旅游营销的层面上，显得有所不足。

4. 蓄势待发的城市

这里主要是指有一定基础和资源但城市营销活动相对缺乏的华东城市。经过查阅大量文献、数据，对比研究后发现福州与济南颇为相似，同为沿海省会城市，经济实力以及城市知名度等多方面都不如各自省内的计划单列市（即厦门与青岛），城市品牌塑造、市政规划、旅游营销、人居环境等各方面都略显不足。

福州拥有"环山、沃野、拥江、依海"的环境优势，"三山两塔"、"三坊七巷"、温泉以及榕树都是其宝贵的自然、文化遗产③，可是福州却没有充分利用自身资源，形成差异化营销。相反福州提出了一个放之四海皆准的城市精神"海纳百川，有容乃大"。同样济南处于环渤海经济区，拥有独特的齐鲁文化、泉城文化、泰山文化、民俗文化、美食文化，有着"四面荷花三面柳，一城山色半城湖"的独特景象。这些本该被充分挖掘利用，并成为济南城市营销的独特元素。可见，福州与济南缺乏城市个性与内涵，城市形象不明确，没有进行有效的整合传播，特别是城市营销意识和理念还有待进一步提高。

另外，安徽合肥、芜湖、马鞍山等城市与其他城市相比，城市营销显得更为薄弱，需充分利用自身基础与资源，主动加强城市营销。

城市营销可以通过重大体育赛事、博览会、国际会议以及文化节会等事件聚焦各方注意力，表9—2是整理了近年来华东城市营销的一些重大节会活动。

① 周朝霞：《多维视角的城市形象定位、设计及传播》，经济科学出版社2006年版，第61—83页。
② 支军：《城市品牌定位的比较：以青岛、烟台、威海为例》，《江苏商论》2007年第2期，第121页。
③ 张其顺：《福州城市营销初探》，《福州党校学报》2004年第2期，第67页。

表 9—2　　　　　　　　　　　　　　华东城市营销大事表

序号	事　　件	城市	时间	效　　果
1	APEC 会议	上海	2001 年	全球关注，使上海向国际大都市迈进
2	世博会	上海	2002 年	
3	F1 大赛	上海	2004 年	
4	西博会（8 届）	杭州	2000—2008 年	增加了杭州的国际影响力，传递了杭州的城市内涵
5	休博会	杭州	2006 年	
6	女足世界杯赛	杭州	2007 年	
7	第十届金鸡百花电影节	宁波	2001 年	有助于宁波发展影视以及会展业，成为国内外的焦点
8	国际服装节（12 届）	宁波	1997—2008 年	
9	奥运会帆船赛	青岛	2008 年	让世界更了解青岛
10	啤酒节（18 届）	青岛	1991—2008 年	
11	国际风筝节（25 届）	潍坊	1984—2008 年	吸引了全球风筝爱好者以及旅游者
12	第 10 届全运会	南京	2005 年	赋予了南京更多城市内涵，成为全国焦点
13	第 11 届金鸡百花电影节	无锡	2002 年	成为媒体曝光的焦点，有助于无锡发展文化产业
14	首届中国国际动漫创意产业交易会	合肥	2007 年 11 月	国内外企业参展，成为国家级动漫产业发展基地
15	第 6 届中国国际民间艺术节	黄山	2004 年 10 月	向世界各地人民展示黄山独有的民族艺术和风土人情
16	中国国际旅游商品博览交易会（7 届）	芜湖	2001—2007 年	提高了芜湖在国内外的知名度
17	海交会（10 届）	福州	1999—2008 年	增进海峡两岸交流，拉动福州贸易经济增长
18	投洽会（12 届）	厦门	1997—2008 年	提高厦门国际知名度，增添了城市精神与内涵
19	国际马拉松赛（7 届）	厦门	2003—2008 年	
20	鞋博会（10 届）	泉州	1999—2008 年	使泉州成为中国鞋都

资料来源：本研究整理。

（二）华东城市营销发展特征

1. 整体水平较高，但区域内部不均衡

总的来说，华东地区的城市营销水平位于全国前列，但是区域内发展不均衡，浙江与江苏两省近乎全省各城市都在开展城市营销，而安徽除合肥、黄山和芜湖较具发展潜力外，整体水平落后于华东其他省份。其次，省内也出现不均衡的态势。比如在山东，青岛、烟台、威海以及济南占据资源优势，且城市政府营销意识也较强；在福建，福州、厦门、泉州因在政治、经济、文化各方面领先其他地市，城市营销发展较快。这些城市在省内处于领先位置，城市营销

发展水平超出省内其他城市较多,因此省内城市营销水平失衡。

2. 城市功能明确,但城市形象不清晰

上海有明确的功能定位——国际经济、金融、贸易、航运中心。和上海一样,昆山、福州、济南等大部分城市也以功能定位为主,突出自身的发展规划、支柱产业以及文化特色等,但是没有明确的城市形象。唯独杭州有明确的城市形象和城市品牌定位——生活品质之城。而泉州的晋江,是将城市功能与城市形象定位合二为一的特例,从安踏、特步、361°等体育品牌的诞生,到其赞助 CBA、排球、乒乓球联赛等活动,再到羽毛球基地、国家体育产业基地的落户,晋江将体育产业与城市形象结合为一体,致力于打造"中国体育之城"。[①]

3. 城市营销积极活跃,视野开阔

近年来,华东地区陆续有一些城市开始投入巨额费用来开展城市营销,南京的博爱使者活动,青岛的城市 VI 设计活动,厦门的马拉松比赛、上海的 F1 大赛,昆山和苏州的招商引资活动,宁波与无锡的影视拍摄,黄山、武夷山等城市的旅游推介会,以及各城市的各类展销会等纷至沓来。由此,可见区域内部城市营销积极活跃,各市立足自身优势,开阔视野,从体育、影视、会展、旅游等多个不同维度展开城市营销。

(三)华东城市营销经验与不足

1. 取得的主要经验

(1)政府重视,整体规划

城市营销常伴随着无意识的活动,如杭州因为城市主导产业而成为"女装之都"、"中国茶都";其次城市营销也常等同于城市的促销活动,片面强调旅游、招商等。其实不然,政府需充分认识到城市营销是有意识的,从整体上进行城市规划和传播的活动。例如,杭州市政府认为杭州的城市品牌应该抛开行业发展形成的各种称号,于 2006 年起开始向社会各界征集杭州的城市品牌,并于 2007 年确立为"生活品质之城",期间开展各种活动进行整体塑造、传播这一城市形象与城市品牌,走上一条专业化的城市品牌发展之路。

(2)文化支撑,创新方式

城市营销不再只局限于招商引资、旅游推介,抑或是展销会、博览会,城市营销往往是没有条件要创造条件,没有事件要创造事件,而找到能与城市气质、形象等相匹配的各种文化资源,继而开展各种文化活动则成为了关键。比如,绍兴大力挖掘"鲁迅资源",上海、厦门、杭州则通过体育、音乐、影视等文化活动拓展、创新城市营销方式。以影视文化活动为例,宁波、无锡大力发展影视产业,举办金鸡百花电影节,利用影视节庆活动进行事件营销,建设影视拍摄基地和影视城,频频借助影视这个媒体聚焦的产业增加城市知名度。

(3)定位清晰,小题大做

城市资源禀赋不均是客观存在的,上海、杭州、厦门、青岛、南京等城市在营销过程中可以依靠经济、旅游、文化、大事件等各种资源,而对于资源不充分的城市,明确城市定位,从

① 《晋江鞋博会,十年再起航》,http://www.51fashion.com.cn/BusinessNews/2008-4-21/242624.html,2009-4-20。

一而终，小题大做成为其城市营销的关键。义乌发展小商品市场，泉州发展集群经济，温州发展民营经济，黄山发展旅游经济，威海专心做好人居环境，各个城市都立足定位点，规划城市发展，确立城市品牌，传播城市形象，都取得了不错的效果。

2. 存在的不足

虽然华东城市营销整体水平较高，但是部分城市仍然缺乏营销意识，而且还有一些城市不注重城市形象的塑造。总体来说，可能存在的不足主要体现在以下三个方面：

（1）部分城市的营销活动单一盲目，以偏赅全

虽然有明确的城市定位，但没有提升到城市营销的高度，例如黄山仍然停留在城市旅游营销的层面，温州更多的是经营城市，如何在明确城市营销定位的基础上，系统地规划和执行城市营销战略还有待进一步加强。

（2）部分城市品牌形象缺乏整合

部分华东城市在营销过程中过分重视城市营销的外在形象，而忽视通过整合城市的各种功能来塑造城市品牌，从而使消费者更易认知。

（3）部分城市的城市营销理念有待提升

山东、福建以及安徽还存在一些城市尚未意识到城市营销的重要性，盲目进行招商引资、开发旅游项目等，急需学习如何系统开展城市营销。

二、华东城市营销指数点评

（一）总体排名点评

华东五省一市包括山东、江苏、上海、安徽、浙江以及福建，此次选取了 30 个城市作为观察对象，从城市营销指数总体排名可以看出，华东城市营销水平在全国处于前列，其中 20 个城市位于前 50 名。而上海、宁波、杭州、南京、青岛位于全国前 10 位，组成了华东区域城市营销的领先梯队，上海、杭州更是华东城市营销的排头兵；而集中在 10—30 位的泉州、无锡、温州、绍兴、苏州、厦门等 11 个城市紧随其后，总体表现较好；而威海、南通、芜湖、福州四市表现一般，分列 30—50 位；泰安、巢湖、安庆、龙岩、徐州等 10 个城市表现差强人意，落在 50 位之后，与同区域领先城市存在较大差距。

除了单个城市总体水平之间差距明显外，不难发现华东区域内部各省、直辖市之间整体城市营销水平也具有差异。首先，上海市与浙江省整体水平较高，浙江五个城市，除台州外其余四个都处于全国前 30 位；而江苏、山东实力相当，各有七个城市入选，分别都有 1 个处于前 10 位的领跑城市，3 个城市位于 11—30 位；福建省缺乏城市营销的领头羊，但是泉州、厦门、福州都较有发展潜力；而安徽省整体排名靠后，除芜湖位于 47 位，其余四个城市都处于全国中下游水平，整体水平与其他省份存在较大差距。

（二）分项指标点评

从城市品牌强度排名看，名列前茅的是上海、宁波、杭州、南京、青岛和泉州六个城市，

从整体看与城市营销指数总体排名没有大的出入。品牌规划与管理是对城市品牌强度指数具有重要影响的三级指标，它体现了政府城市营销意识与作为，此项指标会在整体上更为深远地影响城市营销。杭州政府在2007—2008年整体规划了"生活品质之城"这个城市品牌，政府作为突出，因此得分位居全国榜首；青岛、潍坊、宁波、无锡、扬州得分紧随其后；但厦门、福州作为较具发展潜力的城市，巢湖和泰安作为城市营销发展较为滞后的城市，城市品牌缺乏整体规划与管理，因此影响了整体城市品牌强度的排名。

在城市营销力度指数排名方面，上海、杭州、南京、苏州和宁波分列全国第2、5、6、8、10。上海、杭州、南京在城市营销建设上做得比较好，而巢湖得分在排行榜最后。从城市营销指数总体排名与城市营销建设排名对比中可以看到，扬州城市营销指数总体排名第27，而城市营销建设排名第62，下滑了35名，潍坊、马鞍山、芜湖、泉州等在城市营销建设排名上也显得较为不足，与城市营销指数总体排名比较落后了20位左右；台州、合肥、泰安城市营销建设做得较好，分别比城市营销指数总体排名上升了30、37和20位。从三级指标看，威海的人居建设在华东区做得最好，与其城市定位十分一致。上海不愧是被誉为中国最擅长公关的城市，在城市营销沟通指数排名中位于全国第1；华东区域内各省市利用网络进行城市营销的意识较强，因此城市网络营销指数得分普遍高于全国其他城市，宁波、上海、绍兴、厦门和杭州城市营销网络建设尤为突出，区域内共有24个城市位于全国前50位。城市营销绩效指数排名中，上海、苏州、杭州和南京分列全国第1、5、8、10，其中14个城市集中分布前30位；芜湖和温州投资与出口较好，但是旅游资源缺乏，影响了城市整体的绩效；而黄山旅游营销突出，位于全国第7，但是投资与出口发展落后。

（三）战略平衡性表现

华东区域城市营销的战略平衡性分析从两个角度进行，首先城市营销指数从总体排名、城市品牌强度以及城市营销力度排名中各选取了前5位和倒数5位进行分析。通过比较分析，可以看出得分在前5位的城市，在全国城市营销指数的排名都在前10位以内，且上述三项得分比较均衡。上海、宁波、杭州、南京四城市三项排名高度一致，而青岛因城市营销力度不够而出现较小的偏差；苏州因人居建设、旅游、投资促进表现尚佳，城市营销力度非常大，但因缺乏品牌管理和规划，城市品牌强度排名稍稍落后，从而影响了整体排名。而得分倒数的5个城市中，除安庆三项均较低外，其余龙岩、徐州、巢湖、泰安4个城市得分都出现较大波动，突出表现在城市品牌强度排名与城市营销力度排名的不一致，使得城市营销指数总体排名受到影响。总之，以上观察城市的城市营销指数总体排名与城市品牌强度排名趋势较为一致，表现出很强的相关性。

其次在城市营销建设和城市营销沟通间也存在不均衡的现象，南通、龙岩以及以威海为代表的山东七市都普遍"做得多，说得少"，缺乏积极的城市沟通。而安徽黄山、芜湖、马鞍山、安庆、巢湖5个城市以及扬州、无锡、泉州等市则与之相反，城市营销建设未能跟上城市营销沟通，实现二者匹配；黄山、巢湖大力推广旅游，希望凭借旅游营销带动城市营销，但是城市营销建设滞后影响了整体成效。在城市"说与做"的均衡中，可以看出一些城市的务实与活力。

以山东威海为代表的城市，需要更注重与"城市消费者"的沟通，才能使城市营销事半功倍；而安徽省可以通过大力加强城市营销建设，从而推动城市营销进程。

（四）小结

着眼于单个城市的分析，那么上海、杭州、宁波、南京以及青岛等城市作为华东城市营销的第一梯队，各项城市资源丰富、善于规划和管理城市品牌、城市营销力度也较大；而排名靠后的泰安、巢湖、安庆、龙岩以及徐州等城市虽然也相对较为努力，有一定的城市营销力度，但不够重视城市品牌规划和管理，因此影响了城市营销的整体发展。而从省、直辖市角度观察，福建与安徽应向同区域的上海、浙江看齐，提高城市品牌意识，加大城市营销力度，争取将城市营销做得更好。

第 10 章

华南城市营销发展述评

一、华南城市营销发展

（一）华南城市营销发展概评

华南城市营销整体水平处于全国中上游位置，是城市营销发展水平相对较高的地区之一，区域内不同城市的营销特点各有侧重：广州作为华南地区经济的火车头和泛珠三角的核心城市，在原有基础上不断整合城市资源进行城市营销，旨在打造继续领跑中国经济的国际化都市，成为华南地区的"首善之区"；深圳、佛山、东莞、海口、珠海、三亚和南宁等城市则利用其产业特色，城市营销开展得如火如荼；另外一些华南城市如柳州和汕头等城市的营销活动方兴未艾。

2009 年 1 月 8 日，国务院正式公布了《珠江三角洲地区改革发展规划纲要》，为广东省珠三角地区描绘了美好的蓝图。这无疑将成为珠三角踏上新征程的强大动力，成为珠三角地区和广东再次腾飞的新起点。在《珠江三角洲地区改革发展规划纲要》中，"加快推进珠三角一体化"是一项重要议题，并已经逐步付诸实施。从广佛同城化到打造珠三角"一小时生活圈"，珠三角城市之间的联系越来越密切，正在逐步成为一个有机的整体。

1. 起源

华南地区是我国改革开放的前沿地带，城市营销意识同样引领风气之先。华南地区城市营销大概起源于 20 世纪 80 年代中期，以深圳建立经济特区为标志。1980 年 8 月，全国人大常委会批准在深圳设置经济特区。1981 年 3 月，深圳升格为副省级城市。深圳作为第一个经济特区，成为"改革开放之窗"，成为中国与国外连接的纽带。

而华南城市营销的正式启动则应从广州城市营销说起。改革开放以来，广州开始重视城市营销。从城市定位、城市形象建设等理论确立到"一年一小变，三年一中变"、大力发展高科技、教育产业等实际策略实施，广州都走在华南城市的前列，起着风向标的作用。在广州带领起华南地区城市营销风潮之后，华南各个城市都纷纷意识到城市营销对一个城市发展的重要性以及必要性，像深圳、桂林、东莞、佛山、珠海、海口、南宁、三亚、梅州、清远等城市都不约而同地走上了城市营销的道路。为城市找到了正确的定位，实施了切实可行的营销策略，形成华南城市营销欣欣向荣的局面。

2. 华南城市营销的排头兵

（1）广州

广州是广东省省会，全省政治、经济和文化中心，曾先后荣获全国卫生城市、国家环境保护模范城市、国家森林城市、全国创建文明城市工作先进城市、国际花园城市等美誉。

在形象定位方面，早在 1993 年，广州就抢先在我国提出了建设国际大都市的口号。2002 年，广州重新提出《广州城市总体发展策略规划纲要》。根据这一新规划，广州重新对城市进行了理性定位：广州是华南地区的中心城市，到 2020 年，广州市城市人口将控制在 1200 万人左右，建设成为最适宜创业发展和居住生活的国际性区域中心城市。而广州近期的目标是：以提高城市综合竞争力为核心，全力推进工业化、信息化、国际化，精心打造经济中心、文化名城、山水之都，建设成为带动全省、辐射华南、影响东南亚的现代化大都市。[1] 在形象传播方面，广州从旅游产品的传播转变为城市形象的着力推广，抢先树立中国领先城市的概念。

在投资促进方面，广州是全国三大金融中心之一，也是全国外资银行第二批开放准入的城市，还是中国最早对外通商贸易的口岸。享誉全球的中国进出口商品交易会（广交会）从 20 世纪 50 年代至今一直在广州举行，以规模最大、时间最久、档次最高、成交量最多而荣膺"中国第一展"的称号。

在旅游推介方面，广州的旅游业具有集旅游、饮食、住宿、购物和娱乐为一体的多功能、多层次、全方位服务的格局。以独具特色的"西关文化"、"骑楼"、"沙面异域风情"等打响岭南文化的品牌。以"上下九"、"北京路"为纽带，打造华南的购物天堂。以"早茶"、"粤菜"和"特色小吃"为载体，打造独特的岭南饮食文化品牌。以各艺术展馆为阵地，举办各式颇具影响力的展览，打造会展文化，提升城市的品位和形象。此外，广州还具有极佳的住宿条件，早在 1983 年国内第一家五星级宾馆白天鹅宾馆就落户广州。

（2）深圳

深圳的城市营销，在初始阶段，政治因素起了非常关键的作用。深圳城市营销的独特资源在于它是当时唯一对外开放的城市，唯一得到特殊政策支持的特区。20 世纪 90 年代中期以前，更多的是对特区进行宣传，吸引外资。随着改革开放的深入，深圳的政策优势不再明显，但深圳又依托其特殊的地理位置，提出了"深港共建国际化大都会"的品牌战略，并由"速度深圳"理念向"效益深圳"理念转换，开始了新一轮的城市营销。

深圳是中国口岸最多和唯一拥有海陆空口岸的城市，是中国与世界交往的主要门户之一，有着强劲的经济支撑与现代化的城市基础设施。

在形象定位方面，深圳确立了"效益深圳、和谐深圳"的理念，提出深港共建国际化大都会、建设全球可持续发展的先锋城市的远景目标。

在人居环境方面，深圳拥有清新优美的城市自然环境。全市建成区绿化覆盖率达 45%、森林覆盖率达 47.6%、人均公共绿地面积 16.01 平方米、442 个公园总面积达 13240.40 公顷。深

---

① 黄景清：《城市营销 100》，海天出版社 2003 年版，第 132 页。

圳先后被国内外权威机构评为国际"花园城市"、联合国环境保护"全球 500 佳"、"国家卫生城市"、"国家环境保护模范城市"、"国家生态园林示范城市"、"保护臭氧层示范市"、"全国绿化模范城市"、"全国优秀旅游城市"。

在投资促进方面,2005 年,深圳市公布《深圳 2030 发展战略》,提出深港共建国际大都会,建设全球可持续发展先锋城市的远景目标。在新的历史时期,深圳从"速度深圳"迈向"和谐深圳"、"效益深圳"。从 1985 年至 2006 年,深圳市累计引进海外专家超过 27 万人次;留学回国人员近万人;全市技能人才队伍已发展到 167 万人。深圳已成为人才聚集的重要基地。深圳是中国内地著名会展城市。深圳钟表展已成为全球第三大钟表专业展,家具、珠宝首饰等传统产业产品展会也日趋规模化、国际化。深圳进出口总额占中国大陆 1/7,连续 12 年位居大中城市第 1,集装箱港口吞吐量位居世界第 4,深圳国际机场为大陆四大机场之一。

（3）东莞

东莞是华南城市营销的后起之秀,其城市营销起源于 20 世纪 90 年代。进入 21 世纪后,东莞城市营销进入了高速发展的阶段。东莞以"千年莞邑,IT 新都"为城市营销纲领,贯彻和坚持"努力把东莞建成以国际制造业名城为特色的现代化中心城市"的发展战略,以制造业为基点,吸引世界投资目光,同时,形成以商务会展、休闲度假、娱乐购物为主要特色的旅游目的地。本报告从形象定位、投资促进、旅游推荐、节会庆典、城市建设 5 个方面对东莞城市营销进行总结。

在形象定位方面,东莞于 2006 年首次提出了"千年莞邑,IT 新都"的城市营销纲领,之后再进一步提出东莞的城市发展目标定位是珠江三角洲中心城市,城市功能定位为制造名城、文化新城、生态绿城。在 2009 年的全市旅游工作会议上,东莞进一步将城市形象定位为"IT 制造名城、休闲会展商都"。由此,东莞城市形象定位成为未来东莞确定城市营销任务的基本指南。

在投资促进方面,东莞以打造"制造业名城"为目标,形成了以制造业为主,以电子资讯产业为支柱的外源型经济结构,是国际性重要的加工制造业基地。1996 年,第一届"虎门国际服装交易会"在虎门举行,把东莞的服装推向了全国和世界,奠定了其南派服装之城的地位。2001 年 10 月 13 日,第四届东莞电脑资讯产品博览会开幕,把以松山湖工业园区为龙头的 IT 制造业形象推向全国。2007 年,大朗镇第六届中国（大朗）国际毛织产品交易会展出世界最大的羊毛衫,把中国毛织名镇的美誉推向世界。

在旅游推介方面,2002 年,"东莞旅游美食欢乐节"第一次把东莞旅游呈现到人们面前;2003 年,举办"横沥镇第一届红荔风情节",引起广泛关注,打造城市旅游新名片。2005 年,举办大岭山镇品荔旅游观光,开创体验型消费,制造旅游新卖点。2005 年,邀请中央电视台摄制了"魅力新东莞"旅游形象宣传片,在央视 1 套、4 套、9 套播出,大大提升了东莞作为旅游城市的知名度。

在节会庆典方面,东莞举办的具有城市营销意义的节会盛典主要集中在 2007 年。具体包括:第 18 届先进中子源国际合作会议（首次在中国举行,由东莞松山湖承办）;首期"松山湖博士论坛"；中国（广东）国际印刷技术展览会；国内首个音乐剧节；长安杯第 8 届"十月文学奖"颁奖典礼等。

在城市建设方面，为提高城市的文化品位和生态环境，东莞市委、市政府提出要实施新的文化发展战略，打造文化新城和生态绿城的宏伟目标。东莞展览馆、玉兰大剧院、东莞图书馆等大型文化设施，成为东莞文化的新地标；每年的舞狮、赛龙舟、客家山歌节等传统节目宣传了东莞的民间特色文化。松山湖科技产业园区的建成更是生态绿城的标志性园区。

3. 华南地区城市营销的第二梯队

华南城市营销发展水平内部分化明显：广州、深圳、东莞三个城市作为华南地区经济最发达的城市，城市营销水平处于相对领先的位置。佛山、三亚、南宁、桂林、梅州、海口、珠海、清远等城市是华南地区城市形象较突出，知名度相对较高的城市，营销水平在华南地区处于第二梯队。其城市营销的共同点是：在形象定位上走国际化道路；在营销策略上大型活动营销和广告宣传相结合；在营销主题上以经济发展和旅游发展为主。

但各个城市营销个性特征各异：桂林塑造"桂林山水甲天下"的城市形象；佛山制定"现代制造基地、产业服务中心、岭南文化名城、美丽富裕家园"的城市发展定位；珠海建设"浪漫之城"；海口突出"阳光海口、娱乐之都"城市品牌；南宁立足于"绿城"的城市定位；三亚坚持"东方夏威夷"之路；梅州主打"世界客都"；清远则定位于"珠三角后花园"。在此重点介绍佛山、三亚、南宁、桂林、梅州、海口六个城市的营销之路。

（1）佛山

佛山是华南城市营销的实力追兵。佛山以"现代制造基地、产业服务中心、岭南文化名城、美丽富裕家园"作为自己的发展定位。面对着新经济形势和发展机遇，佛山开始以一种"大文化、大佛山"的思路，整合提升佛山优势文化资源，重新定位佛山城市形象，塑造"佛山特色"的城市文化品牌。在复兴文化产业的同时，更以"生态建市、产业兴市"的发展理念，建设现代化生态产业新城区，在促进工业、商业、旅游和人居和谐发展的过程中，逐渐成为珠三角新一轮城市竞争中脱颖而出的一颗城市明星。

在形象定位方面，佛山提出"产业强市、文化名城，现代化大城市与富裕和谐佛山"的总体战略目标定位，并努力与城市营销排头兵对比找差距，取得新发展。

在人居环境方面，佛山城市环境居全国中游水平，环境保护形势依然严峻。近年佛山努力营造"四维"城市绿色空间，打造"小、精、巧"的园林景观，发展建设现代化生态产业新城区，不断提高佛山的人居环境质量。具体措施包括：城市公共交通系统内部升级；优化城市公共设施布局；发展循环利用无害化处理垃圾；建设城市防灾减灾避震疏散场地；全面建成生态园林城市等。

在城市品牌打造方面，佛山拥有多个地方特色。①南庄是中国建陶第一镇：举办 20 多个陶瓷展览会；兴建华夏陶瓷城，国家建陶研发中心和中国陶瓷行业门户网站——华夏陶瓷网，创立获得中国名牌产品的"新明珠"、"新中源"、"金舵"。②环市街道是中国童装名镇：实施产业规划发展战略，以童服城为中心确立童装产业集群区。③澜石街道是中国不锈钢名镇：从地方性不锈钢专业镇到中国不锈钢名镇，再到中国不锈钢之都，现在已经是国际性金属商贸流通中心（国际性金属行业现代制造基地）。④陈村镇是中国花卉第一镇等。

在投资促进方面，佛山每年举办"佛山（国际）物流合作洽谈会"，为生产企业和物流企业提供对接平台。佛山举办的陶瓷博览会、家电博览会、家具博览会、花卉博览会是中国具有较高知名度的专业博览盛会。

在文化旅游方面，佛山祖庙三月三民俗文化节，以文化营销城市；"行通济"（元宵节走通济桥）活动则擦亮佛山旅游品牌；每年举办的佛山旅游文化节，更是进一步推动了佛山旅游文化的发展。

（2）三亚

三亚以其四季宜人的气候，美丽的海岸沙滩，诱人的海鲜美食，丰盛的热带水果等，被誉为"度假天堂"。三亚的自然条件是三亚城市品牌的物质基础和产品属性，而三亚更大的品牌价值则源自于对城市营销的深刻理解和高超运作，这正是三亚拥有知名度、影响力和吸引力的深层缘由。

三亚的城市形象定位是："中国一流，亚洲首选，世界知名"的国际性热带滨海旅游城市。近年来，三亚在城市定位上又补充了"健康之都"和"休闲之都"。同时围绕旅游产业的发展，逐步将三亚建成会展中心、购物中心和时尚中心，实现三亚关于"一市、两都、三中心"的城市定位。

在旅游推介方面，2004年，三亚旅游推介会在匈牙利引起轰动。2007年6月到8月，中国唯一的热带城市三亚却大胆抛出了"清凉一夏"的口号，奔赴全国各"火炉城市"推介夏日旅游产品。这是三亚历史上规模最大的一次促销，跨越五大城市；也是三亚旅游史上团队阵营最强大的一次促销，党政八大部门和旅游商贸地产相关企业百余人团结奋战；更是三亚最具创新营销理念的一次促销，首次大胆打出"夏日清凉"的牌子。

在节会营销方面，三亚连续四年举办了世界小姐选美大赛。三亚这个城市由此和"美"紧密地联系在一起。2008年5月4日，北京奥运会火炬在三亚进行传递。现为2.1级亚洲优秀赛事的环三亚自行车赛，2009年后更将成为2.0级亚洲顶级赛事。2009年由搜狐网、《行游天下》杂志社、中国旅游胡同社区等媒体联合推出的"中国最美的旅游胜地"评选活动，三亚在"中国最美十大海滨城市"主题评选中排名第一。

除此之外，就城市营销口号而言，三亚也进行了富有针对性的创新。2005—2007年，三年的世姐赛，三亚打出"美丽"、"时尚"的名片，有效地激活了旅游产业。2005年，三亚还打出"中国的度假天堂"口号。2007年，"清凉一夏"五大城市逆营销更是打出了"夏季到三亚避暑"的口号。与此同时，三亚公开征集城市名片揭晓："美丽三亚、浪漫天涯"，英文表述为"Forever Tropical Paradise-Sanya"，进一步丰富了三亚城市营销的内涵。

（3）南宁

南宁位于广西的西南部，毗邻粤港澳，背靠大西南，面向东南亚，是连接东南沿海与西南内陆的重要枢纽，也是西部重要的省会城市。

在人居环境方面，南宁市十分重视居住环境建设，全面启动城市建设"136"重点工程。南宁获得的相关荣誉称号包括"国家园林城市"、"2000 年迪拜国际改善居住环境良好示范奖"、"2008 年联合国人居奖"。

在旅游推介方面，南宁提出"南宁，民族欢乐活力动感的文化之城"的旅游推广口号。南宁以壮族为主，聚居着壮、汉、苗、瑶等 36 个民族，各族人民和睦相处交流，民族文化缤纷灿烂，民俗活动多姿多彩。从 1999 年以来，南宁成功举办了八届"南宁国际民歌艺术节"，成为广西文化与经济结合的新亮点，使南宁成为"天下民歌眷恋的地方"。

在投资促进方面，南宁是国家级经济区——北部湾经济区建设的核心城市，拥有沿海城市待遇和税收等多项优惠政策。矿产资源和水资源丰富。2004 年起，"中国—东盟博览会"永久落户南宁，并每年举办一次，使南宁成为中国对外开放的前沿城市之一。

（4）桂林

桂林是世界著名的风景旅游城市和历史文化名城，享有"桂林山水甲天下"的美誉。它地处广西东北部，是该地区的政治、经济、文化、科技中心。桂林旅游业占 GDP 的比重还不到 7%，桂林的经济发展主要依赖于农业、医药业和高新技术产业。目前桂林正积极开发临桂新城区，改变桂林的城市格局，力图再造一个新桂林。

在旅游推介方面，桂林风景秀丽，以漓江风光和喀斯特地貌为代表的山水景观，有山青、水秀、洞奇、石美"四绝"之誉，是中国自然风光的典型代表和经典品牌。"千峰环野立，一水抱城流"，景在城中，城在景中，是桂林城市独具魅力的特色。桂林从 1992 年开始举办山水旅游节。除此之外，桂林市人民政府为提高桂林旅游知名度、增强桂林旅游吸引力，在每年旅游淡季（10—12 月）举办年度性国际旅游节活动。旅游节丰富了游客的旅游生活，越来越受到中外游客的欢迎。

在人居环境方面，桂林是国家环保总局发布的 2003 年度环境管理和综合整治定量考核报告中综合排名第 2 的城市，是环境质量最好的五个城市中唯一的内陆城市。先后获得国家园林城市、全国卫生城市、绿化十佳城市、中国优秀旅游城市、全国创建文明城市工作先进城市等称号。

（5）梅州

梅州是国家级历史文化名城，近代客家人集散中心，有"三都"、"三品"之称。"三都"即世界客家之都、中国热矿泉之都和粤东休闲之都；"三品"即客家文化精品、健身疗养特品和休闲度假名品。

在旅游资源方面，梅州境内山野风光秀丽，人文景观古今兼备。梅州有鲜明的地域文化，有《诗经》遗风的天籁之音——客家山歌，有唐宋中原古汉语的"活化石"——客家话，有独具特色的围龙屋。客天下旅游度假村，是梅州走向世界的名片，它与叶剑英故居、千佛塔等名胜交相辉映，形成一条洋洋大观的人文旅游品牌线路。

在投资环境方面，目前，梅州市政府在"开放梅州"、"文化梅州"、"工业梅州"、"生态梅州"的"四个梅州"的战略指引下，积极转变政府职能，努力打造"世界客都"这一城市品牌,向世界介绍梅州、推广梅州。为此,梅州市委、市政府适时调整招商引资思路,从加强软硬环境建设入手,内外兼顾,着力打造"诚信梅州",在全社会营造一种"公平、公正、公开"的氛围。在此基础上,通过尽可能地为企业提供优质、周到、便捷的服务来吸引客商。

(6)海口

海口处于热带滨海,热带资源丰富,富于海滨自然特色风光景观。1988年,海南建省办经济特区,海口成为海南省省会。海口是全省政治、经济、科技、文化中心,交通、邮电枢纽。2002年,琼山市并入海口,城市规模明显扩大。

海口的总体定位是"最适宜国内移民的滨海城市",实施"阳光海口,娱乐之都,品位之城"的城市发展战略。海口城市文化的整体个性气质是"生态休闲会都,中国热岛椰城"。广告宣传形象导语为"黄金假日海岸,滨江休闲水城"——中国椰城会都。海口旅游形象定位是"海韵椰城,欢乐港湾"。近年,海口提出打造"阳光海口、娱乐之都"的目标。据此目标,海口的城市品牌个性界定为"健康、阳光、娱乐"。

在旅游推介方面,海口于2009年举办"海南国际旅游岛外国友人与我同行"活动,27名外国友人在海口市政府接过市外事侨务办公室和市旅游局颁发的证书,成为首批"海口外国友人旅游推广志愿者"。2008年5月15日,由海口市旅游局主办的海口"高尔夫"、"自驾游"、"印象·海南岛"旅游推介会在深圳成功举办。

在投资促进方面,2004年,海口的一些优势产业吸引了国内外众多投资商纷纷前来投资,招商引资130亿元;2008年,新浪乐居营销高峰论坛为海口实现了城市地产营销。

在节事庆典方面,2005年9月海口城市推介会在北京饭店金色大厅隆重举行。由序曲和"南海中心,明珠璀璨"、"椰风海韵,清新之城"、"娱乐之都,魅力椰城"、"阳光海口,蓬勃之地"四幕组成的推介会,充分宣传了海口的中心城市形象、宜居城市的优势和海口旅游、高尔夫、制药等产业的发展优势。2006年,《城市之间》中国区总决赛落户海口。2007年,海口开始举办热气球挑战赛。由搜狐网、《行游天下》杂志社、中国旅游胡同社区等媒体联合推出的"中国最美的旅游胜地"评选活动,海口在"中国最美十大海滨城市"主题评选中排名第9。

4. 华南地区城市营销的"潜力股"

华南地区地处热带亚热带,造就了众多独特优美的自然资源。而且广东不乏客家风情,广西、海南又具少数民族的独特文化。很多城市都具有优质的营销资源,潜力强劲。比如北海的"天下第一滩";百色"天崩""地裂"的乐业天坑群和靖西峡谷群;拥有"中国最美山水工业城市"美誉的柳州;被称为"天然南国园林"的玉林;被誉为"粤港澳后花园"的贺州等。此外,还有粤北韶关的丹霞山世界地质公园;"湛蓝之滨"的湛江;"中国最大的水果生产基地"茂名;"中国刀剪之都"和"中国风筝之乡"阳江;中国第一侨乡江门;还有似乎渐渐要被人遗忘的经济特区汕头。这些特色和魅力都可以用于打造成各个城市的城市名片,只是由于宣传推广力度不够,城市形象不突出,才被人们逐渐淡忘。如果这些华南城市能够结合各自的特质,系统策划、营销推广,必将有力地提高城市的知名度和美誉度。

表 10—1　　　　　　　　　　　　　　华南城市营销大事记

序号	事 件	城市	时间	效 果
1	珠海渔女建成	珠海	1981 年	成为珠海标志，渔女故事广为流传
2	提出"时间就是金钱、效率就是生命"的口号	深圳	1982 年	被誉为"知名度最高，对国人最有影响的口号"
3	第 1 届"美在花城"成功举办	广州	1988 年	引起了人们的关注，擦亮了城市品牌
4	第 1 届新丝路中国模特大赛	三亚	1989 年	敢为人先，举国关注，让人们知道了有个美丽的城市叫三亚
5	"山水旅游文化节"	桂林	1992 年以来	打响"桂林山水甲天下"的口号，吸引中外游客
6	第 1 届中国珠海航展	珠海	1996 年	大大提高了珠海的全球知名度，成为珠海的城市名片
7	第 1 届中国三亚天涯海角国际婚庆节	三亚	1996 年	丰富了三亚的浪漫品牌内涵
8	广西柳州奇石艺术展	柳州	1998 年	提高了柳州知名度，吸引更多的采购者、旅游者
9	第 1 届国际龙舟赛	桂林	1998 年	向世界推销桂林的山水
10	打出"浪漫之城，中国珠海"的宣传口号	珠海	1999 年	珠海"浪漫之城"的品牌开始形成
11	第 1 届中国国际高新技术成果交易会	深圳	1999 年	被誉为"中国科技第一展"，树立了科技深圳的形象
12	第 1 届中国南山长寿文化节	三亚	1999 年	生动地展示长寿岛形象，推动老年旅游事业的发展
13	首届南宁国际民歌艺术节举行	南宁	1999 年	宣传了南宁的特色文化，丰富了其品牌文化
14	广州形象大使大赛	广州	2002 年	提升了广州的形象
15	提出了建设现代化大城市的奋斗目标	佛山	2002 年	确定了走组团式现代化大城市的发展模式
16	第 53 届世界小姐总决赛	三亚	2003 年	后又举办了第 54、55、57 届。打出"美丽经济"牌，扩大了三亚在全世界的知名度和美誉度，树立起美丽之都、时尚之都、浪漫之都的形象
17	2004 年国际旅游展销会	广州	2004 年	向世界推销广州的旅游资源，展现了广州的魅力
18	申亚成功	广州	2004 年	将举办 2011 年亚运会，全面展现广州的美好形象
19	提出打造"图书馆之城"、"钢琴之城"、"设计之都"的"两城一都"建设	深圳	2004 年	为深圳的城市发展提供了新的方向，丰富了深圳的品牌魅力

续表

序号	事 件	城市	时间	效 果
20	第1届国际文化产业博览交易	深圳	2004年	促进了深圳的文化产业的发展,树立文化深圳形象
21	第5届中国国际园林花卉博览会	深圳	2004年	向世界展现了深圳的美丽与浪漫
22	成功举办首届中国—东盟博览会,并成为该会永久举办地	南宁	2004年	扩大了与东盟之间的合作,提高了南宁在东南亚的影响力
23	承办第7届亚洲艺术节	佛山	2005年	提高了佛山的国际影响力,丰富了其文化内涵与城市气质
24	"世界客都·文化梅州"工作全面启动	梅州	2005年	为宣传梅州提供了很好的载体,提高在全球的知名度
25	"难忘的过去,友好的未来"——瑞典"哥德堡"号复航广州	广州	2006年	有助于扩大广州的国际影响力,提升国际竞争力。另外,广州作为千年古港,"哥德堡"号来访对弘扬中国的海上文化,促进广州作为华南交通纽枢地位,提升其经济地位都有很大作用
26	公开征集的城市名片揭晓:"美丽三亚浪漫天涯","Forever Tropical Paradise - Sanya"	三亚	2007年	三亚有了新的城市名片,为城市注入灵魂,插上品牌腾飞的翅膀
27	第12届环南中国海国际自行车大赛	东莞	2007年	展现了文化名城的魅力和活力
28	第8届中国(东莞)国际纺织制衣工业技术展举行国际绣花设计大赛	东莞	2007年	提升了其国际影响力和强化其创新形象
29	成功申办第26届世界大学生运动会	深圳	2007年	有助于深圳进一步完善城市综合功能,提升国际影响力
30	获"迪拜国际改善居住环境最佳行动奖",并位列第1	珠海	2007年	扩大了珠海知名度,为南宁塑造了宜居的形象
31	举办第1届"泛北部湾经济合作论坛"	南宁	2007年	扩大了与泛北部湾的商务合作,提升南宁的商务形象
32	荣获全球人居领域最高奖项"联合国人居奖"	南宁	2007年	扩大了南宁知名度,为南宁塑造了宜居的形象
33	举办F1摩托艇世锦赛和第5届"柳州国际奇石节"	南宁	2008年	把南宁推到了世界的焦点,展现了南宁的活力和魅力
34	东莞杯国际工业设计大赛	东莞	2008年	提高了制造业名城的影响力,塑造起创新形象
35	中国城市品牌大会	三亚	2009年	将提升三亚的城市品牌

资料来源:本研究整理。

（二）华南城市营销发展特征

1. 城市营销相对均衡，总体专业水平中上

华南地区各城市的营销水平相对均衡，广东、广西和海南等各省均出现了一批城市营销的强势城市。比如广东的广州、深圳、珠海、东莞、梅州等城市；广西的南宁、柳州、桂林等城市；海南的博鳌、三亚、海口等城市。这些城市在政府的主导下，提出了各自的城市营销方略，擦亮各自的城市品牌，并围绕品牌特色打造了一系列的活动。

东南区域整体城市营销发展状况处于全国中上水平，多数城市拥有各自的形象识别系统，各自的城市品牌，并且还运用了多种营销策略进行城市形象的有效传播。譬如广州利用"亚运会"这一节会项目，打造东南亚国际大都会的品牌；桂林、柳州、梅州、惠州、三亚等城市充分挖掘历史文化和旅游资源，打造独具文化内涵的旅游城市品牌。

2. 营销力度强化，华南重拳出击

（1）各有侧重，因地制宜

华南各城市在打造各自城市品牌的过程中，充分挖掘资源，各有侧重。桂林、柳州、三亚、惠州、梅州主打历史文化和旅游。南宁和博鳌主打会展经济，博鳌的"博鳌亚洲论坛"、南宁的"中国—东盟博览会"各具特色。珠海、北海、汕头主打海滨城市、休闲之都的品牌。广州、深圳则打造国际大都会的形象。

（2）集中力量，营销城市

随着经济在国内处于领跑地位，华南地区城市开始集中力量加大力度做好城市营销。从广州一年一度的赏花市、"美在花城"魅力评选到佛山成功举办亚洲文化部长论坛艺术节，从海口成功承办国际椰子节到湛江的国际龙舟邀请赛、"聚焦南方大港，相约魅力湛江"为主题的一系列城市品牌旅游推广系列活动，华南地区城市营销渐趋成熟，并越来越走向规范化。与此同时，各城市的营销力度也越来越大，更多的国际知名赛事开始落户华南。当然，如何更进一步打响城市品牌，也是摆在华南地区城市营销面前的重要课题。

3. 营销观念开放，国际视野开阔

华南地区城市是最早接受欧美风雨洗礼的地区之一，其营销观念也较为开放。自改革开放后，地区经济获得发展的同时，华南城市就开始有规划地进行卓有成效的城市营销，在国内、亚洲乃至世界均有较大影响力。华南地区是改革开放的前沿，引领风气之先，城市营销观念领先主要体现在以下几个方面：

（1）与专业的广告策划公司合作

以市场经济为契机，对城市管理和营销工作也进行以市场为主导的创新发展。各城市争相推出城市核心品牌，举办相关活动。譬如，梅州联手纵横四海广告传播有限公司进行城市品牌的打造和营销，提升了城市营销的专业化水平。营销观念的领先指引着华南城市一路领跑。

（2）大胆运用传播媒介，推广形象和品牌

华南各城市学习西方先进经验，为城市进行核心品牌定位，以传统媒体以及互联网、手机等新兴媒体为载体，传播城市经济、政治以及文化魅力。譬如桂林，制作精美的旅游宣传片通过国内外媒体,如英国的知名旅游电视栏目 BBC WORLD《FAST TRACK》的热播,从而共同推广桂林,提高城市的知名度。

（3）高屋建瓴,创新营销观念

城市营销要根据不同城市的不同资源及个性来为城市进行定位。华南城市在营销过程中通过全面的自我剖析和对环境的清晰分析,得出准确的城市定位,为城市营销确定了方向,打下了坚实的基础。比如佛山在自然景观方面并无突出特点,但制造业发达,且拥有岭南文化之源的历史,因此佛山的定位为"现代制造基地、产业服务中心、岭南文化名城、美丽富裕家园"。在华南城市营销发展中,先后提出了"深港共建国际化大都会"、"珠三角一体化"、"广佛一体化"等城市营销观念。

4. 营销效果显著,城市硕果累累

华南地区城市,尤其是广东省的城市营销以其起步较早、质量较高而成名,同时经过数十年的经验探索,其营销方式也进一步形成自己的风格,结出累累硕果。

排头兵如广州、佛山,潜力股如湛江等城市均相继成功举办国际国内各大重要赛事,比如广州通过一系列创建卫生城市、花园城市等活动,成功获得 2010 年亚运会主办权;而湛江的东海岛人龙舞则伴随着东海岛沙滩文化节的成功举行而入选首批国家级非物质文化遗产名录,东海岛旅游景区也成功申报上海大世界吉尼斯大全,成为"中国最长沙滩",湛江醒狮更是得以在北京奥运会开幕式前的"南粤雄狮贺盛会"上表演,在国际盛会上彰显湛江的魅力。总之,华南城市营销取得的累累硕果更进一步推进了城市的长足发展。

（三）华南城市营销的经验与不足

1. 取得的主要经验

（1）借力经济资源,覆盖全球视野

作为改革开放前沿阵地的华南城市,拥有紧邻港澳,面向东南亚的经济环境,也有着以劳动密集型和资金技术密集型产业为主体的经济实体。在城市营销方面,华南城市大力接纳经济资源,吸引来自全国乃至全世界的劳动力和投资,并在此基础上加快综合建设和营销,达到厚积薄发的营销效果。比如,广州借亚运会契机策划的一系列城市营销,均旨在达到覆盖全国乃至亚洲再到世界的关注和营销效果。

城市是复杂、庞大的公共产品,城市营销需要系统思维,准确定位,并在全球化和本地化的背景之下,加强地区之间、内外城市和地区之间的战略联动。同时,在城市营销规划中预见并尽力消除消极的外部效应,是城市营销得以持续开展的重要战略途径。以广东省为例,广东提出珠三角一体化的愿景,并首先推动了广佛一体化进程。于是相关城市就将城市营销置于区域发展的网络中,通过加强联动合作,提升区域城市群整体实力,应对全球化背景下的国际竞争。

（2）打造特色项目,彰显城市个性

城市需要个性,需要人无我有的特色项目。有个性才易于被记住和传播。以海南博鳌为例,2001 年 2 月,博鳌亚洲论坛正式宣告成立,它是第一个总部设在中国的国际会议组织。论坛的成立获得了亚洲各国的普遍支持，并赢得了全世界的广泛关注。从 2002 年开始，论坛每年定期在中国海南博鳌召开年会。"博鳌亚洲论坛"这个项目极大提高了博鳌甚至整个海南的国际知名度和美誉度。同时，博鳌也将会议经济作为一项产业，推动包括旅游、服务等行业的发展。

再以广州的亚运会为例，"激情盛会，和谐亚洲"是第 16 届亚运会的理念，其核心内容是通过举办一个充满激情的亚运盛会，超越种族、国度、肤色、信仰、语言等差异，共同营造一个和谐的亚洲。亚运会聚焦了亚洲各国乃至世界的视线，吸引了来自四面八方的媒体记者，这对广州城市形象的传播以及城市知名度的提高有着显著的作用。

（3）挖掘潜在资源，实施品牌战略

城市品牌识别是具有战略意义的设计，指导着城市形象建设乃至整个城市营销的战略方向。城市营销要有效建立城市品牌，通过城市品牌进行系统的、科学的城市营销，把城市独特的品牌形象放到目标客户的心目中去。

比如在"保护山水名城，建设园林城，发展生态城"为发展目标的桂林，不仅传承了"山水甲天下"的美誉，而且着力塑造魅力新桂林。通过强调"灵渠"等文化符号，强调桂林是岭南文化与中原文化的交汇处，打造"国际旅游都会"、"历史文化名城"的品牌。制作精美的旅游宣传片通过国内外媒体加以热播来共同推广桂林。这不仅能向全球传播桂林丰富的旅游资源，而且将有效促进桂林旅游经济的快速发展。

再如梅州，根据特有的侨乡优势，以"三馆一节一剧"（叶剑英纪念馆、黄遵宪公园、中国客家博物馆、客家文化旅游节、拍摄一部反映客家先民大迁徙历史的电视剧）为载体，打造"世界客都，文化梅州"品牌。突出"围龙屋"、"金柚"、"梅花"、"客家"等文化符号，强调独具特色的客家文化，打造世界客都品牌。

（4）利用历史文化资源，提升城市软实力

华南城市营销中每个城市几乎都采取了"文化搭台，经济唱戏"的城市文化品牌发展战略，从已有的历史文化资源入手，打造属于本城的无可取代的文化品牌，增强在众多城市营销竞争下的软实力。广州以岭南文化聚集地和历史资源为卖点，梅州以客家文化为营销行动的着力点，深圳也极力在移民文化中找寻属于自己的"深圳精神"并以此作为卖点，东莞则全力推销作为中国近代史开篇地和改革开放先行地的亮点，打造人文文化品牌。

同时，华南城市营销还利用节会庆典，凸显文化特色。以桂林为例，有着众多少数民族的桂林民间节庆活动也特别多，风情浓厚的风俗，已成当地旅游的一大风景线。

2. 可能存在的不足

华南地区城市营销的立足点、方式、内容、目的和性质等概念[①]比较模糊，同时华南城市没有出色地完成城市营销的战略任务：营销环境分析、消费群体分析以及制定营销策略[②]。因此，在这些方面华南城市都有待进一步提高。华南城市全面的城市营销实践并不多，只有广州较为全面，其他城市更多的是从投资、旅游、人居和城市品牌建设某一方面或者某几方面进行城市营销，呈现出城市营销职能发展不均衡的局面。

---

① 谭昆智：《营销城市》，中山大学出版社 2004 年版，第 135 页。
② 同上书，第 136—137 页。

（1）部分城市营销的持续性不足

由于各部门人员变动、思路变化、领导重视程度不同等原因，造成华南部分城市营销连续性较差。不少城市营销活动只是为了活动而活动，活动结束也没有及时地做好营销效果反馈，使得城市的营销活动呈现出多而杂的特点，收到的效果被打了折扣。如广州"一年一小变"、"三年一中变"、"五年一大变"的活动，宣传推广相对于刚开始的热忱，往往显得后劲不足。还有湛江开展的沙滩旅游文化节、龙舟邀请赛等活动，都是短期活动，能引起一时轰动，但缺乏延续性，难以成为该地区的品牌活动，宣传效果不能持久。

城市营销是一个动态长远的过程，因此需要对城市营销进行系统规划，设立固定的城市营销机构，划出专门预算，这样才能保持其营销基本连续性，树立城市的特色形象。以三亚为例，三亚为海南的城市营销开了个好头，但缺少持续营销能力。三亚若能在城市公共管理（美丽的旅游城市不出现宰客现象）、口碑管理以及文化内涵的打造和传播上再进一步改善、强化和完善，三亚将如虎添翼，实现更大更持久的品牌溢价和提升。

（2）形象营销个性不足，品牌细分度不够

华南城市在创建品牌形象，提升品牌价值方面均有所建树，但在此基础上还要进行城市品牌细分，以创造和满足不同目标顾客的利益诉求。要建设以吸纳优秀居民为目的的"居住目的地"品牌，要建设以创造和推广城市商务价值特性为目的的"投资目的地"品牌，还要建设以创造和满足人们体验感、想象力以及激活人们内心某些情怀为目的的"旅游目的地"品牌。这方面华南城市营销侧重于综合阐释，目标人群不够鲜明，细分度不够。

在华南城市营销中，岭南水果、美食、海滩成为了众多华南城市的共同营销热点，并把自身塑造成一个全方位发展的城市，然而属于自己城市本身的特色却因此而被掩盖。如佛山，相对于其他的华南城市，武术文化独一无二，但是同时又大力宣传"美食之乡"。这与"食在广州"相互重叠，降低了佛山美食之乡的知名度，同时也分散了武术文化的影响力。此外，佛山也没有充分利用《叶问》电影的火热上映进一步推进佛山的武术文化，可见佛山在宣传上缺乏侧重。这种以城市的众多侧面来展现城市特色的方式，使得华南众多城市湮没在烟波浩荡的各具特色的全国城市群体中。这种缺乏针对性的城市形象宣传必将阻碍华南地区城市营销的进一步提升。

（3）华南地区语言障碍

华南地区方言土语较多，粤语尤为盛行，影响了华南地区的城市营销。在这一问题上，广东尤为突出。广东是移民大省，而广东地区大部分的电视节目和广播节目都以广东话播出，不仅影响外地人接收资讯，同时也影响了本地人学习普通话。因此广东虽大力推广普通话，但如今整个广东地区交流仍以广东话为主，而广东人所说的普通话也不标准，导致文化经济交流的障碍。

当今，各地交流日益密切，内地市场的潜力不容忽视，华南地区的城市营销不仅要满足该地区市民的需求，更重要的是推广到全国乃至国际。因此，华南地区在注重地区语言文化保护的同时，也要关注普通话的推广。

二、华南地区城市营销指数点评

（一）总体表现

华南地区包括广东、广西和海南三个省份，纳入 CMI 指标测评的城市有 14 个，分别是广州、深圳、珠海、汕头、佛山、惠州、东莞、中山、南宁、柳州、桂林、北海、三亚和海口。从 CMI 指标测评得分总体情况看，华南地区城市营销水平差距很大，最靠前的是深圳，总体得分全国排名第 9，而最后一名是汕头，全国排名第 97。观察纳入指标测评的 14 个城市，可以根据 CMI 指标排名，清晰地将之划分为三个梯队，即领先梯队、跟进梯队和待改进梯队。领先梯队依次包括深圳、广州、东莞三个城市，是华南地区城市营销的排头兵。其中，深圳 CMI 总分为 90.16 分，排在第 9；广州 CMI 总分为 86.73 分，排在第 11；东莞 CMI 总分为 84.85 分，排在第 15。跟进梯队依次包括南宁、柳州、海口、中山、桂林、佛山、珠海和三亚，是华东地区城市营销的中坚力量，CMI 总分介于 69.37—80.24 分之间，排名分别为第 23、34、36、37、41、48、51 和 53。待改进梯队依次包括惠州、北海和汕头三个城市，CMI 总分均低于 64 分，排名在 70 位以后，分别为第 74、89 和 97。其中，汕头作为我国的经济特区，其 CMI 总分仅为 54.96 分，在 100 个城市营销指数得分中位列倒数第 4，在一定程度上影响了华南地区城市营销的整体水平。

从全国城市营销指数排名总体来看，华南地区城市总体排名是比较靠前的，尤其是经济发达的广东省，其中领先梯队城市——深圳进入全国 100 个城市的前 10 位，应成为华南地区各个城市学习效仿的榜样。

（二）分项表现

第一，城市品牌强度内部差距大。从得分和排名较高的城市来看，深圳、南宁、东莞和广州为华南地区前四位，分别位列全国第 13、14、15 和 21，深圳在品牌吸引力、品牌关注度、品牌独特性、文化包容性、品牌规划与管理五个方面的各项得分中都比较平均，这是它能够在华南地区城市当中胜出的主要原因。南宁虽然在城市营销力度和品牌独特性得分方面超过深圳，但是它的品牌关注度和文化包容性得分明显低于深圳，最终在城市品牌强度得分上略逊于深圳。因此，这两个城市的有关部门应当加强沟通，互相学习，实现优势互补，共同进步。从得分和排名较低的城市来看，惠州、北海和汕头是华南地区城市品牌强度得分最低的三个城市。它们在全国的城市品牌强度得分排名中也十分靠后。

第二，城市营销力度一般。北海是华南地区城市营销力度最为缺乏的城市，它本身城市品牌强度得分就不高，城市营销力度得分也不高，这说明该城市既缺乏先天的城市品牌厚度，也缺乏后天的城市营销努力，这就是北海城市营销指数得分较低的主要原因。城市营销力度排名相对靠后的城市还有柳州、汕头和桂林，分别位列全国第 54、第 68 和第 72。华南地区大部分城市在城市营销力度得分方面都位居全国中等水平，珠海、三亚、中山、海口、南宁、佛山和惠州的城市营销力度指数排名都集中于第31—49。而相对表现较好的华南城市是深圳、广州和东莞，为华南地区其他城市在城市营销力度方面的努力带来了示范效应。

（三）战略平衡性表现

城市营销发展的战略平衡性主要从城市营销指数排名、城市品牌强度排名及城市营销力度排名这三个数据的均衡性来观察。从华南地区各个城市来看，三个方面的排名相对比较均衡。

第一，较大的城市营销力度将促进城市品牌的成长。从总体来看，城市营销力度排名较城市品牌强度排名和城市营销指数排名都要稍微靠前，这说明华南地区各城市在城市营销方面进行了积极的尝试。尤其是深圳和广州，其城市品牌强度排名比城市营销力度排名都要低很多，说明两城市在城市营销方面付出了极大的努力，从而带来在城市营销指数排名方面较为出色的表现。而相对应的南宁、桂林、海口和柳州四个城市则是华南地区14个城市中为数不多的城市营销指数排名比城市营销力度排名要高的城市。这表明，南宁、桂林、海口和柳州的城市品牌强度相对较高，说明其品牌资源具有一定积淀，但城市营销努力不够，需在城市营销建设、城市营销沟通和城市网络营销方面需要大力加强。

第二，低水平失衡导致城市品牌停滞不前。北海和汕头这两个城市处于一种低水平均衡状态，三项数据排名差不多，表明城市营销各项工作没有很好地开展，而且品牌资产积淀和品牌战略规划都十分缺乏，同时城市营销力度也较低。惠州、三亚、珠海虽然城市品牌强度较低，但是正在积极努力，其城市营销力度排名都较城市品牌强度要高，使得它们的总体排名有所进步。相信只要持之以恒，其努力会取得令人满意的成果。

（四）小结

华南地区城市营销领先梯队城市深圳、广州和东莞，同时也是国内城市营销的领先城市，这几个城市各有长处，应互相借鉴学习；南宁、桂林、海口和柳州虽然有着良好的城市品牌强度，但是城市营销力度不够，还需要进一步加大；中山、佛山、三亚、珠海和惠州，城市品牌强度排名虽然靠后，但是正在通过加大城市营销力度来改进，这些城市要特别注意城市品牌的合理规划；北海和汕头的城市品牌强度和城市营销力度排名都相对落后，这两个城市应下大力气进行城市品牌规划，加强城市营销建设、城市营销沟通和城市网络营销。

第11章

西南地区城市营销发展述评

一、西南地区城市营销发展

（一）西南地区城市营销发展概述

中国的西南地区，传统上是指西南三省一市，即云、贵、川以及1997年直辖的重庆市。改革开放以来，西南地区经济虽有较大的发展，但与东部地区尤其是与沿海地区相比，仍然存在很大差距。西南地区要实现经济的巨大飞跃，必须充分发挥自身优势，做好城市营销。

1. 起源

从20世纪90年代开始，西南地区意识到城市营销对于发展城市经济的重要性，开始逐步进行城市营销活动。鉴于该地区有着许多独特的人文自然景观、宜人的生态休闲环境和丰富的历史文化名胜古迹，以旅游业为主导开展城市营销成为西南地区发展经济的出路之一。

由于西南地区地域广阔，所辖城市众多，城市营销处于极其不均衡的状态。相对而言，一线省会城市管理者的城市营销意识相对突出，城市营销工作取得了一定的绩效。而这当中成就最为突出的是四川首府成都。

2. 西南地区城市营销的领跑者

（1）成都

成都位于中国四川省中部，是四川省省会，四川省的政治、经济、文教中心，国家经济与社会发展计划单列市，也是国家历史文化名城，我国西南地区重要的交通枢纽。

成都历来十分重视城市宣传，也是较早开始实施城市营销的城市之一。近几年来，成都的城市营销经历了一个比较系统的发展过程，确立了城市营销的战略目标，并通过一系列异彩纷呈的城市营销活动打造城市品牌。这使城市面貌发生了很大变化，并把成都推到了全国城市营销的前沿。

成都在改革开放之后经历了数次城市定位：20世纪80年代其官方定位为"国际大都会"；20世纪90年代初期其民间定位为"中国西雅图"；20世纪90年代末其政策定位为"西部桥头堡"；2000年《新周刊》又将之定位为"中国第四城"；2003年年初，成都启动了新的城市营销计划，推出了"东方伊甸园"的概念，重新为成都定位，随后的一系列活动更是被各类媒体炒得火热。

在查证大量资料的基础上,本报告梳理了成都城市营销的历史脉络,形象广告、节会营销、公关活动、网络营销等从四个方面提炼出其比较典型的城市营销实践。

在形象广告方面,2005年初,张艺谋执导拍摄的城市形象广告片《成都,一座来了就不想离开的城市》在成都各大电视台和网络发布。该片通过一个来成都的外地人以祖辈的记忆和自己的感受展现了成都的历史传统和当今风貌,综合运用了成都的各种视觉符号:变脸、火锅、府南河、蜀绣、草堂、廊桥、春熙路……体现了成都的魅力和外地人对她的眷恋之情。整个广告色彩绚丽、画面美观,充分体现了成都的城市特色。

不仅如此,成都的本地媒体也纷纷行动起来,以各种形式展现成都的形象。例如,2005年2月27日成都电视台播出大型访谈晚会"天下成都人";同月,《天府成都》杂志推出256页加厚特刊《天下成都人》,通过记述成都人从哪里来、到哪里去,宣扬成都人和成都城市的可爱可敬,弘扬成都城市精神,目的是使成都人爱成都,并把以成都为自豪的思想感情提升到新的高度,同时促使其他城市的人进一步认识成都、成都人和成都精神。

在节会营销方面,近十年来,成都会展业发展十分迅速,每年举办大中型会展150余次,参加会展的外地嘉宾、客商40余万人,带动相关产业增加消费超过100亿元。2008年以来,成都重点举办了2008年春季全国糖酒会等大型展会,以及第四届中国会展经济合作论坛(CEFCO2008)、第6届中国国际软件合作洽谈会等国际会议以及2008成都购物节等节会。其中糖酒会展览面积达11.5万平方米,参展企业达4000多家,专业观众16万人,成交额170多亿元,创造了三项新纪录。此外,成都电脑节带动了高科技产业和商业贸易等行业的发展;房交会则有效地带动了建材、建筑、家庭装饰、家用电器、社会服务业的进一步发展;新津的梨花会、荷花会节等有效地带动了旅游、餐饮业等相关产业的发展,促进了产业结构的转型与升级,尤其是促进了农业产业结构的调整。

在公关活动方面,2000年《新周刊》做了一期成都专辑,将成都称为"第四城",成都借此大力开展公关活动,引起国内外舆论的关注。在2004年中央电视台举办的"最具经济活力城市"的评选活动中,成都被评为西部唯一最具经济活力的城市。2004年12月上海举办的中国"住交"会上,成都荣获"中国城市品牌营造大奖"。2005年成都被国家环保总局授予"国家环境保护模范城市"称号。2006年,成都获得"中国人居环境奖"和2006年澳大利亚"国际舍斯河流奖"。2007年国家旅游局、世界旅游组织授牌成都为首批"中国最佳旅游城市"。

在网络营销方面,谷歌网站上输入关键词"成都",用时0.07秒即可搜出2820万个词条。在2008年7月22日,成都文旅集团、谷歌公司签署了全球在线营销成都城市形象和旅游品牌合作协议。从8月1日起,双方正式就成都市城市旅游形象品牌推广、成都旅游目的地资源及旅游产品营销等众多内容展开广泛而长期的合作,充分运用谷歌公司国际化的搜索引擎系统、全球化的内容联盟网络平台以及先进的网络技术手段和丰富的产品资源,面向全球各主要入境客源国及地区市场,全面启动在线网络营销,打造城市旅游品牌、振兴成都旅游。这是我国首个以一个城市为主题的全球整体营销方案,此举翻开了中国城市品牌全球化在线网络营销的新篇章。

另外,成都在2006年开设了英文网站"Pandaworld. cn"(即大熊猫世界网站),并在美国亚特兰大举行开通仪式。大熊猫世界网站借着大熊猫的影响力,向世界传播成都整个城市各方面的信息。

值得一提的是，自 2008 年 5 月 12 日汶川大地震之后，成都在国际国内视野内形成了"灾害城市"的负面形象。为摆脱这一负面效应，成都进行了一系列成功的营销活动，成立"成都城市形象提升协调小组"并同时启动"城市危机公关和城市营销"。具体措施包括：广泛邀请国内外知名通讯社记者实地采访成都现状，面向国内大众派发金熊猫卡，凭卡免费前往成都 11 个著名景区旅游等。

（2）重庆

重庆是我国四大直辖市之一，我国重要的中心城市，国家历史文化名城，我国重要的现代制造业基地，西南地区综合交通枢纽、城乡统筹的特大型城市。

重庆地处中国内陆西南，位于长江上游，是一个多中心组团式的城市。城市依山而建，人谓"山城"；冬春雨轻雾重，又号"雾都"。2007 年，和成都一起被批准成立全国统筹城乡综合配套改革试验区，成为继上海浦东新区和天津滨海新区之后又一个国家综合配套改革试验区。

2006 年 1 月 17 日，重庆有了自己的城市标志——"人人重庆"，这是国内率先推出规范城市品牌标识设计的城市之一。两年多来，这个标识正在被国内外越来越多的人们所熟悉，逐渐成为重庆城市营销的重要载体，取得了一定的传播效果。但是由于重庆只推出了城市标识，而没有进行系统的整合营销传播，使得重庆现在在国内外的知名度略逊于成都。

在形象广告方面，迄今为止重庆尚缺乏令人印象深刻的城市形象广告。但是从 2010 年开始，重庆旅游形象广告将走上央视等主流媒体。另外从 2008 年 8 月开始，重庆市全方位、多视角、大面积地推出重庆旅游"10 + 1"工程。如一张光碟、一本画册、一个网站等宣传手段，大力推广重庆城市旅游。

在节会营销方面，重庆先后举办过多次大型国际活动，如 2002 年成功举办 AAPP（亚洲议会和平协会第三届年会）和 2005 年亚太城市市长峰会，一度成为舆论关注的焦点。

在公共关系传播方面，重庆进行了多方面的探索和努力，成效显著。一是影视营销。2006 年一部《疯狂的石头》红遍全国，这部没有一个明星大腕，也没任何宣传的新导演小成本电影，让每个国人认识了重庆，重庆借助这部电影成功地进行了一次城市营销。二是媒体合作。近年来，重庆一方面加强与驻渝境外媒体、中央媒体建立良好的沟通机制，做好日常媒体采访接待服务，另一方面积极邀请国内外主流媒体来渝参观采访。在"借笔"的同时更主动出击，借助国内外知名媒体的平台资源打造属于自己的外宣窗口。重庆先后创办《重庆日报》美国版、欧洲版、澳洲版，与香港文汇报社联合主办《重庆新闻快报》，并在中国港澳地区以及北美等地推出一批自办、合办的广播电视节目。三是公共关系创新。立体的传播渠道和丰富的宣传手段，使越来越多的海内外人士开始了解并加深对重庆的印象，同时得以实时掌握重庆经济社会发展的第一手资讯。而"三定一开"（定时、定点、定人、开放式）自主新闻发布会制度的推出，以及国内独创的"3 + X"（3 代表政府月度新闻发布会、专题新闻发布会、自主新闻发布会，X 代表区县、部门和行业举行的新闻发布会）新闻发布体系的建立，则在保障公众知情权的同时，强化着重庆政府开明、有担当的阳光形象。在最牛钉子户、主城出租车停运等突发性事件中，重庆政府及时通过自主新闻发布会主动向社会和媒体公开最新信息的做法，最终不仅顺利化解政府形象危机，还使政府得到了外界的普遍认可和积极评价①。

在网络营销方面，重庆同样妙招频出。2005 年，重庆开国内网络外宣先河，与新加坡联合早报网合作推出重庆频道，并在两年后开通大公网重庆频道。据了解，目前联合早报网重庆频道日浏览量已高达 200 余万人次，而成立不过 4 年的重庆本土新闻门户网站华龙网的 ALEXA 排名（网站世界排名）也已居西部第一。2007 年，新浪网将年度城市品牌营销奖授予重庆。美国《经济学家杂志》和《纽约时报》则对重庆不吝溢美之词，前者将重庆称为"中国的芝加哥"，后者则认为"重庆是中国未来都市的典范"。

3. 西南地区城市营销较活跃的城市

昆明作为云南省省会，是云南省政治、经济、文化、科技、交通的中心，全省唯一的特大城市，是我国著名的历史文化名城和优秀旅游城市，素以"春城"而享誉中外。

昆明应该是较早开展城市营销的城市之一，最初口号是"昆明天天是春天"。但收到城市广告效果之后的昆明并没有趁热打铁，迅速推进，反而是城市营销的声音在渐渐变小。

昆明是国内率先推出城市形象广告片的城市。2000 年元旦，中央电视台一套黄金时段播出了一个 5 秒钟的广告——"昆明天天是春天"。这则广告引起了巨大反响，据统计，仅在北京、上海、广州、重庆四大城市的收视率就达到 59%。此后，昆明市政府更是斥巨资在央视投放城市形象系列广告，"一个春天永驻的城市"、"彩云之南"的形象留在了人们心中，成千上万的旅游者涌入昆明。2000 年下半年，昆明又在《中国青年报》上刊登了城市广告。同时，还在北京、上海和广州等大城市的地铁站做广告：以巩俐为形象代言人，以鲜花气候为卖点，以"开往春天的地铁"为广告词，进行旅游促销宣传。

在节会营销方面，1999 年，昆明成功举办世界园艺博览会。世博会期间，51 个国家及国际组织成功举行馆日活动；国内外文艺团体在世博园内进行 1000 多场文艺演出；组委会和官方参展者主办 50 多个国际学术讨论会；参展国家和国内省区通过世博会开展经贸活动，签订一批合作意向协议与意向书，国内交易额超过 140 亿元。

除了国际性会展世博会外，目前昆明常态的博览会包括每年 5 月举办的国际旅游节、石林火把节、旅交会、昆交会、农博会、茶博会、石博会和性博会等。2009 年昆明市政府出台《关于加快昆明市会展业发展若干意见》并提出：力争到 2015 年把昆明建设成为中国最适宜办会展的城市和面向东南亚、南亚的会展之都。

在网络营销方面，虽然没有专门针对城市营销的网站，但昆明的旅游网络营销做得比较出色，介绍全面翔实，在某些方面弥补了专门城市营销网站的缺失。2005 年在瑞士洛桑市举行的欧中旅游论坛，昆明市获得了"欧洲旅客最喜爱的中国旅游城市"奖。

4. 西南地区的潜力城市

除上述几个城市外，西南城市大多尚未启动全面的城市营销，往往只有一两个简单的城市营销主题，缺乏系统操作策略。比如贵州贵阳，只是提出"中国避暑之都"却没有针对这个主题形象进行广泛沟通推广。此外，还有遵义的"夜郎国"、绵阳的"西部硅谷"、兴义的"水墨

---

① 王海达：《加强对外宣传和城市营销"立体传播"展现新重庆》，《重庆日报》2009 - 05 - 20。

金州"等，虽然都提出了各自的城市品牌口号，但都未加以专业的城市营销运作，城市营销水平始终未得到提升。

表 11—1　　　　　　　　　　　　　西南城市营销大事表

序号	事件	城市	时间	效果
1	中央批准重庆成立直辖市	重庆	1997 年	引起国内外广泛关注
2	世界园艺博览会	昆明	1999 年	广泛吸引国际国内游客
3	中央电视台一套黄金时段播出了一个五秒钟的广告——"昆明天天是春天"	昆明	2000 年	举国皆知，开辟城市营销广告先河
4	《新周刊》做了一期成都专辑，将成都称为"第四城"	成都	2000 年	获得国内游客青睐
5	成功举办亚洲议会和平协会（AAPP）第三届年会	重庆	2002 年	融入国际视野
6	城市形象广告片《成都，一座来了就不想离开的城市》	成都	2005 年	展现成都新形象
7	在美国亚特兰大举行开通英文网站"Panda-world. cn"	成都	2006 年	打开国际市场
8	泛珠三角"9 + 2"合作区域	重庆	2006 年	区域联合进行品牌开发
9	国内率先推出规范城市品牌标识设计"人人重庆"	重庆	2006 年	较早开始国内城市品牌标志专业设计的典型
10	批准成立全国统筹城乡综合配套改革试验区	成都、重庆	2007 年	政策优势
11	"盛装贵州·多彩贵州"首届亚洲时尚大典	贵阳	2007 年	成为旅游新看点
12	"森林之城魅力贵阳——2007 首届中国（贵阳）避暑节"	贵阳	2007 年	热力推销贵州城市形象
13	"情系都江堰 感受新家园"	都江堰	2008 年	展现全新都江堰形象
14	向上海地区派发"金熊猫卡"免费游玩成都 11 个景点	成都	2009 年	重拾游客信心
15	邀请张艺谋导演"印象丽江"	丽江	2004 年	展现丽江风情

资料来源：本研究整理。

（二）西南城市营销发展特征

1. 城市营销发展不均衡

西南地区由于经济发展差参不齐，城市营销认识不全面，专业化水平不高等原因，各个城市的营销发展水平非常不均衡。有的城市的营销水平相对较高，比如成都，城市政府各部门能够积极合作，协同推广。有的城市虽然政府有意识开展城市营销，但由于专业化水平不高而有待进一步提升，比如重庆和昆明。还有的城市对城市营销理念还缺乏全面科学的认识，甚至部分城市还没有开始接触城市营销，城市营销发展水平相对滞后。

2. 视野不够广阔

相对而言，西南地区的城市营销视野还不够广阔，除了成都成功地凭借大熊猫省亲活动迈向国际市场外，其他城市大多还是集中在国内市场，对国际市场开拓不够，给城市营销带来很多局限。

（三）西南地区城市营销的经验与不足

1. 取得的主要经验

（1）城市营销侧重于地区特色优势的发掘

西南地区由于其交通和经济发展相对滞后，珍贵的旅游资源保存相对完善，旅游资源破坏程度较小，可以发展的旅游产品较多，比如探险游、休闲游、山水游和科普游等。

此外，西南地区由于其特殊的地理环境，气候宜人，人们生活较为闲适。古代就有"少不入蜀，老不出川"的说法，现在无论是昆明的"春城"，还是成都的"一座来了就不想离开的城市"，都成为吸引城市营销目标顾客的重要依据。

（2）制作有特色的城市宣传片

在城市营销方面，西南地区较其他地区整体水平不高，但是比较能够抓住细分市场，并且擅长于城市宣传片的制作。从最早的城市宣传片《昆明天天是春天》，到成都的《成都，一座来了就不想离开的城市》，还有《印象·丽江》以及重庆直辖十年在央视播放的纪实片等，在全国都引起了广泛的好评和积极的反响。

2. 存在的不足

（1）对城市营销的重视程度还有待提高

由于西南地区属于国内经济不发达地区，且地处腹地，偏居一隅，比较闭塞，所以西南地区城市政府往往对城市营销的重要性认识不足。除了成都等部分城市由于经济相对较为发达，对外联系也较为紧密，市政府对城市营销有充分的认识，做得相对比较成功外，其他大部分西南城市政府对城市营销的理念还比较陌生。

（2）城市营销专业水平不高

大部分西南城市的营销意识还有待加强，因此专业的城市营销计划更是无从谈起。城市营销相关工作开展，往往是城市政府各部门各自为营，缺乏系统性、统一性，专业水平十分有限。

二、西南城市营销指数点评

（一）总体表现

西南地区包括云南、贵州、四川三个省份和重庆直辖市，纳入 CMI 测评的城市有十个，分别是重庆、成都、贵阳、昆明、绵阳、乐山、宜宾、遵义、玉溪和丽江。从 CMI 测评得分的总体情况看，西南地区城市营销在全国基本处于中游位置，并呈明显的两极分化状况。观察纳入指标测评的十个城市，可以根据 CMI 指标排名，将之划分为三个清晰的梯队，即领先梯队、跟进梯队和待改进梯队。

领先梯队依次包括成都和重庆两个城市，是西南地区城市营销的排头兵。其中，成都 CMI 总分为 105.898 分，排在第 3；重庆 CMI 总分为 103.583 分，紧随成都，排在第 4。双双进入全国 100 个城市的前 5 名，应成为西南地区诸城市学习效仿的对象。跟进梯队依次包括昆明、贵阳、宜宾、乐山和丽江五个城市，是西南地区城市营销的中坚力量，CMI 总分介于 83.301—68.562 分之间，排名分别为第 21、29、39、45 和 57。待改进梯队依次包括绵阳、遵义和玉溪三个城市，CMI 总分均低于 65 分，排名分别为第 72、83 和 93。其中，玉溪 CMI 总分仅为 56.118 分，在 100 个城市营销指数得分中位列倒数第 8，在一定程度上影响了西南地区城市营销的整体水平。

（二）分项表现

从城市品牌强度排名来看，成都和重庆为西南地区前两位，分别位列全国第 2 和第 3，两个城市各方面得分均属微差，不相伯仲。重庆在绩效指数方面略胜成都一筹，而成都在其他分项指标上得分则相对稍高，从而使成都的 CMI 总分排在重庆之前。因此，这两个地理位置相邻的城市的有关部门可以互相学习，实现优势互补，共同进步。

从城市品牌强度考察，其他各城市排名基本高于（遵义在这两项指标上排名相等）CMI 总分排名，并不存在突出问题。然而，当从城市营销力度考察时，除了遵义和绵阳之外，其他各个城市的城市营销力度指数全部低于 CMI 总分排名，其中玉溪为第 95，位于 100 个城市排名中的倒数第 6。这种区域性城市营销力度的集体缺失值得西南地区中小城市营销工作者深入思考。简单地说，造成今日西南地区城市营销水平难以提高的重要原因，就是西南地区中小城市群体性的城市营销力度不足，从而拉低了西南地区城市的 CMI 得分。

（三）战略平衡性表现

城市营销发展的战略平衡性主要从城市营销指数排名、城市品牌强度排名及城市营销力度排名这三个数据的均衡性来观察。西南地区城市营销活动中，同时存在均衡和不均衡两种状况，其中不均衡又表现为高水平不均衡和低水平不均衡两种模式。

成都、重庆、昆明三个城市，体现了高水平不均衡，其共同特点是城市品牌强度和城市营销力度排名差异明显。数据表明三个城市的城市品牌强度排名非常靠前，品牌资产积淀深厚、战略规划有高度，但其城市营销力度水平稍逊，导致 CMI 整体水平被拉低。

乐山、宜宾、贵阳和丽江属于低水平不均衡，其共同特点仍然是城市品牌强度和城市营销力度排名差异明显。数据表明其在自身品牌资源建设上虽然有所建树，但缺乏战略规划，缺乏营销努力，这使城市营销工作的整体水平被拉低，需要提高整体的城市营销力度。

绵阳、遵义和玉溪属于低水平均衡。数据表明这三个城市品牌资源具有一定积淀，品牌规划和定位工作水平不高，而且城市营销建设、城市营销沟通、城市网络营销需要大力加强，城市营销工作的改进空间很大。其中，遵义和绵阳的城市营销力度指数排名要强于城市品牌强度排名和城市营销指数排名，说明相关部门工作积极努力，推动了事情的进展并收获了一些营销效益，但由于品牌战略规划的缺失，使得整体营销发展受到影响和局限。

（四）小结

西南地区城市营销领先梯队城市成都、重庆和昆明，同时也是国内城市营销的领先城市，各有长处，应互相借鉴学习；遵义和绵阳的城市营销力度指数强于城市品牌强度指数和 CMI 总体排名指数，需要进一步加强品牌规划和定位工作，提升城市品牌强度；乐山、宜宾、贵阳和丽江则需要提高整体的城市营销力度；而玉溪城市营销工作的改进空间还很大。

第 12 章 ···▶ 华中地区城市营销发展述评

一、华中地区城市营销发展

（一）华中地区城市营销发展概述

华中地区处于中国的腹地，京广、京九、焦枝、枝柳铁路纵贯南北，万里长江与陇海、浙赣铁路横贯东西，具有全国东西南北四境过渡的要冲和水陆交通枢纽的优势，起着承东启西、沟通南北的重要作用。在历史上，华中地区农业发达，是全国重要的粮食产地，素有"湖广熟，天下足"的赞誉；近代以后，轻重工业都得到了良好的发展，加上水陆交通便利，曾经是全国经济最发达的地区之一。改革开放后，东部、南部沿海起势迅猛，发展很快，尤其是长三角、珠三角、环渤海等我国目前经济发展速度最快、经济总量规模最大、最具有发展潜力的经济板块渐趋形成，华中地区的经济也就相对靠后了。

1. 起源

20 世纪 90 年代末期，特别是国家提出并实施"中部崛起"战略之后，华中地区的一些城市开始清楚地认识到发展的危机，在运用理论研究以及对东部、南部沿海城市的经济发展模式进行深入探讨之后，尝试开展部分城市营销活动，其内容涉及城市推广、城市形象定位、城市品牌内容讨论、旅游营销、城市定位等，但这些都还不是系统的城市营销。

近年来，武汉、郑州、洛阳、长沙等城市开始系统运用城市营销理论对城市的发展进行研究并予以实施，取得了一定成效，比较明显的就是该区域正在形成一些很具发展潜力的城市群。2007 年 12 月，中央正式批准武汉城市圈和长沙城市群为国家"全国资源节约型和环境友好型社会建设综合配套改革试验区"。未来，"武汉都市圈"与"长沙城市群"极有可能成为中国第四个、第五个大的城市群。除上述两个城市群以外，河南省也已开始酝酿"中原城市群"。江西也在积极筹措整合省域内各个城市的力量，意欲发展类似的城市群。

目前华中地区几个较成熟的城市群都是经过 10 年左右的时间才形成的，而且是建立在原有行政区域的基础上。事实上，城市的发展不能完全按照现行的省域统一规划，而应该按照实际情况灵活运作。不同的行政区域之间存在着竞争，但也同样存在合作的契机。距离本省的中心城市远了，该中心城市即使有较强的经济功能，其辐射功能也会相对变弱，缺乏对边远城市的实际带动力；相对地，若与距离邻省的中心城市近，那么城市同样可以在与邻省中心城市的竞争与协作中求得自身的发展。九江、漯河、张家界等城市都不妨借鉴这样的思路。

总之，城市群的设立可以克服中心城市自身发展中的一系列局限性，如发展空间局限、交通拥挤、环境污染、水资源短缺等。城市群可以在更大的空间范围内进行城市规划，从而能更加和谐地发展。但是，构建城市群应该结合城市的实际情况，积极探索多元化的城市营销策略。

2. 华中地区城市营销的排头兵

（1）武汉

武汉是华中地区最大的制造业中心、交通物流中心、商业金融中心、科技教育中心。武汉拥有三个国家级开发区，已形成光电子信息、汽车及零部件、钢铁与新材料、生物工程及新医药等产业基地，科教综合实力居全国大城市第3。武汉是中部地区特大中心城市，一直是中国内地外商投资的热点地区。

20世纪80年代中期以后，随着国家大力推进沿海开放战略，加之自身思想观念的落后，改革步伐缓慢，地处中部腹地的武汉逐渐被"珠三角"、"长三角"和"环渤海"地区的很多城市超过。不过，这种情况在进入21世纪后有所转变，武汉城市面貌和经济发展有了长足的进步。近年来，武汉充分发挥中部特大经济中心的优势，完成了极化过程，成为一个强有力的核心。但是，由于其不具备东部、南部沿海城市外向型经济的优势，其发展水平较上海、广州等地区要差。武汉市城市发展的"软环境"仍需加强。

武汉曾经是计划经济时代重要的工业中心和科教基地，但近20年的发展却使武汉的经济地位逐渐下降，似乎只有黄鹤楼、东湖才能使人联想起武汉。新世纪，武汉开始打造"光谷"，计划利用自己的科技优势在五年里建成中国最大的光纤基地，成为中国新兴的科技基地。"光谷"概念成为武汉未来若干年城市营销的主要"卖点"。

在形象定位方面，武汉至今尚无明确的城市定位，目前政府比较倾向的说法是：中部地区最大的商务会展型和都市休闲型旅游城市和旅游中心城市。不过，这个表述只是考虑了未来武汉在旅游、休闲方面的发展方向，没有考虑其产业群分布以及在都市圈中的作用。而且，在华中，武汉的旅游资源还不是很丰富的，加之"软环境"欠佳，想要在这方面取得较好的效益并不容易。虽然武汉尚无明确的形象定位，但其产业细分下的城市定位则是比较明确的：武汉的钢铁制造业定位于"我国中西南部钢铁制造业战略基地"；汽车制造业依托东风汽车，将建成全国重要的汽车及零部件生产、出口基地；光电子信息业，依托"武汉·中国光谷"，基本形成了以光通信、激光加工、消费类光电子等重点领域为核心的现代信息产业群。为了提升武汉的知名度，改变武汉的传统形象，武汉市政府也提出要从塑造城市品牌的高度，精心规划，精心设计，精心组织，精心建设。

在节会营销方面，武汉的旅游推介、节事庆典活动很多。这些事件营销活动，为武汉提高国际知名度做出了一定的贡献。比较有影响的节会有：第三届世界华文传媒论坛；第12届世界旅游小姐年度皇后大赛世界总决赛。2006年，武汉城市形象馆亮相杭州世界休闲博览会。

在投资促进方面，在武汉市招商局网站的"招商咨询"栏目里，从2003年至2008年，共有2080条重要招商引资资讯。其合作领域遍布全球。面向全国、全世界经常性地开展招商引资，宣传武汉城市圈，是其非常重要的手段。

在营销口号和形象代言方面，武汉目前还没有统一的营销口号，官方网站上出现的"高山流水，白云黄鹤"应该是比较常用的口号。另外，武汉至今尚无统一的形象代言人，但在2005年，武汉40台出租车获颁四星级，将出租车作为城市形象代言人，可谓方式独特。

在区域协同营销方面，武汉集合城市营销、城市管理、人文等方面专家，对当地的经济发展跟踪研究，为武汉的发展出谋划策，积极发展武汉城市圈。武汉城市圈，又称"1+8"，即以武汉为圆心，包括黄石、鄂州、黄冈、孝感、咸宁、仙桃、天门、潜江周边八个城市。城市圈的建设，涉及工业、交通、教育、金融、旅游等诸多领域。目前，武汉都市圈内的通信、交通、招商引资、环保、土地用地市场、城市建设、社会保障、科技服务、法律援助等方面已经或正在实施"一体化"。在已有的"中部崛起网"的基础上，武汉市信息产业局又主办了"武汉城市圈网"，积极与国内一些门户网站合作，构建宣传武汉的平台。

（2）长沙

长沙是湖南省的政治、经济、文化、教育、科技、交通、通信、金融中心，是一座以机械、纺织、商贸和食品加工业为主的综合性工商业城市，亦是中西部地区主要的区域性中心城市之一。长沙享有"中国娱乐之都"、"中国动漫之都"、"中国工程机械之都"、"中国消费之都"等诸多美誉。2008年入选"中国最具幸福感城市"：一片多情之地，一座快乐之都。长沙曾经"心忧天下"，毛泽东、刘少奇等伟人从这里出发，谋求全中国人的幸福；今天的长沙已经"快乐中国"，大众娱乐文化从这里崛起，制造全民娱乐的幸福，成为娱人娱己娱天下的城市。长沙还被评为2008中国省会（含直辖市）十大活力城市之一，中国十大创新能力城市之一。

长沙在改革开放初期发展速度相对较慢，逐渐落后于沿海城市。自20世纪90年代中期开始，长沙获得了迅速的发展。近年来，长沙大力推进新型工业化，工业成为经济增长的首要支撑。服务业和对外开放不断拓展，传媒业日趋发达。2008年，长沙GDP、工业总产值和地方财政收入实现"三个三的突破"，即GDP突破3000亿元，达3001亿元，增长15%；工业总产值突破3000亿元，为3100亿元，总量跃居全国省会城市第10，地方财政收入突破300亿元，达到342亿元，增长30.3%，成为中西部城市中人均收入第一的城市。长沙拥有两个国家级开发区：长沙经济技术开发区和长沙高新产业开发区。近年来，这两个开发区经济发展迅猛，其中，近三年来长沙经济技术开发区的GDP以33.2%的速度递增。

长沙城市品牌建设的发展计划是：普通二级城市品牌，中南部首要城市品牌，南方第一城市品牌，中国著名城市品牌，世界著名城市品牌。

长沙的城市形象定位曾经有"伟人故里"、"山水洲城"、"璀璨星城"、"多情山水，天下洲城"、"多情山水，璀璨星城"、"休闲长沙，文化之都"等多个表述，但是长沙长期以来都没有一个相对固定的形象定位。长沙确立的城市精神是"心忧天下，敢为人先"。

在节会营销方面，长沙先后承办了2004年中国湖南旅游节开幕式暨"十万人同唱《浏阳河》"大型主题活动、第11届世界旅游小姐年度皇后大赛世界总决赛、"亚欧美十国旅游部长论坛"。长沙依托底蕴深厚的文化积淀，以湖南广电传媒为代表，以新世纪文化城为视觉标识的蒸蒸日上的影视传媒文化产业异军突起。从《快乐大本营》到《谁是英雄》，从《音乐不断歌友会》到《超级女声》，一系列知名的影视娱乐节目使长沙迅速成为虽处内地却能引领中国广袤区域休闲文化潮流的"娱乐之都"。

在区域协同营销方面，长沙正在加速创建"一小时经济圈"，并与武汉联手，建立经济协作区，与各个中部城市进行经济合作。同时，长沙也是湖南省"一点一线"建设的核心城市，长株潭经济一体化的核心城市，主城区与株洲、湘潭相距很近。目前，长沙正在积极建设长株潭城市群。长株潭城市群位于湖南省东北部，包括长沙、株洲、湘潭三市。三市沿湘江呈品字形分布，两两相距不足 40 公里，结构紧凑。长株潭城市群是我国京广经济带、泛珠三角经济区、长江经济带的接合部，区位和交通条件优越。该区域科技力量雄厚，其中杂交水稻、人类干细胞、复合材料等研究国际领先。三市通过资源整合和产业布局，目前已建成了三个国家级开发区，两个国家产业基地。从 2005 年开始，每年年初均由湖南省长株潭经济一体化办公室组织制定年度经济一体化工作目标任务，三市互动的协调机制正在建立。这三个城市都是老工业基地，重化工业的基础比较好。相对于武汉都市圈，长株潭城市群三个城市之间彼此联系紧密，既有较强的中心城市的力量，又有较好的辐射力。

3. 华中地区城市营销的第二梯队

（1）洛阳

洛阳是国家历史文化名城、著名古都、旅游城市、中原西部的交通枢纽和中心城市。洛阳市重工业发达，城市化水平低。在 2000 年以前，洛阳的城市规划目标仅仅是"历史悠久的著名古都和发展以机械工业为主的工业城市"。但是 2000 年之后，洛阳开始积极响应中原城市群发展战略，强化洛阳区域副中心的地位，发挥洛阳工业与科研基础优势和历史遗产及旅游资源保护利用的特色，提高城市竞争力，全面实现产业结构的升级调整，建成中西部地区最佳人居环境城市，引领中原实现率先崛起。目前，洛阳的城市定位是：国家级历史文化名城，河南省副中心城市，著名旅游城市和先进制造业基地。

洛阳重工业的优先发展是以城市化长期滞后为代价的。洛阳城市化被锁定在较低效率状态并为工农产品价格剪刀差、户籍制度、农村集体经济产权制度等的共同作用所固化。这些不同的制度安排相互依存、交织和加强，迟滞了洛阳城市化进程。因此，通过制度改革是洛阳推进城市化的迫切需要。

近年来，洛阳通过比较系统的城市营销，使得除了"古都"之外，"服务"、"会展"、"物流"等现代感十足的符号也成了洛阳的时尚名片。其城市宣传口号是：国花牡丹城——洛阳。

在城市荣誉方面，洛阳先后获得"国家卫生城市"、"全国双拥模范城市"称号。1982 年，洛阳成为"中国第一批历史文化名城"；2001 年，获得"中国优秀旅游城市"称号；2005 年，被法国电视台评选为"欧洲人最喜爱的中国旅游城市"（二十城市之一）；同年还被中央电视台评选为"中国十大魅力城市"。此外，洛阳还是国家级知识产权工作示范城市；"2008 中国制造业名城"。

（2）焦作

最近几年，在国内旅游界，有一个新名词，那就是"焦作现象"。在中文搜索引擎"百度"上搜索"焦作现象"，可以找到大约 18 万篇的相关报道，在量级上几乎可以与我国最知名的旅游景点相比，其被关注程度由此可见一斑。所谓"焦作现象"，就是以发展自然山水旅游，代替将要枯竭的煤炭资源开发，实现社会经济全面转型，并取得成功的现象。资源总有枯竭的时候，"焦作现象"对资源枯竭型城市或资源城市的社会经济转型具有深刻的借鉴意义，比如，景德镇、郴州、赣州等就非常值得从中获取借鉴。

焦作曾是一座典型的资源型城市，因煤而建，因煤而兴，也因资源的日益枯竭而进退维谷。但是，近些年来焦作开始积极转型。从 1999 年起，焦作开始把目光由地下资源转向地上山水资源，先后投入近 35 亿元大力发展旅游产业，形成了以云台山、青天河、神农山、青龙峡、峰林峡等"五大景区"和焦作影视城、嘉应观、陈家沟等"十大景点"为代表的焦作山水游新格局。"焦作山水"也因此作为新兴的中国旅游知名品牌享誉全国。"焦作经济转型经验"也因此入编全国高中地理课本。

焦作是中国优秀旅游城市；全国双拥模范城市；"中国城市信息化 50 强"；中国最佳休闲旅游城市；中国投资环境百佳城市；跨国公司最佳投资城市；国家园林城市；国家篮球城市；第二届中国地方政府创新奖；河南省创建文明城市工作先进城市。

在城市定位方面，焦作从 1999 年开始大力发展旅游业，在短短的 6 年间，实现从"煤城"到"中国优秀旅游城"，从"黑色印象"到"绿色主题"的成功转型，逐步推动旅游业起步，"领先全省，叫响全国，享誉全球"，成为"国际山水旅游城市"。目前焦作的城市宣传口号是"生活在焦作，旅游在焦作，美丽的焦作欢迎您的光临"。

（3）张家界

张家界是湘西的一座小城，除了美丽的山水，似乎没有别的可以提及的资源或是产业。人们对张家界的了解，大多是源于在这里拍摄的电影《湘西剿匪记》。电影里的故事不一定是发生在这里，但人们却通过故事看见了湘西迷人的山水风光。

目前，关于张家界形象定位的提法有：国际旅游新城；国际山水生态旅游城市；具有鲜明地域文化和民族特色的山水生态旅游城市；山水、民族、文化旅游城市。张家界人给自己的定位则是"奇山之都，土家之城"。

奇山自有奇人。张家界的城市营销做得实在，实在之处就是他们明白自己城市的资源单一性，所以张家界"量体裁衣"地抓住"山水"、"生态"做文章，时时研究目标顾客的需求。通过互联网与网民互动，张家界适时地将城市营销给中国几亿网民。比如，结合大学生就业难以及公务员考试中的"暗箱操作"，张家界市录用公务员面试，邀请网民当监督员。张家界市长被网民称作是"史上最牛市长"。张家界的这种网络营销方法，完全可以让不少资源单一或产业单一的城市获得"举一反三"的启发。

（4）宜昌

宜昌是湖北省域副中心城市，该市水电资源在世界上首屈一指；处于三峡之一的西陵峡，旅游资源也较丰富，有 AAAAA 级景区 1 处、AAAA 级景区 8 处以及 10 多处 AAA 级景区。宜昌是重庆和武汉之间重要的区域性中心城市。宜昌还是国家卫生城市、优秀旅游城市和科教兴市先进市。葛洲坝、三峡大坝的修建以及曾经的三峡省筹备，给宜昌带来了几次大发展的机遇。

宜昌的城市宣传口号是：金色三峡，银色大坝，绿色宜昌。2007年至今，因为发展三峡库区旅游、打造鄂西生态文化旅游圈（预计总投资1664亿元）等时机，湖北省对宜昌投入不少。随着鄂西生态文化旅游圈的实质运作，十堰、襄樊与宜昌之间通过荆门、神农架等"节点"可以连成一片，从而使这一区域良好的旅游资源得到整合，以实现湖北省的"宜荆荆"城市群（宜昌、荆州、荆门，宜昌为中心）、"襄十随"（襄樊、十堰、随州，襄樊为中心）城市群发展战略。三峡旅游的新格局正在形成，鄂西富有的楚文化、三国文化、生态文化资源又得到了整合，加之中央、湖北省对宜昌发展的政策支持，未来的宜昌必将成为这一区域的中心城市。不过，目前因为行政上的分割，三峡旅游资源未能很好地发挥效益。宜昌的水电资源是支柱产业，目前尚没有形成相应产业群。

4. 华中城市营销的潜力股

（1）中原城市群

中原城市群以河南省省会郑州为中心，包括洛阳、开封、新乡、焦作、许昌、平顶山、漯河和济源共9个省辖市。这9个城市的实力都比较强，但由于郑州的"龙头"作用不强，辐射力不够，所以，中原城市群是以郑州、洛阳为双核心的，两者之间沿陇海线分布着巩义、偃师等全国百强县，是全国重要的机械、阀门、电线电缆、电力、能源和铝加工产业基地，形成了大量优势明显的制造业产业集群。中原城市群的GDP总量和人口虽然超过长株潭和武汉城市群经济区的水平，但人均国内生产总值低于长株潭和武汉城市群。

与中西部其他城市群相比，各节点城市相对分散，认知度不高，优势不够明显，有些方面甚至处于劣势。中原城市群的GDP总量和人口虽然超过长株潭和武汉城市群经济区的水平，但人均国内生产总值低于长株潭和武汉城市群。郑州应该转变观念，在目前"强"的基础上再"做大"，以真正胜任"龙头"的作用。

（2）南昌

南昌是江西省最大的工业城市，新中国的第一架飞机、第一辆轮式拖拉机、第一辆摩托车、第一枚海防导弹都在这里诞生。改革开放以来，南昌的工业经济有了飞速发展，形成了飞机制造、汽车制造、冶金、机电、纺织、化工、医药等现代化工业体系，以电子信息、生物工程、新材料等为代表的新兴高新技术产业也具有一定的水平。现在南昌正在打造现代制造业重要基地，以工业园区为主战场，形成了五大支柱产业、十大产品基地、拥有省级以上工业园区8个、规模企业近700家。

不过，南昌在自身发展的过程中，缺少切合实际的营销方略。目前来看，以南昌为核心的城市群发展条件不成熟，同时，也对拟发展中的环鄱阳湖城市群、赣南城市群等的发展形成了掣肘。

表12—1   华中城市营销大事表

序号	事　件	城市	时间	效　果
1	中国·湖北武当文化武术节	十堰	1991年	借武当提升十堰知名度
2	中央决定建设三峡大坝	宜昌	1993年	政策优势，取得了短期效益

续表

序号	事　　件	城市	时间	效　　果
3	中国郑州国际少林武术节	郑州	1999 年	全国关注，提升了郑州知名度
4	长江三峡国际旅游节	宜昌	2000 年	借"三峡"牌，提升宜昌知名度、美誉度
5	中国湖南旅游节开幕式暨"十万人同唱《浏阳河》"大型主题活动	长沙	2004 年	从"红色旅游"效应中提升长沙国际知名度、美誉度
6	景德镇千年庆典	景德镇	2004 年	宣传景德镇的制瓷历史和陶瓷文化，进而提升景德镇的知名度
7	第 11 届世界旅游小姐年度皇后大赛世界总决赛	长沙	2004 年	提升长沙国际知名度、美誉度
8	第 12 届世界旅游小姐年度皇后大赛世界总决赛	武汉	2005 年	提升武汉国际知名度、美誉度
9	第三届世界华文传媒论坛	武汉	2005 年	提升武汉国际知名度、美誉度
10	2005 中国长沙（香港）旅游推介会	长沙	2005 年	旅游营销，扩大长沙的影响力
11	瑞金至延安红色旅游专列始发，命名"长征"号	赣州	2006 年	提升赣州在国内的知名度
12	洛阳入围十大 2007 网络盛典年度城市营销奖	洛阳	2007 年	借网络平台营销洛阳
13	获批全国资源节约型和环境友好型社会建设综合配套改革试验区	武汉、长沙	2007 年	获得政策优势，已有近期效益
14	2008 中国（郑州）世界旅游城市市长论坛	郑州	2008 年	促进世界城市旅游发展，构建和谐国际社会
15	2008 国际旅游小姐冠军巡游河南	郑州	2008 年	宣传中原城市群
16	中国动漫明星卡通"小破孩"正式结盟洛阳国家牡丹园，成为该园的形象代言	洛阳	2008 年	代言洛阳牡丹，宣传洛阳市
17	湖北旅游发展高层论坛	武汉	2008 年	整合区域旅游资源，配套"两型"试验区
18	中国 南昌（首尔）花园城市说明会	南昌	2008 年	宣传南昌，加强国际合作

资料来源：本研究整理。

（二）西南地区城市营销发展特征

1. 政府主导，领导城市营销意识强

综观华中几个省的城市营销，政府重视是关键。无论是武汉都市圈、长沙城市群还是焦作现象、张家界旅游盛况，都离不开政府的谋划、支持。河南、湖北、湖南等省的领导，不仅参加城市营销相关的会议、活动，而且还制定相关政策，动员各高校教师群策群力研究探讨。早在 2002 年，湖南省不仅发布了《长株潭产业一体化规划》，而且敲定了建设特大城市的蓝图。

2. 节会营销大城市侧重于做大做强，中小城市侧重于旅游营销

节会营销整体上对一个城市的传播、形象、品牌的树立都起到积极的作用。但是在会展节

庆的内容上，武汉、长沙、郑州、南昌等大城市一般是侧重于那些大型、重要的会展节庆，侧重于产业布局、城市营销的战略规划，而像洛阳、宜昌、焦作、张家界、赣州等中小城市，一般侧重于做旅游营销。

3. 出奇招聚人气

一些起步相对较晚的城市虽然在很短时间内很难拿出一个全面的城市营销解决方案，但也开始在寻求特色方面作为突破口，树立城市的新气象。

旅游营销的初级阶段是招揽人气。焦作没有走传统的电视、报刊等媒体广告推介的老路子，而是采用了新办法：提前向焦作市民预告焦作所有景区免费的消息，同时组织焦作各旅行社发出大巴车集中将市民拉到各景区，市民只需掏几元钱交通费。一时间，云台山、神农山、青天河等景区人满为患。这招果然很灵，景区的"火爆"引来省内外旅行社纷纷前来踩线，觉得很有市场空间，于是开始考虑往焦作的旅游景区组团。焦作旅游这个奇招在短时间内不仅使本地居民对自身的旅游资源有了良好的认识，更因此带动了外地旅行社的积极性，为"焦作山水"品牌营销的前期运作奠定了坚实的基础。

在网络营销方面，早在2000年左右，张家界市就有了相关的城市网站，也有公众自己办的旨在宣传本地的网站或论坛。在中小城市里，张家界的网络营销发展相当早。张家界录用公务员面试，邀请网民当监督员。2009年5月初，这个公务员考试过后的十天，张家界又一次吸引了公众的眼睛，一则"作家娱乐化，学者娱乐化，现在连市长都开始娱乐化了"的消息引起的各种报道、评论又出现在各大门户网站、论坛上，而网民更是称赞有加，与其说是"史上最牛市长"倒不如说"史上最富有民意支持市长"。有观点认为张家界营销的是风景而不是城市。但是，张家界的城市支柱产业就是旅游，这种做法是切合实际的城市营销方略，值得肯定。

（三）华中城市营销的经验与不足

1. 取得的主要经验

（1）城市群多，起步早，规划实际

华中区域基本是每个省都在谋划城市群的设置，除了比较成熟的武汉都市圈与长沙城市群外，还有中原城市群以及各省自己设计的小型城市群。这些城市群的策划都比较早，最早的可以追溯到改革开放初期。规划的内容也是充分考虑了本城市的实际情况，在资金、政策的支持下，大多数城市群的规划操作性强，比如中原城市群、宜荆荆城市圈等。

（2）注重非物质文化资源的挖掘

在城市营销中，几乎所有的城市都很注重对本地非物质文化资源进行挖掘，诸如对本地的古今当代名人、古迹的搜集整理推介宣传，特别是结合本地特点进行的一些营销活动，如武汉用出租车作为城市的形象代言人，江西赣州的"长征号"旅游营销活动，景德镇对与该城市相关的影视作品的支持等，都是对具有一定城市特点的非物质文化资源的挖掘。

（3）群策群力解决难题

动员一切可以动员的力量来探究城市营销问题，是一些人力资源比较丰富的城市，如武汉、郑州、长沙、洛阳、宜昌、襄樊、十堰等的做法。在宜昌几次大的政策机遇中，宜昌市政府请来了省社科院、武汉大学的专家对城市的发展进行会诊，还动员三峡大学所有从事社科研究的学者人人献策，在当地网络、媒体上连续谈论城市发展的相关问题。东湖社区、三峡热线、张家界公众论坛、百度贴吧等网络平台上都不乏网友有建设性意见的帖子。城市最终是市民的城市，公众的这种热情同样是城市营销难得的资源。

2. 存在的不足

（1）缺乏系统的城市营销规划

由于城市营销理论介绍到中国的时间不长，再加之中部与东南沿海在接受前沿信息方面也有时间、观念的差距，所以，包括一些大城市在内，许多华中城市都没有系统的城市营销规划，也缺少统一的城市营销组织。

（2）城市品牌意识不浓厚

城市如同产品，其品牌应该有内在的本质与外在的形象。从目前掌握的资料来看，华中地区的城市还没有真正意识到这个专业层面，相关的城市营销活动大多局限于对城市的外在形象的挖掘、包装，缺乏对城市内在元素诸如市民素质等进行充实。因此，某些城市旅游设施很齐全，却很难吸引目标顾客，大概与此有关。

（3）将城市营销等同于旅游营销

城市营销是一个系统工程，应该包含城市的某种品质、环境、设施、意象、文化及其未来发展等（刘彦平，2005）。可是，许多城市在城市营销中所做的工作，基本是与旅游营销相关的，城市定位首先考虑的是旅游，城市形象也是从旅游入手，城市营销口号更是为了吸引游客。这些只能给城市带来短期效应。随着城市营销在各个城市的发展，相信这种误区会消除。

二、华中地区城市营销指数点评

（一）总体表现

华中地区包括湖北、湖南、江西和河南四个省份，纳入 CMI 测评的城市有 16 个，分别是武汉、长沙、郑州、南昌、洛阳、开封、焦作、九江、景德镇、十堰、宜昌、荆州、衡阳、株洲、湘潭和郴州。从 CMI 测评得分的情况看，华中地区城市营销在全国基本处于中下游位置，整个区域没有一个城市进入前 10 位的，1/3 的城市位置靠后，因此，华中区域的城市营销水平就显示出比较明显的特征：上游少而偏后，中游势力稍弱，下游多而偏后。根据 CMI 指标排名，观察纳入指标测评的 16 个城市可划分为三个梯队，即相对领先梯队、跟进梯队和待改进梯队。

相对领先梯队依次包括武汉和长沙两个城市，这是华中地区城市营销的两个龙头。其中，武汉 CMI 总分为 84.921 分，排在第 13；长沙 CMI 总分为 79.646 分，排在第 26。跟进梯队依次包括郑州、洛阳、宜昌和南昌四个城市，这是华中地区城市营销的后备力量，CMI 总分介于 76.229—71.629 分之间，排名分别为第 31、32、44 和 46。跟进梯队力量薄弱，相对有后劲的其实就是郑州、洛阳。其余城市则为待改进梯队，CMI 总分大多在 60 分左右，除焦作外，全部排名在 70 位以后。

目前华中地区城市营销形势不容乐观。但随着武汉都市圈和长沙城市群的发展,不仅武汉、长沙两市可以强势跟进,而且还可以带动株洲、湘潭、九江等城市;郑州、洛阳将欲领衔中原城市群,也是很具后劲的发展动因。

(二)分项表现

从城市品牌强度排名看,洛阳、武汉、长沙为华中地区前3位,分别位列全国第18、20和25,洛阳、武汉之所以能够进入全国前20,主要原因是其品牌的独特性较高。长沙在品牌的规划与管理、品牌文化包容性方面得分偏低而影响到其城市品牌强度排名。洛阳的品牌文化包容性、品牌吸引力、品牌关注度偏低,虽然在品牌独特性、品牌规划与管理方面有优势,但仍显欠缺,因此在城市营销指数总体排名上落后于武汉、长沙。作为省会城市,郑州的总体排名第32,还落后于洛阳,其城市品牌强度落后的主要因素是欠缺品牌独特性、品牌规划与管理不够。

从城市品牌强度与城市营销力度两方面来考察,华中地区的城市存在着一个突出的问题:有的城市营销指数总体排名与城市营销力度差距很大,比如洛阳、开封、焦作、衡阳的CMI总体排名与城市营销力度排名分别是31,78;70,96;52,67;85,64。造成这种明显差距的主要原因是城市品牌强度指数。这四个城市的城市品牌强度排名依次是:18,48,47,89。前三个城市城市因为城市品牌强度拉高了其城市营销指数总体排名,衡阳则是因为城市品牌强度偏低而使其CMI总体排名更加靠后。。

(三)战略平衡性表现

本研究从城市营销指数排名、城市品牌强度排名及城市营销力度排名来综合观察华中地区城市营销发展的战略平衡性。

武汉、长沙这两个城市,体现了比较高的均衡,三项指标依次排名分别是:13,20,14;26,25,30。这种现象表明这两个城市的城市营销各项工作均衡展开,城市的品牌独特性、品牌吸引力强,品牌关注度高,积淀深厚,但对其区域的辐射力不够。随着武汉都市圈与长株潭城市群的建设,中心城市辐射力增强,这种战略均衡仍将持续高涨,并将带动周边城市的良性发展。另外一些城市如南昌、景德镇、衡阳、株洲、湘潭、郴州,由于其城市品牌强度、品牌吸引力、品牌独特性以及品牌文化包容性等因素的相对稳定,所以也是均衡的,但属于低水平均衡。这其中,虽然衡阳、湘潭的城市营销力度相对较强,但在城市营销指数总体排名中所起的作用还是相对有限。

此外,郑州的CMI总体排名第32,城市营销力度排名是第21,但由于其城市品牌强度排名一般,所以影响了CMI总体排名。同理,荆州的城市营销力度排名第56,相对靠前,但由于其城市品牌强度排名是第81,也只是有限地将其CMI总体排名拉升至第78。

从城市营销力度中的城市营销建设指数和城市营销沟通指数之间的平衡关系看,纳入CMI测评的16个城市,总体表现为不平衡,只有武汉、南昌、衡阳、株洲、湘潭稍有例外。16个城市中,有8个城市的城市营销沟通指数排名低于城市营销建设指数排名,包括两个省会城市。城市营销沟通指数较高于城市营销建设指数的是宜昌、景德镇、荆州等中等城市。这种情况表明华中地区绝大多数城市的营销理念还远远落后于城市营销实践。两相对照，加大城市营销的宣传力度当属今后主要的努力方向。在这方面，大城市要向中等城市学习。显而易见，宜昌等城市营销建设指数相对偏低的城市主要应在城市管理等方面下工夫，而这是离不开政府的政策支持的。

（四）小结

华中地区城市营销相对领先梯队城市是武汉和长沙，两者应该借助"全国资源节约型和环境友好型社会建设综合配套改革试验区"的政策优势，加强城市定位工作，加大城市营销力度，争取进入全国前10位；郑州等跟进梯队城市，要结合自身实际，加强城市品牌规划、提升城市品牌强度，注重城市营销效益；其他城市则应该在提升城市品牌的同时，做好城市营销建设、城市营销沟通和城市网络营销等工作。

第 13 章 ▸▸▸

西北地区城市营销发展述评

一、西北地区城市营销发展

（一）西北地区城市营销发展概述

西北城市营销整体水平处于全国中下游位置，是城市营销发展相对滞后的地区之一。西北城市在最近几年开始逐步重视城市营销工作，但这一区域城市营销的主体、任务、形象、市场、协同和投资等要素比较模糊，城市营销的连贯性、一致性、强度和广度都有待进一步提高。西北地区呈体系的城市营销实践尚不多，但是也有许多具有城市营销意义的大事件，比如西安举办的 2007 欧亚经济论坛、银川举办的国际摩托车旅游节、西宁提出的"中国夏都"以及克拉玛依打造的"魔鬼城"等，这些城市营销事件在国内外都有一定影响，对宣传推广西北地区各城市起到了积极作用。

西北城市营销水平内部分化明显：西安作为西北地区唯一的副省级城市和西北地区经济最发达的城市，城市营销起步最早，营销水平处于相对领先位置；银川、乌鲁木齐、兰州和西宁等省会城市在近几年逐步加大对城市推广宣传工作的重视，正在朝国内城市营销相对领先的城市看齐；西北地区一批具备特质资源的中小城市，如宝鸡、延安和克拉玛依等城市也在城市营销方面有着卓有成效的表现，但是它们在城市营销的理念、组织和投入上还有待进一步提高。

1. 起源

西北地区较早的具有城市营销意义的大事件发生在 1990 年前后。1987 年西安市申报世界文化遗产成功，秦始皇陵及兵马俑坑被联合国教科文组织批准列入《世界遗产名录》，并被誉为"世界第八大奇迹"。兵马俑迅速成为中华文明的重大形象代表之一，也成为西安当之无愧的城市名片。西安在兵马俑"申遗"成功后的几年里开展了一系列营销推广活动，使西安古都品牌和城市印象深入人心，一举成为海内外著名的旅游城市。

1993 年，中国西北地区国际经济技术合作洽谈会召开，西北地区城市第一次以整体形象呈现在世界面前。此后，西安、银川、乌鲁木齐等城市陆续开始缔结国内外友好城市、举办对外节会活动、推广特色旅游、进行投资商洽，对初步宣传和推广西北城市形象起到了积极作用。

2. 西北地区城市营销的排头兵

（1）西安

西安以"中国西安·西部最佳"为城市营销纲领，以"文化古都、丝路起点和科技之都"作为城市营销的基点，强力突出在旅游、区位和科教三方面的比较优势，从形象定位、旅游推介、投资促进、节会庆典、营销口号等五个方面营销城市。西安目前尚无统一的城市营销领导组织，其城市营销主体包括外宣办、旅游局、招商局、商贸局、开发区管委会等。西安也是西北城市营销实践中唯一具备市场细分意识的城市。

在查证大量资料的基础上，本报告梳理了西安城市营销的历史脉络，从上述五个方面提炼出以下具有标志性意义的城市营销实践。

在形象定位方面，2002年，西安首次提出"中国西安·西部最佳"的奋斗目标，以人文为核心，从"人文化、国际化、市场化、生态化"四个方面打造城市形象。2004年西安政府工作报告进一步将城市文化身份定位为"世界千年古都、华夏精神故乡"。西安城市形象定位成为未来西安确定城市营销任务的基本指南。

在旅游推介方面，西安市主要围绕营销古都和文化元素，打造"千年古都，华夏源脉，丝路起点"的国际旅游城市形象，通过节庆、宣传片、旅游地标等方式推介。西安自1990年起每年举办中国西安古文化节。2000年创办首届中国西安丝绸之路国际旅游节。2005年，西安建成中国第一个全方位展示盛唐风貌的主题公园——"大唐芙蓉园"，成为宣传西安古都文化的旅游新地标。2006年，西安市旅游局和外宣办共同策划制作的西安旅游宣传片成功亮相央视黄金时段。

在投资促进方面，西安的招商引资工作立足城市科技资源，围绕"四区一港两基地"，树立"西部科技第一城"品牌。1993年，西安在香港举办"'93香港中国西安对外经济技术贸易洽谈会"，第一次在境外进行大规模经贸宣传。1997年西安承办了首届中国东西部合作与投资贸易洽谈会，率先打出东西合作牌。2006年西安以大型诗乐舞剧《梦回大唐》赴新加坡进行招商演出，文化搭台，经贸唱戏，在海内外引起巨大反响，成为"古都特色"的招商新手段。

在节会营销方面，西安举办的具有城市营销意义的节事盛典包括1993年举办第1届西安城墙国际马拉松比赛；1995年西安市申办第4届全国城市运动会成功；2000年创办第1届秦腔艺术节；2002年创办第1届西安国际音乐节；2006年由张艺谋导演"2006·盛典西安"大型文艺演出；2007年举办F1摩托艇世锦赛中国西安大奖赛；2007欧亚经济论坛等。

在营销口号方面，西安尚无统一的城市整体营销口号，宣传口号多为旅游用语。市场细分是西安营销口号的最大特色，其中通用旅游宣传语是"华夏源地，千年帝都，丝路起点，秦俑故乡"；针对国内市场的营销口号是"西安：周秦汉唐·为你收藏"；针对国际市场，短期内营销口号是"Xi'an home of terra cotta warriors 西安：兵马俑的故乡"；针对国际市场的中长期营销口号是"Ancient Xi'an Cradle of Chinese Civilization 古都西安，中华文明源脉"。

（2）银川

银川市政府在2006年确定了"两个最适宜"（创建西北地区最适宜居住、最适宜创业的区域中心城市）的目标，成为城市营销任务的基本指南。银川城市营销突出"塞上江南、回乡风情、西夏古都"三大特色,重点宣传推广"雄浑贺兰、多彩银川"的城市形象。

银川城市营销实践的主要方式是举办旅游节庆。"中国银川国际摩托车旅游节"在 2002 年创造了亚洲最大规模机车盛事的世界吉尼斯纪录。2003 年银川成功举办首届"中国银川冰灯冰雕艺术节",是西北地区首个举办冰雕展的城市。

银川城市营销的特色在于打"影视牌"。围绕享有"中国电影从这里走向世界"美称的镇北堡西部影城展开一系列营销活动,并成功举办第十三届中国金鸡百花电影节。

2008 年,银川抓住宁夏回族自治区建区 50 周年大庆的契机,通过举办庆典大会、歌舞晚会、宣传标语口号、举办图片展、展播城市形象宣传片等方式,极大地提高了城市知名度。

3. 西北城市营销的第二梯队

兰州、西宁、乌鲁木齐是西北地区规模较大的省会城市,城市开放程度相对较高,城市营销水平在西北地区处于第二梯队。其城市营销的共同点是:在形象定位上渲染西域风情,突出丝绸之路;在营销策略上节会营销和广告宣传相结合;在营销主体上以招商和旅游部门为主。三个城市营销个性特征也十分明显:兰州主打黄河,西宁打造夏都,乌鲁木齐立足中亚。

（1）西宁

西宁享有"西海锁阴"、"圣域西宁"、"雪域西宁"、"净地西宁"等美誉。2002 年,西宁市政府整合城市定位和历史称谓,提出打造"中国夏都——西宁"城市形象的战略。城市形象品牌一经提出,西宁就制作了"中国夏都"网站,并先后在中央电视台、《中国旅游报》等传媒上宣传推广西宁。

在旅游营销上,西宁从"夏都"形象出发,积极打造"天路起点、中国夏都、健康之旅"旅游品牌,通过"郁金香节"、"青洽会"、"国际藏毯展览会"等展会积极推广营销城市,并抓住青藏铁路通车的契机,打"天路起点"牌,成为旅游热点城市。西宁市旅游局还委托达沃斯巅峰旅游规划设计院,依靠专业营销机构营销策划西宁旅游形象。

西宁是西北城市中利用国际体育赛事营销城市的典范。围绕亚洲顶级赛事"环青海湖国际公路自行车赛",西宁通过国际和国内媒体做足宣传工夫,在近几年迅速提高了城市的国际知名度。

（2）兰州

2005 年,兰州市政府首次在政府工作报告中对兰州城市品牌和形象做出"丝路重镇、黄河明珠、山水名城、水车之都"的定位。2007 年,"河汇百流、九曲不回、创新创业、和谐共进"被确定为兰州精神正式表述用语。

兰州主要通过节会活动宣传和营销城市形象。在文化旅游方面创办兰州黄河文化风情周、中国·兰州水车节、兰州桃花旅游节暨高峰论坛、中国秦腔艺术节等,在投资促进方面举办中国兰州投资贸易洽谈会、中外企业投资合作洽谈会等会展活动。

兰州城市营销的一大特色是利用城市品牌产品营销城市,这一点在西北城市营销实践中很突出。如以世界发行量第四的期刊《读者》命名街道以提升兰州市的城市形象;又如申请"兰州拉面"集体商标,并向 30 多个国家输出拉面师,借"兰州拉面"提升兰州市知名度。

（3）乌鲁木齐

虽然乌鲁木齐城市形象定位尚未完全确定，但王洛宾先生一曲《达坂城的姑娘》成为乌鲁木齐一张闪亮的名片。"丝绸之路"品牌、"维族风情"品牌、"中亚中心商贸城市"品牌是乌鲁木齐城市营销的重点。乌鲁木齐推出的丝绸之路国际服装服饰文化节、丝绸之路冰雪风情节、中国国际新疆舞蹈节、乌鲁木齐对外经济贸易洽谈等颇具新疆特色的展会，都已成为对外交流与合作的重要窗口。

从 2002 年乌鲁木齐开始学习国内其他城市经验，采用大篷车的形式进行旅游促销。为进一步强化"丝绸之路"品牌，乌鲁木齐还着手申报联合国新丝绸之路明珠城市。

"乌昌一体化"、走区域协同营销之路是乌鲁木齐城市营销的突出特点。在最近几年的西洽会上，乌鲁木齐和昌吉州联合组团，以政府出资的形式推广宣传"现代化国际商贸中心"和"中国清真美食之都"，有力提升了区域整体形象。

4. 西北城市营销的潜力股

西北城市大多具有特殊的地质、地貌、气候和资源等自然禀赋，同时又具备独特的西域人文风情，城市特色和形象鲜明，在城市宣传营销上具备一定的基础和潜质，如克拉玛依的"魔鬼城"、天水的"羲皇故里"、宝鸡的"炎帝故乡"、吐鲁番的"葡萄沟"和"火焰山"、汉中的"三国文化"、延安的"革命圣地"等。这些城市已经具备现成的城市名片，也进行了一些基础的旅游宣传推广：比如延安在北京、南京和西安等城市举办《延安精神永放光芒》大型展览，宣传推广其红色旅游；宝鸡自 1993 年起举办以祭奠炎帝为中心，结合开展文化古迹观光旅游与经济贸易活动的炎帝节。

但总的来说西北地区中小城市对城市形象、特质的挖掘和营销力度还有所欠缺，在城市营销的组织、任务、形象、市场、协同和投资等要素上，相较东中部城市及西北五省区首府城市差距明显。如果能从城市形象、投资促进和旅游推广等方面精心设计、宣传和营销城市，势必会极大地提升西北城市的整体知名度和美誉度，从而促进地区社会经济的发展。

表 13－1 西北城市营销大事记

序号	事　件	城市	时间	效　果
1	1987 年兵马俑"申遗"成功后，西安围绕兵马俑展开旅游宣传	西安	1990 年前后	轰动世界，兵马俑成为西安乃至中国的象征
2	'93 香港中国西安对外经济技术贸易洽谈会	西安	1993 年	西北地区城市第一次在境外进行大规模经贸宣传，扩大了海外知名度
3	炎帝节	宝鸡	1993 年	形成国内"炎黄"二帝双祭格局
4	'97 中国中西部合作与投资贸易洽谈会	西安	1997 年	论坛成为中国东中西部协调互动的重要平台和西安市特色城市产品
5	第 1 届环青海湖国际公路自行车赛	西宁	2002 年	西宁借亚洲顶级赛事迅速提高国际知名度
6	西宁提出打造"中国夏都——西宁"城市形象	西宁	2002 年	整合各种美誉，成功塑造城市"避暑"形象

序号	事 件	城市	时间	效 果
7	中国银川国际摩托车旅游节	银川	2002 年	2002 年创造了亚洲最大规模的机车盛事的世界吉尼斯纪录
8	中国夏都网站开通	西宁	2003 年	专门为营销"中国夏都"而开通网站,成为西宁城市营销的桥头堡
9	西安旅游宣传片在 10 多个省市间置换播出	西安	2003 年	利用有限经费扩大了西安宣传的广度和深度
10	中国银川冰灯冰雕艺术	银川	2003 年	银川成为西北地区首个举办冰雕展的城市
11	西安推出"世界千年古都、华夏精神故乡"的城市文化身份定位	西安	2004 年	成为西安城市营销的基本指南
12	第十三届中国金鸡百花电影节	银川	2004 年	宣传银川塞上影视城形象
13	兰州市以"读者"命名街道	兰州	2004 年	通过城市品牌产品营销城市,取得较好成果
14	"乌昌"代表团亮相西洽会	乌鲁木齐	2005 年	西北地区首次双城协同营销,有力提升了区域形象
15	兰州·首届中国水车节暨国家邮政局与荷兰王国邮政局联合发行《风车与水车》特种邮票首发式	兰州	2005 年	兰州水车作为中国水车的形象代表,永久地镌刻在了世界"名片"上,至此兰州成为当之无愧的"中国水车之都"
16	大型诗乐舞剧《梦回大唐》赴新加坡进行招商演出	西安	2006 年	在海外引起轰动,"大唐不夜城"等项目受到投资者追捧
17	F1 摩托艇世锦赛中国西安大奖赛	西安	2007 年	展示了西安的活力和进取形象
18	举办欧亚经济论坛	西安	2007 年	通过论坛和央视广告,提升城市优质商务形象

资料来源：本研究整理。

(二) 西北城市营销发展特征

1. 整体发展滞后，缺乏强势城市

从全国范围来看，西北城市营销的整体发展相对滞后，专业化水平偏低。具体体现在：第一，城市营销的组织元素单一，以招商局和旅游局为主，没有专业性城市营销领导机构；第二，城市品牌在表述上不够明确或者重点不突出，比如兰州"丝路重镇、黄河明珠、山水名城、水车之都"的形象定位涉及四个视角，导致其在营销实践中传递的信息混乱；第三，社会参与不足，城市营销多以政府投资为主，公众和私人部门很少参与；第四，城市产品的开发和创新有待加强，类似《读者》这样的品牌产品比较少。这些原因导致西北地区还没有出现诸如杭州、大连、成都、青岛这样的城市营销"强势城市"。

2. 营销力度不均，内部分化显著

从西北城市营销均衡度的方面考虑，西安、银川、西宁等城市无疑走在了西北诸城市的前

列，一些具有国际影响力的城市营销实践都集中在个别城市，如西安的欧亚论坛和F1摩托艇世锦赛、西宁的环青海湖国际公路自行车赛、银川的国际摩托车旅游节等。其他城市虽然也开展了一些基础的城市营销活动，但大多重视不够、投入不足，营销观念传统、手法陈旧，城市营销的广度和强度处于明显弱势，城市营销的区域内部分化严重。

3. 侧重旅游推介，突出西域风情

西北城市大多具备独特的旅游资源，在城市形象设计上都偏重打造旅游品牌，对城市精神和城市文化的推广营销不多。前文提到的西安立足古都、银川突出回乡，兰州主打黄河，西宁打造夏都，都是从旅游的角度入手设计城市形象并进行推广。

从旅游卖点上看，西北五省区首府城市无一例外都打出"西域"品牌。如西安"丝路起点"、银川"西夏古都"、兰州"丝路重镇"、西宁"天路起点"和乌鲁木齐"新丝绸之路明珠"等，西域特色已成为西北城市形象设计的共性。

4. 观念日渐开放，目光投向国际

从发展趋势上看，西北城市营销的观念日趋开放，一方面学习先进经验，推出"旅游大篷车"，制作电视宣传短片、开展网络城市营销，充分利用现代媒体打"城市广告"；另一方面开始借助专业化营销机构，提升城市营销专业化水平，如西宁市委托达沃斯巅峰旅游规划设计院设计营销城市旅游形象，西安聘请被称为"现代营销之父"的国际营销大师菲利普·科特勒为"西安市经济顾问"。西北城市营销的目光从单纯关注国内市场转向国内外市场并重，主要表现在各城市争相举办国际性体育赛事和会展活动、组团赴国外进行投资贸易商洽和旅游推广等。

（三）西北地区城市营销的经验与不足

1. 取得的主要经验

（1）设立城市营销目标体系，有针对性地配置营销资源

西北地区城市营销实践表明，通过设立明确的目标体系，确定城市营销的使命和愿景，并和城市发展战略目标相统一，才能够有针对性地配置营销资源，降低决策风险和执行成本，提高城市营销的效率和效果。西北地区诸城市在近几年城市营销实践中，先后都以政府工作报告的形式提出城市发展目标，以发展目标作为城市营销实践的纲领，以发展目标作为城市形象设计的指南，这是西北城市最近几年城市营销工作渐有起色的重要原因之一。

（2）深度挖掘历史文化资产，迅速提升城市品牌形象

每个城市都有自己的历史、文化和成就，这种历史、文化和成就是城市宝贵的无形资产。如果在城市营销实践中对这类看不见的资产深度挖掘、精心包装、善加利用，能够迅速在市场中提升城市品牌形象。西北城市地处偏远，自然条件相对恶劣，发展滞后，在经济、人居、投资环境上并不具备优势，但是这些城市抓住西域、丝路和少数民族等原生态资源，打出历史文化牌，城市营销同样取得了较好的效果。

（3）积极举办重大会展、赛事，以节事营销作为突破口

西北城市营销实践表明，抓住具有战略意义的事件作为突破口进行营销，能够使沉寂的城市迅速提高知名度。例如西安借欧亚论坛、西宁借环青海湖国际公路自行车赛、银川借国际摩

托车旅游节之机，通过媒体大力宣传城市形象，使节事活动成为城市营销的契机，甚至使这些活动本身就成为重要的城市产品，达到了事半功倍的效果。

2. 存在的不足

（1）城市营销的形象识别系统有待完善

西北城市普遍没有城市标识、市徽、城市口号等形象识别系统。虽然西北地区的中心城市都确定了市花、市树等基本的形象元素，但是代表性不强，重复现象严重。比如兰州、银川、乌鲁木齐居然都将玫瑰作为市花，这种形象元素对城市识别有多大意义值得怀疑。

（2）"西域"共性过度突出，城市个性不够鲜明

西安、兰州、银川、乌鲁木齐均将西域和丝绸之路作为城市的卖点，无形之间增加了城市之间的共性而削弱了城市个性。个性不鲜明是城市形象设计的大忌。突出城市之间的异质性是西北城市营销急需解决的问题之一。

（3）缺乏城市营销的统一领导协调机制

西北城市营销缺乏连贯性和一致性，传递的城市形象信息不一致，这是因为投资促进、旅游推介和节事活动各干各的，缺乏城市营销的统一领导协调机制。西安曾有政协委员提出要建立城市营销统一协调组织，但也仅仅停留在提案阶段。

二、西北地区城市营销指数点评

（一）总体表现

西北地区包括陕西、宁夏、甘肃、青海和新疆五省区，纳入 CMI 测评体系的城市有八个。其中省会城市五个，分别是西安、银川、兰州、西宁和乌鲁木齐；地级城市三个，分别是宝鸡、延安和克拉玛依。西北地区纳入计算的八城市 CMI 总分平均值为 63.496 分，全国城市 CMI 总分平均值为 72.431 分，西北地区平均值低于全国平均值 8.935 分，西北城市营销水平处于全国较为落后的位置。

西安和银川两个省会城市在西北八城市中处于领先位置，它们的 CMI 总分排名都在前 40 位。其中西安 CMI 总分为 75.162 分，在 100 个城市排在第 33，是西北地区排名最靠前的城市；银川紧跟其后，CMI 总分为 72.831 分，排名为第 40。

西宁、乌鲁木齐和兰州的 CMI 总分排名介于第 41 到第 80 之间，在西北八个城市中处于第二梯队。三个城市的 CMI 总分依次为 72.556 分、66.954 分和 62.241 分，排名分别为第 42、65 和 76。第二梯队的三个城市都是省会城市，但在全国已处于中等偏下的位置，其中兰州是 CMI 总分排名最靠后的省会城市。

处于第三梯队的城市有宝鸡、延安和克拉玛依，CMI 总分依次为 57.329 分、55.594 分和 45.304 分，排名依次为第 91、96 和 100，三个城市都排在纳入指标体系的 100 个城市中的最后 10 位，属于城市营销最不活跃的城市。

（二）分项表现

城市品牌强度和城市营销力度是 CMI 总分的主要构成因素，从这两个角度分项观察西北城市营销，可以更全面地了解西北诸城市营销发展状况。

第一，城市品牌强度表现不够突出，与城市历史积淀不匹配。从城市品牌强度方面看，西北城市在全国的排名情况和 CMI 总分排名情况基本一致，其城市品牌强度指数平均为 0.838，全国平均为 0.916，西北城市平均值落后全国平均值 0.078，整体表现中规中矩。考虑到西北多是一些西域特色鲜明、少数民族风情浓郁和历史积淀厚重的城市，它们的城市品牌强度并没有彰显出应有的水平。例如西安的城市品牌强度仅排名全国第 44，这与西安世界四大文明古都、历史文化名城和中国 15 个副省级城市之一的身份极为不符。西安 CMI 总分排名在全国第 33，城市品牌强度是影响西安城市营销总体水平偏低的主要原因。

第二，城市营销力度整体水平比较滞后，内部差异明显。西北城市营销力度平均得分为 75.441 分，全国平均为 78.610 分，西北落后全国平均值 3.169 分。除西安外，其他西北城市的城市营销力度排名全部处在 50 位以后，银川、兰州和西宁等省会城市更是仅排名全国第 63、66 和 73。这种城市营销力度与省会城市的地位和区域中心城市的定位严重偏离，是西北地区省会城市 CMI 总分排名整体落后于毗邻的西南地区和全国平均水平的重要原因。西北地区经济实力最强的西安是西北城市营销力度方面的亮点。西安市城市营销力度得分为 80.759 分，排在全国第 27，是西北城市各项城市营销指标中唯一排名在全国前 30 位以内的指标，处于全国中上游水平。

（三）战略平衡性观察

西北城市营销呈现出城市品牌强度和城市营销力度不匹配的现象，说明其战略平衡性欠佳。城市营销排名靠前的城市，往往都是城市品牌强度和城市营销力度相互匹配从而达到最佳营销效果的城市，比如北京和上海。西北城市营销的战略平衡性大致有两种情况，一是城市营销力度大而城市品牌强度小，城市营销力度超过城市品牌强度；二是城市营销力度小而城市品牌强度大，城市营销力度跟不上城市品牌强度。这两种情况都导致城市营销的效率低下，进而影响城市营销的效果和 CMI 评分。

第一，城市营销力度超过城市品牌强度的城市。西安、宝鸡和延安三个陕西城市的城市营销力度排名大幅高于城市品牌强度，城市营销力度排名依次为第 27、74、75，对应的城市品牌强度排名依次为第 44、92 和 95。作为西北经济强省，陕西省省内城市在城市营销方面投入较大，做的实际工作较多，但三个城市的 CMI 总分排名并不高，仅仅为第 33、91、96。另外，乌鲁木齐和兰州的城市营销力度排名也略微高于城市品牌强度排名。城市营销力度超过城市品牌强度，说明这些城市的城市营销力度相对较大，但受制于对品牌资源的挖掘不足和战略规划的局限，城市营销的整体水平受到影响。只有深度挖掘和科学树立适宜的城市品牌，城市营销投入才能达到事半功倍的效果。

第二，城市营销力度跟不上城市品牌强度的城市。西宁和银川两个省会城市的城市营销力度跟不上城市品牌强度,其城市营销力度排名分别仅为第63和第73,而其城市品牌强度排名为第35和第36,城市营销力度显著落后于城市品牌强度。应该说,西宁、银川、乌鲁木齐和兰州都是拥有特质少数民族风情和地域特色品牌的城市,城市营销力度跟不上城市品牌强度,使品牌优势得不到充分发挥,造成目前城市营销整体水平滞后。"酒香还怕巷子深",在市场经济条件下,拥有品牌优势的城市更要下大力气推广营销,才能充分利用城市品牌为城市发展作贡献。

最后,克拉玛依在城市营销力度和城市品牌强度两个方面都排在全国100个城市的最后一位,应当警惕陷入恶性循环。作为我国著名的石油城市,克拉玛依的城市知名度很高,如何通过加大城市营销力度,将城市知名度转化为城市品牌,从而促进城市更好发展是值得思考的问题。

(四)小结

无论是从CMI总分还是从城市品牌强度、城市营销力度等方面来衡量,西北城市营销水平在全国范围内都处于较落后的位置。虽然西安的表现相对突出,但也落后于西部的成都、重庆、昆明和南宁等其他直辖市和省会城市。西北地区其他城市营销水平大幅度落后于全国平均水平,一个重要原因是城市品牌强度和城市营销力度不匹配,当务之急是下大力气从城市定位、城市品牌规划、城市营销建设、城市营销沟通和城市网络营销等方面全面提升城市营销水平。

中国城市营销：
理论与经验对标

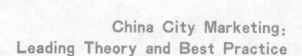

China City Marketing:
Leading Theory and Best Practice

第 14 章

城市品牌化：城市营销制高点

一、城市品牌化理论与实践的前沿研究

（一）城市营销发展趋势下的品牌化思考

尽管城市作为产品非常复杂，与商业部门的产品和服务有着诸多差别，但若经过必要的调适和创新，一般性的营销原理完全可应用于作为整体产品概念而存在的城市及其区域。"品牌化"就是作为一个已在企业部门成功运作了百年之久的核心理念，被逐渐引入到城市营销领域，成为推进城市营销的战略性工具。鉴于品牌凝结了几乎所有的战略营销要素并将之整合为一个通往成功的有效运营模式，品牌化在当代市场营销中居于核心的地位。可以说，品牌是企业和组织基业长青的根本，同时也主导着大多数的并购和扩张策略。与之相对应，城市品牌化也已经成为一个城市塑造其核心吸引和美好联想的极具潜力的工具，成功的城市品牌有助于吸引投资和游客，并开启城市发展的良性循环。

当今世界，人口超过百万的城市已有 300 多个，城市竞争无处不在，品牌成为制胜的关键。在欧洲就有 500 多个地区及 1 万多个独立社区在为获取投资、资本、游客和居民等稀缺资源而相互竞争。战略性的城市品牌营销于是发展成为城市竞争和发展的重要力量。在城市品牌化运作中，城市联盟（City-alliances）成为一个城市生存的新策略。无数的都市为了达成地区整合营销的目的，正设法与周边的市镇联手组成都市圈，其中享有名望的中心城市扮演主导性"伞品牌"（umbrella brand）的角色。地区或城市联盟，能够为相关合作伙伴带来显著的价值增值，这已导致许多地区的品牌化、功能化网络超越了行政区划和地理边界。

城市可以像商业领域的产品和服务一样被品牌化。塑造城市品牌，其实质是构建城市及其周边地区的发展战略，这也包括最高决策层所负责的若干战略方案。城市品牌化的目的，固然在于增进城市的吸引力。但品牌化也绝不仅仅是为产品或项目营销活动松绑，更在于带动整个地区的全面发展。一个拥有品牌的城市，能让人们知晓并接受其形象，并赋予其美好的联想，进而增加城市的吸引力。每一个城市，将其富有吸引力的要素整合为胜于竞争者的差异化优势，不仅是可能的，更是必要的。

当然，建立品牌是一个长期的过程，需要实质性的决心和智慧。成功的品牌比产品形象更先进入目标消费群的心智，并须予以坚定和持续的驾驭。成功总是一个因果概念，意味着内外

目标的达成。评估成功需要用特定阶段的评价标准来衡量。因为即使针对同样的情形，这些评价标准也可能是变化的。在商业领域，成功的评估和测量已相当完备和扎实。在"品牌化"过程中，当一个品牌就其产品效用和目标市场发展出清晰的心智定位时，它就是成功的。成功的品牌能够满足目标顾客理性和情感方面的需求和期望。更重要的是，成功的品牌创建者掌握了在各项品牌因素之间建立平衡的技能。当顾客能够感知到某种产品或服务的附加价值较其竞争性产品或服务要好时，品牌就诞生了。品牌是在顾客头脑中被创造出来的顾客价值和利益，在顾客看来，地区空间（国家、城市及旅游胜地）就是一个实体。顾客从一个地区的营销沟通或企业服务中实现与地区的交流和信息互动，形成对这个"实体"的认知。当前，越来越多的城市营销的行动者如城市外事部门、出口促进部门、投资促进部门以及旅游部门等为了应对城市品牌实体自身复杂性的挑战，通过创建组织和制度来协同城市品牌建义活动，并业已为此做出了很多努力和探索。

城市品牌识别作为城市总体意志的陈述，是城市形象塑造中最基本的驱动力量。城市品牌识别意味着一组独特的设计和联想，表明城市品牌愿意被如何理解和接受、如何管理和维护。这些设计和联想，提供了城市品牌所代表的意义，并暗示出城市对于其顾客的承诺。城市品牌形象则是城市品牌在人们头脑中的印象，反映出城市品牌的个性及其产品属性，亦即人们对这个品牌所持有的信念，包括思想、情感和期望。通常来讲，城市设法创造的形象与人们对其所认知的形象往往并不一致，因为城市营销者的信息传递过程要受到其他竞争城市信息的干扰，特别是当城市的品牌传播与沟通战略并非建立在其真实的核心价值与品牌属性之上时，情况更是如此。这就意味着甄选核心价值、塑造核心识别，对城市品牌形象的崛起起着决定性的作用。如果在品牌核心价值和内涵这一基础层次含糊不清，即使是高明的营销传播和沟通也难以创造出城市所追求的形象。

（二）城市品牌化营销的战略要素框架

为使基于过程的城市品牌化营销理论更加清晰和条理化，本研究在相关文献基础上，建立了一个包括多重要素的城市品牌化营销成功要素理论框架。在对多个案例进行实证研究后，最终形成如下理论框架（见图14—1）。该理论框架包含三个成功要素维度：一是内部维度要素，包括规划组织、愿景和战略分析、城市识别与城市形象、公私协作以及领导力等，组成城市营销实践的核心要件；二是辅助维度要素，包括政治一致、全球市场、地区发展和过程协同等，旨在应对区域网络及城市营销实践宏观环境的挑战；三是方法与能力维度，包括战略开发、组织能力、实质呈现、评估及跟进等，这一维度进一步揭示了城市营销所面临的专业性挑战，在城市营销实践中缺一不可。上述框架中所有要素都是相互联系、相互作用的，支撑着城市营销的成功实践。

首先，就城市营销的战略管理和项目操作而言，足够的组织能力是必要的。组织能力除了包括城市营销管理工作所需的各种能力外，从整合城市资源、达成营销目标的角度看，"政治一致"对于增进地区组织能力也意义重大。其次，实质呈现是指通过诸如组织能力及系统化战略分析过程所表现出来的一种素质状态（state of affairs），亦即一个地区所拥有的实质进展、所掌

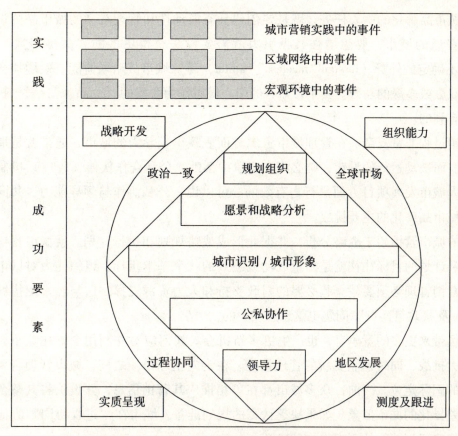

图14—1　瑞尼斯特的地区营销与品牌化成功要素框架

资料来源：译自 Rainisto（2003）。

握的营销和品牌知识以及对相关成功要素的理解等。再次，在整体战略框架下，就每一个单独的议题或项目进行城市营销战略开发是至关重要的。如果不经战略规划的思考，所谓成功的城市营销努力只能说是一种偶然或者运气。最后，战略规划工作和操作执行工作都需要确保成功。战略分析和规划固然是城市营销工作中最具挑战性的部分，但专业化的执行也同样重要。没有评估及后续跟进，城市营销项目就不可能沿着理想的方式进行。"评估什么，你就得到什么"（You get what you measure），这在城市品牌化中确真无疑。

（三）从城市管理角度对品牌化营销的探讨

保持进取、吸引投资开发和旅游观赏，进而促进城市的发展，同时又确保现有的企业家、旅游者和居民感到满意，是城市管理要面对的巨大挑战。在日趋激烈的城市竞争中，新的竞争法则已经诞生，淘汰了业已失效的旧法则。在开发城市产品、满足城市顾客需求方面，需要更富弹性的"精明"管理方式。长期以来，城市在包装和推广自身已有的产品和项目上付出了足够的努力，现在到了要根据目标市场的需求来创新、开发或改变城市产品和形象的时候了。要实现这一综合性转型，城市比以往任何时候都需要在管理技术方面加以提升。专业化的城市营销和品牌化正是管理创新的探索，并已激起广泛的响应。

创造城市品牌识别、城市形象以及城市的美好联想，都是触及"城市灵魂"的战略工具。

如前所述，城市品牌化的中心任务，就是要创建具有能动性和管理意义的城市品牌识别。特别是那些比较普通的城市，要想增强其吸引力就需要设法获得更多的"关键多数"（critical mass）①，如不确定的外资（foreign "faceless" capital）等。城市战略联盟能有效增加合作城市的价值，获致双赢或多赢的功效。其中，知名的中心城市作为联盟的"伞品牌"，对于提升整个地区的形象是有利的。

城市营销过程非常复杂。在管理城市资源方面表现出领导力的城市，通常就是那些城市品牌化的赢家。而被动运行的城市，则必将在竞争中落败。公私合作伙伴（PPPs）机制在整合资源、管理较大城市发展项目方面是行之有效的。可以说，公私协作与领导能力，共同构成城市营销管理和城市品牌化的主要挑战。

战略性的城市营销始于战略分析，并据此形成战略规划和执行计划。就城市营销绩效评估而言，规划和计划的目标往往就是衡量成功或绩效的一个基本指标。组织能力对城市营销非常关键，城市营销管理必须要建立起必要的财政支持和人力资源支撑。这与经常困扰城市管理的"政治一致"及"政策连贯"问题也是息息相关的。

全球市场带来更多的竞争者，也产生更多新机会。如何应对并利用全球化竞争，构成对城市管理的巨大挑战，同时也需要新的管理技能。在走向全球市场之前，城市管理者要给自己设定一个恰当的国际定位。当前，众多城市都在争相推广其营销信息，并设法将其整合为一个值得信赖的、差异化的城市形象。如果缺乏认真的规划准备，城市在"过程协同"方面就会措手不及。对于战略规划技能的要求将与日俱增。

有管理的增长当然胜于没有管理的增长。良好的管理，即使在不利的情形下也能保全城市的正面形象，而糟糕的管理则会毁掉一个原本好的城市形象。当然，城市管理者能否及时采纳合理的策略建议，也存在一个知识和经验的问题。市场营销的技术和经验即使对企业而言也是一个稀缺的资源，对于城市管理发展则更是一个不容忽视的挑战。

城市品牌化是一个长期的系统化行动，只有付出不懈的努力，城市才可能沿着学习曲线走得更远。与此同时，借助外脑和顾问或研究成功实践案例，也都是有益的。专业知识、专业精神与品牌化实践，如同一个正向的"过程协同"。毕竟，主动的努力总比把城市的命运交给激烈的竞争裁决要好得多。

为便于上述概念模型的量化评估，有必要设计一个城市品牌化营销的能力指数框架。指数体系包含 10 个成功要素指标和 4 个能力要素指标，形成 40 个组合视角。能力要素包括实质呈现、战略安排、组织能力和评估。其中，在地区关联性里，根据各项能力要素赋予每个成功要素以一个等级评估。当每项成功要素的等级都得 10 分，并且 4 类能力要素的评估也都达到 10 分时，总分得最大值 1000 分。

---

① Critical Mass 物理学上译成"临界质量"，指引发和维持链式反应所需的最小裂变物质质量。后被引用至经济学、传播学等多个学科，目前有临界群体、临界数量、关键多数、关键规模等多种译法，指随着采用者或接受者量变积累到一定程度，到达了一个拐点的时候，就会发生质变。量变指采用者的增加，质变指形成主流，因此 Critical Mass 指的是关乎成败的人口基数。——译者注

表 14—1　　　　　　　　　　　　　城市品牌化营销的能力指数

城市品牌化能力指数

成功要素	权重—要素	地区关联性								最大值得分
		实质呈现		战略安排		组织能力		测　度		
		等级	得分	等级	得分	等级	得分	等级	得分	
		1.0–10.0		1.0–10.0		1.0–10.0		1.0–10.0		
1.规划组织	10　0.25									100
2.愿景 & 战略分析	10　0.25									100
3.活动规划	10　0.25									100
4.识别 & 形象	10　0.25									100
5.公私协作伙伴	10　0.25									100
6.领导力	10　0.25									100
7.地区发展	10　0.25									100
8.全球市场	10　0.25									100
9.政治一致性	10　0.25									100
10.过程协同性	10　0.25									100
最大值得分	100　2.5	100	250	100	250	100	250	100	250	1000

资料来源：泽波·瑞尼斯特（Rainisto）开发。

泽波·瑞尼斯特曾用此指数模型就许多城市的专业化品牌营销能力进行过排名比较研究。尽管评价体系是主观指标，但其评估结果仍能有效揭示城市品牌化营销的总体能力差别。相信本评价模型能够成为帮助城市管理者提高营销绩效和品牌化能力的工具之一。

（四）理论框架新视角：聚焦城市品牌化

城市品牌化是城市营销过程中的重要组成部分，并居于城市营销的中心位置。因此上述城市营销与品牌化成功要素理论框架，是将二者结合在一起加以考察的。当然，我们也可聚焦城市品牌化，就该框架进行调整和细化。本研究还重点基于国家品牌的视角，提出一个城市品牌化成功要素优化模型。当然，这个模型同样也适用于国家、地区和目的地等不同空间类型，这取决于分析问题角度的不同。

影响城市品牌的因素有很多，比如城市对外交往及宣传、出口部门的利益、企业和投资者、目的地营销、城市识别以及居民自信心等。根据课题组的研究，城市品牌化的成功要素包括：①多样化行动者的承诺；②不同层面的参与者；③聚焦自身资源；④核心主张陈述；⑤城市独特识别与定位；⑥常规的财政支持；⑦清晰的组织架构和管理机制；⑧有效的公私协作；⑨整合和持续的信息；⑩避免政治因素的左右。

图 14—2 所示的理论框架源自前述的城市品牌化营销的成功要素理论框架，并根据品牌与其他城市产品的差异性，有所增减或调整。在这个优化的框架中，城市主要的行动者能否达成一致的愿景以及是否提炼出基于价值的品牌营销差异点，是整个城市品牌化进程的关键所在。

塑造地区品牌要从组建工作团队开始。这个团队要通过定性和定量的研究，来了解本地居民以及外界目标受众对城市品牌的认知。城市的主要行动者、利益相关者以及专业人士，应对

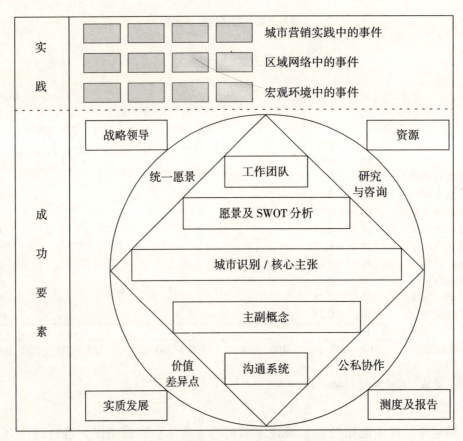

图14—2　瑞尼斯特的城市品牌化的成功要素优化模型

上述研究结果进行进一步的分析。这样在战略构建阶段，城市品牌的核心主张、识别设计，以及城市品牌体系中的主、副子品牌规划就更易形成和确定。在这个过程中，良好的沟通系统极其重要。通常来说，上述基础研究和战略构建阶段可能要持续12—24个月之久。

　　至于城市品牌化的策略执行阶段，则要持续多年，而且这个过程也不应该停顿或终止。经验证明，重新定位一个区域品牌形象，需要10—15年的持续努力。以国家为例，成功的品牌化案例有西班牙、爱尔兰、澳大利亚、新西兰等，而收效甚微或不成功的案例则有波兰、爱沙尼亚、挪威、苏格兰、冰岛、格陵兰以及东中欧的一些国家。我们注意到，北欧国家的营销较为深入，丹麦从2007年开始启动了一项为期四年的国家品牌化计划，芬兰推广委员会（Finnish Promotion Board）所进行的国家营销规划也取得了明显的效果。欧洲城市监测（European City Monitor）排名成为城市识别自身定位、确立品牌化路径以及塑造积极形象的较好依据。在实践中，城市在实质和形象方面存在着巨大的鸿沟，对鸿沟的跨越有赖于品牌力量的支撑。很显然，是否有合适的决策机构以及让他们更恰当地了解你所要推广的城市，是城市经营者面临的艰巨挑战。

（五）城市品牌化的区域实践

1. 芬兰城市品牌的能力建设与区域协同

　　区域和城市品牌的成功与否在很大程度上取决于过程协同的策略，比如与周边兄弟城市、国家机构以及国际经济发展组织的协同。当前，资本在寻求最大回报之地，他们在全球范围内评估投资环境，特别是考量潜在目标地区的成本和创新能力，例如欧盟投资者的关键多数（critical mass）正持续向东发展，与此同时，西方企业的投资决策也越来越多地聚焦到中国、印度和巴西。在这种情形下，通过城市营销和品牌化来促进经济发展，已成为增进市政公共组织利益的战略性选择。

通过案头研究、资料收集、专家访谈和实地调研等方法，本研究曾对芬兰七个城市和地区进行研究，并开展了相应的"城市营销与品牌化能力指数"测度。研究结果表明，这些城市和地区，普遍认识到了城市营销和品牌的重要性，也已经开始投资于城市品牌建设，但其经验特征却多种多样。总体来看，政治一致、领导力以及对城市识别的共识，构成对这些地区的重大挑战。研究认为上述城市应该进一步深化其品牌化工作，发展城市品牌组合（包括主品牌和副品牌），面向不同的细分市场比如游客、投资者、企业和居民等，不能仅仅用一个城市品牌口号及单调的信息来进行沟通。

芬兰社区协会（AFC）目前已组织了4届"芬兰城市营销全国锦标赛"，以促进社区和地区的营销发展。参赛社区或地区主要参与三个系列的竞赛，即旅游目的地营销、地区竞争力发展以及人才招募营销。芬兰的实践经验值得其他国家和地区借鉴。

2. 美国城市品牌的形象塑造与服务提升

与多数欧洲国家不同，美国并没有一个国家层面的投资促进和协调机构。美国联邦政府在城市营销方面的财政支持也远逊于欧盟及其成员国政府。然而，美国城市营销实践中却更早地认识到形象营销的重要性。欧洲国家有其各自的传统和目标市场，许多城市还更多地依赖于广告策略，而不是城市品牌形象的全面塑造。美国城市营销模式发端于20世纪70年代的危机。在整个70年代，为了应对产业向成本更低的地区大举转移，美国城市纷纷推出税收优惠政策，当然这一政策现已不再有效。如今，美国城市开始运用多种多样的手段来吸引企业和投资。城市产品的复杂性要求更成熟的城市营销，软性吸引力要素诸如创业氛围（entrepreneurship）和教育等，变得比硬性要素更加重要。在欧洲，企业私有化是一个趋势，这意味着欧洲的经济发展进程要相对较慢且略显保守。

在一些欧洲国家，企业加入商会带有强制性，而这在美国却是自愿的，因此美国许多地方和州的商会所能提供的服务也非常有限。欧洲的城市营销大多聚焦于促进外国直接投资（FDI），而在幅员辽阔的美国，绝大多数地区经济发展机构却仅专注于吸引本土的投资。美国城市的国际营销相对较为困难，只有少数地区拥有开展国际营销的资源，而且其营销努力也大多是在州政府经济发展部门的协调下开展的。美国南部的州和地区在城市营销和国际营销方面一向比较高调，这些地区的起步经济水平相对较低，长期以来形成了招商、亲商以促进经济发展的政治文化。州政府、地方政府以及公用事业机构非常乐于投入到积极的城市营销中来。总的来说，美国的城市营销知识和经验，特别是在服务营销方面的经验值得借鉴。

（六）结论和建议

运用城市品牌化营销的理论和方法，能够显著改善城市的内部环境与外部形象，而进行战略分析、设计战略规划是成败攸关的环节。城市营销的操作程序和方法很容易被竞争对手所模仿，经过长期协同努力所创建的品牌形象才是城市难以被模仿的独特优势。混乱的信息只会损害形象的可信度，因此要找到城市的真实差异点并以"一种声音"来进行沟通。城市营销与品牌化成功要素框架，提出了城市应对挑战、获得系统性和有效的营销进展的路径。品牌化是城市营销的新领域，在未来必将是城市营销发展和扩张最快的领域。

尽管越来越多的城市成立了城市品牌管理机构，也开展了多种多样的品牌化营销行动，其中也不乏精彩的案例。然而严格地讲，城市品牌化营销的最佳实践迄今尚未出现。绝大多数的城市想象力，还仅仅被限于如何设计城市营销的推广活动。正如西门·安霍尔特指出，城市品牌管理者需要具备四种品质，那就是智慧、耐心、想象力和关爱。塑造和管理城市品牌，需要长期的努力才能收到切实的成效。

为此，我们给出如下的结论和建议，希望能对城市品牌发展有所帮助。

第一，企业的形象，对于其所在的城市形象而言非常重要。同样地，本地企业也能从良好的城市形象中获益。因此，城市与本地企业的营销合作，将使合作双方都受益。

第二，应多运用公私协作（Public-Private Partnership，PPP）来促进本地区的发展。公私协作对城市营销及地区、社区的发展大有裨益。合作能增进城市和企业之间互动关系，并有助于增强城市营销的组织能力。

第三，在城市营销的品牌规划中，相关的行动者要突出市场细分和目标市场选择，并力图达成一致的战略，而不是制造相互矛盾的品牌。不同于竞争者的差异化优势是城市品牌成功的关键。其中，打造产业集群能有效构建支持品牌的关键多数（critical mass）和可信度。每个集群都应该看作是一个副品牌，并且都应该有专人负责。

第四，系统化的长期工作和持续、智慧的聚焦，是城市营销和品牌化不可忽视的成功要素。

第五，城市营销需要合作，交叉营销（cross marketing）能使多样化的营销者都成赢家。

第六，政治一致务必达成，城市品牌识别尤须成为共识。城市营销和城市品牌化要求专业的领导力，因此城市营销者应掌握城市品牌的实质性内涵以及与品牌相关的原理，同时根据城市实质属性进行协调一致的开发和发展，而不是竞相给出不一致的城市形象和信息。

第七，规划城市品牌战略，首先要通过SWOT分析来明辨城市所面对的战略性挑战以及自身的营销能力。城市营销者必须要思考城市产品的顾客究竟是谁？如何提供给他们附加价值？如何解决他们的困扰和问题？

第八，除了战略分析和蓝图规划，还应该确保城市营销的执行力。其中首要的是组织能力，核心是指富有才智和经验的领导层，他们对城市营销和品牌的整体计划、发展及其管理过程应该有着深刻洞察。

第九，财政资源应主要用于创建城市营销和品牌的热情、动力和知识。以北欧城市为例，仅就外国直接投资（FDI）促进而言，城市也需要大约300万欧元的年度营销预算支持，并且至少需要10个左右的专业营销人才来管理。

第十，旅游推广机构和投资促进机构应设法进行整合，开展互补性的营销合作。

第十一，在城市品牌化战略中，城市应该把自己视为是更广泛地区的一个部分，以获取关键多数并吸引投资者、企业和游客。知名的中心城市会提升整个地区的知名度，并使地区品牌化变得更加可行。

二、国际标杆经验——爱丁堡城市品牌的建设、沟通与推广

与企业部门的品牌化最佳实践相比（如可口可乐、耐克、三星等），城市品牌化实践或许还有较长的路要走。但当今已有越来越多的城市品牌，引起了城市营销研究者和实践者的关注，比如爱丁堡、巴塞罗那、阿姆斯特丹、伦敦、柏林、格拉斯哥、多伦多、约翰内斯堡、首尔、中国香港、布达佩斯、迪拜、伯明翰、纽约等等。限于篇幅，本研究仅选择最具标杆意义的爱丁堡城市品牌化案例来加以分析。

（一）爱丁堡城市品牌化历史回顾

爱丁堡是苏格兰的古都，也是苏格兰现在的首府，整个城市洋溢着苏格兰独特的魅力，诸如城堡、威士忌以及穿着苏格兰裙的风笛手，等等。爱丁堡依山傍水，文化遗产丰富，是英国最美丽的城市之一，素有"北方雅典"之称。爱丁堡不仅是政治中心，还是文化中心，著名的爱丁堡国际艺术节常常吸引来自世界各地的一流文艺团体在此举行精彩的演出。然而爱丁堡认为自己城市形象的知名度和认知度并未达到理想的状态，于2002年启动了城市品牌化进程。

2002年下半年，爱丁堡伙伴机构（The Edinburgh Partnership Group）就城市品牌作了基础性的研究。以此为基础，他们在2003年成功申请到一笔总额为80万英镑的项目研究经费（Scottish Executive's Cities Growth Fund）。2003—2005年，爱丁堡与Interbrand公司项目团队一起就爱丁堡城市品牌进行了研究和设计。在爱丁堡公共部门和私人部门的协同努力之下，"鼓舞人心的爱丁堡"城市品牌（The Edinburgh Inspiring Capital Brand）于2005年5月25日被正式推出。新的城市品牌，凝结着爱丁堡的核心信息和雄心，是爱丁堡整合城市营销努力的强大工具，并且需要担当起向全世界推广爱丁堡投资、旅游、居住和学习价值的使命。[①] 2006—2008年，这一项目又获得第二轮总额为100万英镑的基金资助，用于爱丁堡城市品牌的建设和营销。从2008年4月起，爱丁堡城市品牌正式纳入市议会的年度预算，这意味着城市品牌营销和管理，已经成为爱丁堡市政府的一项常规制度和投资（见图14—3）。

图14—3　爱丁堡城市品牌标识设计

资料来源：www.edinburghbrand.com。

① 有关其定位内容、工作过程及标志说明，参见刘彦平《精准定位，奠定城市品牌化坚实基础——爱丁堡城市品牌定位经验剖析》，《中国城市经济》2007年6月。

(二) 爱丁堡城市品牌推广经验

1. 基础规划与建设

在精准品牌定位和规范设计的基础上，爱丁堡品牌项目首先开展了基础性建设，具体措施包括如下几个方面：

（1）成立城市品牌管理机构

"鼓舞人心的爱丁堡"（Edinburgh Inspiring Capital Brand，EICB）城市品牌是公私合作的产物，由爱丁堡地区重要部门的相关代表，组成如下三级管理体系：

一是日常工作层面，即 EICB 品牌项目组。项目组负责城市品牌的日常管理和运营，并受品牌工作组和品牌指导组的指导和监督。这个团队的基本任务，是向国内外受众推广爱丁堡城市品牌，比如发展品牌独特信息、联络品牌合作伙伴、推动品牌合作营销以及维护品牌官方网站等。项目组有四位经验丰富的专职人员，主要从事项目管理、广告、公共关系和节会活动的营销等。

二是执行策略层面，即 EICB 品牌工作组。工作组负责管理品牌的发展和沟通，比如监控品牌项目的开支，进行主要执行项目的决策等。品牌工作组每月开一次例会，并负责向品牌指导组汇报工作。工作组的成员有着丰富的城市营销经验，主要来自市议会的宣传部门、经济发展部门，以及爱丁堡商会及苏格兰旅游部门等。

三是战略指导层面，即 EICB 品牌指导组。指导组由爱丁堡地区重要部门的高级代表组成，包括来自商业界、金融界、高校、各级政府、节会组织、旅游组织、志愿者组织、生物科技产业、信息技术产业、零售业、创意产业等高级代表等。他们的职责是为城市品牌项目组和工作组提供基本的战略背景、方向和指导建议，同时，他们通过在本部门或本机构采用和推广爱丁堡城市品牌，有效巩固了城市品牌的合作基础，同时有效支持了城市品牌营销的发展。指导组每年大约举行三次例会。

城市品牌管理体系的建立，为爱丁堡城市品牌营销奠定了坚实的组织和制度基础。

（2）建设品牌推广阵地

作为城市品牌介绍和管理的平台，爱丁堡品牌项目首先开通了城市品牌官方网站（www. edinburghbrand. com）。网站上有品牌介绍、导航、网站地图、搜索、用户注册、品牌使用、品牌新闻、品牌资料下载等功能和内容，极大地方便了访问者和参与者了解和使用"鼓舞人心的爱丁堡"品牌。

（3）建设并提供城市品牌相关资料和产品

城市品牌的应用，需要有基本的规范和资料工具。爱丁堡品牌项目组制定了品牌 VI 的使用规范，如标志组合、标准字体和标准色等；设计、制作了大量的城市品牌资料和产品，比如促销类资料如宣传手册、宣传片、文具、资料袋、气球甚至雨伞等；展示类资料如招贴、立旗、挂旗、标牌甚至焰火装置等；统计类资料如最新的旅游、投资、人居和学习等方面的数据和动态信息等；此外，还收集并确定了高品质的城市形象图片库，分人物、企业、建筑、环境、学习、生活方式、旅游、节会等不同主题，建立了一个海量图片库。更重要的是，他们制定了品牌 VI 相关资料的使用和授权办法，鼓励内外机构和个人，在确认有利于城市品牌发展的前提下，获得授权和支持，以正确、正当地使用和宣传爱丁堡城市品牌。城市品牌从上述运营中不谋求金钱回报，其唯一的受益，就是爱丁堡城市品牌形象的推广和增值。

品牌基础资料的建设，使爱丁堡城市品牌推广有了直接的载体，并有效鼓舞了各界组织的使用、合作和推广。

2. 内部整合

城市品牌如果没有本地区市民、企业和社会组织深刻认知和大力参与，不仅难以扎根，更不可能获得成长和发展的力量。爱丁堡城市品牌化的一个重要经验，就是其城市品牌推广首先从内部开始。爱丁堡城市品牌项目组和工作组，通过本地的传媒，大力宣传爱丁堡城市品牌对于居民、企业、投资者、游客等的利益和价值。

他们发起、组办各种市民活动（如参与本地接待业和导游的培训活动），以加深其对城市品牌的理解和认知。同时，他们更积极动员更多的组织和部门参与到城市品牌建设中来。比如，成功说服爱丁堡主要的"门户机构"如爱丁堡机场、港口和铁路部门与城市品牌组织合作，将这些机构的建筑、环境和交通工具变成城市品牌的展示平台，甚至这些机构的工作人员，也引进了品牌资料作为工作的文具资料。爱丁堡是盛事之都，项目组已经在越来越多的城市节事活动，如国际电影节、图书节、音乐节、体育比赛等活动中，植入了城市品牌的展示和推广。迄今，已有近 200 家本地最重要的组织，包括跨国公司、高校、研究机构、地方政府和商会、行会及其他社会团体，采用了爱丁堡城市品牌并参与到城市品牌的推广中来。2007 年年底，当媒体上出现了关于城市品牌的负面评论时，本地一些最具影响力的机构和团体纷纷表态支持爱丁堡城市品牌，并现身说法指出城市品牌对自身行业和组织发展的积极作用，很快消弭了负面评论的影响。2008 年年初，继城市品牌介绍和使用者网站之后，爱丁堡品牌项目组又建成并开通了

图 14—4　爱丁堡城市品牌营销（消费者）网站部分截图

资料来源：www.edinburgh - inspiringcapital.com。

城市品牌营销（消费者）的网站（www. edinburgh - inspiringcapital. com）（见图 14—4），以爱丁堡的投资、旅游、人居和学习价值为主要框架，内容丰富，从城市顾客的角度设计并整理了几乎所有的城市动态信息。同时，网站的互动功能和服务也更加全面（如开设了城市品牌博客），反映了爱丁堡城市品牌管理组织凝聚内部力量和资源、服务于本地发展的用心。这一城市营销网站的推出，不仅是爱丁堡城市品牌内部协同的强大工具和平台，也为爱丁堡城市品牌的网络营销插上了翅膀。

更重要的是，成功的内部沟通和推广还进一步推动了城市品牌管理和发展的制度化进程。比如爱丁堡城市品牌纳入市议会常规预算，并影响和促进了有更多各界合作伙伴参与的"爱丁堡目的地营销联盟"的诞生。总之，深入的内部沟通，为爱丁堡城市品牌发展奠定了深厚的基础、凝聚了强大的资源。

3. 对外联合营销

事实上，在爱丁堡城市品牌的内部沟通和动员中，就已经广泛使用了联合营销的手段，我们可以称之为内部联合营销。爱丁堡城市品牌营销的这一经验，也延伸和应用到外部的推广，成效显著。在 2007 年 2 月爱丁堡品牌与苏格兰旅游局等机构合作开展了一项成功的营销推广活动，包括在伦敦地铁发布联合营销广告等。一项更值得关注的合作营销[①]，就是格拉斯哥—爱丁

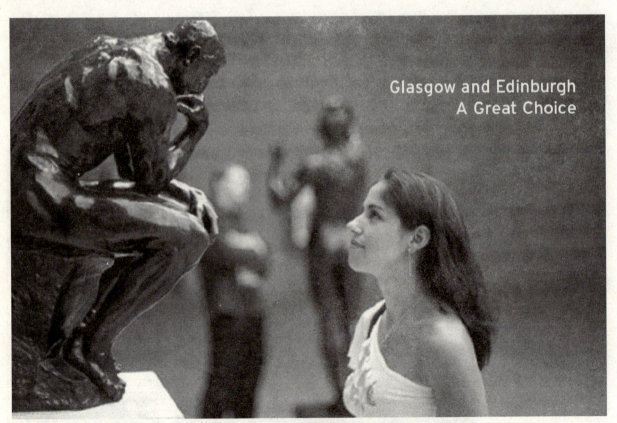

图 14—5　格拉斯哥—爱丁堡联合营销手册内页图例部分截图

资料来源：www. glasgow - edinburgh. co. uk

---

① 参见 http：//www. glasgow - edinburgh. co. uk，及相关合作的报道和研究。

堡合作计划（Glasgow：Edinburgh Collaboration Initiative）（见图14—5）。格拉斯哥和爱丁堡相距仅50分钟铁路车程，也是苏格兰最重要的城市之一。2005年双方提出合作的动议，2006年6月双方城市正式签署了合作协定，并成立了合作协同机构。从此，格拉斯哥和爱丁堡以"合作去竞争"（collaborating to compete）为口号，展开了内容丰富、形式多样的合作营销，旨在将格拉斯哥和爱丁堡打造成为一个富有国际竞争力的大都市区概念。比如，为了吸引人才和企业迁址到该地区，他们发起了"格拉斯哥和爱丁堡：人居、工作和娱乐的最佳地区"推广活动，集中推介两地的优势和价值，并为打算迁居的企业和组织，提供量身定做的信息和考察服务。据估计，双方的联合营销在第一年内就创造了约1100万英镑的税收，合作网站（www. glasgow – edin-burgh. co. uk）获得了77万次的点击率，并在欧洲120多个报刊上发布了其旅游、投资等合作营销信息，覆盖约3800万受众，取得了不俗的营销业绩。2007年5月，格拉斯哥和爱丁堡的合作营销获得苏格兰杰出营销奖。目前，爱丁堡城市品牌项目组已明确将发掘和其他城市的合作机会列为其重要的工作内容和目标。

（三）城市品牌化的战略提升——DEMA 项目

爱丁堡目的地营销联盟（The Destination Edinburgh Marketing Alliance，DEMA）2009年4月1日正式成立并开始运作，堪称爱丁堡城市营销的又一里程碑式的事件。

从2007年以来，爱丁堡认识到其城市品牌营销还存在诸多亟待解决的问题，比如力量分散、目标不一等。因此，各界利益相关者认为有必要进一步加强爱丁堡的城市营销领导力，以发展目标统一的国内和全球的营销战略；同时确保在交叉营销日益深化的条件下，品牌营销的声音，即关于爱丁堡的旅游、投资、人居和学习等方面的信息，能保持一致。城市营销不可能是任何单一机构和个人所能把握，因此必须是一个切实行动者的联盟。2008年4月，爱丁堡目的地营销联盟项目正式确立并展开了紧锣密鼓的筹备，参与者涉及国家和地区层面的公共部门和私人部门。

DEMA是在爱丁堡市议会推动下组建的独立的公私协作机构（其治理结构情况包括与城市品牌管理体系的关系，请参见本报告主题研究即城市营销治理部分的内容）。机构将以"鼓舞人心的爱丁堡"（Edinburgh Inspiring Capital）为消费者界面，聚焦于组织营销和支持（B2B），致力于爱丁堡城市营销战略的研究，开发整体性的爱丁堡城市营销战略规划，协同并推进爱丁堡所有的城市营销推广活动。机构正式成立以来，爱丁堡新的城市目的地营销战略已经确定并将渐次展开。作为城市品牌的战略枢纽，项目理事会已初步计划将DEMA注册为一个法人公司。

可以预见，随着"爱丁堡目的地营销联盟"的成立，爱丁堡城市品牌营销，将步入一个更加专业、更富领导、动员和协调能力的新时代。爱丁堡成功的城市品牌营销运作获得了广泛关注，迄今为止，贝尔法斯特、谢菲尔德、马德里、布宜诺斯艾利斯、东京、鹿特丹、加的夫等城市正经常性地就城市品牌化问题向爱丁堡咨询经验，取经学习。

（四）部分城市品牌口号与标志设计范例

格拉斯哥:苏格兰风情　　　　斯德哥尔摩:斯堪的纳维亚的首府　　　　多伦多:无限多伦多

中国香港:亚洲国际都会　　　　纽约:我爱纽约　　　　阿姆斯特丹:我是阿姆斯特丹

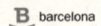

巴塞罗那:地中海地区首都　　　约翰内斯堡:世界级的非洲城市　　　首尔:HI 首尔:亚洲之魂

图 14—6　部分城市的品牌口号与标识

资料来源：本研究整理。

三、中国城市品牌化营销之观察

如前所述，全世界的城市、地区和国家都在面临着经济与文化全球化趋势的影响，受到全球经济、文化与社会融合的挑战。由此产生的一个直接影响是城市间品牌竞争的加剧，各个城市在自然资源、企业布局、外国投资、游客群体等方面的激烈竞争日趋显著。中国国内城市也不例外，越来越多的城市经营管理者都投入到城市品牌营销的浪潮中。

（一）中国城市品牌化营销的发轫：从 CCTV 说起

2000 年元旦，昆明花 700 多万元在中央电视台做了中国第一个城市广告，成为我国城市品牌营销的先锋。2007 年，昆明市旅游总人数达到 2508.31 万人次，总收入 168.92 亿元。与 2001 年相比，短短的六年时间，昆明的旅游收入翻了 20 倍。虽然不能说这些都是营销昆明的结果，但城市营销的确功不可没。从昆明开始，通过广告进行城市营销已成为各地的常规动作。打开中央电视台尤其是国际频道就会发现，类似"义乌——中国小商品城"、"中国桂林"、"中国河南"、"中国江北水城（聊城）"、"中国优秀旅游城市辽宁鞍山"、"中国东营"等城市形象广告令人目不暇接，大到一个省，小到一个县。目前，央视 4 套节目每天轮番播出的城市形象广告不下 20 个；逢旅游黄金期，广告投放量更是成倍增加。截至 2008 年年底，在中央电视台的广告时段，已经有 100 多个城市投放城市形象广告，其中山东每个地级市都做了城市宣传的广告。可见，我国城市日益重视通过城市品牌建设来构建和推广城市形象，继而提升城市竞争力。纵观我国城市品牌营销实践，城市经营者在城市品牌战略规划、城市形象识别、城市节会项目建设、城市推广和城市品牌管理方面都进行了有益的尝试，取得了一定的成果。但严格地讲，目前国内尚未出现城市品牌化的经典案例。以下仅就城市品牌营销的一般性框架进行观察和分析。

（二）城市品牌化营销之战略规划

同企业营销实践一样，城市品牌营销也需要制定城市品牌化的目标体系，要明确在什么阶段达成什么样的目标以及如何达成这个目标，要设计专业、合理的战略步骤，这样才能使城市品牌战略目标的达成有一个切实的保障。城市品牌战略规划是一个系统工程，是城市品牌建设实践的纲领，其关键点在于城市品牌的识别、城市品牌的设计和城市品牌的整合传播。我国许多城市在国内进行了这些方面的开创性实践。

1. 品牌建设，识别先行

所谓城市品牌识别是一种主动的策略安排，表明城市管理者希望城市如何被认知。城市品牌识别一般要从城市时空属性、城市核心价值、城市顾客利益及范围、城市文化内涵、城市个性气质，以及城市的符号象征等方面来加以规定和提炼。如果受众能够识别得越多，表明城市的品牌越有深度、越有难以模仿和超越的独特优势。因此，城市品牌识别是一个基础性的工作，要求具备相当的准确性和稳定性，尤其是对于城市核心价值观的识别。城市核心价值观是一座城市大多数人认可的价值观念，是体现城市精神文化的理念。愿景、使命、目标，是对现实的超越，会促成对现实的改造，会形成推动历史前行的巨大动力。而城市核心价值观与城市愿景、使命、目标相结合，就会使市民对城市的发展愿望变得强烈，就会使城市建设者产生巨大的动力和激情，碰撞出深刻的城市发展智慧。

以舟山为例，"勇立潮头、海纳百川、同舟共济、求真务实"是舟山的核心价值观，它既是舟山自古以来人文精神的沉淀和积累，也是舟山改革开放30余年中，顺应海洋文化的文脉，发展、革新、创造的属于这座城市独有的新文化。"勇立潮头"，就是要凭借"开拓、创新、坚韧、吃苦、灵活"的特性和品格，凭借"敢为天下先，特别能创业"的勇气和智慧，不断地创造奇迹。这其中，首先要"勇"，"欲立潮头先言勇、敢立潮头唱大风"，要以大无畏的气概，在改革大潮中手把红旗，勇立潮头；"海纳百川"，就是要以绵延不绝的开放精神，以辽阔视野、天下情怀和恢弘气度，来大胆吸收和借鉴人类社会创造的一切文明成果。"海纳百川，有容乃大"，要学会包容，特别是思想包容，对一切理念、思维要敞开胸怀，兼收并蓄、尊重差异，汲取精华、剔除糟粕，扬长避短，为我所用；"同舟共济"，就是要患难与共、风雨同舟、团结互助、同心协力、战胜困难。在现代市场经济背景下，随着利益多元化，"同舟共济"还应吸纳"合作共赢"的新理念，只有对话合作、互利共赢，才能长久地同舟共济、和谐发展。"求真务实"，就是要依据解放思想、实事求是、与时俱进的思想路线，去不断地认识事物的本质，把握事物的规律，并在这种规律性认识的指导下，去行动、去实践。它是舟山城市核心价值观中的核心。

舟山城市核心价值观提炼出来并予以弘扬，成为指导市民共同行为的准则。它深藏于市民心中，决定、影响着市民的行为，并通过市民日复一日的行为表现出来。并且，它还应该成为衡量和判断每一个团体和每一位市民的行为正确与否的根本原则。

2. 准确定位，规范设计

以城市品牌识别为基础，结合城市品牌结构的设计，城市品牌管理者需要努力在城市顾客心目中确立差异化的定位。而城市顾客首先接触的是来自于城市标志等实体形象带来的刺激，因此，城市品牌标志设计要体现城市品牌定位。城市标志是一个城市的识别符号，也是城市打造自身品牌、提高竞争力的视觉原点。通过城市标志的应用来营销城市品牌，是城市发展的一个重要趋势。而开发城市品牌形象标识系统则是首要任务，包括征集城市品牌标识、口号、象征物、仪式，建设城市标志性建筑和基础设施等。

比如，秦皇岛为更好地彰显海港特色，弘扬历史文化，打造城市品牌，特别设计了"秦皇爵"城市标志及港城大街徐达像城市雕塑。标志设计采用市名简写"秦"字作为创作素材，强化秦皇岛市名的传播，具有强烈的独特性和排他性；标志采用秦皇岛秦始皇求仙入海处秦始皇求仙的酒爵作为核心图形，突出了秦皇岛市名的来源及城市悠久的历史；标志以汉字"秦"的秦代古隶书进行演变，将"秦"字与秦皇爵的造型相结合，体现了中国传统文化底蕴。标志造型沉稳优雅，和谐相融，开放的结构显示出豪爽开朗的城市性格以及积极进取勇往直前的城市精神；标志古铜色渐变的色彩，体现了悠久的历史感和厚重的人文底蕴。港城大街为秦皇岛城区主干道，城市雕塑徐达像林立其中，彰显了城市主干道的特色和魅力，提升城市整体形象。雕塑整体采用宏伟的纪念碑形式，分为下部基座和上部主题雕塑两部分，整体高度20米至24米，上部采用锻造铜制作，下部使用与山海关城楼同色同质的青砖及大理石制作，底座正中央安装刻有徐达姓氏及生平的铜牌。

3. 优化关系，整合推广

有了规范的设计，城市品牌推广机构还必须按照城市品牌定位进行整合推广。城市品牌整合推广首先需要优化各类城市利益相关者的关系，充分合理地利用各类资源，进行整合推广。其次，设计形式多样的城市品牌沟通工具，举办节庆、赛事、会展等文化活动，根据城市历史、文化、居民生活、自然景观等来演绎城市品牌故事，选拔城市品牌形象大使等。再次，综合运用多种城市品牌沟通手段，包括城市形象的广告传播、城市品牌的公关宣传、城市产品的促销推广等。最后，维护良好的媒体关系，拓展媒体渠道，特别是尝试新媒体在城市品牌沟通中的应用，提升城市品牌沟通效果。

比如，2008年重庆就借鉴此前成都的做法（本章节第五部分"城市品牌化营销之推广"里将介绍），牵手百事可乐公司来进行城市品牌推广，赢得了各界瞩目。重庆城市品牌推广季以"加油中国！加油重庆！"为主题，在全球营销重庆。该活动主要分为三步：第一步是"重庆我创——画出你心目中重庆最美的地方"；第二步是"'08加油手"评选；第三步是"看中国 看重庆——重庆十大景观评选"。重庆此次的城市品牌营销活动得到了百事可乐的大力支持。百事、七喜两大国际品牌的包装，在2008年历史性地为重庆人和重庆城开放。百事过去的包装一直以来发布的均是国际及区域性的娱乐、体育或卡通明星。而在2008年，有40个为中国队加油、代表重庆人精神面貌的重庆市民"'08加油手"、十大象征重庆符号的景观，以及市民心中最美的八幅重庆画作登上百事罐和七喜瓶，通过数千万个百事罐和七喜瓶，推广到四川、福建、贵州、湖南、广西、新疆、西藏、甘肃、青海等近15个省市自治区销售区域，影响人口近6亿，为重庆的城市营销添上浓墨重彩的一笔。

4. 总结与评价

一个城市的品牌战略需要进行专业性的规划、管理和营销。最典型的是，从 2001 年开始香港的城市营销迅速上升到了战略的高度，而营销战略的实施也取得了举世公认的积极效果。准确的品牌定位，高水准、专业化的品牌设计及规范的品牌管理，特别是城市营销的战略规划要素形成关联之势，使得香港的城市营销领先于东亚其他城市。尤为难能可贵的是香港的公共部门普遍具有浓厚的营销意识并掌握了一定的营销技能，城市营销策略执行能力强，特别是城市推销、合作营销工具运用娴熟。他们还善于突出并充分运用协同策略，极大地扩展了城市产品的空间范围，同时，积极开展面向内地及海外的城市营销，使香港形象和核心优势深入人心。从香港的城市品牌营销战略规划的成功实践中可以看出，城市品牌战略规划首先是要明确城市的品牌是什么？城市的基本价值是什么？城市的个性风格是什么？有没有一个承载城市形象资产的规范设计也就是城市品牌识别系统？这个品牌对于城市的投资、旅游和人居分别意味着什么？城市品牌战略规划就是对这些问题做一个清晰的界定。

（三）城市品牌化营销之形象识别

城市品牌是指城市的自我形象规划，城市要为自己设计完整的品牌规范，包括物质、功能和价值维度，也包括精神、心理和气质维度。城市实施品牌战略，按照品牌原理和方法对城市品牌进行培育、传播和维护，所获得的城市形象，即为城市品牌形象。可见，品牌化管理方法是相对精益的城市形象管理方法。在营销的概念当中，品牌形象是人们对于该品牌的认知，包括人们的想法、感觉、期望，它犹如一面镜子，反映了品牌的特征。城市品牌经过长期、综合的沟通之后会在公众头脑中形成对城市品牌的认知和联想，即城市品牌形象。

1. 开发非物质形象载体以彰显个性

当前，各个城市为了争夺有限的发展资源而投入激烈的竞争中，这引发了各个城市对形象口号和标识的打造，以便使城市个性特色在宣传过程中能够一目了然、过目不忘。近年来，我国一大批城市都提出了鲜明的城市形象口号，例如"动感之都"（香港）、"生活品质之城"（杭州）、"帆船之都"（青岛）、"浪漫之都"（大连）、"一座来了就不想离开的城市"（成都）等，这些口号生动地展示我国城市在提升形象方面的实践。每个城市品牌形象的组成部分都会与特定的城市顾客之间拥有理性和（或）感性的联系，并且与所有其他的部分（城市品牌要素）相结合，从而为城市顾客提供完整的品牌体验。虽然城市品牌沟通和传播会形成城市品牌形象，但是如果城市品牌的核心价值和实质是模糊不清的，即使是良好的营销沟通，也不可能创造有意义的城市形象。因此，城市营销关键在于让目标市场受众感受到目标城市的特色和个性。

非物质的城市形象载体是城市顾客第一时间感受到的，也是他们城市产品购买行为的决定因素。城市的非物质形象载体还有弥补物质载体趋同性弊端的功能。资源趋同的城市，能够提供的城市产品往往也十分相似，所以要在城市顾客心中把城市从竞争者中区分出来，就要靠非物质的形象载体。青岛和大连这两个海滨城市都是依靠着海洋资源打造海滨旅游，产品趋同性很强。但是青岛凭借 2008 年奥运会的契机赢得了"帆船之都"的称号，而大连近年来一直打造

"浪漫之都"的形象,这样的形象口号很容易地在旅游者心中把两个本来旅游产品很相似的城市区别开来。尤其是青岛在奥运会之后提出了"激情扬帆,心醉青岛"的口号,把扬帆和啤酒这两个要素集合起来,构成自身与其他海滨城市不同的鲜明特色。[①]

许多城市不仅设计了个性鲜明的口号,还选拔城市形象代言人,拍摄城市形象宣传片。上海就聘请了姚明担任上海城市形象代言人,并且拍摄了以"无数个姚明,好一个上海"为主题创意的上海城市形象片,姚明担任片中主角。该片将通过姚明出现在上海各种场所、各种行业时诙谐幽默的情节,体现上海各行各业平凡人不平凡的精神,向世界展示上海国际大都市"海纳百川,追求卓越"的城市精神,弘扬上海融会中西优秀民族文化的恢宏气度。更有甚者,为了使其城市形象能够显示地方特色,连城市名称都做了修改。云南省普洱市原名为云南省思茅市,是驰名中外的"普洱茶"的故乡,是"普洱茶"的原产地和集散地,拥有茶园 29361 公顷,年产茶 1.59 万吨。为了突出普洱茶这一资源的特色,以名茶提升城市形象,从 2007 年 4 月 8 日起,思茅市更名为普洱市。

2. 建设物质形象载体以体现定位

非物质的形象还是应该由物质性载体去体现和表达。城市物质形象载体是城市顾客接触或者消费城市产品过程中能够直接感知到的,也是非物质形象载体的实现形式。但是,特别需要注意的是,建设城市物质形象载体并不等于盲目地兴建大型地标性质的建筑和城市雕塑景观,这样做的结果只会带来城市市民和顾客的抱怨。任何一个建筑和雕塑等城市形象物质载体的建设都应该是在科学调研、论证的基础上进行的,而且一定要符合城市形象的定位,要与城市非物质形象载体传递一致的信息。

3. 总结与评价

城市形象建设是一项广泛吸引市民参与的社会系统工程。城市形象是具体化和外化了的城市文明,是城市软、硬件系统各构成要素长期综合效应的反映,对城市建设和发展有着至关重要的作用。随着改革开放的不断深入和发展,良好的城市形象往往成为一种重要的投资资源和经济竞争的制胜法宝。

提升城市形象还要依赖于市民素质和城市文明程度的提高。城市形象的展现,不仅在于它的口号、标志、代言人以及城市建设等物质形象,更重要的是其形象中所蕴涵的"精、气、神"。一个城市的文化内涵和市民素质的整体状况,决定着一个城市形象的水准。致力于塑造高素质的市民,营造美好的社会生活空间,创造宜人的生产生活环境,才能真正树立起城市的良好形象。可见,城市市民不仅是物质形象载体的建设者,也是非物质形象的体现者。城市品牌形象建设能够极大地调动和发挥广大市民参与建设城市、完善城市、美化城市的积极性和创造性,增强城市的吸引力、凝聚力。

(四) 城市品牌化营销之节事项目建设

节事项目是指经过事先策划的、受到公众关注和期待的、对城市发展有举足轻重影响的节

[①] 青岛和大连是最具相似性的北方海滨城市,也是城市品牌化营销最激烈的竞争对手,关于两地的报道有很多,本研究也参考了相关媒体的不同作品,读者感兴趣的话可以展开延伸阅读。

会和特殊事件。节事包括文化、体育、商务、会展、博览、宗教或综合性的各类活动。节事具有非日常性的特征,在时空上呈现出对城市作用的相对集中。因此,节事的举办打破了城市规律性和连续性的发展节律,往往成为城市建设和发展的催化剂,对城市产生显见的影响。

1. 经验观察

节事项目可以作为城市形象的塑造者,提升地方声誉;作为旅游吸引物,构成旅游产品体系的有机组成部分;作为提升城市地位的催化剂,拉动当地基础设施建设。简言之,节事对于城市营销来说,首先是促销"城市产品"的一种手法。节事不但作为旅游吸引物直接吸引观光者,而且还推动相关产业的交易和投资(如大连国际服装节)。其次,节事也间接促进了城市营销。城市设施和环境的提升为城市营销提供"城市产品"的物质载体;城市知名度的提高为"城市产品"吸引更多的投资者和消费者。总之,节事从不同层面上影响城市营销,发挥节事的积极效应是促进城市营销的重要途径。

各类节事中,高知名度的、已经成为国际品牌的标志性事件和重大事件,如奥运会、世博会、世界杯、亚运会等,对于主办城市的营销尤其是不容错失的良机。从奥运会近几十年的历史看,利用承办盛会的机会展示并推销自己几乎是所有举办城市的做法,从北京、慕尼黑、蒙特利尔、莫斯科到巴塞罗那、悉尼都无不如此。我国近年来各个大城市重大节事连连不断,2008 北京奥运会余温未散,2010 年在广州又会举办亚运会,在上海举办世博会。

表 14—2　　　　　　　2007—2008 年我国城市举办的部分重要节事活动

城 市	活 动	时 间
北京	奥运会	2008 年 8 月
香港	奥运会马术比赛	2008 年 8 月
青岛	奥运会帆船比赛	2008 年 8 月
大连	2008 中国大连樱桃节	2008 年 6 月
重庆	中国(重庆)火锅美食文化节	2007 年 3 月
成都	成都美食节	2007 年 10 月
杭州	杭州动漫节	2008 年 4 月
厦门	厦门国际马拉松赛暨全国马拉松锦标赛竞赛	2009 年 1 月
武汉	中国光谷国际动漫节	2009 年 4 月

资料来源:本研究整理。

2. 总结与评价

由于节事活动打破了人们常规的生活模式,并伴随节事有各类衍生出来的活动,所以能以其独特的形象吸引游客,聚集大量的人气,并产生效果不等的轰动效应,在短时间内达到扩大宣传的作用,进而提高举办城市的知名度,促进城市社会经济的全面发展。从一些成功运用节事项目提升城市品牌的经验中,我们可以看出城市节事项目建设必须注意以下几个方面:

第一,节事活动必须依赖于广泛的民众性参与。民众参与是节事活动赖以成功的魅力所在。

节事活动的魅力不在于安排多少项活动,而在于有多少大众亲临其境感受其间的人文氛围,节事活动要的就是成千上万人扶老携幼、结伴前往的这种普天同庆、万民同乐的节日气氛。大众性是节事营销的前提,为此应该努力改变目前我国许多节事活动带有较强的"官方色彩",改变现场观众作为一种"与君同乐"的陪衬状态。

第二,节事活动必须进行市场化运作。节事活动进入市场化运作必须遵循市场规律,注入"成本与利润"、"投入与产出"的理念。众所周知,源源不断的资金来源是节事活动历年不衰的阳光和土壤,也是节事营销得以传承的基础,但资金来源不能依赖政府的财政投入,而应建立"投资回报"机制,同时逐步提高节事活动的知名度和影响力,吸引大企业、大财团以及媒体的参与,形成"以节事养节事"的良性循环发展模式。

第三,逐渐将节事项目产业化。要围绕节事活动,从项目策划、集资、广告、会务、展览、场地布置、彩车制作、观礼台搭建到纪念品制作,都以招标投标、合同契约的有序竞争方式进行,并逐步形成新兴的"节事经济"和"节事产业",节事产业化更能促进城市营销的深入和发展。

(五) 城市品牌化营销之推广

城市品牌推广旨在向城市的目标顾客沟通城市品牌,使城市顾客对城市品牌建立起美好的联想,提升城市品牌形象,提高城市品牌的知名度和美誉度。一直以来,成都是一个在城市品牌推广、宣传城市形象方面非常活跃的城市。成都的城市营销者们非常善于应用形式多样的沟通媒介和沟通方式来宣传推广成都的城市品牌。

1. 善用媒介助推广

城市营销的推广媒介五花八门,我国的城市推广媒介主要运用的是电视媒介,尤其是中央电视台。随着城市品牌营销水平的提升,部分城市开始寻求营销创新,不仅在营销内容上寻求变化,还在推广媒介上进行变革。

2007年,成都就与百事可乐公司合作将十个著名景区印制在百事可乐的罐身上。这是中国城市品牌推广中的一个庞大计划,是城市营销与企业营销的一次完美结合,在世界范围内也是首次。这次城市营销创新是由成都文化旅游发展集团有限责任公司、成都传媒集团、百事(中国)投资有限公司三家公司合作成行的,成都市政府还向百事颁发了营销成都"金点子"奖。"百事可乐成都印象罐"将从所有的成都美丽景点(景区)中,把公众推选、能代表成都形象和成都文化底蕴的美食、美景与百事本身蕴涵的现代、时尚元素相融合,"穿"在百事可乐罐身上。这款名为"成都印象"的特殊的百事可乐在全国上市发售。为了与更多的消费者互动,组织者还举办了"我心目中的百事可乐成都印象罐"设计比赛活动。成都牵手百事可乐,这样的组合对于成都城市品牌的营销无疑有巨大的推动作用,而采取这样的营销手段,也是城市形象推广的一种新思维。这样的营销创新之举可以实现三方共赢的局面。三方用自己最大的资源,借助百事这个国际品牌和它的营销渠道,以及百事全球换包装这个契机,把成都作为合作城市来营销。成都传媒集团可以通过这次活动站在更高的起点来发展,实现自己品牌化、多元化、旗舰化的发展战略。而成都文旅集团作为成都一个文化经营品牌,通过与成都传媒集团的携手,与百事公司合作，能够借助百事将成都这个旅游形象传播到整个大中华地区以及国际市场，吸引更多的人来成都旅游，认识了解成都。对于百事，则能通过这样的合作，来实现一次大胆创新的营销尝试，进一步提高自己在饮料市场的竞争力。

2. 巧用公关化危机

公共关系的一项主要职能就是通过公关活动帮助城市建立良好的城市形象。而当城市产品出现负面情况的时候，良好的公共关系策划可以消除公众对城市产生的消极情绪。城市形象出现消极面的原因是复杂多样的，有些与该城市的历史相关，有些与种族冲突、恐怖袭击、传染病流行等事件联系在一起。由于灾害事件历来是媒体关注的内容，甚至是新闻猎奇的重点，城市在出现问题时总是比平常更受关注，更容易产生消极印象，因此，在媒体发达的今天，消极形象的问题日益困扰城市营销者，也日益受到他们的重视。2008年，汶川大地震给成都的社会经济带来了重创，但是成都市政府的快速反应将其所带来的损失降到最低，并成功运用公关手段树立成都的城市形象。

地震发生后，成都经济危机的预警信号已经出现：成都宾馆的入住率只有30%；航空客流减少700万人次，倒退至五年前的水平；对地方GDP贡献颇大的成都楼市交易量急剧下滑，基本处于停滞状态；地方政府乐于引进的外来投资者，因灾害的出现，信心走低，资金流入量下滑；在这个旅游业占GDP10%以上的城市，旅游市场降到冰点，10万旅游从业者面临失业；成都的入境游客数下降了74.83%，国内游客数字下降63.83%。这些下降，导致2008年上半年成都的旅游总收入仅为10.89亿元人民币，比上年下降了69.12%。为了化解危机，成都市政府寻求专业公关公司WPP的帮助。从5月20日到5月26日，接到任务的WPP在一周内对全国的舆论领袖、潜在游客进行了一项快速民意调查。调查得出的结论是：80%的人认为成都是灾区，并心怀恐惧。而官方的数据显示：大地震中，成都辖区内的直接受灾地区主要为都江堰和彭州、崇州三市，其GDP仅占成都市总量的9%，另外91%在地震中是没有受损的。真实状况和外界认知之间，出现了一道巨大的鸿沟。告诉外界一个真实、安全的成都，已经成为迫在眉睫的问题。

一个由成都市委宣传部牵头的"成都市城市形象提升小组"很快成立起来，宣传部副部长担任组长。这个因地震而专门成立的"危机公关"机构，召集了市政府旅游、房产、投资三个职能部门的全体人员，并联合了公关公司、媒体从业人员、专家学者，其最直接的目的就是要摆脱大地震给成都带来的阴影，向外传达这样的信息："成都依然安全美丽"。通过"成都市城市形象提升小组"的策划，成都市不断邀请外地人前来成都旅游参观，邀请各方专家、各地企业前来实地考察。先有中国著名地质科学家、中科院院士刘宝教授放言"成都至少可以安全两百年以上"，后有万通冯仑、华远任志强等全国一线品牌地产的企业老总飞赴成都力挺成都房市。"成都市城市形象提升小组"的成员也不断组团奔赴全国各地，进行宣讲。

在一系列公关活动中，"城市感恩行动"引人瞩目。2008年6月初，都江堰的志愿者们开始陆续得到"城市感恩卡"，持卡人今后可以免费到都江堰各景点旅游。这个点子很快引燃了旅游局的思路，项目申报到"成都市城市形象提升小组"，把感恩从旅游业扩大为一个城市的行动。成都市政府向各城市派发城市感恩礼物：免费机票、免费住宿卡、免费的终生景点门票，以更大规模造势，传播成都形象。6月中旬，成都市政府分别向北京、上海、重庆、福州等地派出政府特使，邀请当地抗震救灾的代表和捐款捐物的普通市民去成都参观旅游。他们希望通过感恩行动回报曾经对这个城市有恩的人群，更希望这些人来到成都进行实地体验之后，会将成都依然安全美丽的形象传递出去。6月下旬，中央电视台各套节目中陆续出现了一条新的成都城市宣传片，画面里，有茶馆、有川剧，尽显成都的安详与休闲，成都籍"超女"张靓颖为其配乐《I love this city》，宣传片中的台词是："有你的守望，武侯祠的红墙依然屹立，宽巷子的盖碗茶依然飘香。成都，依旧是你最美的向往。"2008年7月3日，电影《赤壁》在成都武侯祠举行全球首映礼，随后有4万场成都的城市形象广告随影片在各地播放。以感恩为主题的形象广告，也出现在北京的公交车身上……这些举措都在努力地传递这样一个信息：成都依然美丽，依然安全，欢迎你到成都来。

3. 合作营销求双赢

城市是复杂、庞大的公共产品，并且置于全球化和本地化的背景之下。加强内外城市之间的战略联动，同时在营销规划中预见并尽力消除消极的外部效应，是城市营销得以持续开展的重要战略途径。其中，进行跨区域的营销合作（如打造地区形象品牌、开展投资和旅游等方面的合作等），通过区域营销（regional marketing）来提升城市营销的战略高度，是城市推广的重要手段。

2007年，重庆市渝中区与成都市武侯区合作，率先在中外旅游业界提出了"城际旅游"概念并开展了一系列以"川渝亲上亲"为主题的城际旅游互动活动。结果活动取得了空前的成功：旅游理论界和企业都高度评价这是旅游营销理论与实践的一大创新和突破；中央电视台、中央人民广播电台、成渝近40家平面媒体、电视发稿近80篇逾4万字，播出新闻、专题片70余次共170分钟。两地民众更是一致认为"巴山蜀水一家亲、川渝合作亲上亲"，类似的活动应该规模化，常态化。社会各个层面的热烈反响，体现了"城际旅游"这种宣传、推介、营销模式的市场影响力和强大的生命力，为渝中区拓展都市旅游开辟了一个新的天地。

4. 总结与评价

城市形象和品牌定位，不仅需要挖掘和提炼，而且需要利用各种形式，进行立体的整合传播。从上述分析可以看到：

第一，与企业进行产品推介一样，城市品牌推广的媒介众多，要想获得意想不到的效果，就必须推陈出新，不断创新，不仅可以利用媒介本身的宣传效果，还可以成为一次成功的案例为众人所知，将效果放大。

第二，城市如同企业经营，其形象需要通过公关活动策划来树立良好形象或者化解危机。"512"大地震并没有让成都一蹶不振，成都市政府通过危机公关，快速反应，树立了成都的良好形象。

第三，城市之间，尤其是同一区域的城市之间虽然会为了争夺城市发展资源而陷入激烈的竞争之中，但是竞争不代表敌对，竞争与合作也不是对立的。成渝两区的合作就是成功处理好竞争与合作关系的典范，不仅开辟了旅游界"城际旅游"的先河，还获得了意想不到的社会和经济效益。

（六）城市品牌化营销之管理

城市产品是一个综合体，产品内部各种资源的配置方式直接决定着相关部门、行业之间的紧密合作。城市营销中，各个主体能否达成一致步调，传递共同的声音，决定着城市营销是否能够高效运行和可持续发展。根据对国内城市营销管理方式的研究，可以发现城市品牌管理的重点应主要放在以下几个方面：[①]

1. 制度保障，分层管理

分层管理是城市营销的常用管理模式。一般而言，政府新闻管理部门负责统御性品牌的设计、规范和管理，而各分类城市产品的营销部门（如旅游、投资、开发区等管理机构等及相关的社会团体）则分别负责分类城市产品的营销规划和实施。其中，城市品牌管理发挥着形象协调的作用，市政首脑往往担当最高协调人的角色。在具体的营销规划和执行上，这种协调无强制色彩，也不失组织协调的有序性。

我国内地城市在城市品牌组织和管理方面虽也在进行多方面的创新和尝试，但仍有较大的提升空间。特别是政府新闻宣传部门，应从制度上进行创新，加大公共关系、城市营销、城市品牌管理等方面的职能。值得关注的是，深圳市政府成立了公共关系部，负责与市民进行有效沟通，可以说是首开了内地城市形象管理制度创新的先河。

2. 严格规范，保护监督

城市品牌的设计和管理，无论是非物质形象载体还是物质形象载体都必须严格遵循专业规范，并且予以注册保护和监测管理，以充分体现城市品牌的特质和精神。

虽然大连、珠海、连云港等城市都喊出"浪漫之都"的品牌定位，但只有大连捷足先登，依据有关法规对大连城市旅游品牌"浪漫之都"进行注册。幸运的是，我国越来越多的城市都学会了像大连这样通过法律制度保护城市品牌。沈阳确定"活力之都"作为城市形象定位，并注册了商标，随后市旅游局又注册了"活力之都"的互联网中文域名。温州抢先注册了通用网址"时尚之都"。姑且不论诸如此类的城市品牌定位描述是否合理，但这种行动本身就表明我国城市品牌管理的保护意识已大大增强，正在步入理性和规范的轨道。

当然，目前对城市品牌形象资产的规范和保护，还应进一步形成超越文字表述的专属权。事实上，从国际经验来看，城市名称、形象定位、主题口号和理念识别等视觉规范，即标准构图、标准字、标准色等规范系统，能更好地传达城市理念的内在精神，给人以强大的视觉触动。相关的标识（LOGO）设计通过广告、刊物、宣传册、办公用品、交通工具、服装等媒介来传达城市的形象信息，可极大增强城市的品牌效应。特别是当这种 LOGO 或 VI 是城市最高层次的统御性品牌时，其品牌建设的意义就更大，也更有价值。

3. 任务一致，目标细化

如前所述，城市品牌事实上是围绕城市识别（城市核心价值或城市精神等）建构起来的一组品牌关系。于是，城市品牌化的任务，也可以描述为一个目标体系，包括总分品牌的关系、

---

① 参见刘彦平《城市品牌化战略与经验》，收于《中国城市竞争力报告 No.4》（倪鹏飞主编，社会科学文献出版社 2006 年版）第 6 章。

品牌精神的落实。要尽可能细化到城市子品牌的开发和维护等具体的执行层面，才可能建立战略和战术的有机关联，同时也有利于城市品牌管理绩效的评估和控制。

成都曾有多个城市主题定位，包括"国际大都会"、"熊猫故乡"、"休闲之都"、"天府之都"、"美食之都"、"成功之都"、"多彩之都"以及曾倾力打造的"东方伊甸园"等。然而有关促进成都旅游的一项专项调研指出成都定位表述太多，城市品牌飘忽不定，应该准确定位成都的城市形象，并提出应着重打好"天府之都"、"休闲之都"、"天府锦城"这三张城市名片，因为这三个主题体现了成都的地脉、文脉和现代文化特征，能够调动不同部门的协同积极性，所以应加以推广、宣传。这一研究体现了成都对城市品牌认识的深化，但问题在于研究和建议仅出自城市旅游的视角，还不足从整体上反思成都的城市品牌化得失。

成都品牌化真正的挑战是要区分旅游、产业和人居等不同的城市子品牌，检视其是否符合城市的核心价值和独有文化，并在此基础上，形成不同机构、不同部门对总的和相应的城市品牌建设的推广规划。

4. 投资保育，杠杆发力

城市品牌营销如同企业产品品牌营销，是一项永久性的工作，没有终点。因此，城市品牌化工作，特别是其中基础性的战略规划工作，需要做好基本的预算安排，这同时也是城市品牌化组织能力的重要保障。现在各城市招商引资都非常重视引入战略投资者。这种投资，应能获得更大、更深远的回报。而那种没有战略思维支持、草率的城市形象宣传或短期促销，不能说没有一点效果，但基本上注定是一种"浪费战略"。

我国内地城市的早期的营销投入有些盲目。许多城市投资巨大，但实际上在城市品牌方面有所斩获的却寥寥无几。随着城市品牌营销理论的发展和实践经验的日益丰富，我国城市越来越善于在城市品牌战略规划方面加大投入。比如重庆，早在2004年初即重金寻创意，专门举行了"重庆形象设计邀请赛"，征集主题和视觉设计稿。后又委托专业公司系统设计城市品牌，直到2006年初正式发布，期间的投入正是城市品牌化的战略性投入，意味着重庆今后的城市品牌及营销推广将取得更好的品牌积淀效应。

5. 监测评估，持续改进

目前，对城市形象进行定期、不定期检测评估的城市还不算多。但显然有越来越多的城市已开始努力探索城市形象的测评问题。比如，南京市城调队就曾开展了以"南京城市形象"为主题的舆情调查，分别选取南京市民和外地居民的样板，来调查在他们心目中南京的城市形象以及南京人的形象。

四、政策启示与展望

我国城市品牌化营销正在如火如荼地进行，纵观国内外成功实现城市品牌塑造与传播的城市，本研究主要以杭州市为例提出以下几个方面的城市品牌化管理建议。

（一）建立专业的城市营销组织

城市营销组织是整合城市中的多方力量参与城市品牌管理，制定城市品牌化目标、规划、政策、策略等并加以执行，以获得城市品牌管理绩效的机构。一致而清晰的城市品牌识别是城市品牌化成功的基础，而这只有通过建立一个适当的城市营销组织结构才能得以实现。

杭州就建立了城市品牌研究推广和管理工作指导委员会，由市委、市政府主要领导担任主任、第一副主任，市有关部门和各区、县（市）党委主要负责人为成员，加强对城市品牌研究、推广和管理工作的指导、规划、协调。委员会下设办公室，办公室设在市委政研室，具体负责研究、推广和管理工作的统筹策划、组织推进、协调督察，制定和组织实施《杭州打造"生活品质之城"城市品牌年度行动计划》，并进行评价考评。此外，组织生活品质以及相关学科研究、管理领域的专家学者和相关部门、行业界、媒体界人士，成立城市品牌研究与推广促进会，以党政界、学术界、新闻界和企业界联动的形式，推进城市品牌的研究、评价、宣传、推广，对城市品牌的研究、培育、推广、管理等提供咨询服务和智力支持。鼓励和支持成立行业品牌研究与促进组织，提升行业品牌，促进城市品牌与行业品牌、企业品牌的互动。

（二）建立城市品牌化管理制度

城市品牌化管理制度是指城市品牌化过程中，各个城市品牌管理机构所共同遵循的有关城市品牌化各项工作的规章或准则。城市品牌化管理制度是城市品牌化得以成功实现的重要保障。缺少必要的管理制度，很多城市品牌化工作将无法有效开展，或者一些工作中出现的部门冲突、城市品牌沟通活动的不一致就无法得到及时而有效的调解。

辽宁省葫芦岛的标志"中国筝岛"是我国第一个通过国家工商总局进行城市品牌注册的城市。但是，由于缺乏城市品牌化的制度保障，葫芦岛市并没有有效地对这一品牌进行营销。而杭州为了保障"生活品质之城"的品牌打造，2007 年 1 月，杭州市委和市政府联合出台了《关于"生活品质之城"城市品牌研究推广和管理工作的若干意见》这样的具有一定地方行政效力的正式文件。

（三）建立统一的城市形象

城市形象识别是城市品牌管理者精心提炼的一个城市区别于其他城市所特有的吸引力和价值的总和，城市品牌塑造的"基因工程"，对所有的城市品牌化建设工作起着基础性和指导性的作用。

杭州为了树立统一的城市形象，进行了多方面的努力：首先，构建城市标识体系。以推广、展示和提升城市品牌为目标，实施杭州城市 CI 工程，进一步从形象、色彩、质感等维度丰富完善体现"生活品质之城"城市品牌、"人间天堂"美誉和"精致和谐、大气开放"人文精神的城市识别系统。在广泛调查研究的基础上确定城市建筑的基本风格、基本色调和街道立面景观。设计制作城市吉祥物、城市纪念品和反映城市形象的标志性图案和标志性雕塑，首先在党政部门公务活动、公共服务设施中推广使用，并逐步在全市推广。建立城市文化标识体系，设立文化遗存记忆牌，制作《杭州城市文化地图》。推出《杭州品质生活推介手册》，设计具有杭州特色的生活引导体系。其次，推进城市标志建设。在城市景观、文化设施、建筑等领域建设和评定一批体现"生活品质之城"城市品牌、"人间天堂"美誉的标志性建筑和设施，提升城市品牌、行业品牌、企业品牌的感性认识。进一步打造西湖、钱塘江、运河、西溪湿地等自然文化景观，建设城市的标志性景观。高标准建设钱江新城，建设体现"精致和谐、大气开放"城市人文精神的标志性建筑群和生活品质城市新窗口。关注城市路灯、各类指示牌、候车亭、道路隔离带等城市设施和城市细节，促进艺术化设计、人性化设置、国际化标注，建设体现城市品质和人文关怀的市政设施。

（四）进行个性化城市品牌定位

城市品牌定位是指根据城市目标市场的特点和需求，有针对性地选取对应的城市品牌识别要素，建立一个与城市目标市场有关的城市品牌形象的过程与结果。城市品牌定位是要在选定的城市目标市场上找到城市产品的位置，并在城市顾客的心目中占据一个特定的位置。

"生活品质之城"体现了杭州城市整体特色和综合优势，是城市发展的总体目标和总体品牌，也是杭州"人间天堂"美誉在新时期的延伸、充实和发展。

（五）做好城市品牌推广

城市品牌推广就是城市品牌管理者在城市品牌识别的框架下，通过运用多种沟通手段和工具持续地与城市目标顾客交流城市品牌相关信息，以创建城市品牌形象，推动城市产品的销售。城市品牌沟通既涉及广告、公共关系、直销、销售促进、人员推销等多种沟通手段，也包括主题口号、歌曲、体育赛事、大型活动、品牌形象大使多种沟通工具，还关系到合理选择媒体、把握沟通时机、开发媒体组合策略、评估沟通效果以及处理相互冲突的媒体渠道关系等方面。

杭州市委、市政府在《关于"生活品质之城"城市品牌研究推广和管理工作的若干意见》中明确要加强"生活品质之城"的城市品牌的新闻报道和宣传推介，以市属报纸、电视、网站等媒介为重点，利用境内外有效的宣传媒介和推广渠道进行立体宣传，通过专题报道、系列报道、跟踪报道等形式，加大城市品牌对内对外宣传推介的力度。

第 15 章 ❯❯❯

旅游营销：打造宜游城市

随着治理转型和全球化进程的加快，地方治理结构正在向以服务业为基础的新政体发展，因此从管理演化的角度发展旅游业成为地方或政府适应新的政治经济形势所做出的一种积极政策选择。随着旅游生产力的提升，作为综合性旅游目的地的城市旅游产品供给也日益充足，也同样面临如何有效营销这样一个重要战略问题。面对城市发展激烈竞争的压力，如何使一个城市的知名度更大，吸引更多的旅游者、投资者前来本地消费是关乎城市发展的关键问题。因此，旅游营销成为城市很重要的营销手段之一，创新旅游营销的理念、提升旅游营销的绩效也就成为现代城市政府所关注的焦点。当前，世界各个国家与城市都在大力提升旅游市场营销的力度，较多的国家与城市政府更进一步把旅游营销作为城市发展战略的核心构项并加以执行，通过在政府公共部门和社会私人部门之间建立不同方式的协作机制，在全球视域内有重点、成序列、分层次地打造城市旅游品牌、推广城市旅游形象，以实现城市旅游发展的定位目标。

一、城市目的地旅游营销前沿理论与实践

（一）构建政府主导下整体营销的协作机制

早期的城市旅游营销主体是模糊的，主要由旅游企业根据自身业务经营需要扮演着对外推广的主要角色，其营销的目的更多地局限于企业产品本身，不过或多或少地也会推介企业所在目的地区域或城市，但整体上比较薄弱和散乱。政府部门的参与也不够积极，甚至于政府部门是否应该投资于旅游领域也存在争议。但人们逐步认识到旅游经济的多元属性，旅游作为促进地方发展和社会繁荣的重要力量被广为承认。此时，由私人企业出面组织营销的负面性愈发突出，政府也认识到应组织辖域内所有相关机构一起共同推进旅游营销，斯塔布斯（Stubbs，2002）对英格兰南部中心城镇快速发展过程中公共部门和私人部门共同构建营销组织架构的研究也验证了这一点[①]，从而呼应了行政管理领域对城市政府管理职能向服务型、有限性转化的要求。政府参与并主导旅游营销活动在全球也已成为一种新趋势，是后工业社会公共事务管理领域的一个新现象，希恩（Sheehan，2007）等人通过在北美地区的调研发现了城市旅游营销之非对称三角架构：政府部门、饭店企业和目的地营销/管理组织（DMO, destination marketing/man-

---

① Stubbs, Barry. , Warnaby, Gary. , Medway, Dominic. (2002). Marketing at the Public/Private Sector Interface: Town Centre Management Schemes in the South of England [J] . *Cities*, Oct. 2002, Vol. 19, Issue 5: 317 - 326.

agement organization)①。现在各国的城市政府管理部门日益把对外宣传、推广城市当做行政工作的第一要义,旅游发展、城市治理和公共区域的关系已被广泛认为与城市繁荣密切相关（Mordue,2007)②,打造城市形象与旅游品牌、开展城市旅游营销成为城市发展的重大命题。

旅游业堪称当代城市的重要产业之一。比如纽约的旅游业为这座城市提供着超过37万个工作岗位,2007年到访纽约的4600多万名游客共计在此消费逾280亿美元,在这种背景下纽约旅游会展局的规模也在不断发展壮大,2009年其国际办事处总数增加到18家,网络蔓延全球,在2006年设立的"50—2015"计划(到2015年吸引5000万游客来访纽约市)也将提前实现。在对外营销时,纽约旅游会展局带领万豪酒店集团、罗斯福酒店、惠灵顿酒店、巴克利洲际酒店、梅西百货、帝国大厦等纽约当地的星级酒店、高档百货、王牌景点总是"抱团"行动,取得了不俗的效果。法国巴黎市政厅、巴黎旅游与会议促进署和巴黎旅游业运营商也有长期协作的传统,2008年上述机构的职员、巴黎市民和巴黎大区的居民在7月7日把他们的笑脸朝向天空,接受空中摄影,以拍出真人排成的微笑画面,告诉世界"巴黎向您微笑致意!"表达对近3000万游客的敬意。2009年6月伦敦市政府启动一项发展旅游业的新计划,举办一场名为"伦敦的故事"的文化盛会,活动为期一个月,集会蕴含伦敦历史与文化的时装表演和音乐会等。上述三大国际旅游大都会市政当局的举措都表明,城市旅游营销必须在政府部门的主导下统合各利益相关主体的共同力量才有可能做大做强,发挥出"整体大于局部"的规模效应和扩散效应。

(二) 制定基于敏捷战略的快速应变对策

信息化条件下社会整体的模仿和学习能力都在提高,许多城市管理者会愕然发现其传统上具有的战略性优势正在丧失,自然景观资源、人文历史风貌、产业集群规模以及资金与技术能力等影响因素的差距正在逐步缩小,已有的竞争对手日益强大,新进入者跃跃欲试,替代者来势汹汹,城市旅游竞争格局也如同企业生态系统一样,弱肉强食,变化异常迅速。哈桑（Hassan,2000）认为面向旅游者提供特殊的长期吸引力已经成为目的地管理应对市场需求和竞争挑战的基本功能之一③。因此,城市要保持持续的旅游竞争力,就必须在对竞争环境变化保持高度关注的前提下制定更为灵活多变的策略,通过差异化营销在传统市场加强经典形象和产品的渗透力,在新市场上不断推出创新形象和产品,保持城市旅游品牌的影响力和新鲜度。一方面要对现有的各类竞争者保持警惕,对竞争对手的营销行动要有准确的预判并能够制定应对预案,通过针对性的深度促销坚定旅游者的品牌忠诚度,另一方面积极看待可能的替代者,预先在其成长领域进行营销布局,抵消其快速成长所带来的市场压力。

西方发达旅游国家的城市之间竞争尤为激烈,已经开始在细分市场角力。例如美国纽约市政府下足工夫争夺对手城市的市场份额,在2008年他们重新整修市政厅婚姻局以求超越赌城拉斯维加斯,成为美国的"结婚之都";2009年更是将触角伸向欧洲,花费近200万美元在欧美主

① Sheehan, Lorn., Brent Ritchie, J. R., Hudson, Simon. (2007). The Destination Promotion Triad: Understanding Asymmetric Stakeholder Interdependencies Among the City, Hotels, and DMO [J]. *Journal of Travel Research*, Aug. 2007, Vol. 46, Issue 1: 64 – 74.

② Mordue, Tom. Tourism, Urban Governance and Public Space [J]. *Leisure Studies*, Oct. 2007, Vol. 26, Issue 4: 447 – 462.

③ Hassan, Salah S. (2000). Determinants of Market Competitiveness in an Environmentally Sustainable tourism Industry [J]. *Journal of Travel Research*, Feb. 2000, Vol. 38, Issue 3: 239 – 245.

要城市推出"彩虹朝圣"主题广告，同知名的荷兰阿姆斯特丹、英国曼彻斯特等城市争夺同性恋游客市场。如果说份额之争主要发生在同等级的旅游城市之间，替代之争则体现为新兴旅游城市的脱颖而出。例如阿联酋迪拜的快速崛起使得全球商贸旅游中心的版图发生变化，其以迅雷之势开发休闲度假市场，令新加坡城以及中国香港等临近城市备感形势严峻。而为了争夺亚洲航空客运枢纽的地位，北京与韩国首尔、日本东京也都在全力比拼，希望成为欧美进入亚洲的第一站，奥运会的举办改善了北京首都机场的硬件，但其软件建设与首尔仁川机场相比仍有一定距离。

（三）培育创新导向的主题化、序列化旅游产品

营销的根本还是产品本身。众多旅游开发企业、运营企业连同旅游管理部门一起形成了旅游产品创新团队，而微观企业则是产品创新的执行主体。政府旅游主管部门日益重视当地旅游企业的产品创新能力，在开发与促销过程中给予大力扶持。在旅游产品的生产组织过程中，城市政府部门要注意营销主题理念创新和区域产品联合开发的必要性，在规模、层次、风格上进行引导性定位和控制性约束，培育地方旅游特色，同时鼓励主导性优势私人企业在具体开发建设过程中的创新发展，形成同一主题下的多元特色。汉撒尼恩（Hassanien，2006）对埃及旅游城市接待业之———饭店新产品开发的研究就表明，五星级饭店企业的创新意识要强于低星级饭店企业。[①] 通过上述措施，既避免了低层次重复建设，又保证了整体上风格统一，而主题顺畅、结构清晰是城市旅游营销的有力支撑。对于稀缺性、标志性旅游资源或载体，则应交由政府统一开发或由大型企业联合体开发。应当指出的是，创新要源于地域的背景和生活的真实，脱离现实语境的开发主题是要竭力避免的。沃勒（Volo，2005）提出了一个基于消费者的旅游创新模型，就旅游创新技术采用后对旅游体验和旅游效益的影响进行了评估[②]，从而对于创新开发主题可行性、操作性和有效性的判断有一定启示。

海岸带开发是全球主题性旅游开发的热点，西班牙、法国是世界上著名的海岸旅游国家，城市如同串珠般罗列，并都有自己的特色主题。例如西班牙巴塞罗那的"黄金海岸"、马拉加的"太阳海岸"、阿利坎特的"银色海岸"、瓦伦西亚的"橘花海岸"、巴伦西亚的"金色海岸"等各有宣传卖点，而法国蔚蓝海岸更是孕育了戛纳、尼斯和蒙特卡洛等名城，电影、狂欢节、赛车是其各自的独特卖点。新兴发展中国家海岸旅游地的开发以墨西哥坎昆最为成功，是政府主导开发的典型代表。坎昆原是一座只有300多人的僻静渔村，1972 年墨西哥政府在这里投资 3.5亿美元建设旅游区和自由贸易中心，市区的各行各业都为旅游业服务，零污染海滩和玛雅文化是其主要特色。而城市旅游营销主题的创新以中国香港最为突出，面对泰国和新加坡两国的沿海城市在价格上的优势，香港旅游产品重新定位以淡化"购物天堂"，强调香港旅游产品特色在于丰富多彩的都市生活，推广乡间漫游、名胜古迹、外围岛屿、山间小道及博物馆等，相继推

① Hassanien, Ahmed., Eid, Riyad. (2006). Developing New Products in the Hospitality Industry: A Case of Egypt [J]. *Journal of Hospitality & Leisure Marketing*, Vol. 15, Issue 2: 33 – 53.

② Volo, Serena. (2005). A Consumer – Based Measurement of Tourism Innovation [J]. *Journal of Quality Assurance in Hospitality & Tourism*, Vol. 6, Issue 3/4: 73 – 87.

出"动感之都：就是香港""万象之都""香港：乐在此，爱在此！""香港原来是一个不关门的游乐场"等主题形象。

（四）推进区域定位下不同细分市场的深度拓展

城市旅游营销的目标市场选择正确与否是旅游业发展路线的坐标与方向，决定着牵涉各方利益主体的整体营销过程的成败。康斯坦丁尼德斯（Constantinides，2006）就尖锐地指出传统营销模式过于内部化导向且缺乏对市场个性化关注的缺陷是需要加以克服的。[①] 现代的城市旅游产品供给市场已经不再是无差异的"到此一游"之浅层次观光游览，而是出现了向休闲度假、商务会展以及体育医疗等细分市场层面深度拓展的趋势。相应地，市场细分也有助于我们筛选出主要的出游动机，以便进行针对性营销，扩大客源群体规模（Kim & Agrusa）[②]。与此同时，城市旅游客源需求市场也从只关注大尺度、长距离国际观光客转向对城市自身所在区域近中距离旅游群体的重视，各国城市旅游管理者基本认同区域旅游将成为较长时间内不会改变的全球旅游主流趋势，都将区域旅游客源作为自己城市旅游营销定位重置的主要目标，例如美国"911"之后区域性旅游目的地相比较以前吸引了更多的客源（Gut & Jarrell，2007）[③]。对区域旅游市场的重视，也使得城市旅游营销从"一次性吸引"转为"多次性体验"，强化城市旅游在景观层面背后的人文传承与历史底蕴，鼓励游客展开深度游历，增加与当地社区和居民的交往，将旅游开发的理念从"舞台真实性"向"生活真实性"延伸，例如新西兰毛利人文化的舞台表演与真实生活的关系一直是西方学者研究的热点（Condevaux，2009）[④]。对区域客源深度旅游的挖掘被证明比表象化的大众旅游具有更高、更持久的经济回报潜力，而游客的稳定性和持续性也很好地解决了城市旅游产业的波动与衰落问题。

纵观亚洲主要旅游目的地的市场开发行动，无不调整市场营销策略、把重点目标放在区域内市场，从一心渴望欧美游客转而吸引临近国家和地区的客源。例如泰国、新加坡、马来西亚、韩国等都下大力气开发中国市场，与众多中国内地城市开通直航航班或旅游包机，同时亚太各国和地区也都分别互为目标市场，增设旅游办事处。在选择细分市场客源上，不同城市又进一步进行市场聚焦、各有侧重，曼谷力求扭转廉价游形象，着眼于宗教人文为主的"品质游"；新加坡城和中国香港更注重高端商务、会议、奖励和购物旅游等专项市场；吉隆坡则与周边景区联手开发高尔夫旅游、生态旅游、探险旅游等特色产品。中国内地城市旅游区域市场营销的力度也在加大，除了传统的日、韩、东南亚地区，大洋洲和南亚的区域市场重要性也在增强，城市政府组团进行市场推介的频度和强度有明显提升。为提振旅游业发展以应对金融危机挑战，2008 年以来，各省都相继推出省内游市场开发计划，为市民深度了解、感受自己身边和周围的

① Constantinides, E. (2006). The Marketing Mix Revisited: Towards the 21st Century Marketing [J]. *Journal of Marketing Management*, Apr. 2006, Vol. 22, Issue 3/4: 407 – 438.

② Kim, Samuel Seongseop., Agrusa, Jerome. (2008). Segmenting Japanese Tourists to Hawaii According to Tour Purpose [J]. *Journal of Travel & Tourism Marketing*, Vol. 24, Issue 1: 63 – 80.

③ Gut, Peter., Jarrell, Stephen. (2007). Silver Lining on a Dark Cloud: The Impact of 9/11 on a Regional Tourist Destination [J]. *Journal of Travel Research*, Nov. 2007, Vol. 46, Issue 2: 147 – 153.

④ Condevaux, Aurelie. (2009). Maori Culture on Stage: Authenticity and Identity in Tourist Interactions [J]. *Anthropological Forum*, Jul. 2009, Vol. 19, Issue 2: 143 – 161.

城市旅游产品提供了机会。随着我国国民休闲计划的完善与实施，区内游、省内游、周边游将成为城市旅游营销主导性的重点市场。

（五）完善信息时代数字导向的网络营销模式

随着国际互联网与传播技术的发展，在技术支持下传统营销的手段与渠道发生了革命性变化，使得城市旅游目的地的营销模式更加丰富。塞尔比（Selby，2004）认为旅游者所具有的关于目的地城市的"知识"存在着媒介引导（mediated）与否的差异①，如何引导旅游者接受城市积极信息就成为各类营销模式所要考虑的要义。首先，有线和卫星电视等成熟技术产品和纸质媒体依旧是旅游营销的主力军，主要面向非网民的传统客户，本研究认为其未来方向是进行受众聚焦化、创意主题化、目标细分化；其次，利用互联网、电子邮件进行在线信息传播成为日益强大的营销手段，城市政府、龙头企业和代理企业都已开辟了多种多样、各有侧重的旅游网站，大量的城市主题旅游形象宣传片也更多地通过网络面向全球实时发布；再次，利用互动式光盘、虚拟现实等手段改变传统营销被动接受、无法体验的弊端，为目标客户提供利用电脑模拟产生的三度空间的虚拟世界，提供潜在旅游客户关于视觉、听觉、触觉等感官的模拟，实现体验式旅游营销；最后，综合各类技术实现在线实时沟通、可视性互动交流、在线购物、在线信息查询等。

数字化网络旅游营销对于音像素材要求较高，因此众多城市在营销过程中大多借助影视制作机构以开发旅游栏目、形象宣传片、影片、电视剧、纪录片、新闻报道等形式积累素材，通过从事信息处理和交流的技术公司进行二次创作，并最终在多种渠道、不同媒体上实现整合传播，为城市旅游营销开拓更广阔的视野。旅游网络营销面对的是跨越时间和空间的全球性社区，并有网站、邮件、论坛、博客、播客等多样化的传播形式，尤其是可以直接面对最终客户实现一对一的互动营销和客户定制，并可以及时接受旅游者自由反馈。互联网对于城市营销来说不仅是高效的传播工具，更是完善的沟通工具，运用熟练与否将决定城市能否登上信息时代下区域竞争发展的头班车。由此可见，旅游营销手段的信息化时代已经来临，城市旅游营销是数字化城市发展战略的重要构成，各种手段和渠道在数字技术支持下的综合使用应当引起充分重视。

（六）通过事件营销发挥注意力经济效应

事件营销已经广为城市政府所采用，通过积极策划、细致组织，城市可以利用具有新闻传播效应、经济价值和社会影响的人物或事件来引起外部媒体、机构团体和旅游消费者的兴趣，其关注本身就提高了旅游城市的曝光度、知名度，如果形成正效应的话还将进一步形成美誉度并树立起良好的目的地旅游品牌。但一方面由于城市管理者操作事件的熟稔程度不高，另一方面城市旅游营销的公共财政支出容易引发争议，从而导致在把握不好传播规律的情况下，制造出的新闻价值未必一定具有正面性，有可能在媒体的放大效应的作用下事与愿违。政府公共事件营销的风险还来自于媒体的不可控和受众对事件本身的理解程度，例如麦肯林希（Mc-

---

① Selby, Martin. (2004). Consuming the City: Conceptualizing and Researching Urban Tourist Knowledge [J]. *Tourism Geographies*, May 2004, Vol. 6 Issue 2: 186 – 207.

Clinchey，2008）针对多伦多旅游营销就提出了对城市多元种族的考虑，通过社区邻里节庆体现对族群演化深层含义和复杂性的考量①，从而加深了事件营销的文化包容力，获得居民及旅游者的认同。一般地，城市更多地通过举办各种大型主题旅游活动直接营销城市旅游产品，包括举办旅游节庆、国际会议、商贸展览、体育赛事以及城市庆典等；同时，也开始借助其他机会或手段间接营销，包括政府首脑莅临、名人参访、影视制作等事件去借力推广城市旅游品牌与形象。

城市政府比较乐于举办各类大型事件以促进旅游经济发展，花卉、农作物、特色产品、名人、历史大事等都可以当做旅游事件在当今的情境中进行开发，一些同类题材被广泛采用，如桃花节、西瓜节、采摘节、民俗节等。考虑到旅游者对事件营销的疲劳感，一些城市另辟蹊径、别出心裁，例如江苏淮安借助"中国南北地理分界线"命题开发建设标志园，在争议中核心标志物已经慢慢崛起，已于2009年五一期间正式投入使用。该市打算把标志园打造成淮安的一张新的城市名片，并借此开展一系列相关事件活动，以这个名片强化文化、旅游资源优势。更为精明和影响深远的途径是借助影视剧，人们熟知的新西兰《指环王》拍摄地、韩国《大长今》拍摄地以及金庸系列剧的拍摄地都在通过影视剧展现其非广告的间接旅游营销，以画面展示和情节渲染激发了观众的旅游动机，取得了事半功倍的效果。

二、国际标杆经验

（一）伦敦：领导型城市旅游营销之品牌制胜

1. 直面全球范围内的挑战与机遇

伦敦，作为国际化大都市，它以悠久的历史、斑斓的色彩、雄伟的风姿屹立于世界名城之林，汇聚了全球文化的精粹，每年吸引1500万世界游客。然而，面临巴黎、巴塞罗那、布鲁塞尔等一些欧洲城市的迅速崛起，纽约、悉尼、新加坡等旅游名城的冲击，伦敦世界级城市的地位受到很大威胁。加上全球金融危机、世界经济形势恶化，伦敦作为世界金融中心、欧洲商务中心的影响力不断下降。在这种形势下，伦敦加强了城市旅游品牌整合塑造，树立"开放、迷人、自信和动力无限"的城市形象。以成功申办2012夏季奥运会为契机，战胜纽约、巴黎等超重量级对手，重新聚焦世界的目光，打造以旅游、商业、体育、文化以及教育业为基础的综合性城市品牌。

2. 建立有效的目的地品牌统合传播机构

伦敦品牌机构由市长办公室直接管辖，居于伦敦市政府决策的领导层，参与伦敦市政府所有对外活动的策划与实施，从而保证了伦敦的每一次公关活动都有统一的形象和声音，以建立连续一致的品牌形象。伦敦品牌机构（London Unlimited）包括伦敦发展署（London Develop Agency）、伦敦第一（London First）、伦敦旅游局（Visit London）、英国贸易与投资总署（UK

---

① McClinchey, Kelley A. (2008). Urban Ethnic Festival, Neighborhoods, and the Multiple Realities of Marketing Place [J]. *Journal of Travel & Tourism Marketing*, Vol. 25, Issue 3/4：251-264.

Trade & Investment)、伦敦投资局（Think London）、伦敦教育局（London Higher）、电影伦敦（Film London）、伦敦奥组委（London 2012）以及伦敦东区、南区、西区、北区、中区发展分署等等。这样松散但力量强大的机构体系，可以渗透到伦敦政治、经济及文化活动的方方面面，从而保证各行政部门能够按照市政府所确定的品牌策略去执行。

3. 政府主导下以城市为整体吸引物的宣传推广

伦敦政府的每一个外事活动都是伦敦市政府不遗余力地宣传伦敦的机会。伦敦市长每年都要安排出访计划，以宣传推广伦敦。2006 年 4 月 9 日至 14 日，伦敦市长肯·利文斯通（Ken Livingstone）带队 70 人访问北京、上海，推广伦敦城市品牌，让北京、上海等地下起了"伦敦雨"，取得了良好而持续的宣传效果；北京奥运会期间设在北京的"伦敦小屋"，成为一流的奥运展示场所，推出了"伦敦标志"展等 37 项活动，吸引了大量媒体记者前往报道；2009 年 2 月，作为品牌推广活动，"伦敦在北京"力图向世界展示伦敦崭新的城市形象：从古老的王室和历史根基，到更加现代、富于远见的精神，以期吸引今天世界各地年轻一代的注意力；伦敦市长挂帅的新形象攻势跨越广告、电影、教育和法律等各个领域，还将借助温哥华（Vancouver）冬季奥运会，以及随后的上海世博会和广州亚运会等国际场合大张旗鼓地进行宣传。

4. 积极开展主题品牌指导下的城区改造

英国伦敦著名的泰特现代美术馆（Tate Modern Gallery）邻近"泰晤士河西岸区"，当局曾进行过一次为吸引游客所采取的重新品牌化活动，巧妙地将两端的伦敦中区卡文特花卉市场与西区的泰特美术馆串连成为一线，沿岸则塑造成商铺和咖啡馆林立的步行街，成功地将该区转型为"泰晤士河西岸之星"。2002 年，伦敦的毕瑟斯盖特·古斯雅德区域也被打造成绿茵花卉步道，配以现代化公共设施，被人誉为"天空中的公园"及"泰晤士河东岸花园"。便捷的地铁和大巴市内交通系统，为游客游览全城提供了便利。

5. 举办丰富的主题节日活动展示都市活力

在信息时代塑造城市品牌，伦敦深谙通过节日提高城市曝光率，以形成城市风格，突出城市个性，从而达到提升城市旅游品牌价值，提高城市综合竞争力的目的。在伦敦每个周末都有大小不一的主题节事活动，其中一些惯例化的、成功的节日活动，如 Regent Street 的点灯仪式、每年 8 月的狂欢节、皇家庆典、伦敦设计节、伦敦电影节、伦敦时装周等都成了世界级品牌，不仅每年吸引了大量的游客，同时随着电视的转播使数亿观众了解了伦敦，大大提升了伦敦的城市软实力和国际形象。伦敦市政府成立了专门的节日活动工作组，以争取更多国际重大活动在伦敦举行，并统筹伦敦现有节日活动。

6. 重执世界旅游品牌城市

世界将伦敦视为金融、时尚和音乐之都，其多元化的人口构成，带来多元化的文化风格。伦敦作为世界卓越的创意和文化中心，不仅营造了良好的人居条件，更是世界游客向往的旅游胜地，经济危机也不能改变伦敦作为各国企业拓展国际市场的平台。2007 年，伦敦蝉联全球城市国际品牌形象调查第一名，击败巴黎、纽约、马德里成为第一个获得三届奥运会举办权的城市，伦敦焕发出发达城市历久弥新的活力和生机，再次聚集了世界人气，树立了世界级城市的特色形象。

（二）迪拜：追赶型城市旅游营销之精准定位

1. 瞄准高端旅游市场迅速崛起的城市

任何成功的产品和企业的营销策略都是针对明确的目标市场或消费群体展开的，城市旅游营销也不例外。在中东沙漠中迅速崛起的迪拜可谓城市发展历史上的"人间奇迹"。尽管天然环境不好，靠近沙漠且气候炎热，但迪拜从产业链高端做起，直接进入高端服务业经济，在沙漠中建立起了一座闻名世界的国际化高端服务之城，自然也成为高端市场中游客为之向往的旅游胜地。

2. 高端旅游市场城市营销策略解析

迪拜的城市规划起点很高，建设标准堪为全球第一。全球唯一的七星级酒店——帆船酒店、世界上最大的人工海岛——棕榈岛、未来世界最高建筑——迪拜塔、在建的世界最大的国际机场——阿勒马克图姆（Al Maktoum）国际机场，这些建筑景观在世界范围内为迪拜聚集了极高的人气和声誉，各国旅游者都以去过迪拜为荣。另外，加上财富效应和创造性，迪拜人已经把城市打造为世界上顶级的旅游城市和奢华消费场所，为高端旅游消费者提供了个性化、多样化、贵族化的旅游服务和产品，满足人们对精致与时尚的追求。

（1）独特性强的旅游吸引物。阿联酋海岸线较长，风景如画的白色沙滩与一年四季的阳光是理想的度假胜地，成为很多欧美游客的旅游选择。但迪拜对人造景观的巨大投资和创意成为其差异于一般3S旅游度假目的地的特色。其中包括：世界第八大奇景"沙漠中开发阳光海滩计划"，棕榈岛及世界岛近300多个人工岛屿已经引发新一轮迪拜观光旅游热，乘飞机从空中俯瞰棕榈岛将是迪拜旅游必不可少的观光项目之一；迪拜常年无降雨，城市的葱郁绿色全凭人工浇灌，为此迪拜人发明了自动滴灌系统，淡水全部通过海水淡化处理得来，尽管每一棵树的种植成本在3 000美元以上，迪拜的人均绿地面积仍达到20平方米以上；在热带沙漠中建立了世界最大的室内滑雪场；引进西方文化，包括修建纽约古根海姆博物馆分馆、阿联酋卢浮宫沙漠分馆，以及邀请英国自然历史博物馆帮助修建"侏罗纪公园"等。

（2）个性贵族化的接待服务业。世界认识迪拜是从帆船酒店开始的，2005年网球名将阿加西与费德勒在帆船饭店顶楼的停机坪举行友谊赛，高价邀请高尔夫球天王老虎伍兹站在帆船饭店顶楼的停机坪上潇洒挥杆，相关报道传遍全世界。开放与优惠的政策吸引着世界众多知名酒店集团与本地财团抢滩兴建高级酒店。于是，以无可挑剔的服务与完善设施著称的五星级泰姬陵酒店、以海洋为主题的六星级的亚特兰蒂斯酒店、以26吨黄金装饰的七星级金帆船酒店、让客人感受无上尊贵的八星级酋长皇宫酒店、独具民族特色的哈塔城堡酒店……都云集迪拜。

（3）高端舒适的购物环境。迪拜盖了47家风格迥然的购物中心，不仅有复古的购物广场，还有以"环游世界"为主题的伊本·白图泰购物中心，使消费者在历史与现代交融的文化氛围中获得移步换景般的独特购物体验。同时，迪拜的购物中心一贯强调顾客至上，不仅营造凉爽宜人的内部绿化环境和自然惬意的消费购物氛围，各类购物辅助设施配套也非常齐全，方便快捷的货币兑换、四通八达的室内旅客代步车、专人看护的儿童乐园、优质高效的无线网络服务、安全便捷的敦豪（DHL）快递服务，处处体现出对游客的人文关怀。

（4）便捷奢华的航空服务。作为连接迪拜和世界各地最大的航空服务公司，阿联酋航空在其各个运营领域被连续评为全球最佳航空公司，其针对高端旅客提供了极具个性化的极致服务。阿联酋航空公司的机票永远是超售的，如果无法登机，那么将获得一晚免费的食宿、小礼物，并另送一张往返机票；推出世界第一个私人头等舱套间；推崇健康旅行及"健康飞行"的举措；食品质量高且拥有世界各地风味，为满足宗教和医药餐食要求，他们提供多达 23 个种类的特殊餐食；高档多样化的机上娱乐及个人"房间服务"。同时，阿联酋国际航空重视联合营销，与阿森纳足球俱乐部、2006 年德国世界杯、迈凯伦 F1 车队等组织的合作赞助活动，帮助阿联酋航空在国际竞技场上宣传迪拜这一重要的商业和旅游目的地。

（5）中立安全的城市环境。"911"事件以及中东不断的局部战争，凸显了迪拜安全环境的重要，安全因素是高端游客选择度假或商务旅游目的地的重要因素。迪拜有一流的社会治安和稳定的政治环境，"只要打架就得进监狱，无论谁对谁错"。迪拜借中立政策所带来的长久和平，使外来投资可全心投入公司运营，无须担心人身安全问题。严明的法律保障了公民的权益，也使迪拜成为中东最重要的经济旅游中心。

3. 时尚奢侈的城市市场定位与特色打造

迪拜是城市旅游业与时尚奢侈品相结合的产物，她的风情、美丽、安全、自由和包容吸引了全世界的旅游者，许多世界名人纷纷在迪拜置业居住。从一开始便定位于"奢侈"，通过瞄准欧美和中东地区高端旅游市场，大规模兴建集观光、会展、休闲、美食、购物、演艺、运动等功能于一体的旅游综合体，迪拜实现了旅游业无中生有式的跨越式发展。

（三）芭堤雅：成熟型城市旅游营销之临危不惧

1. 成熟的休闲度假旅游城市

芭堤雅是一个国际知名的乐园，集大城市与海滨度假胜地于一身，被誉为"东方夏威夷"。旖旎的热带海滨风光、完善开放的旅游服务体系，每年吸引了超过 600 万的国际游客，是泰国旅游的黄金海岸。欧美游客是芭堤雅旅游的主要客源，芭堤雅的吸引点不只是海水、沙滩，还有自由、开放、舒适的城市环境。泰国 2008 年的旅游推广口号是"神奇泰国"，其中一项受到西方游客推崇的就是"体验神奇的泰式生活"。人妖表演是芭堤雅最为著名的特色旅游项目，芭堤雅有数座人妖剧场，每晚上演两场甚至更多，主要节目有西方的古典歌剧、迷人的泰国舞蹈、奔放的"牛仔"歌舞，还有诙谐的小品剧，丰富多彩，观者如潮。演出结束后，观众只需付几十泰铢便可以与艳丽的人妖合影留念。多年旅游业的发展使得芭堤雅在旅游景点、旅游基础设施和服务等方面趋近成熟。由于有了健全的英语标识、发达的交通货币系统以及市民对旅游者的热情态度，无论是团体游客还是自助游客都能很快地融入到当地的生活习俗中，感受古老国度的多元文化：金碧辉煌的佛陀殿堂，夜夜笙歌的情色表演，温文尔雅的待人接物与凶狠凌厉的泰拳杀招。

但是近几年由于海啸、国内政治危机等事件，包括芭堤雅在内的泰国旅游业遭受到极大的冲击，政府及旅游相关组织因此推出"强势营销"，力图改善当地旅游的负面形象，恢复外国旅游者和投资者的信心。

2. 自然危机后城市安全旅游形象的重塑与传播

2004 年底发生的印尼海啸对泰国南部的普吉岛、皮皮岛等旅游景点造成破坏,但对位于泰国中部的芭堤雅海岸并没有影响,然而由于信息的闭塞和不对称,导致国际游客对芭堤雅也望而却步。为此,泰国政府采取了一系列化解危机的措施:

首先,泰国旅游局邀请中国媒体的近 60 名记者,到泰国的曼谷、芭堤雅、普吉岛等地考察海啸灾后的旅游状况,将芭堤雅完好的城市形象传递给国内的潜在消费者。适时推出芭堤雅附近的沙美岛旅游景点,增加了独木舟、海中滑板、趣味香蕉船、蛙镜浮潜、沙滩排球、沙滩足球、海滨泰式药草蒸汽浴、刺激快艇、沙滩飞盘、休闲棋牌等海岛旅游项目。其次,2005 年 7 月,芭堤雅与中国的克拉玛依、吐鲁番两个城市缔结为旅游友好城市,沙漠居民自然对海滨城市旅游地更加向往,可见芭堤雅扩大中国旅游市场的决心。再次,色情服务业也是芭堤雅的旅游招牌,有关方面逐渐推出一套比较健全的管理制度,实行领证经营、依法纳税,规范行为,降低负面效应。芭堤雅邀请女子网坛的头号明星人物库尔尼科娃作为城市形象代言人,库娃的性感成为芭堤雅色情旅游业的最好宣传。最后,为了使芭堤雅的旅游品质更符合国际旅客的要求,观光局和政府致力于重要的改造工作,包括建立完善的自来水及污水处理设备,还有多处新启用的娱乐场所,如亚洲首座"信不信由你"博物馆、大型电影城购物中心、风帆暨水上摩托车中心、玻璃瓶博物馆、云石公园等,让游客的芭堤雅之旅更为丰富。

3. 社会危机后城市友好旅游形象的加强与推进

2008 年底,泰国政治危机严重损坏了芭堤雅的国际旅游地形象,尤其是 2009 年 4 月在芭堤雅举行的东盟峰会遭到抵制而被迫取消,国际游客对芭堤雅的旅游信心大跌。泰国旅游官方推出强势营销策略,以挽救当地旅游业。

首先,泰国政府内政部宣布自 2009 年 3 月 5 日至 6 月 4 日将实行免除旅游签证费,包括 TR 签证和 MT 签证,以及落地签证。其次,芭堤雅市政府的广告口号是:"芭堤雅永远不眠,对你而言,她是最好的旅游胜地。"很多旅游业经营者也配合政府的措施,大幅削减了当地的住宿和机票费用。泰国旅游局和当地业者都希望能以真心赢得游客重新的青睐,无论是官员、酒店主管或在街边摆摊的小贩,都在呼吁游客们放心回到芭堤雅游玩。再次,芭堤雅旅游当局与上海旅游企业联合推出为期七天的"爱蜜行:泰国曼谷——芭堤雅"的狂欢之旅,将围绕泰国泰历新年暨当地一年一度的泼水节盛事为主题,并定名为"爱如潮水,情定泰国",为新人带来一次与水有关的浪漫爱情之旅。最后,2009 年 3 月芭堤雅举办国际音乐节,邀请了当地和国际知名的音乐家,游客不仅可以免费欣赏,还可以在芭堤雅海边尽情地享受骑沙滩车和划船带来的快乐。举办芭堤雅音乐节旨在宣传国家的良好形象,增强外国游客对泰国的信心,从而吸引更多的国际游客到泰国旅游,同时也是为了刺激国内的旅游气氛。

三、城市旅游目的地营销国内实践观察

城市旅游营销的根本目的就是凝聚和体现城市旅游整体目标、发展理念、功能以及吸引力,并成为旅游市场开发过程中最主要的竞争力体现手段。在旅游经济蓬勃发展的今天,一个城市的旅游发展会面临更广泛、更深层次的矛盾和问题，而城市旅游营销则成为保持竞争力的关键所在。从这个角度来看，城市旅游营销已经成为一个城市旅游发展的核心。

（一）战略规划

1. 经验观察

（1）统帅性的定位。我们可以观察到的国内成功的城市旅游营销案例，基本上都是建立在一个恰当的旅游营销战略定位的基础上。香港作为竞争力最强的中国城市，在旅游营销中也是基于自身"亚洲国际都会"的战略定位展开思路，在《香港2030》中明确提出进一步的战略愿景，即香港未来的使命是成为名副其实的国际大都会，享有类似美洲的纽约和欧洲的伦敦那样的重要地位，为中国内地、亚洲乃至全世界提供优质服务。从中可以看到香港目前的战略定位准确地描绘了其成为世界城市舞台上亚洲代言人的愿景。基于此，香港的旅游营销战略目标立足于强化香港在亚洲旅游中不可替代的领袖位置，在旅游发展中重视具有国际视野的服务行业，并通过旅游业的发展承担起促使其成为国际化一流大都会的重任，应对上海、新加坡城、曼谷等城市的挑战。

（2）持续性的跟进。在精准战略规划的推进下，香港的旅游宣传口号也合理演进，并给人深刻记忆，例如从1998—2001年为"动感之都"（City of Life）、2001—2003年为"动感之都，就是香港"（City of Life，Hong Kong is it），2003年从SARS危机之后则为"香港，乐在此，爱在此"（Hong Kong，Live it，Love it），这些朗朗上口的旅游概念广为人知并均已注册。与此同时，各类主题活动也配合香港作为重要大都市、理想目的地的旅游形象从多个角度响应总体规划的要求，2006年开始为期两年的"精彩香港旅游年"（侧重推出"家庭游"新概念）、"2008香港盛夏魅力"以及2009年启动的"香港美酒佳肴年"，都围绕购物、娱乐、会展、美食、文化等都市型旅游模式的核心要素展开。有人曾经对香港定位于亚洲旅游市场嗤之以鼻，但香港的谨慎恰恰反映出其战略的精准和规划的可行，与内地近200座城市提出要建"国际化大都市"、动辄要吸引大量"海内外游客"形成鲜明对比。不难看出，国际旅游战略对大多数中小城市来说是不切实际的。因此城市旅游营销要想得到长足发展，首先就要在战略规划方面打下合理而扎实的基础，旅游营销战略规划的建立是城市旅游营销发展的前提。

（3）突破性的成长。人们自身素质的提高、科学技术以及管理手段的进步、信息技术的普遍应用等因素带来了旅游业的变化和发展。大众旅游正在向新旅游发展，其带给城市的启示就是灵活性、差异化的发展趋势已经来到。因此，城市旅游营销的战略规划需要根据城市的旅游价值去设计特色化旅游营销，尤其对于成长期的中小城市而言，选定目标市场进行战略聚焦更为迫切。例如在遗产旅游领域，丽江不仅满足于大研古城，而且打造了玉龙雪山、纳西古乐、东巴文化、"三江并流"、丽江老君山、泸沽湖等一系列知名旅游品牌。自1999年丽江古城申报世界文化遗产成功后，"十五"期间又成功地申报了"三江并流"自然遗产、记忆遗产东巴古籍文献、老君山——黎明国家地质公园、永胜红石崖国家级典型地震遗址等。丽江未来定位于"拥有六项世界遗产，涵盖目前联合国教科文组织审定的六大类世界遗产的每一类"，建成世界上罕见的"国际精品旅游胜地"。与同为"保存最为完好的四大古城"的阆中、平遥、歙县相比，丽江发展"大遗产、大旅游"，建设"成为滇西北旅游、大香格里拉生态旅游的中心和示范区"的战略是很成功的。如今，丽江已脱颖而出成为中国遗产旅游地的旗帜。而在会展旅游领域，博鳌无疑非常出色：一个从未出现在旅游地图上的小渔村，把握住了中国创造一个永久性的国际会议会址这个契机，通过阳光、空气、绿色植物、水域景观、高尔夫与休闲主题的商业化运作，一跃成为国际会议城市品牌。

2. 总结与评价

肖特和金（Short & Kim，1999）提出了解城市营销的程序应当从理论和实践的角度把握城市营销规律的基础，城市要想利用有限的旅游资源开发城市旅游产品和服务并设法提供更多的游客附加价值、进而赢得游客满意，就必须诉诸战略的设定与规划的研究。[①] 可见，城市旅游营销的实质在于它首先是一种系统化的、战略性的决策。城市旅游营销就像一套以体察、梳理并创造旅游客源市场的出游需求为中心的服务体系。简单来说，城市旅游营销战略的实施必须考虑两个方面的问题：一是检视本地旅游资源的优势、劣势和旅游发展的机遇、威胁，并参照竞争对手和标杆城市确立实现城市旅游发展的总目标；二是为了成功地实施战略，城市应进一步对旅游开发的要素和条件做出安排，并确定推进战略的具体方案和措施、各个阶段目标所需要的人财物投入与时间和地点等。

城市旅游产品都有自己的目标受众，并非所有旅游者都认同某一个城市旅游产品的核心价值。基于旅游者不同的偏好，城市旅游营销要在确定了自身旅游产品的战略定位以后，再进一步明确这种战略价值的目标受众。反过来说，市场的细分也可以使得城市旅游产品能够更快捷、更有效地匹配现实的和潜在的需求，实现其价值。在现代城市旅游市场发展过程中，随着竞争的加剧和产品的类同，市场细分化的趋势将不可避免且不断增强。区域中心城市之外的大部分中小城市的市场覆盖度较低，通过市场细分，聚焦于若干阶段性目标市场将是成长的必然选择。如同企业营销战略经历了大众无差异营销、产品差异化营销、目标市场营销三个阶段一样，城市旅游产品在正确的战略定位的基础上，也只有选择正确的细分市场才能实现它的价值。

（二）形象识别

1. 作为最直接营销工具的旅游形象

一般认为，城市旅游形象是旅游者在整个旅游行为过程中产生的对目的地城市整体的综合印象，其中包含了所感受到的居民态度、城市景观、设施条件、民风民俗等多种因素，因而它是人们对该城市旅游产品、旅游设施、旅游服务功能等的总体、抽象、概括的认识和评价，是城市的历史印象、现实感知和未来信念的一种理性综合。[②] 20 世纪 80 年代以前，我国处于计划经济的体制下，城市旅游的作用基本上被忽略，各地致力于发展基础性产业，追逐标准化、现代化的高楼大厦。城市建设的影响因素单一，使得全国各大城市趋同性明显，失去了自身的特色，更谈不上形象建设，几乎"千城一面"。80 年代到 90 年代初，旅游业在中国开始起步发展，各个城市凭借着自身的资源开始吸引不同的旅游市场，城市开始在旅游对外宣传中尝试塑造积

① Short, J. R. and Kim, Y. H. (1999). *Globalisation and the city* [M]. Harlow: Longman.
② 朱新鹏：《试论城市旅游形象的规划设计》，《科技创新导报》2008（27）：228。

极的形象，并关注旅游设施建设中形象物质载体的显现，城市旅游形象系统化开发的意识也开始萌芽。但是那个时期的旅游形象容易受到旅游市场的影响，各个城市争相模仿成功的形象案例。90 年代以后，我国旅游业蓬勃发展，旅游市场竞争加剧。各大城市充分认识到旅游竞争的严峻，越来越重视城市个性的挖掘，开始选择专业化的城市旅游形象策划，从自身的资源出发打造特色化的旅游形象，旅游形象的建设在各个城市如火如荼地开展。近几年，城市形象主题口号全球有奖征集活动和邀请国内外专家学者进行专业策划的情况越来越多见，城市旅游识别逐渐呈现常规化、系统化、动态化、国际化的态势，成为城市旅游营销过程中最彰显、最吸引、最多彩的重要内容。城市形象建设主要表现为各种形象载体，主要分为两个方面：一是宣传口号、标识等非物质的载体；另一方面表现为城市地标、标志性建筑等物质的载体。

2. 非物质形象载体的开发

当前竞争越来越激烈的旅游市场进一步促进了各个城市对直观性旅游形象口号和标识的打造。不同城市旅游形象间的差异并不是很明显，例如"魅力之城"、"休闲之都"、"浪漫之都"、"生态之城"等形象背后往往是几个城市的身影，此外"博爱之都"、"娱乐之都"、"爱情之都"、"美食之都"、"多彩之都"、"东方日内瓦（威尼斯、巴黎等）"、"东方伊甸园"、"世界天然公园"，都因为专有性不够强而广为人所诟病，除非像大连"浪漫之都"起步较早、长期坚守，否则混同于一大堆城市里面难以区分，营销效果也大打折扣。城市旅游营销关键在于让客源市场受众感受到目标城市的特色、个性。城市特色这样抽象的理念往往通过非物质的旅游形象载体概括出来，宣传出去。非物质的旅游形象载体是旅游者第一时间感受到的，也是旅游者选择旅游目的地的决定因素。非物质的旅游形象载体还有弥补物质载体趋同性弊端的功能。旅游资源趋同的城市，往往能够提供的旅游产品也是十分相似的，所以要在旅游者心中把城市从竞争者中区分出来，就要靠非物质的旅游形象载体。

近几年，随着对城市内涵的深入挖掘，一些品牌城市逐渐塑造出鲜明的特色以凸显于城市之林。成都借助名人张艺谋之口提出了"成都：一个来了就不想走的城市"，在人们心中重新唤醒了对成都传统的"少不入蜀，老不出川"的天府之地的美好印象；重庆形象标志"人人重庆"以"双重喜庆"为创作主题，两个欢乐喜悦的人，组成一个"庆"字，道出重庆市名称的历史由来，标志以"人"为主要视觉元素，展现重庆"以人为本"的精神理念，传递出重庆人"广"、"大"的开放胸怀，以及"双人成庆"，祝愿美好吉祥的寓意，又如两人携手并进、迎向未来，从旅游角度也蕴含政府与人民心手相连、热情欢迎四海嘉宾的内涵。

3. 物质形象载体的建设

非物质的形象还是应该由物质性载体去体现、表达的。我国古典名曲《广陵散》已经失传，人们只能通过描述和想象去体会它的美感，那么这个曲子的感染性就会很低。城市旅游宣传也是这样的道理，离开了物质载体的体现，城市所有的文化、民俗等资源都是镜花水月无法对游客产生吸引力。例如山东省行政中心济南，是以泉水资源作为城市主要品牌的历史文化名城，自古以来被誉为"泉城"。但是，在 20 世纪 90 年代由于各种原因，济南的泉水停喷长达十年之久，泉水资源无论是对于市民还是旅游者来说，其感知度明显下降，直接造成旅游竞争力的下降。近年来，济南限制开采地下水并加强了上游补给区的保护，各大泉群复涌，又呈现了"泉城"的风貌。济南市以泉水资源作为旅游形象的物质载体，在泉群集中的趵突泉、黑虎泉周边兴建大型广场和步行街，广场上树立了象征济南的"泉标"，成为济南新的标志建筑和旅游景观。步行街则串联着泉水景区和济南老城区，在步行街上用泉水作为点缀，并伴以济南特色的雕塑人物形象。一条垂柳掩映的护城河串起了老东门、黑虎泉、趵突泉、五龙潭、大明湖几大景点，这样形成济南核心的旅游区域，充分凸显了济南的泉水文化特色，使泉城的形象深入人心。城市物质的旅游形象载体是旅游者在游览过程中直接能够感知到的，也是非物质形象载体的实现形式。如果一个城市没有物质的形象载体，所有的旅游形象打造都会成为海市蜃楼，就会造成旅游者因为感到宣传的空洞虚假而不满，城市在旅游市场的竞争力下降。物质的旅游形象载体主要分为两种类型：一是城市固有的历史街区，老城区代表着一个城市的历史，同时也是沉淀城市特色的主要区域；二是地标性建筑，城市为了表现自身的特色刻意建设的特色性建筑，在一个城市既起到地标的作用，还能形象地表现城市的个性，也是人为造景的主要手段。但现在的城市旅游物质载体的建设也出现两种截然不同的走向：一面是粗劣的建设，另一面就是野蛮的拆迁。

近年来城市"形象工程"的建设之所以被大多数人痛斥，就是在于在科学的名义下兴建大型地标性质的广场和城市雕塑景观的盲目与无知。《上海城市雕塑总体规划》提出在 2008 年以前建 5000 座雕塑的目标，就引起很多人的质疑；而受"大连模式"影响，很多城市不顾自身条件与大连的差异，拆旧房建大广场、砍树木修大草坪，不仅难于维护，更是泯灭个性、东施效颦之举。在大量的跟风过程中，城市建设者往往不能够结合城市的自身特点，而照搬现成的知名城市案例、甚至周边邻近城市的方案，殊不知南橘北枳、难以如愿。城市形象建设的雷同使得城市旅游形象流于表面，很多情况下反而削弱了城市的形象建设。尤其可怕的是，我国很多城市在形象载体建设过程中忽视原创性、喜欢简单模仿甚至于粗劣抄袭，大量复制品成群结队出现在国内的一些城市的街道、广场上。此种不分城市的性质定位，不分城市历史和文化背景，一个个似曾相识的"克隆"城市雕塑，给人一种不舒服之感，出现了形象营销的反效果。可以说，缺乏创造力和"个性化"，与城市环境不协调，已经成为城市雕塑的通病。

另一方面，具有独特形象魅力的老城区保护处于进退两难、重标不重本的境地。老城区往往在一个城市中处于 CBD 区域，是作为城市交通、商贸、旅游的核心，也是旅游者在一个城市中最渴望看到的部分。但是由于国内城市改造的热潮影响以及老城区地价的提升，大多城市选择了对老城区进行大规模改造、拆迁。老城区承载着城市的历史，最恰当地表现着城市的个性特色，是除了直接的旅游景点以外最好的旅游形象物质载体。老城区大规模的破坏直接削弱了城市的特色，弱化了城市在旅游形象上的表现力。北京，这个具有 800 年历史的古城在当前所遭遇到的破坏程序通常是：汉字"拆"的神秘出现、毫无结果的申述斗争、彻彻底底的全面施工，最终吸引旅游者寻觅芳踪的砖木结构建筑变成一堆毫无意义的瓦砾。21 世纪初兴起的"北京胡同游"在很多人眼中就成为对老北京老城区的最后追忆。离北京不远的天津市也面临着这样的问题。1980 年以来已经被拆毁的天津市文物保护单位有 4 个、区县文物保护单位 16 个、文物点160 个，约占全市文物保护单位的 1/6。在拆迁过程中，为了迎合开发商的利益，很多有历史人文价值的建筑、街区被拆毁。天津市和平区、河西区历史建筑林立，由于道路拓宽拆迁，启新洋灰公司总理处办公楼、中国银行旧址等已被拆毁。再有，劝业场十字路口的建筑已形成完整的风貌建筑群，为了拓宽改造，目前交通旅馆只剩下一面山墙。和平路是天津商业文化的代表，如果继估衣街之后这条街再被拆毁，天津作为著名工商业城市的旧貌将不复存在了。

（三）节事项目建设

1. 开发现状

城市旅游营销除了城市旅游形象的对外宣传活动之外，也包括城市内部旅游项目的建设等方面。其中最重要就是节事旅游的规划和建设，而节事旅游的举办也逐渐成为各个城市旅游营销的主要手段。节事旅游主要是根据城市的特色来预先设定一些事件，并以这些事件作为核心吸引力带来广泛的客源，提高城市旅游知名度和品牌形象的宣传。节事项目的建设会在很短的时间内对城市旅游营销起到催化作用。节事活动大多是经过长时间的宣传，然后在一个很集中的时间内举办活动，因此，在节事活动的短时间内会出现大量的旅游者，城市旅游的感知度得以迅速提升。节事建设能够强化旅游管理部门的领导和协调能力，加强各旅游资源之间的交互和配合。节事活动之后的溢出效应更能给城市旅游发展带来长远的影响，提升当地旅游业的进步，促进旅游产业的升级，创造城市新型的旅游发展方向。会展节事旅游被称为城市经济的面包，既能迅速地提高城市知名度，又能给城市带来实际的经济利益，现在城市开始越来越倾向举办各色的会展类旅游项目。

近年来各城市举办的旅游节事开始逐渐发展和成熟起来，呈现出精彩纷呈的景象。文化节、旅游节、时令节、产业节等主题项目和活动层出不穷，许多旅游目的地已经形成自己的品牌节事活动和表演项目，如哈尔滨国际冰雪节、南宁民歌节、泰山登山节、青岛国际啤酒节、吴桥杂技节、深圳世界之窗狂欢节等。随着中国节事项目建设迅速兴起，国内节事管理的弊端也暴露出来。首先，最主要的弊端就是节事项目成本失控以及市场化运作的缺失。现在节事项目的实施主体大多是政府部门，政府在节事建设中包办了所有的环节：制定方案、费用预算、宣传方案、方案审批、组织实施、工作协调以及活动后续的评估工作。在这样的情况下，政府可能会为了追求事件的溢出效益和时候效应而盲目地上马节事建设，盲目扩大建设规模，而忽视成本控制问题。其次，节事建设项目单调、简单模仿、延续时间较短，脱离当地的实际。最后，节事项目成为政绩工程，与当地文化、当地产业经济脱离，产业化程度较低，企业积极性不大。

2. 完善运营的建议

（1）推进节事活动逐步进入市场化运营。节事活动建设的市场化运营包含各个环节，首先通过充分的市场调研，来确定节事项目的核心内容。然后把节事活动中要进行的建设项目推向市场，由企业主动竞标参加。完善节事活动市场的调剂作用，促进产业发展，以及利益均沾。最后把成本控制添加到节事项目的评价体系中，从经济的角度来看节事活动的意义。当然，同时应该认识到节事活动市场化不是一蹴而就的，应该逐步地转化，通过大家公认的流程推进，包括从政府为主导，到市场为主导；从企业被动安排任务，到利益驱动下的积极参与；从政绩效益的评价，到经济、文化、政治多角度的全面评价，最终实现在节事建设中政府、企业、市民多赢的结果。

（2）与当地的文化内涵和旅游形象品牌相结合。节事活动的建设切忌盲目跟风，一拥而上。成功的活动应该切合着当地的旅游品牌、旅游形象，并能够最终促进当地的旅游营销。同时，节事建设要与当地文化风俗相结合，得到当地居民的认可，才能够调动居民的积极性。

（3）延伸旅游产业链，培育完整的服务体系。节事活动往往涉及旅游产业以及相关产业的各个环节，因此要充分利用产业之间的分工合作，调动充裕的社会资源，带动当地产业的发展。通过节事活动建设来充分配置当地的资源，在当地建立起一套完整的社会服务体系，使这个体系不仅仅在节事活动期间发挥作用，更能在以后的时间里同样地配置资源，提供服务。

（四）旅游营销推广

21 世纪旅游市场逐渐由大众化旅游时代向新旅游时代过渡，新旅游时代要求产品以及促销手段的差异化、灵活化。由于旅游产品的易模仿性使旅游产品不具备知识产权且很难进行有效的立法保护，城市旅游一旦推向市场就将被视为公共产品，如若成功则会引来很多后续的模仿者。因此，城市旅游竞争优势的获得逐渐由单纯的资源竞争转向资源和品牌的双重竞争，城市旅游不仅要拥有良好的市政环境和旅游资源，还要让客源市场的消费者充分了解和认识到城市自身旅游产品的独特属性，这样城市旅游营销所打造的城市旅游品牌形象才能转变为城市旅游真正的竞争力。城市旅游的营销推广就是这种变化的直接推动力，也就是把各种旅游资源直接与客源市场相联系，根据细分市场的要求、变化对旅游资源进行优化、整合，再利用不同渠道、多元方法、巧妙手段宣传和促销城市旅游资源组合的成果。如今，城市旅游营销推广运动已得到充分重视，城市之间以旅游发展为主题的宣传竞争也日益激烈。因此，如何有效地在目标市场推广城市旅游已经成为城市旅游营销中重点研究和解决的问题。根据对国内城市旅游推广方案的研究，可以发现目前城市旅游推广主要有以下几种渠道：一是媒体上的推广；二是公关策划；三是节庆和重大事件的举办；四是区域城市之间的旅游营销合作。

1. 媒体推介

媒体的受众是最广泛的，通过媒体推销自己也是能够在最短的时间内提高城市旅游产品的感知度和美誉度的方式。媒体的推介方式主要是广告宣传，通过电视、报纸、书刊、广播等方式进行介绍以引起游客关注，是目前旅游区首选的旅游形象推介途径。城市宣传往往是制作精美的专题宣传片在视听媒体上反复播放，此外，还可以发行旅游画册、地图、旅游指南、明信片等各种宣传材料，以及利用现代通讯技术在互联网上特别是搜索引擎上发布城市旅游产品的信息。如今城市又开始采用一种新兴的宣传方式——作为外景地参拍影视作品，搭影视宣传的顺风船。例如，浙江舟山桃花岛就是通过《射雕英雄传》这部影片迅速地提高了知名度。《射雕英雄传》剧组选择了知名度不高的浙江舟山桃花岛进行拍摄，当时的桃花岛旅游收入不到 3 万元，而现在桃花岛的旅游收入已破 1 亿元。山东省的周村也因拍摄了《大染坊》大大提升了城市知名度，为自己带来了更多的游客和其他资源。

2. 公关策划

2009 年澳大利亚昆士兰旅游局为宣传大堡礁岛屿，在全球招聘岛屿看护员，称这是"世界上最理想的工作"，时薪相当于 1400 多美元。旅游局介绍，看护员将自 7 月 1 日起驻大堡礁哈密尔顿岛6个月，每月工作12小时，薪水共计15万澳元（约合10.6万美元）。这份工作的职责均取"最低限度"，如喂鱼、照看鲸以及可从空中俯览美景的航空邮递等。旅游局向看护员提供免费海景房住宿、看护员所在国至澳往返机票、岛上交通费和往来大堡礁岛屿间交通费等。通过这次选秀活动，大堡礁引起了全世界的关注。人们茶余饭后津津乐道于大堡礁优美的环境、舒适的生活，大堡礁迅速成为全世界知名的、人人向往的旅游胜地。这可以看作是一个政府为主体的公关策划的成功案例。澳洲昆士兰旅游局耗资170万澳元宣传当地的美景，而当局在推广这份"世界上最理想的工作"时只在全球少数地方刊登招聘广告，花费极少，但却收全球宣传之效，昆士兰官员表示，"世界上最理想的工作"已为当地带来1.1亿澳元的宣传效益。最终英国人绍索尔赢得了工作，昆士兰州旅游局也因组织这一活动受到赞誉，获得全球知名的2009青年创意大赛大奖。国内也存在类似的公关案例，2008年在山东省刚刚提出"好客山东"这一新旅游形象之时，旅游局局长就选择在北大做现场演讲的方式来宣传山东省的旅游，演讲后现场发送了旅游套票、优惠券等，利用这样的方式来提高山东旅游的感知度和美誉度。

公关策划就是利用公共人际关系资源使城市与外界建立良好关系的方式，有利于迅速塑造并传播良好的旅游形象。公关策划可以根据主题分为两方面的内容：一是政府为主导的官方旅游推介会方式；二是以旅游企业为主体，企业之间的联谊、推介以及企业优惠政策的推出。城市要积极参加、组织各种与旅游有关的展览会、交流会、研讨会、演出会、招商引资会、新闻发布会等形式的公关活动，邀请专家学者、旅游企业的管理人员、著名作家、有广泛影响力的新闻媒体记者来旅游地参观，以扩大旅游地的知名度。①

3. 节庆及重大事件的举办

节庆活动的举办能够在短时间内提升城市的知名度和感知度。民俗民歌类的节庆活动如广西南宁国际民歌节、以当地的自然资源为主的节庆活动如洛阳牡丹节、以当地相关名人历史资源为背景的宁海徐霞客开游节等都是成功的旅游节事案例。旅游节庆活动和重大事件的举办是在有限的时间和空间内表现城市特色，推广城市旅游形象的手段。同时旅游节庆及事件自身也成为城市旅游活动的一个重要方面。节庆以及大事件的举办能够在短时间内提升城市旅游产品的知名度，带来经济效益，同时在事件举办的过程中城市会重新整合和配置各种旅游资源，使其达到优化配置，进一步提升城市的旅游形象。在开发城市旅游的热潮中，旅游节庆活动备受瞩目，人们逐渐认识到旅游节庆在城市旅游与经济发展中所起到的重要作用。

4. 区域城市的旅游营销合作

近年来国内逐渐涌现出一些旅游合作圈，区域旅游蓬勃发展。长三角、珠三角、环太湖、新三峡、澜沧江—湄公河次区域等旅游圈的形成，开创了区域旅游的先河。作为全球第六大都市圈，长三角在入境旅游市场上占有较高的份额，"与其单打独斗不如寻求区域合作共赢发展"已经成为长三角及周边各旅游城市的共识。作为长三角旅游区域合作最高规格的会议，"长三角旅游城市高峰论坛"始创于2003年，每年举办一次，其成员目前已由最初的"15+1"个城市扩展至2008年的"15+10"个城市。长三角区域旅游合作机制在促进相关旅游城市之间的协商

---

① 乌铁红、李文杰：《旅游形象设计与传播手段研究》，《内蒙古师范大学学报（哲学社会科学版）》2003（3）：55－56。

对话，打造区域旅游品牌和无障碍旅游区、实现资源优化组合、信息互通有无、客源互送共享等方面产生重要的积极影响。2004 年 4 月，武汉、黄石、孝感、鄂州、咸宁、黄冈、仙桃、潜江、天门九城市签订了《武汉城市旅游圈 1 + 8 区域合作意向书》，标志着该区域内旅游协作进入了一个全新的阶段。河南的一些核心旅游城市也提出了"中原城市群"的概念，以河南省会郑州为中心，包括洛阳、开封、新乡、焦作、许昌、平顶山、漯河、济源在内共计九个省辖市。这个城市群基于相似的历史背景和自然资源来寻求区域内的旅游竞合。英国学者 Mitchell 在《旅游地理学：综述与展望》中预测，今后旅游地理学研究的一个重要方向是空间关系的研究。[①] 空间区域旅游发展的竞合成为旅游营销的主要研究课题。区域旅游合作一是基于资源相似性的竞合，二是基于资源或者客源市场的互补型合作发展。据不完全统计，2000 年以来国内各省市区积极参与或筹划的旅游区域合作项目有近 50 项之多，这些旅游区采取各种互惠协作方式，极大地推动了当地旅游资源的整合、规模效应的实现和品牌的打造。区域旅游协作与发展正成为国内城市旅游营销的主旋律。

（五）旅游营销管理

城市旅游产品是一个综合体，旅游产品内部各种资源配置的方式直接决定着相关部门、行业之间紧密合作的联系。同时城市的旅游产品呈现多样化、阶段化的特点，旅游者在选择同一个城市内不同的旅游产品的时候，各个旅游产品之间就存在竞争、敌对，这就意味着产品背后的利益相关者之间的竞争博弈。在构成同一个城市旅游产品的各种产业、旅游企业之间存在着合作竞争的博弈关系。但是，城市旅游营销首先要给客源市场一个统一的、整体的旅游形象。因此，在现代城市旅游营销中，人们越来越重视联合促销的应用。联合促销就是指多个利益主体求同存异、联合行动、共同营销城市的整体品牌形象。联合促销最终能够使得各个利益主体都能获取利益，这种利益并不是单纯的短暂盈利或者市场份额扩大，而是创造一个可以共同利用的广阔的市场环境。城市旅游营销中各种利益主体之间博弈关系的管理就成为旅游营销是否能够可持续发展的关键。根据对国内城市旅游营销管理方式的研究，我们可以发现管理的重点主要放在以下几个方面。

1. 政府主导地位的维护

2009 年 2 月，温州、台州、福州的都市类报纸上连续三天刊登了以猜"睢"字为主题的整版广告，吊足了大家的胃口。这是江苏省睢宁县为了提高城市的知名度做出的创意之举。三天之间有 2000 多个热线电话，县政府网站点击率日增 2700 次。该县县委宣传部副部长乘此机会向热情民众表示感谢，请市民有机会到睢宁做客。这次宣传活动提升了人们对于该县的感知度，是以政府为主导城市营销的创新之举。2007 年底在美国"你的电视"（Youtube）网站上"跟着新加坡媒介发展局的高官们一起玩说唱！"的视频在一周内使新加坡成了世界各地网络玩家们的关注焦点，来自政府媒介管理局的十几位官员们穿着黑西服、打着领带，学嘻哈风唱起 rap，而路透社新闻评论说在宣传新加坡上"他们得了一个意外的高分"。无独有偶，2009 年 5 月在长沙

---

① Mitchell L S. (1985). Recreational geography : inventory and prospect [J]. *Pros. Geogro*, 37 (1) : 6—15.

黄花机场飞往国内外各地的航班上，张家界市市长赵小明以卡通形象出现，作为"2009中国张家界国际乡村音乐节"的"形象大使"，手拿吉他载歌载舞。

政府主导城市旅游营销，是国内外很多区域和城市营销实践的惯例，也被认为是有效的组织模式。城市旅游营销对于政府主导的依赖性，在于旅游产业运行的综合经济特征与部门分割现象。① 旅游产业不是一个独立的经济部门，而是以旅游活动为中心形成的一系列关联行业。旅游经济活动的全部过程不是靠一个行业，而是靠整个社会各个相关部门与行业协同完成，因此在营销过程中需要政府打破行政系统和行政区域设置的条块分割，把公私部门组织在一起形成旅游产业统一大市场开发的局面。所以如今的国内城市旅游营销应该还是坚持政府为主导，有效地调动各方面的资源优化配置，打造整体的城市旅游品牌形象。在当今的发达国家，旅游业的宣传也是以政府为主导的。例如，美国白宫旅游委员会召开白宫旅游大会，把全国1 500个主要旅行商集合到一起，就是通过总统来直接引导；而法国一系列大型旅游活动都是政府出面组织；各个国家在旅游宣传促销活动时的主体就是政府。借鉴旅游业发达国家的经验，我国也有许多地方政府在旅游业发展过程中，注重发挥政府的主导作用，强势推进旅游营销工作的开展。

2. 政府与企业之间付出与回报的均衡

我国城市旅游营销的主体是政府，但并不意味着旅游营销由政府部门一手包办，而是要逐渐转化为以政府为主导、旅游企业广泛参与的协作状态。上面分析了政府为主导的必要性，但是同时应该看到政府不应该完全包办城市旅游促销。首先政府会遇到财政的限制问题，而且还要兼顾资金支出在旅游业和其他产业之间的均衡。同时，既然私有企业在政府营销中获利就意味着私有企业也应该承担着参与城市旅游营销的责任和义务。在城市旅游营销过程中，企业和政府存在着博弈关系。纯粹的政府意愿的营销方案可能会忽略市场的要求和企业的承受能力；纯粹的企业的营销意愿有可能完全倾向于个别龙头企业的偏好，忽视城市整体的特色，最终会造成城市旅游竞争力的下降。因此，国内的大多数城市是由政府搭建城市营销的框架，打造城市完整的品牌形象，并提供各种公关机会和基本的支出费用，而企业搭乘政府营销的快车，享受整体的城市旅游形象提升带来的市场前景，把握各种时机，表现出企业的特色要求。同时，企业为政府提供财政税收，作为政府的收入来源。伴随着旅游企业的成熟，越来越多的政府旅游管理机构开始采用在联合促销中侧重于政策层面的支持和辅助战略。对于那些知名度较高、立足已稳的目的地，由于其已经发展到比较成熟的阶段，也已经建立了自己的对外联系，所以政府旅游组织便可能越来越多地将较多的经费集中用于支持和辅助战略，而将较少的经费用于促销整体形象的广告宣传，比如消除因价格或人身安全等方面的新闻事故导致的客源市场的消极态度而产生的短期影响。②

3. 不同规模旅游企业参与营销协作的差异

私营企业对城市旅游营销的关注主要集中于与自身相关的领域，促销一个城市的特殊区域或者特定服务。这种相对狭隘的旅游促销行为有可能会引起企业之间利益的冲突以及企业营销方案与政府营销方案的冲突。旅游企业之间的博弈主要表现在两个方面：一是相关领域不同带

① 张辉：《中国旅游经济现象的深层思考》，《旅游学刊》1995（6）：12。
② 王云龙：《旅游地形象联合促销行为的博弈分析》，《上海师范大学学报（哲学社会科学版）》2004（1）：29。

来的博弈。旅游企业关心的领域不同或者特色服务之间相互替代性的存在都会带来这样的矛盾。二是企业规模不同带来的博弈。大企业会主动去开发新的市场，打造公共旅游形象，从而把握更广阔的市场环境。这样大的旅游企业就会附加上小企业所没有的风险和成本。小企业有更多的依附性，不会主动地去开发扩展，而是满足于大企业开发出来的机会和市场，再去模仿效仿他们，但是小企业也面临着大企业主导的压力，失去自主权利，失去特色性。因此，在处理旅游企业之间博弈的过程中，要充分考虑各方面的矛盾和相互依赖性。城市旅游营销要把各种类型、各种规模的企业调整到同一个战略方向，共同开发潜在的旅游客源市场，打造各种企业可以共同获利和依附的城市旅游品牌形象。

四、国内经典案例

（一）青岛：借助事件营销实现城市旅游品牌的华丽转身

1. 海洋时代青岛城市新品牌——奥帆之都

在中国社会科学院发布《2009年中国城市竞争力报告》中，青岛入围最具竞争力十强城市，位列第7。作为中国北方的海滨城市，青岛市在努力整合产业品牌的同时，借助2008年奥帆赛展开城市旅游营销，大大提高了城市美誉度，成功实现传统海滨旅游城市的转型，成为中国首屈一指、世界普遍公认的"帆船之都"，为建设"中国北方国家旅游休闲度假示范区"提供了更强的促动力。

四年一度的奥运会对举办城市所产生的巨大的经济、社会、文化效益，吸引了包括大连、秦皇岛等城市在内的激烈竞争。青岛以雄厚的产业经济为依托，提出对参与2008北京奥运会帆船赛的运动员、记者等相关人员免费接待，提供优越的食宿和出行条件，以此打动北京奥委会取得奥运帆船比赛的举办权，可谓借奥运之势丰富城市旅游品牌的关键一步。以奥帆赛为基点，青岛进行了全面规划，进一步改善生态环境，突出"新青岛、新奥运"的主题，充分体现"绿色奥运、科技奥运、人文奥运"的理念，实现举办一届"有特色、高水平"奥帆赛的目标。利用"山、海、城"浑然一体、人与自然和谐共处的城市特点，青岛做足海上运动的文章，建设亚洲一流、国际先进的海上运动基地，展示青岛"海上奥运"的特色，将青岛打造成中国的"帆船之都"。

2. 科学规划城市建设，塑造奥帆之都特色

城市设施和环境的提升为城市营销提供了"城市产品"的物质载体。为保证奥运会的顺利举行，青岛在基础设施建设方面投入大量资金，全面改造和建设青岛的旅游基础设施、交通、环保、通信和比赛场馆。2004年2月26日第29届奥运会组委会帆船委员会召开新闻发布会，正式颁布《青岛奥运行动规划》，对于奥帆赛基地设施建设、城市市政规划建设、交通运输改造等进行了布置和规划。努力塑造"奥运扬帆胜地，海滨旅游天堂"的城市形象，把青岛建设成为环境优美舒适、设施配套完善、产品特色突出、产业结构合理、管理服务一流的世界著名滨海观光度假和海上运动休闲城市。

3. 宣传推广主题节事，突出帆船之都形象

在奥运会举办期间，举办城市成为全世界瞩目的焦点，巨大的聚焦效应，成为政治、经济、文化发展的最佳传播载体。全世界的观众可以通过电视、网络等多种媒体，了解奥帆赛，了解青岛，使青岛的知名度大大提高。超过万名记者的大强度、高密度采访报道，成为目前世界上最大的宣传报道活动，其规模无与伦比，价值难以估量，影响极为深远。

围绕"帆船之都"，青岛主要开展了以下事件：①"青岛"号大帆船将作为青岛的城市形象代表，在2008年奥帆赛之前，开展中国沿海航行和跨洋远航等一系列活动，配合青岛市政府在海内外组织的各种经贸、旅游、文化宣传推广活动，宣传奥运，推介城市。②在"体验文明、共享奥运"的主题下，青岛与北京再度携手，于2006年6月23日至7月15日共同打造了第四届"北京2008奥林匹克文化节（青岛）"，青岛市民先后迎来了北京—青岛国际体育电影周，两岸五地残疾人"迎奥运、展风采、献爱心"活动，奥林匹克帆船开放日等丰富多彩的奥林匹克文化活动。③青岛每年都会有一系列比较成熟的旅游节庆活动，已经形成青岛独特的品牌，名扬四海，如青岛国际啤酒节、青岛海洋节、金沙滩文化旅游节等，所有这些活动都被成功地整合在同一主题下。④青岛作为奥运帆船赛的举办地，不断引进国际级的帆船赛事，多次成功举办了国际帆船锦标赛、克利伯国际帆船赛等具有重大国际影响力的体育赛事。奥帆赛之后，克利伯、沃尔沃环球帆船赛还将陆续来到青岛，青岛将形成一个集训练、竞赛、休闲、科教为一体的海上运动中心，打造世界顶级帆船赛事基地，提升青岛"帆船之都"的品牌效应。⑤青岛市以"相约奥运·扬帆青岛"为主题，到境外18个国家和地区的姊妹城市开展推介活动，加大奥运宣传，聚焦世界目光。

4. 发挥奥运品牌延伸效应，推动城市品牌升级

像巴塞罗那、亚特兰大、悉尼等城市一样，青岛借奥运之机，在国内外旅游市场上树立起了自己的独特形象，并以奥运题材为依托推广旅游品牌，吸引了更多的游客，从而实现旅游、体育、休闲等诸多子品牌聚合后城市总品牌的升级。举办奥运会所带来的巨大投资规模效应，极大改善了青岛旅游基础设施的建设，提高了旅游服务质量，创造了一流旅游环境，带动了旅游行业水平的全面提高，促进了旅游业的进一步成熟与发展。

奥运会期间，国际游客数量的巨量猛增，特别是欧美游客的大量增加，极大改变了青岛海外客源结构偏重亚洲，特别是日、韩的单一格局。欧美国际游客数量的增加，不仅带来较多的外汇收入，更主要的是能够带动奥运之后欧美游客数量的持续增加，为青岛开发欧美入境旅游市场奠定基础。

奥帆赛的举办为青岛形象留下了标志性景观，奥帆中心是目前世界一流的帆船运动中心，也成为青岛城市的新地标。奥运之后的第一个黄金周，奥帆中心在经过简单的功能转换之后部分开放，共接待了16万市民和国内外游客，最高日接待量超过3.5万人。每年8月8日作为"奥运纪念日"将开展为期十天的海洋文化活动。此外，一系列的海上旅游休闲娱乐项目也将随着"后奥运时代"的开始而逐步推进，放大青岛"帆船之都"的品牌效应。

5. "激情扬帆、心醉青岛"，打造国际知名旅游目的地新名片

2009年4月23日，中国人民海军成立60周年海上阅兵活动在青岛海域举行，来自五大洲近 30 个国家的海军舰艇汇聚黄海，再次使青岛成为全世界的焦点。成功的事件营销是青岛城市塑造特色旅游品牌的助推器。青岛通过啤酒节聚焦人气、借助海洋节延伸触角、利用奥帆赛实现转型、承办阅兵式保持关注，迅速形成一个在国际上知名度很高的集城市观光、海上旅游、水上运动、国际游船、海洋科考、海洋探险、海岛旅游等为一体的著名海洋旅游目的地品牌，从而在与同类海滨旅游城市的竞争中突围，成为城市旅游品牌营销的领跑者。

（二）杭州：通过要素整合与内涵挖掘凝练城市旅游核心价值

1. 休闲视野下杭州的卓越生活品质

杭州把"生活品质之城"作为城市的品牌形象，追求生活品质成为这座城市发展的根本动力。城市旅游营销的最终核心载体是具有旅游功能的综合旅游吸引物，而休闲度假旅游产品是杭州在旅游细分市场中最具竞争力的项目。杭州美丽的自然风光、舒适安逸的人文底蕴以及深厚的历史文化遗产，构成了国内独有的旅游休闲目的地，也是杭州进行城市营销过程中必须依赖的品牌核心价值。杭州在打造宜游城市的过程中，必须发挥其自身的风景旅游资源和历史文化资源优势，增强国际旅游竞争力。近来，杭州市政府充分认识到旅游产品特色性的重要，对当地的自然和人文资源环境进行了有效的改造和完善，以营造高品质的城市。

2. 释放西湖与开发西溪，夯实杭州休闲旅游的自然精髓

杭州的自然景观生态区的重点是以西湖为代表的国家级风景名胜区。2001—2005 年，杭州市政府完成了"西湖综合保护工程"，其中以"西湖南线整合工程"为序幕，几年间相继完成了新湖滨景区、杨公堤景区（即西湖西线）、梅家坞茶文化村三大景区，"北山街历史文化街区"工程等 80 余个恢复与整治项目，完全实现了"西湖综合保护工程"当初设定的"圆西湖全景世纪之梦、实现还湖于民和打造世界级风景旅游景区"的三大目标[①]。伴随着面积上的扩大以及和钱塘江的沟通，西湖基本上达到了 300 年前的面积，透明度提升到 120 厘米。国家首个湿地公园——西溪湿地综合保护工程一期已经完成。电影《非诚勿扰》中展现出的西溪湿地的美丽风景和历史由来，以及台词"西溪，且留下"，有力地宣传了西溪的旅游形象，赋予了杭州旅游新的内涵，成为提升杭州魅力的又一亮点。杭州迎来"双西"共赢的新时代，自然与人文交融一体、高度和谐，达到了自然美与人文美的极致，西湖和西溪共同构成杭州生态休闲环境的主体。

3. 保护城区与恢复旧貌，增添杭州休闲旅游的文化底蕴

针对杭州主城区的城市空间环境以及有形的历史文化资源，市政府展开了"背街小巷整治改造工程"，一是对散落在街巷空间中的历史文化遗存及隐含的人文信息的激活，做法是不改变其原状，修旧如旧，真实、完整地还原其历史面貌，同时将城市生活与之分离；二是对与市民居家生活联系最密切的街巷空间品质进行提升，做法是修补建设缺损，对空间实体进行风格和质量的改善，对基础设施进行更新，使街巷空间重新焕发活力，促进城市生活和谐持续发展[②]。南宋王朝是杭州历史上最为辉煌的时期，杭州宋城仿照《清明上河图》建成，仿南宋时生活状态，市间多表演各类节目，夜间大型综合舞台剧《锦绣天城》，其"给我一日，还你千年"的营

---

① 颜晓强、曹震宇、徐雷：《构建休闲城市——从资源角度分析杭州的城市空间环境》，《城市问题》2006 (3)：36 - 37。
② 同上书，第 35 页。

销口号似乎传递着杭州对旧时皇城文化的追索。

4. 惠及周边与拓展游线，延展杭州休闲旅游的区域界域

杭州周边的旅游项目也得到深度开发：淳安千岛湖风景区项目建设成效凸显，国内内陆湖泊最大的豪华游轮"伯爵"号正式下水，内陆湖泊第一艘全潜式水下观光潜艇已组装完毕，备受关注的阿基米德浮桥项目正在中科院进行试验；桐庐县加快老景区升级改造；富阳市加快推进中国古代造纸文化村二期工程建设，着力打造新三国旅游线；建德市加大富春江七里泷景区建设，深度开发民俗风情旅游文化项目；临安加快景区资产重组，合力打造"五大生态旅游区"。①

5. 基于城市产品与资源特色决定杭州旅游品质

在城市形象构建和推广时突出城市的环境因素，通常而言会使城市形象更有特色。杭州市政府非常重视城市旅游产品特色的推广和宣传。自 2007 年 5 月开始，杭州历时一年，向全球征集城市标志设计作品 2568 件，经 15 位中外专家评审、12 万多市民群众投票评选出城市标志。以汉字"杭"的篆书进行演变，并融合航船、城郭、建筑、园林、拱桥等元素的杭州城标选定活动在国内还是首次。而一年一度的西湖博览会以及 2006 年世界休闲博览会的成功举办更使千千万万的目光聚焦杭州，为杭州提供了展示城市魅力、经营城市品牌的舞台。相比之下，现在国内很多城市过分倚重广告、促销以及公共关系等营销渠道的投入，而忽略了城市旅游营销中的核心产品特色的提升，虽然一时取得了轰动效应，但并不具备从根本上打动广大旅游消费者的内在价值，也就无法进行成功的城市旅游营销。

图 15—1 杭州城标

资料来源：杭州生活品质网（**www. cityhz. com**）。

（三）成都：完善组织架构和运营网络以实现全球旅游营销

1. 全球视角下的城市旅游营销

汶川地震发生后不久，由成都市政府各部门领导及相关企业的专业人员组成的"成都城市形象提升协调小组"迅速成立，以恢复旅游业为契机，向全世界推广成都城市品牌，建立一套以城市为主题的全球整体营销方案。其中，城市形象的包装和推广是城市营销的重要内容，可以使外界充分了解和接受成都是国内外投资、创业和旅游最佳之选的概念。成都文化旅游集团

---

① 康保苓：《杭州休闲旅游产品的深度开发研究》，《商业研究》2006（12）：176。

（以下简称"文旅集团"）作为成都旅游对外营销工作的主要承担者，通过各种有效营销渠道，将成都这座历史文化休闲名城推进国际市场，逐步建立起全球旅游营销网络，使得成都的国际旅游形象更加清晰。这种大规模、高密度的城市公共营销活动，在中国城市营销中尚属先例，对其他城市的旅游发展有很大的借鉴意义。

2. 在客源地搭建专业化的协作营销架构

2007 年 9 月，成都—峨眉山—九寨沟—贡嘎山旅游目的地联盟驻巴黎办事处在法国安赛尔旅游集团公司正式挂牌成立。这家法国最大的华人旅游公司作为联盟驻巴黎办事处与法国 30 家旅行社展开合作，在法国主要城市举行多场成都旅游推介会，吸引更多的法国游客到成都等地旅游。此外，成都文化旅游集团与来蓉参加"四川·世界 500 强企业座谈会"的欧洲最大旅行商德国途易（TUI）公司正式签订全面合作协议，双方就联手推动成都国际化和成都入境旅游市场达成共识。这标志着成都在欧洲的旅游营销网络已全面搭建成功，成都将利用其遍布欧洲的销售网点和渠道，全面、深入地进行文化旅游营销。

3. 利用门户网站扩大网络在线营销

成都文旅集团在 2008 年 7 月与谷歌签下了全球网络营销成都城市形象协议，借助网络关键词搜索、媒体内容联盟等载体整合成都市旅游资源，在线全球营销成都形象。针对在线英文用户，将"支持四川灾后重建、参与成都文化旅游"的主题广告以及"亲临熊猫故乡、感受中国的中国——成都"等内容采用极具中国特色的图片广告方式投放到美国、澳大利亚、英国、新加坡等全球 12 个主要客源国家和地区的精选网站中。借助网络进行包装营销，互动性良好，可以直接面对消费者，更大程度上尊重和满足来自世界各地游客的旅游意愿和动机。

4. 多方位旅游推广活动实现主题聚焦营销

2008 年 12 月成都文旅集团联合谷歌（中国）公司向全球发出邀请，请大家到成都来过年。针对不同的旅游市场，采取了不同的活动推广策略吸引游客：在韩国和中国台湾、中国香港市场与当地主要旅行商合作推广"成都年"品牌和旅游产品，与各大旅行商合作通过网站、广告、海报等形式宣传"成都年"各大景区景点的精彩活动，吸引当地游客来蓉过年；结合成都、台湾两地直航包机的开通，成都文旅集团与台北国旅合作，先后三次组织中国台湾、中国香港和新加坡城游客包机来蓉过"成都年"。此次活动以营销带动市场，市场刺激各大景区在节庆活动方面不断地推陈出新，达到了营造"成都年"期间喜庆祥和氛围、拉动文化旅游消费的良好效果。整个活动历时近两个月，成都共接待了数千万游客。

5. 融入世界知名企业实施联合品牌营销

成都联手世界 500 强的百事公司，成功发售"成都印象罐"。这款名为"成都印象罐"的特殊的百事可乐将在国内上市发售。为了与更多的消费者互动，还启动了"我心目中的百事可乐成都印象罐"设计比赛活动。作为旅游营销机制上的一次创新，将成都城市历史文化、旅游资源与国际品牌进行了有机嫁接，并且借助了传媒的巨大传播效力，这对成都城市品牌的国际化是极大地提升。

6. 多元渠道使成都旅游概念走向世界

灾后的成都通过网络营销、城市公关、广告等多种营销渠道，吸引了全国乃至全世界更多的关注。成都将自有的旅游资源与国内外成熟的营销渠道和手段联合，是中国城市旅游的新思维，对成都城市旅游营销有巨大的推动作用。这种由政府主导、专业公司承担的旅游推广策略，已经取得初步的效果。随着全球旅游营销网络的深化和完善，成都作为"熊猫城"、"中国休闲之都"的城市品牌形象会获得更多的国际游客认可。

（四）大连："浪漫之都"品牌城市的打造、培育与完善

1. 大连的城市品牌发展模式

大连是国内最早将城市作为一个整体形象推出的城市，其倡导的"城市革命"理论，将城市作为最大的产品和品牌来规划、建设和营销，以城市的知名度和品牌作为城市的吸引力。2003 年，大连成为中国第一个将"浪漫之都"注册为城市品牌的城市。大海、绿地、广场构成了大连漂亮的城市环境，金石滩、旅顺口、极地馆、圣亚海底世界、女骑警、滨海路成为大连的名牌旅游产品，再加上服装节、樱花节、赏槐会等大型旅游节事活动，使海滨城市充满了绚丽多彩的浪漫气息。这些都是大连旅游的优势所在，保持这些优势是大连市旅游继续发展的基础。大连作为城市的整体品牌吸引力远远超过了旅游产品的吸引力，在深层次上归纳了大连旅游形象的特征，进而提高了大连旅游的整体竞争力。

2. "浪漫之都"品质旅游的深化发展

大连最为旅游者称道的就是漂亮的城市景观和洁净的生活环境，然而这些并不足以支撑大连旅游业的持续性发展。大连坚持打造"浪漫之都"的绝对魅力，深化城市旅游的文化内涵，不断推出独特性强、参与性高、时尚新潮的特色旅游产品和服务，巧妙捉住机遇，综合运用各种营销推广手段，扩大旅游客源市场。

（1）借助奥运效应，提高国际知名度。大连在北京申奥成功时，及时地打出了"比赛在北京，观光到大连"的旅游宣传口号，引导一些奥运游客产生来大连游玩的动机。2008 年，大连在国内外举办了多场奥运旅游产品发布会，推出了五条奥运旅游线路和主题旅游活动优惠政策，开发推广了刘长春大连生活旅游线路等奥运旅游新产品，并在 70 辆公交车上喷绘了"奥运在北京，观光到大连"的旅游车体广告，同时还推出了冰雪类、登山类、徒步类、水上类、运动类等丰富多彩的奥运旅游系列主题活动。由此吸引了众多的海外奥运游客到大连旅游观光：来自荷兰的 650 名徒步爱好者，在到北京观看奥运会前特地到大连进行徒步旅游；法国游泳队、美国田径队的 100 多名运动员也选择大连作为奥运会赛前的适应训练地；奥运会期间，韩国有五架包机、共千人到大连旅游观光。

（2）丰富旅游产品类型，引导旅游者消费诉求。为平衡旅游季节性差异大的问题，大连推出冬季"3S"旅游产品：温泉（spring）、运动（sport）和购物（shopping），将"冬游到大连，体验新浪漫"的主题整体向市场推出。旅游企业将温泉与滑雪有机地结合起来，"温泉＋滑雪"成为市场上的主流产品。大连还着力开发俄罗斯市场，争取在俄远东地区尽早树立起"远东购物天堂——中国大连"的城市形象。旅游企业还推出了针对俄罗斯游客的新年晚会，并聘请俄罗斯籍主持人，增加晚会的参与性等，吸引更多俄罗斯客人到大连过新年。大连的极地馆海洋世界将热带海洋动物的观赏延伸至极地海洋动物的观赏，在原有普及性旅游项目的基础上，又

增添了新的旅游内容。主题公园发现王国以其世界顶尖游乐设施、环球风情演艺和丰富多彩的四季庆典成功吸引了中外游客，是"浪漫之都"的旅游新亮点。

（3）利用丰厚文化底蕴深化旅游品牌内涵。文化是旅游的主旨和内涵。大连城市建筑风格独特，俄罗斯风情一条街、日本风情一条街、有轨电车等可以体现大连发展的历史文化特色；老虎滩海洋极地动物馆、圣亚海洋世界、航海博物馆、贝壳博物馆、世界和平公园、自然博物馆、现代博物馆、蛇岛博物馆的陆续建成，使大连成为一座海洋文化名城；大连还引进国外旅游投资建设高端旅游"大连莱茵海岸度假村"；旅顺口推出的以城堡、烽火台、战场、纪念地等历史资源和遗迹为主的军事旅游，以采摘、享美食等为主的体验游，进一步丰富和完善了大连旅游的文化内涵，推动旅游品牌的可持续性发展。

（4）发展会展节事旅游，促进旅游产业升级。服装节、啤酒节、国际马拉松赛、大连国际赏槐会、沙滩节等一系列城市节日，还有新推出的国际婚庆旅游节、温泉滑雪节、文明旅游志愿者征集活动、导游王大赛、国际高尔夫邀请赛等旅游活动全新登场，吸引当地居民和外地游客的参与。2008年赏槐会正值汶川地震期间，大连将这届赏槐会的主题及时调整为"槐花结友谊，真情系灾区"，为灾区募集善款。大连作为我国率先提出发展会展经济理念的城市，已经成功地举办了"大连进出口商品交易会"、"亚欧经济部长会议"以及"达沃斯"等重要会议。活跃发展的会展经济，成为大连城市品牌传播的重要依托，为建设东北亚的重要会展中心城市奠定了良好的基础。

3. 基于统一主题理念的品牌化旅游城市的长期建设

城市旅游品牌赋予城市旅游独特的文化内涵，能够提高其可持续发展的能力。大连围绕"浪漫之都"城市品牌展开旅游营销，通过"浪漫之都、时尚大连"口号的确立，将"品牌城市"的打造作为整合力量，关注城市整体旅游概念的整合，各类旅游产品的深层次开发以及大力的宣传促销活动，都有效地传递了大连旅游的核心价值。大连旅游营销对"浪漫之都"持之以恒地推广，使其在"品牌城市"的打造上呈现出连贯、顺畅、完整、全面的风格。大连通过着力打造突出浪漫、体验浪漫为统一主题的旅游氛围，贯穿浪漫、时尚、向上的文化特征，深化了大连作为"浪漫之都"的城市文化内涵，也继而明确了大连城市旅游发展的长期主题和方向。

五、政策启示与展望

随着技术进步和认知深化，旅游正在以势不可挡的趋势影响着我们的生活，已经从可有可无的无所事事变成为不可或缺的人权福利。随着人们闲暇时间的增长，整个社会运行都愈发重视旅游在城市和区域发展中的重大作用。当旅游企业私人产品借助营销的力量实现最大化占有市场的时候，城市整体旅游产品也需要与时俱进，借助营销工具来塑造城市的旅游品牌形象、提升综合旅游竞争力。但与此同时，又面临这样一个难题，那就是城市本身是一个复杂的多元产品组合体系，管理人员很难实现面面俱到，而营销过程的多元参与和不可控性又经常使得对市场信息不够敏感的政府部门有时会出力不讨好，受众在关注城市公共营销效率的同时对地方

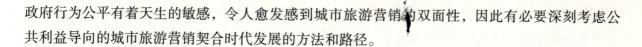

政府行为公平有着天生的敏感，令人愈发感到城市旅游营销的双面性，因此有必要深刻考虑公共利益导向的城市旅游营销契合时代发展的方法和路径。

（一）营销模式：多方参与与多元整合的协作

面对竞争日益激烈的旅游客源市场，城市诸多部门如外宣办、旅游局、文化局等都在投身于对外营销的阵营当中，宣传部门、旅游部门、经贸部门、文化部门等都从各自领域出发建立自身的营销机制，并与政府首脑进行了行政上的对接，但统一的计划和部署尚不明显，基本上很多部门都独立运营，互相之间由于信息不共享而重复运作、事倍功半。更深一步讲，需要城市政府设立单一机构统筹旅游营销工作，组织旅游部门、投资部门、建设部门和文化部门等政府公共机构和产业相关部门的旅游私人企业联合起来将旅游营销任务放在一起进行整体设计、统筹安排，并形成一系列前后衔接、职能互通、利益共享的营销工作设计。城市旅游营销的根本是根据目标客户的需求整合内部资源，建立强大的信息数据库为用户提供所需文字、图片、数据等各类信息，并积极创新旅游产品和旅游线路，培育和改造旅游者消费理念。这显然不是单个企业或机构所能做好的，整合是迈向成功的关键。

（二）营销决策：公共利益与公共参与的并重

营销是不同主体间的沟通工具，在这个主观性很强的过程中变化和意外是很常见的，尤其在公共营销领域，一整套的制度与规则都是在逐渐建立中，很多与企业旅游营销无关紧要的方式方法在城市旅游营销时就会产生逆反效果，需要城市管理者在抉择过程中要有眼光，把握不准的事情就不要贸然尝试。例如形象塑造的适度夸张、"眼球事件"的人为炒作、新鲜理念的创新尝试都会引发不同声音和质疑，因此地方政府开展城市旅游营销要注意方式方法，时刻想到其营销行为的公共产品属性，认真对待所支付的任何一笔营销资金，要选择品质高、实力强的代理公司和合作对象，并增强城市对营销过程的掌控性，避免陷入损害公共利益的窠臼。这实际上是一个多层次"委托—代理"关系的体现，因此自主创意营销是最有收益和稳定的，就像当年章新胜向新加坡总理李光耀营销苏州一样，最终打动对方的是城市政府自身的执行力。城市旅游营销也要注重减少代理环节，关注营销内容本身的精彩与否，增大市民和公众参与决策的频度和力度，在最大范围里取得共识。例如新近一些城市在打造旅游形象时就注重了多轮次、大范围的民众参与和公示评议，从而最大限度地减少了社会争议。旁逸斜出、独辟蹊径的创新思维不是不可以，并且也是必要的，但同时也要考虑到创新的风险，即有更大的可能引起反效果。稳妥中前行，或许就是对当前城市旅游营销决策过程中政府行为选择的合适解读，时刻秉持公共利益、较之于企业而言更加适度地采用创新模式的理念是做好城市旅游营销工作的基础和前提。

（三）营销视角：平等心态与平民情怀的融合

成功的城市旅游营销要考虑到受众的特殊性，虽然不乏代理商、关键企业等强势声音，但真正具有力量的还是广大的"用脚投票"的旅游消费者。营销的目的是通过消费者可以接受的形式传递信息、改变观念、达成一致的说服活动，没有强权主导、没有尊卑贵贱，因此城市旅游营销的管理者要改变僵硬的上传下达的命令范式，营销策划要放下架子，以平民化的推心置腹，才能得到认可。商业语境的营销过程中，所有人都是平等的。现实中的优越感并不直接等同于在营销网络中的影响力，尤其是政府公共部门本身就是权威的化身，如果在营销中还不忘强化自己的身份特征，就会很容易激发受众的"逆反心理"，适得其反的营销效果就会出现。我国政府官员习惯于开展正式的官方对官方的交流活动，城市旅游营销也大多喜欢到客源地接触官员、举办会议，但这样的营销绩效难以深入。成都在开展国外旅游营销时就采取了通过旅行代理商与最终消费者直接见面的方式，取得了不错的效果。早期的旅游营销宣传手册也极其"脸谱化"，语言枯涩、语气僵硬，而现在的则大多站在旅游者的立场，语气幽默、图文并茂，那些发自内心、真诚沟通的作品被广为接受，很多"驴友"的推荐有时比政府的"吆喝"更有效，政府部门应当把个体经验模式提炼出来进行包装推介。平行的营销视角拉近了官员与民众之间的距离，有助于实现公共营销的目的，前文所列出的新加坡说唱官员、张家界卡通市长等都是在此背景下所出现的突出个案。

（四）营销内容：实际信息与实时变化的披露

真实性、快速化是营销的关键，通过众口传播，任何小事情处理不好，都会有产生不实传闻的可能性，各种消息会逐渐发酵，最后变成积重难返，众口铄金之下令人百口莫辩。信息的真实、全面、实时、有效的传递，对于政府危机公关营销具有极其重要的意义。汶川地震威胁、台北车祸意外、香港购物陷阱等危机事件的发生都需要政府及时准确地传播可靠信息，以减少旅游者的惶恐和畏怯。不实信息处理不当、公共信息披露延时，公众就无法得到准确信息。我国城市旅游营销还停留在静态层面，有的信息更新不及时，宣传内容老化，甚至个别地址、电话的资料还有待勘误。因此，城市旅游营销要采取敏捷的信息传递模式，将真实、全面、准确、及时的信息传递给受众，从而方便其做出有利于传播者的选择。香港对于不良商人的处理及时高调，而且迅速在北京等地开展危机公关，向对香港购物天堂产生严重质疑的旅游者全方位展示自己，宣传自己的管理举措，这种全面信息披露弥补了其遭遇信任危机的不足。城市旅游营销已经进入个性化、细分化时代，必须利用多种方式提供更丰富、更及时的信息，对此要有充足的前期准备和后期整合，利用现代媒体技术的实时特征构建无极限的开放空间。我们要把判断权转交给旅游者本人，任何城市只要信息最多、最完整，就有可能真正赢得营销世界的话语权。

营销已经成为城市旅游管理的必需，政府也需要像企业一样向目标客户营销城市自身。在这个过程中，谁不主动调适对营销的心态，谁就要被市场的力量所抛弃。而成功的城市旅游营销显然需要对营销的认知、对受众的尊重，以及对变化的环境的积极响应。

第 16 章

投资促进：建设宜业城市

促进城市经济发展、增强城市竞争力是城市营销的一个重要诉求。投资促进作为城市营销的一种重要环节，与城市营销密不可分。城市需要通过营销战略和推介来吸引投资者的进驻，还需通过顾客维护体系来保证再投资和新投资的产生（Kotler，2007）。合理有效的城市营销战略的实施，将会借助外部资本的力量实质性地带动本地区固有产业的升级，以及新产业的孕育。目前已经有大批的学者论证了外部投资作为战略性选择要素对于地区经济发展的促进作用（Moon，2007）。有鉴于此，很多国家的中央政府和地方政府也已经充分地认识到吸引外资和本国内其他地区投资的重要性，并纷纷设立了各种类型的投资促进机构（Investment Promotion Agency，IPA）来实现自身所制定的投资促进经济政策（MIGA，2008）。城市的投资促进应当立足于客观现实，通过战略分析选择最适宜发展的产业，吸引相关的外部投资企业投资于城市。城市营销战略和手段可以有效地帮助城市实现投资促进，并在系统的城市营销客户管理体系的配合下，有效管理投资的后期工作，不仅吸引既有企业追加投资，同时又吸引新的企业进行投资，以此带动本地区既有的经济体发展与转型。

一、面向投资促进的城市营销前沿理论

（一）准确选择城市营销定位

由于各个城市拥有的资源各不相同，所处的经济发展阶段也各有差异，所以并没有适合于所有城市的投资促进方法和城市营销手段。应当因地制宜，根据不同的情况进行不同的调整。各城市应首先了解自己所处的经济阶段，并采用符合该阶段的合理的投资促进战略和方法。

约翰·贝利（John T. Bailey）及其团队在《20世纪80年代与以后阶段的城市营销报告》中将城市内部投资促进的阶段整理为三个阶段：第一阶段是单纯的投资促进阶段。主要是在政府的主导下通过提供优惠的投资政策，给予外部投资方以税收减免、土地提供等条件与设施，并通过政府各部门支持等服务来稳定外部投资人，促进产业规模。第二阶段是通过投资促进形成并扩大产业链的阶段。在这个阶段，主要的企业和产业已经初具规模，越来越多的配套企业与提供相关支持服务的经济体相继进驻。虽然外来的企业对于当地的经济会有很多促进和影响，但是国外（例如美国）经验表明，当环境发生大的动荡时，很多外地企业的退出将对当地经济产生重大影响，并且有可能造成一定程度的社会动荡。城市关注的重点更应该是维持和扩展当地现有企业。第三阶段是鼓励和扶持创新性高科技中小企业，这是实现多样化产业发展的阶段。

城市应该进行人力资源培育，以使当地居民在高科技的信息社会发挥更大的作用。

以上阶段互相之间并不矛盾，不同城市之间所处的阶段也各不相同，甚至于同一个城市内部的不同区域也会分处不同的阶段。城市应该依照各阶段的特点定位自身，以此来制定合理有效的投资促进战略。

（二）组建高效的投资促进团队

在投资促进研究领域，最受学者关注的就是关于投资促进机构的研究。林（Lim，2008）在研究中明确指出，投资促进机构的组建时间、员工数量、海内外不同国籍专家的匹配度等投资促进机构的内在因素相对于市场规模、市场成长速度、廉价的劳动力而言更能影响外部资本的投资决策。

目前，吸引外部资本、发展本地经济的重要性已经得到各级政府的充分重视，城市作为经济发展主体，普遍通过设立投资促进机构（IPA）来帮助实现其经济政策。学者们通过大量分析证明了投资促进机构的设立与运营对外部资本在本地区投资产生重要的影响（Morisset & Johnson，2004）。阿特金森和科尔曼（Atkinson & Coleman，1989）的研究表明，集中的、单一的、自治的投资促进机构将更好地完成投资促进任务。穆旦比（Mudambi，1999）更是在研究中归纳了现有的四种类型投资促进机构，即①现有政府部门内部设立的归部门负责人控制的机构；②在政府首长的办公室内部设立一个直接归政府首脑控制的机构；③单独设立／成立的部门；④非隶属于政府部门的具有自治能力的机构。到目前为止，投资促进机构的类型大体依然可以归结为上述四类。哪种类型的机构更好，必须依托现实情况来具体判断。不过越具有灵活度，受到的干涉越小的机构已经被证明越具有效率和能力（Kotler，2007）。

威尔和温特（Well & Wint，2000）在研究中指出，投资促进机构应该具备四个基本职能，即形象构建、促进投资实际发生、投资服务和政策建议。如果现有的机构不具备上述所有的四项基本职能，可以考虑对投资促进机构的功能进行重组，以此来使投资促进机构的运营更加完善。同时，加布里埃尔（Gabriel，2006）经分析发现，预算和工作人员的数量对于招商的成果有直接的影响。而根据实践，配置工作人员有四种原则：①混合配制来自公共部门和民间团队的员工；②必要时向民间机构征调雇员；③采用有竞争力的雇工用工政策；④通过持续的培训提升员工的能力。人员的配置还应该结合定期的选析和宣传，清晰地勾勒竞争态势并将地区环境的优势和劣势、机会和危机等内容，和机构内部所有组成人员充分分享，这也将极大地提升投资促进的成功度（Oman，2000；Moran，1999）。此外，投资促进机构应该定期更新自己的知识体系，不断采取新的方法去适应变化的世界经济环境和投资趋势（Christodoulou，1996）。

（三）通过外部竞争环境分析，准确定位城市投资促进方向

城市无法脱离外部环境单独存在。每个城市都可以通过外部环境分析来选择适合自身的独特定位（Porter，1998）。外部环境分为客观环境，包括国家和地区政策、总体环境、产业环境等；顾客的投资偏好，包括当前国际投资的趋势、跨国企业选址时考虑的因素等；以及竞争对手，即正在抢夺或者打算抢夺同一类型顾客的对手都是城市的竞争者（Hitt, Ireland & Hoskisson，2008）。外部客观环境分析是对整体的经济走势及其将对产业产生的影响进行的思考；行业环境分析是通过对进入威胁、竞争威胁、替代威胁、供货商威胁、购买者的威胁（Porter，1980）来分析城市目前所具有的产业以及感兴趣并打算发展的产业；顾客分析主要是对打算投资的企业对象进行的分析；竞争对手分析是分析所有和本城市抢夺同类企业的城市，选取的对象应该是已经成功并具有和本地区类似特征的竞争对手。

在投资领域，大型的跨国公司（Transnational Corporations）主导着全球的直接投资（Bartlett，Ghoshal & Beamish，2008）。这些大企业在不同的情况下会选择不同的对外投资模式，所以城市的投资促进不仅应当顺应当前的投资趋势，还要对企业的投资动机有所把握，以此来设计不同的营销策略。企业的投资动机分为获取资源（主要是对于自然资源的获取和对于廉价劳动力或者高新技术人才资源的获取）、利用市场（如绕开保护壁垒，更好地满足当地需求，开发当地市场）、公司内部运营有效性（通过最大化利用各地区比较优势来形成公司内部价值链的最优搭配）、获取战略资产（通过兼并收购获取战略性资产）而进行投资（Bartlett，Ghoshal & Beamish，2008）。有效的投资促进还要对影响企业选址的因素透彻了解。企业选址受到市场规模、生产要素成本、投资促进政策等影响（UNCTAD，1998）。一方面，交易水准、市场规模、国民收入、政治危险度、空间距离、利息和汇率、投资形态、产业增长率、企业规模、劳资关系也对企业选址产生影响（Bognnano et al.，2005）；另一方面，文化亲近度、语言能力、方言的种类对于投资选择也有所影响（Hofstede，2001；Read，2001）。

同时还要了解不同国家和地区所具有的优势产业，以此来准确地确定目标对象。例如，美国的跨国公司在石油、化学、电子、汽车零配件方面主导着世界范围内的国际投资；英国企业在食品加工、药品、服务领域主导着国际投资；德国企业在工程和机械电子领域在全世界发挥着重要作用；意大利企业在旅游、纺织、能源方面主导着国际投资；日本企业在电子和汽车零配件方面一直是国际直接投资的核心力量（Miga，2008）。同时为了产业的发展，城市有必要在恰当的时候制定合理的产业创新政策，创新政策可以更好地提升当地经济体的创新和改革意识，而只有这样，才能更好地吸引现有的外来企业更多更积极地融入到当地的产业链之中（Lall，1997）。

（四）发展城市优势资源吸引外部投资者

资源是城市可以控制的，能够使城市构思和实施设计有效的战略，包括全部的财产、能力、竞争力、组织秩序、企业特性、信息、知识等（Hitt，Ireland & Hoskisson，2008）。资源有四种类型，即金融资本、实物资本、人力资本和组织资本（Barney，2003），其中金融资本包括城市可以通过官方力量和民间力量能够筹措到的所有货币资源，实物资本包括城市所拥有的实物技术、产业、所有工厂和设备、各种设施、自然资源，人力资本分为高级人力资本（如专家、企业家、官员、学者等）和一般人力资本（如普通劳动者、技术工人等），组织资本是指城市内的政府组织结构和运营水平、产业的结构和水平、各类经济组织的组织结构和运营水平、各类非经济组织的组织结构和运营水平以及各类组织之间的联系。另外，能力还可以理解为作为城市运营主体的政府执政能力。城市是一个巨大的资源结合体，除了政府以外没有别的主体可以有效规划、调动和利用这些资源。而哪怕具有同样的资源，不同的政府执行能力必然将城市带向不同的方向，并取得不同的结果。城市能力的分析也是相当重要的，因为对于投资的支持度和政策开放度将决定外部投资的进驻周期和数额（Moosa & Cardak，2006）。

对于城市的内部资源和能力分析可以采用 VRIO 框架（Barney，2003）。这一模型从主体活动四个问题安排结构：价值问题、稀缺性问题、可模仿性问题、组织问题（Barney，1990）。通过资源和能力分析，城市最终确定应当发展的具体的产业类型，然后制定投资促进战略来实现借助外部资本提升本地产业发展升级，以及培育新的产业。资源的确定将对投资促进产生重要的影响，因为作为资源部分的目标市场的大小和发展水平将直接决定投资者的选择决定（Bloni-gen，2005；Moosa & Cardak，2006）。

合理的投资促进战略还应当明确：在短期和中长期内打算确定的产业类别；打算定位的地域以及该地域内的目标企业群；打算使用的营销方法；投资促进机构的组织结构和人员配置的调整计划；为确定更圆满的合作伙伴关系而打算采取的行动；以及未来三个财年的融资计划和财政预算。如果地区资源确实乏善可陈，那么在竞争环境中处于劣势的城市，可以考虑与非竞争城市结成双边的互补合作关系来促进自身的发展和外部投资的进驻。双边投资协议将对发展中城市的投资促进活动带来更多的影响（Busse，Koniger & Nunnenkamp，2008）。

（五）通过城市营销战略来实质性促进投资

1. 有效的营销战略

当很多城市都满足于广告宣传以及花销巨大的投资说明会时，杨（Young，2005）已经在研究中明确指出，简单的宣传广告和投资说明会等手段不会对投资促进产生多大影响，真正影响外部投资进驻的因素是制定周密的营销战略，以及对于投资者需求的多角度把握。

城市营销的目的就是说服投资者购买"城市"作为投资地点。明确的地区营销战略可以更好地创造和提升地区的经济发展水平（Warnaby & Medway，2004）。因此，城市需要明确的营销战略，并通过有效的方法将自身的形象准确地传达给目标对象，影响或者改变目标对象对自身的感受，以此来吸引对方作出有利于自身的行动。营销目标务求明确，才不会无端地浪费有限的资源。为了明确营销目标，投资促进机构应当与相关政府部门、民间咨询机构等各种渠道建立长期联系，从中获得相关国家、特定行业的产业和企业等信息以保证投资促进活动的成功。在信息时代，城市可以通过包括互联网在内的多项资源进行有效的、符合投资促进战略的信息搜集。同时必要的数据库的搭建、储存和定期更新对于投资促进活动的成功也非常重要。数据库可以通过归纳整理现有各种数据资源的客观数据来组建，也可以通过直接访问和询问来搜集无法客观得知的主观数据，包括世界银行在内的很多机构采用的都是这种分析工具。

2. 鲜明的城市形象定位

城市形象对外部资本的进驻有直接的影响，而城市本地经济对于投资促进则并没有太大的帮助（Bronzini，2007）。潜在的目标投资者对"城市"都有着独特的评价印象。有效的营销必须明确目标市场中的顾客是如何看待自己的。恩斯特和杨（Ernst & Young，2006）的调查表明，当顾客认知的形象评价高于城市的实际形象评价时，城市采取投资促进策略收到的实际效果会更好。相反,当顾客认知的形象评价低于城市实际形象时,城市更应当通过形象建设先去重新定义自己在潜在投资者心中的形象,否则投资促进的一系列举措会事倍功半。例如,丛迪(Szondi, 2006)通过研究欧盟成员国的国家品牌形象与投资促进的关系发现,经过综合分析而搭建的有效的品牌形象,比随意形成的地区品牌形象对投资促进的影响更大。

只有准确把握目标对象的认知,才可以明白如何将城市产品传递给目标对象。如果潜在投资者对于城市的"形象"没有明确的认识,或者存在认识偏差,城市需要通过"形象构建"在潜在的投资者心目中树立一个正确的"形象"。另外,如果城市存在客观的缺点造成潜在投资者对于城市的"形象"存有负面认识,在进行"形象构建"活动之前就应与政策制定者共同扭转不利的局面或者尽量减少不利的缺点。如果调查显示潜在的投资者对于城市的投资环境已经存在一个明确的印象,或者城市已经成功地将自身的"投资环境形象"传达给了投资者并使他们形成了明确的印象,就可以直接开始具体的促成投资行动。营销战略的关键就是确定营销主旨。因此需要设计能够深刻影响顾客并要传达给顾客的营销信息,这些信息同时还应该建立在客观调查的基础上(Miga, 2008)。

3. 多种组合的推介方式

投资者需要的是能够满足自身战略发展所必需的信息,能够准确地传达该信息的城市会比较成功地达成投资促进目标(Spar, 1998)。投资促进机构提供的服务之中,对于投资者最有吸引力的是可以帮助投资者理解市场,降低市场不确定性的信息。投资促进机构的职责中的一部分就是搜集和整理投资人需要的信息,以信息来吸引投资人投资(Brossard, 1998)。与目标对象的接触尤为重要。有效的营销应当是选择合理的促销工具将信息准确地传达给顾客。招商活动中最关键的一环就是如何在直接面对潜在投资人时给投资人留下深刻的印象(Metaxas, 2007)。推介活动前期所有准备都是为了帮助投资促进机构在直接面对投资人的时候可以说服投资人选择到特定的城市投资。

如何选取有效的推介工具,拉格曼(Rugman, 1980)早已在他们的研究中指出,政府投资促进机构采用的各类营销策略,如广告、投资说明会、贸易信息服务等基本上都可以为跨国企业集团提供有用的投资信息。促销工具可以包括:①信息手段。主要是宣传册、时事通讯、光碟、网络、影像等。在新经济时代有效地利用互联网作为传播手段,可以极大地提升投资促进成功的机会(Lozada & Kritz, 2007);②广告。由于广告的成本较高,应缩小广告面,保证可以精准传递到目标顾客;③公共关系。公共关系可在国内和国际两条战线同时开展;④研讨会和论坛,但要注意它们具有直接性和风险性等特征。克里斯托罗(Christodoulou, 1996)根据经验提出,针对单一的投资者开展有针对性的营销推介会更有效果;⑤参与各类权威商业投资排名系统。这是因为外部投资者在选取合适的投资环境的时候,很多时候会用各类排名来进行地区鉴别,而在权威机构进行评比排名时提供的详尽的数据和帮助,将有助于潜在的投资者搜集信息,增大投资机会;⑥直接访问。威尔和温特(Wells & Wint, 1990)的研究结果表明,地区政府对特定招商对象进行直接的私人访问,其效果明显要好于非私人的联络,甚至私人访问的效果要好于采用大型的户外媒体和广告发布等效果。实际上,投入大量资本在海外进行主动营销的地区可以更好地获得外国投资者的关注,也能更好地吸引更有价值的投资机会。必须合理组

织这些资料，因为营销活动提供的信息质量将直接影响投资促进的成败（Healey，1991）。公司推介活动结束后，应当编写推介报告，加入机构内部的知识库。

4. 促进投资的实际产生

投资的实际产生才能表明营销战略的有效性。实现成功的投资诱导，需要遵守四个基本规则。首先，要确定城市已经具备了接收外部投资的能力。地区一般通过颁布政府的法规和行政规章来改善投资环境，同时通过税费的减免等一系列的政策吸引投资者的投资（Baker & Cameron，2008）。这都属于明确城市投资环境的环节。其次，要对目标企业进行深入细致的说服工作。说服的内容应该包含三个信息，包括使对方明确其所需所求已被知晓、向对方展示相对于其他城市更强的竞争优势（如区位、产业、服务等各项）、成功地说服投资者采取具体行动，这种行动可以是后续访问，可以是进一步沟通，也可以是直接签约等。在这个阶段应该明确，每家大型企业基本上都会采用比较详细的地点评价工具来对潜在的投资地点打分。城市要做的，就是通过一系列的战略、策略和行动组合来促使自己能够在投资人的评价中榜上有名，并可以名列前茅。再次，要引导企业到城市访问。越是大型的投资，投资人越会对几个合适的地点进行长时间的、多轮次的考察。能够吸引投资人考察城市仅仅是一个起点。接下来要在投资人考察地点的时候，切实有效地将自身相比于竞争对手的优势，以及可以提供给投资人的最好的经营支持服务等信息明确无误地传达给考察团的每个人。最后，有效地管理后续访问。访问团返回以后，必然要对自己的实地调查进行整理，并由公司高层进行详细的评估。在这个阶段，成功吸引投资的城市一般都会持续地与相关人士进行联络，持续地提供更多、更新的关于投资地点的各类信息，政府高层领导人的必要访问也是促使投资成功的一个关键的环节（Kotler，2007）。越是重要领导亲自带队过问，投资越有可能成功。

5. 通过后续服务完善城市营销战略

企业更愿意在已经有同类企业投资的地方进行投资（Head & Ries，1996）。根据 Miga（2008）的研究发现，新的投资人和既有的投资人存在千丝万缕的联系，为既有投资人提供良好的后续服务可以促使既有投资人追加投资。根据恩斯特和杨（Eern & Young，2006）的调查，苏格兰和爱尔兰的新增投资中，70%左右都是既有投资人投入的，而苏格兰和爱尔兰在为既有投资者提供后续服务过程中的努力也是产生这一结果的重要因素。另外，如果投资人被列入国家和区域长期发展战略计划之中，那么比较容易进行再投资（Mudambi，1998）。因此，投资的成功进驻并不代表整个投资促进过程的结束。对现有企业继续提供持续的服务，带动本地区产业的发展，同时积极地吸收更多的外部投资是城市应当持续努力的工作。另外，虽然评测和监控很多时候并未纳入投资促进的范围，但其作为提升投资促进机构竞争力、改善投资促进成功率的重要环节，应当予以足够重视。对投资促进机构的活动和项目进度进行定期的检验，并定期与竞争对手的投资促进机构进行标杆比较，以此来寻找自身的差距将有助于提升投资促进本身的竞争力。同时，城市应当合理引导外部资本来本地区发展。城市投资促进的目的不仅仅是获得一些工作岗位和税收支持，城市更多关注的应当是利用外力促进当地的产业升级，通过合理的投资带动本地区的经济发展，实现城市本身竞争力的提升。所以后续的服务应当和城市的基本经济发展方针和政策有机而紧密地结合起来。

二、投资促进标杆经验

（一）有效的投资促进管理

1. 美国费城的经验

商业企业需要政府对于土地、建筑规划、建设计划、改善基础设施等申请进行便捷的审批。在这方面，作为美国费城贸易产业和政府支持的半官方机构，费城工业发展有限公司（PIDC）组建后，通过搭建数据库为政府提供政策支持，并为企业提供"一条龙服务"，促成了政府设立单一的快速服务机构。费城工业发展有限公司为政府提供政策支持，协助政府采取一系列维持本地区企业发展和扩展当地产业的政策。同时该公司还协助费城政府在内部设立专门维持当地产业发展的部门，直接与投资促进部门共同协调当地的经济发展。为了有效支持企业的发展，费城工业发展有限公司通过直接与各类企业员工接触，展开系统的信息调查，直接搜集到了大量非公开的企业一手材料，作为服务企业的基础，为企业提供了更好的服务。同时有效利用数据库也是费城工业发展有限公司的一大优势。该公司建立了一套早期预警系统，凡是在系统数据库内的企业如果打算撤离，根据预先设定好的数据资料，投资促进机构可以提早地进行大体判断。往往在企业撤离的初期就发现企业的意图，并在与有关团队细致沟通的基础上，消除企业的不满或者得悉城市应该改进的不足之处。通过这些举措，来费城投资的企业大体上比美国其他城市的更加稳定，而费城通过上述一系列的技术性操作，不仅有效地减少了企业的流失，增强了政府的执政能力，而且还有效地支持了本地区产业的发展和升级。

2. 中国昆山的经验

昆山市首先实践了稳定的政府承诺。政府虽然更换了很多次领导班子，对于投资到昆山的企业的支持并没有因此而大幅度改变。政府也没有产生目前普遍存在的"换领导改政策"的现象。有效地维持早期对于投资促进的各项承诺是昆山市在投资促进过程中能够成功的一个关键性因素。目前昆山市在笔记本电脑组装行业已经初步建立了一套具有稳定性的企业扶持机制，无论是统一的停电举措，还是对于大型企业周边配套中小企业的融资扶持政策等方面，昆山市基本上做到了现有企业不流失、外来相关企业持续进驻、当地产业动态升级。政府也更好地建立了为企业服务的管理机制。昆山市已经进入到推动地区内生经济增长的阶段，在这个阶段市政府出台一系列措施，积极促进本地企业的快速成长。经过前期的发展，昆山当地已经形成了便于企业资源要素交换的市场。人员、技术、设备等资源可以相对自由地流动，政府软性扶持和各类高级服务业支持等也已经具有一定规模。如何培育并快速发展一批本地区优秀企业是昆山市下一阶段要加强的工作。

3. 加纳政府的经验

很多城市都推出一站式服务，其实质就是各政府部门联合办公、加纳真正做到了整合相关资源，为投资者提供量体裁衣式的服务。加纳中央政府组建了国家投资促进中心（GIPC）来为投资者提供真正的一站式服务。在 GIPC 的大楼内，汇集了加纳银行、加纳外国人服务局、国家内部经济事务协调机构、加纳投资财务服务中心、加纳环境保护服务中心、加纳口岸服务中心、加纳城市联盟服务咨询站以及城市和国家经济计划部等部门。真正做到了让外国投资者可以在一个物理区域之内享受到名副其实的一站式服务（见 www.ghanaweb.com）。

4. 澳大利亚政府的经验

澳大利亚政府在 20 世纪末的时候，就着手实施"亚太金融中心计划"。澳大利亚政府打算通过战略定位和营销推介，将自己变成亚太地区的金融中心。澳大利亚在推出这一计划蓝图以前，新加坡、中国香港和日本东京等亚太地区大都市都已经将"亚太金融中心"作为自身未来发展的定位。面对其他城市强有力的竞争，澳大利亚中央政府依然在 1999 年组建了专业的投资促进机构"AXISS Australia"。澳大利亚政府对该投资促进机构倾注了大量的资源，并授予机构很多独立的权利。该机构的组成人员不仅包括政府官员、民间专业人士，还有很多外籍专家。AXISS Australia 设置了 4 个职能部门，即营销和推介部门、信息和数据分析部门、政策部门、教育和金融服务部门，来完成使澳大利亚成为亚太金融中心的宏伟构想。AXISS Australia 具有很明确的目标，同时它也是一个拥有很高自治权的独立机构，在战略制定、营销推介、服务行动等方面有可圈可点之处。由于有明确的组织主体负责投资促进活动，并且其他的政府和民间组织对于投资促进机构给予了足够的支持，AXISS Australia 从设立伊始就通过多种方式积极地拓展自身的业务。在 2000 年，为了向全世界宣传自身的战略和地区形象，AXISS Australia 和英国《金融时报》共同在伦敦针对全世界的金融企业和相关人士召开了一场跨国金融论坛。与会的嘉宾不仅包括花旗银行在内的世界一流金融机构，还包括微软公司等优秀的新技术企业。在会上，澳大利亚成功地向全世界推介了自己，并且还切实签订了几单数额可观的金融投资意向。之后，AXISS Australia 通过有效使用自身资源，与其他金融中心建立战略伙伴关系，制定行之有效的地区营销战略，运用适当的推介手段，大力开展投资促进活动。现在，澳大利亚基本上可以说已经在南半球实现了当年的梦想。澳大利亚也已经具备了和新加坡、中国香港和日本东京等金融中心相抗衡的能力（AXISS Australia，2000）。

（二）通过外部竞争环境分析来准确定位城市投资促进方向

利用有限资源和外部发展环境准确定位城市的国际标杆非迪拜莫属。迪拜通过深入分析外部环境，另辟蹊径、独特定位，创造了今天的成功。迪拜的内部资源相比于周围的国家来说相当匮乏，如果迪拜具有丰富的天然资源，今天的迪拜应当像其他周边城市一样，以石油出口作为发展之本。但是众所周知，当迪拜开始进行建设计划的时候，迪拜所具有的资源非常有限，石油财富只占迪拜 GDP 的 6%，资源的贫乏导致迪拜缺少优秀的人才，因而没办法更好地发展大型工业。但是迪拜具有比较好的外部环境，其在海湾地区的贸易地理上占据着突出的位置。迪拜位于阿联酋海岸线的中部，约 400 英里长，其位置具有非常重要的战略性。现在，迪拜战略性的地理位置使之成为一个世界级的贸易中心和货物转运中心。

迪拜在发展初期，为了补充有限的资源，其领导人谢赫·穆罕默德看到了迪拜应该脱离依赖石油资源的迫切性,果断地邀请了大量海外专家为迪拜充当智囊共商发展大计,准确地将迪拜重新定位,即借助周边的外部环境,将迪拜从石油生产城市定位成连接亚欧大陆的贸易中心、航运中心、信息中心和金融中心。在迪拜发展的道路上,迪拜的领导人谢赫·穆罕默德起到了创造环境的主体作用。谢赫·穆罕默德并没有依托迪拜现有的资源去发展,而是通过个人的强烈信念、周密的战略规划,并通过实施一系列的政策最终为迪拜的发展创造了新的环境。

迪拜向外国投资者提供了宽松的自由贸易价格和合理的税制,并通过实行自由和稳定的经济政策,建设完善的基础设施、提高政府服务效率和提供公共服务等措施,最大化地利用了外部环境资源,吸引了大量的资本进驻。现在迪拜终于变成了中东地区的贸易中心、航运中心、信息中心和金融中心。在海运方面,超过 125 条世界主要航线都将迪拜的 Rashid 港和杰贝·阿里港列入其中。杰贝·阿里港是世界上最大的人工港口,建有 65 个泊位,跨度达 15 公里。作为海空转换的枢纽,迪拜机场每日起降将近 300 个航班,飞抵约 130 个目的地,真正起到了连接东西方的物理性枢纽作用。

(三) 发展城市优势资源吸引外部投资者

1. 英格兰东北地区的资源梳理与产业发展

英格兰东北地区在 20 世纪 90 年代成立了独立的投资促进机构"北方发展公司 (NDC)。"该公司将自身发展战略定义为"吸引新投资,扶植现有产业"。为了实现既定的战略目标,公司在经过仔细梳理地区资源的基础上,成立了两个独立的部门,即大不列颠地区新投资发展项目组和供应链项目组,负责战略的实施;在产业协同方面,公司有效地组织了当地的产业资源与外来资本进行互动。大不列颠地区新投资发展项目组主要负责和潜在的 400 多个企业联络,吸引他们到英格兰东北地区投资。供应链项目组负责梳理和扶植现有的产业,其目的在于有效地利用当地现有的产业资源,协调外来企业和当地企业的关系,使当地的企业能够胜任外来企业的供应商角色。依托当地的有效资源和投资促进机构的大力推进,在 20 世纪 90 年代内北方发展公司共为当地创造了 9000 多个工作岗位和 10 亿英镑的销售收入 (Loewendahl, 2001)。

2. 新加坡专注于目标约束下的城市特定优势

吸引与城市资源有联系的外部资本的进驻是很多城市发展的方针。新加坡在这个问题上走在了前面。新加坡经济发展局 (The Singapore Economic Development Board, SEDB) 内部设立了一个很特别的投资促进机构,其职责是详细评估每一个投资者的投资请求。如果符合新加坡当地的资源特点或者产业发展方向,就对外部投资进行鼓励;如果不符合自身的产业发展目标,哪怕是再多的资本意向,新加坡政府也果断拒绝。通过这种政策,新加坡发展了自身的优势,同时让自身的资源力量得到了增强和放大。

3. 对企业优势资源进行差异组合

不同的地区政府支持的外国投资类型也是不同的。例如美国俄勒冈州政府集中全力为现有的企业服务,促使现有企业进行再投资;英国威尔士政府发展机构 (Welsh Development Agency) 则倾向于全力扶持外国企业与本土企业的合资与合营;瑞典政府投资机构 (Invest in Sweden Agency）则对于跨国、跨地区的兼并和收购非常支持。

（四）利用现代多元媒介来实现投资推广

1. 跨国战略网络的运用——智利政府的跨国战略网络经验

智利政府组建了投资促进机构（CORFO），该机构与其他组织通过建立有效的跨国战略网络，极大地促进了智利高科技投资促进项目的成功。CORFO 和美国的研究机构、其他国家具有成功经验的投资促进机构或国际咨询公司（特别是哥斯达黎加政府的投资促进机构 CINDE、爱尔兰的投资促进机构 IDA）、美国商业协会以及智利国内的投资者们保持了紧密的战略联系，并搭建了协同网络。同时智利政府还直接在硅谷设立了政府所有的咨询公司。所有的这些网络都对智利政府的高科技发展战略的成功实施起到了巨大的作用，CORFO 也做到了最大限度地利用战略网络伙伴的资源。2005 年，爱尔兰的 IDA 在全球拥有 13 家海外办事处，大部分都位于美国。新加坡的投资促进机构 EDB 在全球共有 18 家海外办事机构。通过和爱尔兰以及新加坡的战略联盟，智利政府用少额资本成功地共享了合作伙伴的海外资源。通过和美国的一所研究生院建立的联系，CORFO 在学校内选拔了一名主任教授共同负责和机构相关的研究活动。学校可以通过这些活动让学生近距离接触现实的投资促进活动，而 CORFO 可以通过学校的支持最大可能地利用学校的智力资源，由主任教授组织学生进行的复杂的市场调查和战略设计等活动能够充分满足 CORFO 的需求。通过聘请有成功投资促进经验的咨询师，并和许多地区建立战略合作关系，极大地推动了 CORFO 的工作。

通过和咨询师的联络，智利政府成功扭转了其在投资者心中的不利形象。起初经过调查，CORFO 发现大型的高科技制造厂商并不想到智利来投资。为了扭转这一局面，CORFO 通过和美国资深咨询师的合作，通过大量的研究和努力，成功地扭转了其在潜在投资者心中的形象。CORFO 发现，世界 500 强企业有可能在智利设立呼叫中心以及地区服务运营中心。为了赢得潜在投资者的定位，CORFO 与华盛顿地区专门从事呼叫中心与服务运营外包咨询服务的咨询公司建立了合作关系，由专业的咨询公司为智利政府的投资促进出谋划策。专业的咨询公司成功帮助 CORFO 实现了其战略目标。与美国商会的合作极大拓展了智利政府投资促进的目标对象群。同时在硅谷设立的投资促进办公室也帮助智利政府有效地搜集了高科技企业的动态，并通过持续宣传加深了具有投资意愿的潜在投资者对于智利的良好印象。所有以上战略网络内的主体单元都为智利政府吸引非常规产业投资者贡献了自身的力量。

2. 借助外部传播媒介，成功推介非洲

有效地利用专栏作者和撰稿人是招商成功的另一重要手段。比如 1998 年克林顿总统访问非洲的时候，大量的专栏作者和撰稿人在访问日期之前和之后不停地在非洲当地搜集和发布各种类型的素材和资料。非洲国家的投资促进机构有效地利用了这个机会。如加纳政府所属的投资促进机构将整理好的关于加纳的介绍和大量相关信息持续提供给这些作者，借助他们的力量，非洲许多国家得到了大量的宣传。另外在各类媒体上的巧妙曝光也提供了一个供投资人持续关注的机会。

三、国内实践观察之招商引资演进

　　中国大陆城市的投资促进活动被冠之以"招商引资"的名义，其实践始于改革开放之初。随着建设社会主义市场经济成为国家发展目标，以沿海地区率先设立四个经济特区为标志，拉开了以中央政策为驱动的政府大规模招商引资的序幕。陆续设立的特区和沿海开放城市，成为招商引资的有效平台，对中国外向型经济的发展起到了举足轻重的作用。在经济全球化的深入和中国加入 WTO 背景下，中国经济发展取得了长足进步。东部沿海地区的城市率先完成了资本初步积累，招商引资的侧重点逐步从劳动密集型产业向技术、资本密集型产业转变；招商引资手段也更加灵活多样。随着东西部地区差距进一步拉大，在国家政策的支持下，中西部地区城市逐步开始加大招商引资工作力度，相继出台法律法规，制定优惠政策，改善投资环境，吸引资金项目落户，在吸引外资的同时主动承接东部产业转移。目前，招商引资工作已经在全国范围内如火如荼地展开，并成为中国城市营销实践中的重头戏。

（一）中国城市招商引资的总体评价

　　国内现代意义上的城市招商引资，具有广泛而丰富的内涵，主要是指一个城市为了吸引外部的资金和技术，以推动本城市经济和社会繁荣进步，向现实和潜在的投资者所进行的各种投资促进活动的总和。城市招商引资包括战略规划、形象塑造、载体建设、地区推广、管理服务等多个方面，是提升城市竞争力，促进城市持续发展的重要方面。改革开放以来，中国城市招商引资工作总体非常成功，有效吸引了外国资本的进入和国内资本的流动，并拉动了城市经济增长。联合国《2008 年世界投资报告》显示，2007 年中国共吸收外资840 亿美元，连续16 年成为发展中国家吸收外国直接投资最多的国家。截至 2008 年 7 月底，我国实际利用外资金额累计达 8204 亿美元。招商引资工作的迅猛发展，为中国城市创造了大量就业机会、成为城市固定资产投资的重要资金来源、推动城市产业结构升级、带动城市贸易发展并增加城市税收，为中国城市经济持续、迅速增长发挥了重大作用。

　　中国城市招商引资取得世人瞩目的成就，其根本原因在于国家经济的持续增长为资金提供了持续稳定的逐利机会。改革开放后，中国较为稳定的社会状况、低廉的劳动力价格、广大的消费市场等外部环境因素对资金产生巨大的吸引力。在中央分税制背景下，地方政府出于自身利益考虑，逐渐形成重商、亲商、护商的观念，纷纷出台优惠政策、简化投资程序、改善投资环境，招商引资工作成为地方政府政绩考核的重点。内外两方面有利条件推动中国城市招商引资工作取得了阶段性的成功。中国城市招商引资在空间上仍旧表现出不平衡的特征。东部沿海的珠三角、长三角和京津冀地区城市，以及其他地区的个别城市如成都、重庆、昆明等城市招商引资已经开始走向成熟，并涌现出如苏州工业园为代表的政府主导型招商、东莞模式为代表的市场主导型招商、上海张江为代表的高科导向招商、北京为代表的总部导向招商等较为成熟的招商引资模式。同时，中西部地区城市招商引资整体上还处于起步阶段，工作重点主要在吸引东部劳动密集型产业转移落户上，招商引资方式也还停留在政策优惠等低级层面上。

(二) 中国城市招商引资的成功经验

中国城市在招商引资实践中,通过向国外先进城市交流学习并结合自身实际情况,逐步摸索出了一套适合国内城市的招商引资模式,形成了许多有价值的经验。我们主要从战略规划、形象塑造、载体建设、地区推广和管理服务五个方面对中国城市招商引资的相关成功经验进行归纳和总结。

1. 战略规划先行

在采取具体的引资行动之前开展调查研究,科学制定和实施符合本地区实际的招商工作战略和规划,全面提升招商引资工作的质量和水平。中国城市招商引资实践也表明,根据城市自身基础条件和经济发展方针,有针对性地制定招商引资战略规划,以战略规划指导具体策略,是招商引资取得成功的首要条件。改革开放以来,特别是进入 21 世纪以来,中国城市开始逐步重视招商引资战略规划的作用,中国大多数城市的城市发展规划都明确提出了招商引资的目标,并在产业规划中涉及或者制定了专门的招商引资规划,已经逐渐建立起有选择性地吸收符合本地区经济发展目标、产业结构布局的招商引资框架,以及针对不同区域、不同行业的招商引资工作格局。

例如,早在 1999 年 8 月,上海市委、市政府就制定了"聚焦张江"的战略规划,明确上海张江高科技园区以生物医药和信息技术两大高科技产业为主导产业,集中体现创新、创业的主体功能。在招商引资工作中,紧密围绕集成电路、生物医药、软件三大支柱产业,发展并建立文化科技创意、金融信息服务、光电子和信息安全四大关联产业,使张江园区步入了快速发展阶段。在"聚焦张江"战略规划的指导下,张江高科技园区在 1998 年到 2004 年六年时间里,就云集了 883 个高科技项目,121 亿美元投资额,4 万名高素质的专业人员。单位土地投资密度和人均技工贸收入已经达到国际知名高科技园区——台湾新竹苑区 1999 年的水平。北京市投资促进局则在 2002 年底制定了"依托政府、面向市场、服务为本、人才立局"的战略,明确提出北京市城市招商引资工作目标逐步转向服务业和环渤海经济区,强调本着注重资源节约和环境保护的原则,招商引资的目标更注重推进产业的优化升级和经济的可持续发展;本着注重招商引资的社会效益和经济带动作用的原则,招商引资的目标更加转向服务业、现代制造业等领域;本着强化支柱产业的原则,招商引资的目标更加注重高新技术以及新型产业发展中的对外合作;本着大力营造"重商、亲商、富商、安商"社会氛围的原则,招商引资的目标更加重视优化投资环境、促进软环境建设。在招商引资战略规划指导下,北京市以城市经济形象定位为基础、以目标项目促进为导向、以招商引资项目管理为抓手,招商引资工作取得了良好的效果。

2. 突出形象品牌

城市形象体现城市的综合实力,包括城市的经济发展能力,也包括城市地理环境、交通条件、基础硬件设施,还包括城市千百年所传承的历史文化、人文环境等精神层面的内容。城市形象塑造的主要目的是吸引更多的国际游客和投资者,让他们给城市带来更大的经济价值。到一个国家某个城市的投资者,除了关注投资项目本身的投资价值以外,还会更多地关注城市的"投资环境"。中国城市已经逐渐重视投资者所关注的重点问题,用多种有效的方法向投资者展现其良好的投资环境和优质的投资服务，在吸引了大批投资者的同时，积极展现国家或城市的良好形象。如北京推出"活力北京——北京经济新形象"、武汉推出"中国光谷"品牌形象等，都很好地促进了城市招商引资实际工作。

中国城市招商引资实践表明，举办大型品牌会展是提升城市经济形象的重要途径。而会展品牌和城市形象的良性互动是促进投资的良好途径。通过举办投资贸易洽谈会、博览会、项目推介会等，搭建一个舞台或平台，给予经贸项目展示和表现的机会。比如上海世博会及全国16个国家级的与招商引资有关的会议，包括北京科博会、上海工博会、厦门投恰会、深圳高交会、杨凌农高会、大连软交会、苏州电博会、广东中小企业博览会、浙江义乌小商品博览会、杭州西湖博览会、重庆高交会、南宁中国—东盟博览会、中国沈阳装备制造业博览会、中国吉林东北亚投资贸易博览会、中国长春汽车及零部件博览会、中国青岛国际消费品电子博览会等，已经成为相关城市在招商引资中的形象品牌，并发挥着重要而积极的作用。

3. 重视载体建设

载体建设属于招商引资的硬环境问题，即兴办各种区、园、谷等，建好载体，构筑企业发展空间。在中国城市招商引资和经济发展中，通常以建立特区、经济技术开发区和工业园区等形式的开发区作为载体，"筑巢引凤"招商，成为招商引资的增长极。各城市的品牌开发区已成为其招商引资的火车头，如北京经济技术开发区、浦东新区、苏州工业园区、天津滨海新区等。在做好开发区基础设施建设、完成七通一平等工程的基础上，中国城市在实践中还摸索出了多种开发区的管理模式。目前国内开发区的管理有三种模式：一是实行公司制，如上海的金桥开发区、漕河泾开发区都属此类；二是政企合一，行政部门和开发区管理部门是一家，如青岛开发区与黄岛区政府就是一家；三是在开发区的基础之上，设立行政区划，如在广州开发区的基础上，设立了萝岗区，开发区管委会副主任兼任区长。重视招商引资的载体建设、完善载体管理方式，是中国城市招商引资取得成功的又一重要因素。

苏州工业园区是国内城市招商引资载体建设较为成功的案例之一。苏州工业园是由中国政府与新加坡政府合作，在1994年启动建设，占地70平方公里的一个实验性园区。目前，世界500强企业中已有93家在苏州投资，共投资260个项目。现在全球60%以上的鼠标器、25%的主机板、18%的显示器、15%的扫描仪在苏州生产，造就了轰动全国的苏州现象。苏州工业园区的成功突出体现了招商引资载体建设的重要性，正是由于苏州抓住中外合作建立工业园区的便利，充分利用国际资本加快向中国特别是长江三角洲地区转移的机遇，主动接纳国际资本的转移，努力构建适应市场经济发展的管理体制与运行机制，营造适合人居创业的高品质环境，加快国际资本集聚和区域核心竞争力的提升，打造高效、透明、公平、规范的服务型政府，充分体现"亲商"理念，才使得苏州在利用外资方面走在了全国的前列。

4. 推广手段多元

城市形象的推广包括确定目标受众、确定推广目的、设计信息、选择传播渠道、决定推广组合、衡量推广成效等环节。中国城市形象推广手段大致可以分为人员推广和非人员推广两大类。人员推广主要通过本地政府招商引资部门完成，包括投资促进局、招商局、对外经济贸易主管部门、创业园、开发区和高新区管理部门等。这些部门人员在招商引资实践中，通过与潜在客商面对面的接触，将城市形象信息直接传播给受众。非人员推广的主要媒介是印刷品、广播电视、网络和展示活动等。凭借这些非人员媒介，推广方营造出良好的氛围和环境，诱发和驱动潜在投资者的投资倾向。

近年来，中国城市形象的推广手段日趋多元化和灵活化，取得了很好的效果。例如，杭州、成都、宁波等城市就已经成立了现代意义上的、高水平的招商引资专门机构，形成了相对完整的包括城市战略形象、城市标志、价值观、行动口号、发展策略、城市精神等的城市理念识别系统和城市视觉识别系统，并通过大覆盖面的电视广告投放、印刷品投放和网站建设，积极开展对外宣传、广告活动、招商活动、公关活动、公益活动等，很好地推广了城市的形象。

5. 创新管理体制

创新和完善招商引资工作的内外部管理机制，提高招商引资部门的工作效率，降低客商的投资成本，是中国城市招商引资实践中又一条成功经验。管理体制创新体现在招商引资部门内部管理创新和外部机制创新两方面。

内部管理创新的主要表现是大力实施机构招商，也称"专业招商"，与全民招商对应，是指成立招商局、招商引资局、招商引资办公室、经济合作办公室或招商引资中心等，确保其专业性和持续性。成立专门的招商机构是一个地区投资促进的品牌或形象，其必要性主要体现在应对激烈竞争和塑造当地形象上。目前一些省市内外招商引资机构和业务已经统一，如北京市、黑龙江省和广西自治区已分别成立省属正厅级招商引资局和招商局，这将成为趋势。云南、浙江、吉林、安徽、新疆等地区成立正厅级经济协（合）作办公制度，工作范围大于招商引资，包括形象塑造、投资引进、投资服务和信息反馈，但核心是招商引资。在管理体制上创新最为典型的案例当属北京市。2002年底作为北京市优化发展环境战略的一个重大举措，北京市投资促进局在北京市投资服务中心的基础上组建成立，这是全国最早成立的投资促进机构之一。北京市投资促进局为北京市人民政府直属的负责招商引资、投资促进专业化服务的正局级事业单位。经过数年努力，投资促进局已成为营销北京整体经济形象的窗口，协调全市招商引资的平台。截至2007年6月，已接待200余家来自美、日、韩、德、英、法、希腊等国家的知名企业以及政府部门和经贸机构代表团；代理了摩托罗拉、IBM、爱普生、爱立信、东方广场、北京现代汽车有限公司等近千个投资项目，直接引资逾10亿美元。

从外部管理服务来看，近年来各省市政府部门采取了多种措施，规范行政审批行为、减少审批事项、提高办事效率、改善投资环境。例如，全国大多数城市都设立了"一站式"行政服务中心，这些政务大厅如同提供行政服务的超市，申请人可以根据需要到不同行政部门的受理窗口提交申请，不再需要奔波于多个地方。许多城市还借鉴现代企业管理的理念和方法推行"政府流程再造"。例如，成都市设立了并联审批综合窗口，对企业建立流程内的各审批项目统一受理申请。天津、武汉和重庆实行了"超时默许制"，即对企业手续齐全有效的审批申请，有关部门受理后未在承诺时限内办结又没有作出合理解释的，被视为部门默认审批事项；上海浦东新区、杭州和南京试行了告知承诺制，即一站式服务中心先把审批要件制作成告知文书放在工商窗口，企业申办人不再需要花费数月时间办理前置审批许可，只要提交一份保证遵守有关规定的承诺书，工商部门通过网络扫描发到各相关审批部门并给企业预发一个许可证，凭许可证企业可以申请工商营业执照。这些都极大地改善了招商引资的外部环境，有效地促进了招商引资工作的开展。

（三）中国城市招商引资中存在的问题

近年来，尽管各省市政府部门采取了多种措施，规范行政审批行为，减少审批事项，提高办事效率，改善投资环境，招商引资工作取得了很大的成就。但中国城市在投资环境、招商引资方式、招商管理体制等方面还存在着许多问题。

1. 中国城市招商引资软环境有待改善

改革开放以来，中国城市的投资环境已经有了很大的改善，但相对于基础设施等硬环境而言，中国城市在投资软环境方面往往不能充分发挥自身比较优势以吸纳国外的资金、技术、人才、管理和先进的产业。城市招商引资环境体系尚存不少问题，比如招商引资的管理体制不够顺畅、基层安排不够合理、行政审批效率低下等。部分基层工作者对招商引资工作产生了厌战和畏难情绪，对于项目进展落实的主动性不高，工业项目落实得好些、农业项目落实得差些，领导重视的项目落实得好些、不重视的项目落实得差些。特别是在西部欠发达地区，封闭的地理环境和农耕传统滋生了因循守旧、小进即满等保守思想和小农意识，城市从领导干部、企业家到群众，总体上说能力适应性较差，思想观念不够解放，缺乏开放的眼光和战略思维，缺乏与经济全球化相适应的新观念，缺乏在更大范围、更广领域和更高层次参与竞争的勇气和魄力，受"肥水不流外人田"狭隘保守思想的影响，城市还没有形成全社会"重商、亲商、爱商、护商"的理念，没有形成投资促进的完整服务体系。加之对政策的理解往往缺乏灵活性，从实际出发，吃透、用足、用活政策的能力不强，抢抓机遇的意识不强，奋勇争先的精神不足，行政环境不够宽松，企业开放动力不足，招商引资的氛围不浓。

2. 中国城市招商引资政策的连续性和继承性有待增强

招商引资政策不连贯、不稳定、不能兑现招商承诺等问题还比较突出。政策稳定意味着特定政策在其有效期内保持有效性和权威性，除非发生不可抗拒的事件，不能对它进行重大调整甚至完全废弃，在必要的调整中对利益受到损害的社会群体实施补偿，旧政策和新政策之间保持一定的连续性和继承性。一些城市在招商引资实践中，特别是经济不发达地区的城市政府仍旧是政策朝令夕改。为了在竞争激烈的招商引资活动中取胜，为本地区吸引更多外资，各级地方政府纷纷出台包括税收、土地等在内的各种优惠政策，对投资者作出种种承诺。地方政府虽然出台了许多引资优惠政策，但由于种种原因，相当一部分优惠政策并未落到实处，还有部分政策的力度不大、落实不力，甚至现行政策之间还存在着矛盾和抵牾。在政府换届等现实制度下，最突出的就是后届政府不对前届政府的承诺负责。地方政府对投资者的过多承诺和不履行承诺破坏了投资者对地方政府的信任，大大削弱了地方政府的威信，影响了城市的形象。

3. 中国城市招商引资管理体制有待转变

近几年，中国城市招商引资规模不断扩大，但还需要继续加大招商引资力度，不断扩大引资规模，在区域投资金额、项目数量和企业数目等量化指标方面有所突破。城市在招商引资管理体制方面还存在着一些直接影响招商引资工作开展的"瓶颈"问题。例如，省里商务厅各个部门都在抓项目，但部门职能安排不合理，外资处是管境外的投资，但省外的投资也很多，出现了管理空白；招商引资局的机构设置和职能安排还有不足之处，具体投资工作缺乏持续跟踪和后续服务，影响了投资者的热情；招商引资工作主要是以政府为主，许多企业缺乏开放动力，没有充分发挥出企业的主体作用；企业和相关社会中介机构没有有效参与。这些都从某种程度上制约了城市招商引资工作的开展。

4. 中国城市招商引资存在忽视社会效益的现象

目前中国一些城市还停留在单靠拼资源、卖土地、提供优惠政策的粗放式初级招商引资水平上，招商引资过程中缺少对潜在投资项目税收贡献度的考察，过于夸大招商引资对城市经济发展的带动作用，往往采取减免税、低价转让土地、降低企业环保标准等优惠政策来吸引企业与资金，对要素价格进行扭曲。这种粗放的招商引资是城市营销中短期行为的集中体现，往往重数量、轻质量，重产值、轻效益，重指标、轻民生，重表象、轻实绩，容易软化企业的外部约束，刺激企业非理性扩张，导致一批脱离实际、劳民伤财、破坏环境、浪费资源、低水平重复的"形象工程"和"政绩工程"匆匆上马又纷纷落马，造成既得利益者对所在地的矿产、土地、生态环境、劳动力资源进行掠夺性开发和采用，致使地区福利下降，进而影响城市长期可持续发展。

四、促进中国城市招商引资的政策建议

中国城市招商引资应坚持以科学发展观统领投资促进工作全局，解放思想，实事求是，抓住中国崛起的战略机遇，始终坚持对外开放与对内开放并举，围绕坚持加快科学发展、建设和谐城市、致力于求真务实的总体要求，努力扩大引资规模，拓宽引资领域，创新引资方式，健全引资体制，将招商引资工作转到系统化、规范化、专业化、科学化和国际化的轨道上来，不断提升引资水平，全方位、多层次、宽领域扩大开放，提升中国城市的竞争力。

（一）招商引资硬环境改善与软环境优化并举

投资环境就是品牌，就是竞争力。有了良好的生产环境和生活环境，才能更好地吸引资金、项目、人才和技术，在开放中增强竞争优势。中国城市应继续按照统筹规划、尽力而为、优化网络、提高水平的原则，加快能源、交通、通信、城市供水、供电、供气、市政公用事业等基础设施建设，增强城市的服务功能，形成布局合理、设施先进、功能齐全、体制完善的基础设施体系，不断改善招商引资的硬环境。同时，中国城市应该不断加强招商引资软环境建设，千方百计营造让各类投资者动心的政策环境、放心的法制环境、顺心的体制环境、舒心的工作生活环境和令人倾心的人文环境，吸引投资者来城市投资，努力营造一个能够使外商进得来、留得住、能发展的良好投资环境。特别注重城市人文环境改善，削弱封闭的地理环境和农耕传统所形成的因循守旧、小进即满等保守思想和小农意识，形成亲商、重商的开放意识；政务环境改善，积极推行首问责任制、服务承诺制、行政公示制、责任追究制和限时办结制，全面推行"一站式"办公，规范办事程序，提高办事效率，根本上解决政府在招商引资工作中存在的"越

位"、"缺位"和"错位"的问题，实现由"权力政府"向"服务政府"的转变，形成安商、护商的良好氛围；市场环境改善，进一步规范市场秩序，打造诚信政府，完善保护投资者合法权益的相关法规，建立健全对外开放环境的评价体系和监控机制，加大对外商投诉重大案件的处理力度，坚决制止"三乱"，切实保障投资者的合法权益；社会环境改善，建立和完善为投资者服务的各种中介服务组织，定期举办各种投资论坛，交流投融资、招商项目等各种相关信息，创造良好的工作和生活环境，解决投资者居住、医疗、子女就学、休闲、娱乐等方面的问题，解除他们的后顾之忧，让投资者工作、生活顺心。

（二）招商引资政策的制定完善与政策落实同行

城市政府在营造投资环境中发挥着关键作用。政策是城市政府吸引投资的基本内容。中国城市完善的招商引资政策体系要做到优惠、优先、优待，这需要敢于借鉴和创新，凡是行之有效的政策措施，都要勇于借鉴；凡是有碍于发展开放型经济的条条框框和政策限制，都要坚决打破。要从政策、制度、办事方面创造条件，制定有利于吸引外资的新政策，建立有利于外来企业发展的新制度，创造有利于外来企业经营的新办法，使城市成为资本聚集的"洼地"、投资效益的"高地"。特别需要指出的是，在完善各项政策的同时，还需注意政策的稳定性。从传统计划经济体制向市场经济体制过渡期中有许多开创性和探索性的问题，容易带来招商促进政策的不稳定性，会增大投资的风险。在引资中应尽量保持政策的稳定性，消除外来投资企业的顾虑。此外，狠抓落实是吸引外来投资的关键，城市政府部门应将落实政策放在与制定政策同等重要的位置。通过加强组织领导和协调、壮大招商队伍、制定详尽、科学的招商引资规划、建立吸引外部投资目标责任制考核办法等多种手段，将各项引资政策落到实处。

（三）招商引资整体规模扩大与管理体制优化协同

中国城市招商引资规模不断扩大，但还需要继续加大招商引资力度，不断扩大引资规模，在区域投资金额、项目数量和企业数目等量化指标方面有所突破。同时，中国城市要充分认识到招商引资是一项复杂的系统工程，要进一步完善管理体制，努力实现招商引资主体由政府为主向以贸促机构、中介组织、企业等为主的转变，大力开展产业链招商、园区招商、驻点招商、亲缘招商、以商招商、网上招商等多形式、多层次、多渠道的招商引资活动，广泛地寻求合作契机，建立市场引导投资、企业自主决策、银行独立审贷、融资方式多样、中介服务规范的多元主体招商机制；以城市主要领导为核心，构筑强有力的指挥、决策中心，各职能部门分工协作，紧密配合，完善城市在促进投资机会、投资项目和开展招商引资活动工作中的快速反应和协调机制；将招商引资目标任务分解落实到各部门、各单位，并加大招商引资目标责任考核在"年度"考核中的分量。不光看引进外资数量，还要注重考核外资企业的运行和发展情况，完善官员分期问责制度和激励制度，形成科学考核评价机制。努力让项目变成产业，带动一方经济，真正让投资者看到城市的诚意，享受到投资的收益，能"请进来"，更能"留得住"，实现"双赢"局面。

（四）招商引资的经济效益与社会效益相并重

招商引资必然要关注经济效益，要积极引进适合城市实际、能带动一方经济的好项目，重视招商引资对区域经济增长、财政收入、就业水平等经济指标的带动作用。但招商引资同样也要关注社会效益，这对生态环境相对脆弱，产业结构相对单一的一些中国城市来说格外重要。这就要求城市要以科学发展观统领招商引资工作，既积极促进投资，又不趋于盲目，摒弃急功近利的思想，严把入口关，避免重复布局，改变"先结婚、后恋爱"的仓促立项，克服招商引资的"短视症"，要结合城市的长远发展，围绕可持续发展和保护生态环境，坚持做到凡是环境污染问题不能解决的项目，能耗大、低水平重复建设的项目和不符合国家产业政策的项目，都不予批准和引进，新增招商引资项目要注重引进先进技术、工艺和设备，鼓励环保、节约型产业发展，提高土地集约利用率，努力实现经济建设与资源环境相协调、人与自然相和谐的生存发展环境。同时，招商引资要注重社会和谐，要按照构建民主法制、公平正义、诚信友爱、充满活力、安定有序、人与自然和谐相处的要求，围绕构建和谐城市的目标而开展。

第 17 章

品质人居：迈向幸福城市

在宜居城市建设理论和实践的探索上，不同时期的学者研究的目的和方法不尽相同，但是他们的研究视角和内容中都不同程度地蕴藏着对城市人居价值的一致追求。

一、宜居城市研究的前沿理论

宜居城市建设是近年来提出的一项新研究课题，国际上对宜居城市的概念及其建设理论的研究都处于探讨阶段，缺少公认的统一界定和完整体系。但有关城市建设思想、城市规划基础理论以及其他相关学科的研究成果都为宜居城市理论的建立提供了很好的依据和指导。

（一）宜居城市理念的探索

一般认为，城市宜居性的正式研究之源，始于 20 世纪 60 年代简·雅各布的《美国大城市的生与死》。在该论著中作者第一次对城市的宜居性提出质疑和探索，呼吁创建更适宜人类居住的城市。1960 年希腊著名规划师道萨迪亚斯（C. A. Doxiadis）提出"人类聚居学"，对宜居城市的理论探索达到了一个新高度。随后一些关于宜居城市建设与规划的理论研究相继出现，比如生态城市、文化城市、新都市主义、新田园城市等规划理论的影响越来越大，英国经济学人咨询集团智库信息部（Economist Intelligence Unit，简称 EIU）关于世界宜居城市调查评估备受全球关注。

历经近 30 年的探索，到 1990 年初，随着全球政治经济格局演变、生态环境压力增大、城市安全问题凸显以及可持续发展提上日程，关于人类生存的核心问题——城市宜居性正式成为全球关注的焦点。1996 年 6 月 13 日至 14 日第二届联合国人居大会上形成了《人居议程》，首次将"人类栖息地改善"当作联合国新时期关键使命，并正式将建设宜居城市作为全球城市发展的共同理想。人居的共识与行动，标志着宜居城市理论与实践的探求迈向了更高、更新的水平。

2001 年 10 月出版的吴良镛院士的著作《人居环境科学导论》，系统地介绍了人居环境科学兴起、发展与主要理论方法，这也标志着国内人居环境科学的理论与方法体系正在形成。人居环境科学的发展得到了极大的重视，国内宜居城市理论的探索也随之达到了一个全新的高度。2005 年国务院批准的《北京城市总体规划（2004—2020 年）》将宜居城市确立为发展目标之一，开启了我国城市宜居性规划的新时代。

（二）宜居城市理论的国内外研究进展

在人类城市发展的历史长河中，城市的建设者和规划者们从来没有停止过对城市宜居性建设理论与实践的思考。从《易经》、《道德经》到康有为的《大同书》，从《太阳城》、《田园城市》到道萨迪亚斯的人类聚居学，人类从来没有停止过对理想生活与住所的积极探索与追求。①

1. 国外宜居城市理论研究进展

宜居城市的思想渊源，最早可以追溯到古希腊。柏拉图撰写的《理想国》描述了一个理想城市的状态：城市是一个为着自身美好生活而保持很小规模的社区，社区的规模和范围应当使其中的居民既有节制而又能自由自在地享受轻松的生活、亚里士多德则提倡城市中财产应私有公用，公民应轮流执政和必须实行法治，城邦规模适中。所有这些都反映出了古希腊人对城市美好生活的向往与追求，也是西方文明中对城市宜居性最早的探索、文艺复兴时期的城市规划者和思想家纷纷追求理想王国的城市图景，并由此延伸出了很多所谓"理想城市"的设计模型。1898 年，霍华德出版了《明日：一条通向真正改革的和平道路》，正式吹响了改善城市质量、关注城市生活的号角。

20 世纪 50 年代后期，西方社会的学者们又进一步提出应该努力实现自然环境和人工环境的密切结合，并开始从社会与人群的角度考虑环境问题、1958 年，希腊学者道萨迪亚提出"人类聚居学"，强调要从自然界、人、社会、建筑物和互联网络这五个要素的相互作用关系中来研究人居环境、1962 年，美国海洋生物学家蕾切尔·卡逊出版了《寂静的春天》一书，该书的出版唤醒了美国以至于整个西方国家对人居环境质量的重视。人们从此开始寻求一种能够解决城市人口猛增、生态环境急剧恶化、城市发展无序蔓延等弊端的城市规划途径。

1994 年，美国现代风景园林的先驱约翰·奥姆斯比·西蒙兹在《21 世纪园林城市：创造适宜居住的城市环境》一书中提出"高效、健康、有活力"的"花园—公园"城市模式。② 他认为，21 世纪的园林城市应该是富有表现力的城市、功能的城市、便利的城市、合理的城市、完整的城市，它们将更适合人们居住。作为一个概念，21 世纪园林城市的模型既符合霍华德的思想也和当代先进的城市规划技术相一致。1999 年，现代建筑国际协会（CIAM）在北京召开会议，拟定了《北京宪章》。宪章中指出：要创造美好宜人的生活环境，要提高社会对建筑的共识和参与，共同保护与创造美好的生活与工作环境；建筑师要追求"人本"、"质量"、"能力"和"创造"……在有限的地球资源条件下，建立一个更加美好、更加公平的人居环境。

在上述思想理论不断发展成熟的过程中，研究者们逐渐形成了关于"宜居城市"概念内涵的代表性认识。《大温哥华地区长期规划》指出，宜居城市指的是一个具有下列特征的城市系统：它应该满足所有居民的生理、社会和心理方面的需求，同时有利于居民的自身发展。令人愉悦而向往的城市可以满足和反映居民在文化方面的高层次精神需求。要想达到这个主题所要求的目标，我们必须坚持以下几个方面的相关原则：社会公平、个人尊严保障、公共设施的无差别共享、和谐的城市氛围、公众参与和管理授权。③

埃文斯（Evans, 2002）认为：城市的"宜居性"概念包含两个方面的含义。适宜居住是其中之一；其二，宜居城市应该符合生态可持续发展的要求，如果城市就业和住房发展等规划和

① Huang Guangyu, Huang Tianqi. EcoPolis: Concept and Criteria [R]. *Earth Summit: The Global Forum Riode Janeiro*, Brazil, 1992.
② 王欣：《美国当代风景园林大师——J. O. 西蒙兹》，《中国园林》2001（4）：75－77。
③ 参见 2003 年 *A Sustainable Urban System: The Long - teerm Plan for Greater Vancouver*, Vancouver: Canada cities.

管理政策的实施都是以牺牲城市环境为代价的话，它只会使得城市及其周边区域的环境不断退化，城市宜居性的问题无法得到根本的解决。① 国际城市可持续发展中心（The International Center of Sustainable Cities）在一份关于宜居城市的报告（2005）中提出将"宜居城市"比喻为"生命有机体"，用生动的比喻描述了不同城市要素所承担的城市技能，成为宜居理论的新探讨。

综上所述，国外对于宜居城市的理解比较注重城市现有和未来居民生活质量的三大类因素，即适宜居住性、可持续性、适应性。宜居性不只关注城市的居住环境，同时非常重视居民参与城市发展的决策能力；城市的可持续发展，追求的不仅是当前城市居民生活质量的高低，也重视城市的可持续发展潜力；此外，城市对危机和困难的可适应性也是宜居城市发展的重要内容。这些思想逐渐成为近年来普遍认可的观点。

2. 国内宜居城市理论研究进展

追本溯源，中国古代人本主义思想中已经蕴含了朴素的宜居理念。在人与自然和谐即"天人合一"的人生理想追求中，外在自然的"天"，被赋予了肯定性的价值和意义，并加以人类情感，成为具有道德意志以至情感内容的"天"。由此，人与自然两情相洽的审美观照，很早便成为现实生活的重要内容，由此演变发展为自然美学，成为建筑、艺术、哲学的基础理论。② 此外，中国古代的风水理论以传统哲学的阴阳五行为基础，糅合了地理学、气象学、景观学、生态学、城市建筑学、心理学以及社会伦理道德方面的内容，将崇尚自然的山水文化同城市环境和经营融于一体，指导了千百个中国传统山水城市的创造和建设，成为山水城市思想的原型。③

尽管中国传统文化中早已蕴含了大量的宜居思想原型，但国内真正针对宜居城市以及和宜居相关的研究最近几年才刚刚起步。1990 年，钱学森先生在写给吴良镛的一封信中首次提出了中国应该建"山水城市"的设想，并在 1993 年 2 月的"山水城市"座谈会上明确发表了他的《社会主义中国应该建设山水城市》的论文，自此国内城市科学研究开始关注人居环境科学的研究④。中国城市建筑理论的探索先锋吴良镛院士长期致力于中国人居环境科学的研究，1993 年他在中国科学院技术科学部学部大会上第一次正式提出建立"人居环境科学"的倡议，由此拉开了中国宜居城市建设理论和实践探讨的序幕。

在此背景下，一些学者们陆续开始在城市规划与建设中关注以人为本的人居环境规划与建设：方可（1999）在《生态化、宜人性与文化特色——创建 21 世纪中关村人居环境》一文中提出了中关村的规划建设要瞄准世界一流，强调"人居环境建设"，追求生态化、宜人性和开放性；田银生，陶伟等（2000）对城市环境的"宜人性"创造进行了研究，并提出了城市环境"宜人性"应关注的物质要素及评价标准；邓清华，马雪莲（2002）提出了城市人居理想的核心内容就是安全、天人合一、宜人性、平等和文化性；周志田（2004）从城市经济发展水平、城市经济发展潜力、城市安全保障条件、城市生态环境水平、城市居民生活质量水平、城市居民生活便捷度六个方面对中国城市进行适宜人居度的评价。以上这些研究为宜居城市理念的提出

---

① Evnas, P. (ed.). 2002. *Livable Cities? Urban Struggles for Livelihood and sustainability* [M]. California, USA: University of California Press Ltd.
② 王芳、陈惠芳：《试谈中国传统哲学对现代城市规划的启示》，《南方建筑》2005（5）：77 - 80。
③ 元萌、牛原、陈伟莹：《风水与城市》，《华中建筑》2005，23（2）：81 - 83。
④ 刘沛林：《人居文化学：人类聚居学的新主题》，《衡阳师专学报（社会科学版）》1998，19（1）：12 - 16。

和发展打下了基础，也基本构建了国内宜居城市理论的基本框架。2004 年，北京市规划委在京城未来发展定位四大目标中正式提出"宜居城市"的概念并将"宜居城市"作为北京未来发展的目标之一。此后，宜居城市概念再次引起了社会各界的广泛关注。各界专家学者纷纷提出自己的观点：任致远（2005）提出了宜居就是"易居、逸居、康居、安居"的概念，并针对宜居城市的条件和衡量标准进行了研究①；袁锐（2005）认为宜居城市至少应该有经济发展度、社会和谐度、文化丰厚度、生活舒适度、景观怡人度、公共安全度六个方面的判别标准，等等。②

（三）关于营销城市宜居性的研究

宜居城市的营销探索中一个有代表性的提法是：根据"五宜"指标和城市营销的元素，提出"一个理念，三个推动力，两个基础"的城市营销模式。其中的"一个理念"是指通过城市营销要打造"宜居、宜业、宜学、宜商、宜游"的城市，"三个推动力"是指城市政府、客体、社会，"两个基础"是指城市物质条件和城市的软、硬环境。"五宜"城市营销模式是以"五宜"理念为核心，利用城市政府、城市营销客体和社会公众之间互为推动的关系，在城市营销的物质条件和软、硬环境搭建的平台上，实现城市价值的完整模式。城市政府、城市营销的客体和社会公众为城市营销提供动力；而城市物质条件和环境只是框架或背景，只有在此基础之上城市营销才能顺利进行。"五宜"理念应该是一套成功城市营销模式的中心，同时也是城市为之努力的目标。"五宜"理念的第一要义自然就是"宜居"，居住是人们最基本的生活需要，只有城市的客体满足了居住的生活需求，才会有追求更高需要的可能。

总结国内外宜居城市建设的理论和思想实质，一般可以主要着眼于六个方面：①经济发展为人们提供充分的就业机会和丰富的物质生活；②社会稳定是城市健康发展的重要基础；③文化为创造良好的社会人文氛围，并为人取得自身发展提供可能；④舒适的居住和怡人的景观提供给市民更多的享受空间；⑤城市设施的安全体系为生活在其中的人民提供生命的保障；⑥物质环境是宜居城市建设的基础，人文环境是宜居城市发展的深化。六个方面有机结合、协调发展，共同创造出健康、优美、和谐的城市人居环境，构成宜居城市系统。

二、国际标杆经验

"宜居城市"理念的提出、理论的探讨及其实践的不断发展，为现代城市建设提供了前瞻性的战略指导。每一座城市的风格都代表了一种思想的独特性与合理性，都具备值得其他城市学习借鉴的经验。

（一）以新加坡为代表的"花园型"宜居城市

新加坡在宜居城市的建设中，始终以建设国际旅游区和国际自由贸易港为战略性目标，通过合理规划、巧妙设计和特色挖掘，努力将其打造为集"优雅的自然之美、通畅的生态之美、

---

① 任致远：《关于宜居城市的拙见》，《城市发展研究》2005，12（4）：33－36。
② 袁锐：《试论宜居城市的判别标准》，《经济科学》2005（4）：126－128。

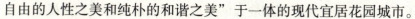

自由的人性之美和纯朴的和谐之美"于一体的现代宜居花园城市。

1. 精心筹划、加大绿化，全力打造洁净的绿色之都

绿意盎然的城市环境是新加坡最吸引人的地方，也是其连续几年被评为亚洲地区最适宜居住地区的关键因素。新加坡的花园城市建设是一个由平面到立体的多层次系统，是一个不断完善、追求完美的过程。立国之初，大量种植生长快、树冠大的高大乔木（种大树战略），旨在最短的时间内达到较高的绿地覆盖率；20世纪70年代，制定了道路绿化规划，加强环境绿化中彩色植物的应用，强调空间（灯柱、过街天桥、挡土墙）的绿化，在绿化中增加休闲设施；80年代，大量种植果树，增设专门的休闲设施；90年代建设连接各大公园、自然保护区、居住区公园的廊道系统，使广大市民能充分享用花园、绿地休闲设施。现在，已开始通过指标鼓励，向建筑要空中绿化，形成立体化的绿化体系。新加坡创建花园城市的设计思想和手段可以总结为：采用非对称形式、建起绿色的覆盖层、为风景点缀色彩、重视果树、建成公园网络、"软化"水泥建筑、绿化已开垦的土地、保护和发展之间的平衡等。大面积的绿色植物在这个蓬勃发展的城市创造了凉爽遮荫的环境，弱化了钢筋混凝构架和玻璃幕墙僵硬的线条，增加了城市的色彩。

2. 整体规划、着眼未来，全力打造方便通畅的生态之都

新加坡市区重建局在2001年提出了一个全岛性的总体概念规划，强调几项新的规划政策，包括：全球化发展下新的工作方式与都市生活的整合、城市可持续发展与节约能源、邻里认同的多样性和强调岛国城市的特色。随后，新加坡政府又先后出台了新加坡2012年绿色计划、国家再循环计划、无垃圾行动等政策，取得了显著的效果。新鲜的空气、清洁的水源、干净的土地和高水平的公共卫生是新加坡生态环境的亮点。当前，新加坡拥有大约3 000公顷的树林、候鸟栖息地、沼泽地和其他自然保护区。几十个各式各样的公园分布全国各地，各具特色的街头小游园和私家花园星罗棋布。城市东部20公里的海岸线全部辟为逍遥休闲区，南部面积达8平方公里的劫后岛建成了圣淘沙旅游区。现在的新加坡到处都可以看到翠绿的树木绿地和飘溢着清香的各式花草。全国人均绿地面积达到0.75公顷，创造了优美的城市景观，营造出了舒适恬静的人居环境，使人随时有在大自然怀抱的感觉。

3. 不拘一格、敢于创新，全力打造人性化的时尚之都

宜居城市的标志不一定是耸入云霄的高楼大厦。新加坡的城市建设对此作出了很好的注解。新加坡的城市建设处处都体现出对自然的保护和对人的深度关怀。政府在城市规划方面，逐步确定了以中心区为主体的星座结构，组团发展的科学空间布局，包括绿色系统、山水系统以及保护名胜古迹等城市规划。按照市中心—次中心—副中心的结构将全国规划为55个小区进行建设，组团内和小区中布局合理、功能齐全，兼有就业、交通、商业、休闲、居住等功能。居民就近就业，就近消费，尽可能减少对市中心交通的需求，缓解了上下班时间交通拥挤的程度。新加坡标志性建筑大多集中在新加坡河畔的中央商务区，一座座设计新颖、气势宏伟的建筑群，以其丰富的建筑天际线和竖向轮廓线给人以身处欧美大都市的感觉，美不胜收；组屋区的立体设计不拘一格，大胆明快，建筑群在整洁的环境衬托下，活泼生动，十分引人注目；公共住宅区的绿化环境设计以自然为主旨，采用东南亚常见的热带植物品种，呈现出鲜明的地方特色。小区内的人工设施主要针对儿童和老人，其次是供社团活动的较为开敞的场地，整体设计十分人性化。科学的空间布局造就了一流的人居环境,新加坡人的生活变得越来越舒适和便捷。

4. 关注人文、重视人才,全力打造以人为本的和谐之都

和谐是宜居的本质要求。和睦相处,精神愉快,开心工作从某种意义上来讲,既是和谐社会的外在标志也是宜居城市的内在要求。人是城市的主体,宜居城市讲究文明礼貌,相互尊重,互相帮助。新加坡整座城市中散发着浓厚的人道主义精神、人文关怀以及良好的公共道德意识。新加坡人文明素养颇高,礼貌、宽容、乐观、热情。正是这种善良的乐于助人的人道主义精神,以及这些以人为本的文明修养构筑了新加坡成为宜居城市的重要人文因素。宜居城市的标志之一还在于其对人才的吸引力。在面对新时期的机遇和挑战时,新加坡政府始终把人才引进、人才培养工作放在重要的位置上。在大力培养本土人才的基础上,还积极引进国外优秀人才。政府提供优惠政策,甚至利用互联网设立人才招聘主页,向海外广泛介绍新加坡的人才需求。现在,每年都有许多国家的高才生被网罗到新加坡工作,使得新加坡的人才竞争力进一步提高。

景观资源相对匮乏的新加坡,通过花园城市建设,借助旅游设施和卫生、环保、法制管理的一体化,形成了自己城市的鲜明特色,成为宜居城市的典型代表之一。

(二) 以温哥华为代表的"旅游型"宜居城市

温哥华是加拿大著名的旅游胜地,也是目前世界上最适合居住的城市之一。2003、2004 年被美洲旅行社协会授予"美洲最好的城市",2004 年被国际城区协会授予"城区建设奖",2005 年被英国经济学人信息部授予"世界最适宜居住的城市"。

1. 重视生态环境的宜居规划目标

加拿大国土辽阔,自然环境优越,每个城市都分布着无数的城市公园、街头绿地和小区绿地。在风景如画、森林环抱的滨海城市温哥华市中心的史丹利公园(Stanley Park)里,还完好地保留着大片的原始森林。温哥华市政府不仅重视生态环境保护,而且逐年加大对环境建设的投入,特别是强调自然公园的建设。在城市公园里到处可见人与和平鸽、小松鼠追逐嬉戏,人、自然、动物和谐共存的画面。很多人都愿意在周末的下午或上午,到这些地方呼吸一下新鲜的空气。温哥华市政府认识到要顺应现代城市发展的潮流,不仅要认真保护好自然环境、尤其是城市周边的森林公园;更重要的是按照建设最佳人居城市的要求,高起点规划,高质量建设,高效能管理好城市,要建设好公园,有计划改造好街头绿地、小区绿地,营造优美的城市小环境。

2. 坚持以人为本的宜居规划理念

以人为本的宜居城市是西方城市规划建设追求的主流。在规划建设中,如何体现人文关怀,吸收公众参与,满足市民不同的需求,显得尤为重要。温哥华市的城市规划非常注重征求公众意见。在具体项目的开发、实施和审批过程中,公开征求市民意见,特别是公开征求周边受影响居民意见,更是通过严格的法定程序去实现。这种人性化的行事方式,帮助温哥华市政当局通过精心规划道路系统,合理布置低层和高层住宅,在充分尊重市民意愿的前提下实现了居住高密度,创造了人与城市的和谐之美。多数高层住宅或者与道路保持一定距离,或者布置在低层住宅以后,避免直接进入行人的视野。并通过精心的景观绿化设计创造出令人赏心悦目的步行环境，改善建筑与大地之间的相互关系，并且利用建筑和绿化围合成几处封闭空间，增加了私密性。

3. 注重可持续发展的宜居规划思想

温哥华市政当局在城市的规划设计中充分贯彻了城市可持续发展战略。它通过刺激温哥华中心城区的人口增长，来有效促进就业岗位与住宅数量之间达到平衡，并减少对机动车交通的需求，由此形成更加紧凑的城市形态，从而避免了低密度的城市扩散。温哥华市政当局还针对中心城区制定了特殊的发展方针，有意识地将各种自然环境基本要素引入城市中心。无论在中心城市还是在工业区块，温哥华市政当局都在刻意为未来发展、产业升级、结构调整留足空间。他们尽可能地在城市周边多留空地，包括农田、湿地、山林、水面；在城市里也留有空地；尤其在工业开发区，旨在为今后产业转向升级预留空间，从而避免由于未来经济结构调整所带来的产业升级的成本增加，这种做法既是经济规律决定的，也是可持续发展的必然要求，是一种着眼未来的长远规划。城市规划应该是开放和与时俱进的，未来有些产业的出现和成长今天可能无法预测到，温哥华市在规划上的"留白"策略，值得借鉴。

4. 倡导集约化发展的宜居规划路径

加拿大的城市规划和建设也曾有过问题和教训，最大的问题就是城市无限度、低密度向外扩张。城市"郊区化"、"泛城市化"是汽车革命后的产品，它造成巨大的资源浪费，引起交通问题、环保问题，降低了人口密度，降低了基础设施共享率、经济效率和城市竞争力，从而大大提高了城市居民每个家庭承担的各项费用，继而降低了人气、商气、财气，降低了整座城市的吸引力和凝聚力，最后还可能引起城市的"空心化"。因此，加拿大的专家、学者、官员都在大力呼吁，要改变这一趋势。麦吉尔大学规划建筑系主任费歇尔（Raphael Fischler）教授认为，通过规划控制和政策引导，遏制郊区化蔓延的趋势，通过提供就业、改善居住环境，推进"新城市化运动"。现在，温哥华市政府官员和规划专家大胆尝试了他们的建议，通过集约化的发展模式取得了预期的效果，在城市的中心同样形成了良好的人居环境，实现了人气、商气、财气的聚集。

（三）以维也纳为代表的"文化艺术型"的宜居城市

维也纳拥有世界级的文化艺术财富、优美的自然环境和独特的城市人文景观。维也纳城市发展战略规划的总目标是"保持和提高维也纳各个领域丰富多样的特色，促进社会、经济和生态环境的全面可持续发展，为城市塑造具有吸引力的战略愿景"。在此基础上，维也纳人试图以"帝国首府、历史文化名城、音乐家的故乡、绿色自然之都"的定位目标来规划维也纳并力求打造"文化艺术型"生态宜居城。

1. 深厚的文化艺术氛围成为文化宜居的坚实基础

维也纳是著名圆舞曲华尔兹的故乡，也是欧洲许多著名古典音乐作品的诞生地，一直享有世界音乐名城的盛誉。18世纪这里是欧洲古典音乐"维也纳乐派"的中心，19世纪是舞蹈音乐的主要发祥地，世界各地许多著名音乐家曾来这里居住，从事创作和演出活动。在这里任何人都能找到与自己相关的文化、音乐、剧院以及画廊。这一先天的传统优势为维也纳的宜居城市建设注入了新鲜的文化血液,使得宜居的维也纳显得更加高雅,更加厚重。

2. 独具风格的历史建筑成为文化宜居的特色标志

具有两千多年历史的维也纳,留下了不胜枚举的文化遗产。从罗马人的古迹到哈布斯堡王朝留下的宫殿,无不散发着独特的艺术气息。维也纳人民也充分认识到历史文物、历史街区及历史建筑物等属于城市内不可再生资源弥足珍贵。因此,他们特别重视保护、重建和利用好旧城区的历史文物,并将其作为宜居城市规划中重点开发的城市资源加以利用,并由此形成了不可复制的稀缺性优势,在宜居城市建设中显得鹤立鸡群,很具竞争力。

3. 天然古朴的生活环境成为文化宜居的有力支撑

维也纳城区占地面积415平方公里,房屋顺山势而建,布局层次分明,各种风格的教堂错落其间,使这座山青水碧的城市保持着浓厚的古老庄重色彩。维也纳从内城向外城依次展开,分为3层。内城即老城,这里街道狭窄,卵石铺路,纵横交错,两旁多为巴洛克式、哥特式和罗马式建筑,中世纪的圣斯特凡大教堂和双塔教堂的尖塔耸立蓝天,在高层建筑不多的城区显得格外醒目。内环城线与外环城线之间是城市的中间层,属于密集的商业区和住宅区,其间也有教堂、宫殿等建筑。外环城路的南面和东面是工业区,西面是别墅区、公园区、宫殿等,一直延伸到森林的边缘。城市北面,多瑙河紧贴内城流过,在多瑙河与多瑙河运河之间,有一片岛状地带,这里有公园、游艺场、体育场、码头、车站等。既有繁华都市景色,又有山林田园风光的维也纳很好地诠释了惬意的宜居内涵。

4. 绿意盎然成为文化宜居的完美衬托

维也纳的城市发展是按照扇叶式布局向外延伸的,大片绿地可以伸向市中心,特别是近年来在可持续发展战略理论和"以人为本"的思想指导下,这座位于蓝色多瑙河边的现代都市已经成为了绿色自然之都。维也纳在城市建设的历史上,最值得称道的是环城大街的建设,1858年开始建设,1865年环城大街林荫大道正式建成。维也纳不仅在规划、建设上富有特色和成效,同时能把城市管理得井井有条。无论是城市道路交通的管理,还是城市绿化、环境卫生的管理,都给来访者留下了深刻的印象。

与传统城市规划理论与方法相比,维也纳的宜居城市规划更加强调多学科、多角度、多层面的研究。通过对维也纳城市发展战略规划内容与过程的研究,并检讨国内城市规划研究的相关实践,相关专家普遍认同从城市问题的分析和解决,到确定城市发展目标,再到选择相关策略和确定进一步的行动计划的区域观点和人本主义理念,特别是尊重历史传统和可持续发展的思想,"混合扫描"的折中混合规划方式以及强调规划过程沟通、联络、协商和协调的联络性规划理念都应贯穿其间。与此相对应,在规划编制过程中,应以行动计划为导向,将发展战略确实转化为城市的具体行动,并努力提高决策的公正性和发挥政府管理的能动性,从根本上保证规划方案的有效性。

三、国内实践观察

宜居城市的终极目标就是要把城市建设成为适宜人们生活居住的城市,让城市居民感到城市是他们生活和居住的家园和乐土。我们将从战略规划、形象设计、城市建设、营销推广、品牌管理五个视角来关注国内有代表性的宜居城市营销，探求他们宜居建设与营销的成功经验，揭示其宜居城市建设带来的借鉴与启示。

（一）战略规划

1. 重要性概说

城市战略规划是宜居城市建设和营销过程中必不可少的关键环节。宜居城市战略规划应立足长远，掌控全局，力求高起点，全方位并尽可能涵盖城市规划、建设和管理，统筹科技、经济、社会、文化、教育和精神文明建设等各方面的建设与推广规划。

2. 经验观察：“成都·永盛”

城市规划的核心是城市如何定位。战略定位中的“差异化战略”和“抢先战略”在现代宜居城市建设的过程中作用日渐突出。目前，全世界已经有60多个城市先后加入了慢城市的行列，而中国还没有一座城市加入其中。成都市永盛镇紧紧抓住“慢城”这个具备全新生活理念，生活模式，符合未来发展主流的概念，积极寻求与其他城市的定位差异，抢做中国第一慢城。这样的战略定位诉求与其争中国最具旅游人气、最具休闲特质的城市愿景目标有着天然的相通之处。“成都·永盛”通过认真的分析提出了自己的城市战略构想：“西部慢城，宜居天堂”；并明确了其战略目的：保护人们享受的权利，反对标准化的生活模式，呼吁人民的大环保意识，以一种全新的生活方式，全新的生活态度，积极休闲的生活理念，缓解“快节奏”生活给人们带来的焦虑、疲惫和亚健康状态。该城市战略着眼点立足于倡导人们有意识地放慢下来，让疲惫的身心得到完全的放松，在工作和生活中找到平衡的支点，旨在将永盛由“生活的城市”变成“宜居的城市”。通过广泛吸引全民参与，重构都市生活。“慢城市”战略构想的核心是：总和现代和传统生活中有利于提高人们生活质量的因素，进而创造经济价值，提高人们的生活质量。引导人们不断地思考生活的真正本意，倡导人们对健康和生命的珍视。

3. 总结与评价

“慢城”作为一种新的城市形态，成为一种真正以人为本、健康关怀的城市模式，必将成为未来发展的主流之一。“成都·永盛”高瞻远瞩，大力发展永盛的“慢文化”和“慢休闲”，走商务型、高品位、高端化，以体验全新“生活方式”为主题的新道路。“成都·永盛”不仅在外部改造城市硬件为居民提供便利，更提倡一种慢文化吸引外来人口感受永盛人回归自然的状态，享受以欣然之态做心爱之事的惬意。在城市建设的规划中，城市以一个怎样的定位统领整个城市的战略规划就显得尤为重要。“成都·永盛”在城市战略定位上的独特新颖赋予了宜居城市建设更多的精神内涵，明确地注解了何为休闲，何谓适宜，而不是像很多城市在“宜居”建设中只是机械地提出了一些程式化的战略构想，特色不鲜明、内容不完整、效果不突出。

（二）形象设计

1. 重要性概说

城市形象指城市给予人们的综合印象和观感，也即城市这一客观事物在人们头脑中的反映。

城市形象设计，有利于塑造城市有个性特色的文化内涵，对内形成凝聚力，对外则有利于促进城市的推广与交流，提高城市的知名度，从而为经济发展提供良好的外部环境。城市整体形象立基于城市的自然地理要素和人文要素，是自然与人文要素的高度融合，更侧重对城市文脉和城市功能的提炼。文脉对于城市整体形象的意义在于能够彰显城市特色。每个城市都有自己的历史渊源，正是这种历史渊源使城市在空间、功能、色彩、象征意义上都具有连续性与差异性特征。同时城市文化资本随着市场经济建设的深化，其意义越来越重要，产生着与时俱增的价值。

2. 经验观察：大理方略

云南大理在城市规划中充分挖掘其独特要素，并力求将其统一化、规范化、完整化，形成城市对外形象宣传的整体合力。大理市政府借助其"全国历史文化名城"、"国家级风景区"、"最佳中国魅力城市"良好口碑，努力凸显"大理点苍冠千岭、明珠玉洱嵌群山"的独特山水格局并充分挖掘大理的城市人文要素，将其历史文化、民族文化、外来文化、宗教文化在大理共生共荣的独特地域文化内涵，有效地内嵌于对外宣传推广中，逐步形成"浪漫休闲之都"的特色城市品牌。"风花雪月"是大理的环境资源优势，也是大理独特的人文优势，这种优势在于它的地域差异性、稀缺性和民族性，相应地也就具有世界性、国际性。浪漫是对风花雪月的再提炼、再升华，休闲则瞄向了城市的新功能。"浪漫"、"休闲"的组合将使大理的资源文化优势转化为新的经济强势，通过"都"的再造与中心城市的功能强化，形成大理城市特有的宜居形象品牌，成为拉动大理城市持续发展的动力，同时也符合云南省倾情打造"七彩云南、快乐天堂"的大战略。

3. 总结与评价

对于城市形象而言，无论从自然因素还是从人文因素来看，大理均可谓得天独厚。独特旖旎的自然风光，特有的民族风情以及悠久的历史文化都造就了这座城市的美丽，省级旅游城市大战略让大理更加明确了自己的定位和形象塑造方向，在大理固有资源条件下，进行加工和改造，保护历史街区，重整原有旅游景点，加强节日经济，发展新型的商业、住宅网点，提升城市形象。巧妙地在形象塑造中实现自然风光、历史文化，民族文化与现代时尚的多元融合，既突出大理文化的深度，也凸显大理的时尚新潮，使其宜居本质清晰自然。

（三）宜居建设

1. 重要性概说

所谓城市建设是指城市系统内各物质和服务设施的建设。其任务是根据国家城市发展和建设方针、经济技术政策、国民经济和社会发展长远计划、区域规划，以及城市所在地区的自然条件、历史情况、现状特点和建设条件，布置城市体系；确定城市性质、规模和布局；统一规划、合理利用城市土地，综合部署城市经济、文化、基础设施等各项建设，保证城市有秩序地、协调地发展，使城市的发展建设获得良好的经济效益、社会效益和环境效益。

2. 经验观察：重庆建设

宜居重庆在其城市建设的过程中非常注重城市特色的培育。在《重庆市城乡总体规划

（2007—2020）》中，其明确提出构建多层次、覆盖城乡、功能完善的综合公共服务体系，凸显了其强调统筹城乡的建设特色。重庆城建的另一大特色在于其山水，重庆在城市设计上，增加了绿地和公园，追求自然、经济、社会的和谐统一，充分利用两江环绕的特点，努力打造其"城中有林，林中有城"，建设山水园林城市的特质。重庆市通过不断增强城市文化软实力，实现了巴渝优秀文化传统和时代精神的高度融合，大力传承和弘扬了抗战文化、陪都文化和三峡移民精神等文化资源，有效地体现了"人文重庆"的特色；另外，其高度关注民生、改善安居乐业的生活环境，成为重庆现代宜居城市建设的突破口，紧紧依靠人民群众，调动一切积极因素，形成重庆宜居人人有责、宜居重庆人人共享的生动局面。

3. 总结与评价

重庆在城市建设过程中，制定出详细的建设规划。在现有的渝中半岛城市景观上补充、完善和提升，结合产业布局调整进行新的规划。针对存在的问题，出台相应的解决策略，有计划、有步骤地开展城市建设，既保护好了自然生态环境，传承了城市的历史文脉，解决了居民的生活问题，也注重了城市细节的雕琢。面对不太优越的地理环境，重庆探索出一套全新实用的城市建设方案，给我们很多启发：

第一，在城市建设中统筹兼顾，全面规划，让科学发展观始终贯穿于城市的建设过程之中，以人为本，促进人与自然、人与社会的协调发展。

第二，坚持基础设施先行，加强交通和城市功能配套建设。

第三，坚持生态立市，加强环境综合治理，打造"绿色生态"品牌。环境是最大的资源，良好的环境不仅带来可观的经济和社会效益，也全面提升了市民的生活质量和水平。

第四，彰显城市特色，塑造城市个性。聘请高水平的设计队伍，对城区水系进行整体规划和景观设计。通过环境整治、绿化美化和景观建设，改善城市的自然生态环境，创造特色景观，努力打造"水清、岸绿、景美"的城市新景观。以绿展示城市的秀美，同时还要加强绿化保护和养护，提高绿化档次和水平。

（四）城市管理

1. 重要性概说

城市管理是巩固宜居城市的必要手段，就是把城市作为管理对象，对城市的运行、城市功能的发挥和城市的发展进行的"管"和"理"的双重行为。城市管理把城市大系统中的众多子系统及功能要素综合在一起，通过组织机构、法规、人及信息等手段，从整体的角度，不断提高城市的社会效益、经济效益和环境效益。施行城市管理能优化城市资源配置，扩大城市功能空间，降低城市运营成本，提升城市对资源要素的聚合力和功能的辐射力，促进城市可持续发展。城市管理是基础性、战略性、关联性和源头性的无形资源，不断创新城市管理的理念、体制、机制、模式与手段，能弥补城市有形空间、有形资源的不足，提高有形空间和有形资源的配置效能，降低有形空间和有形资源的配置成本。

2. 经验观察：重庆管理

城市管理在建设"宜居重庆"的过程中担任着重要的角色定位，已逐步发展成为保障城市良性运转的前提和基础，并在城市"三个文明"建设中起着示范和引导作用。重庆市政府在城市规划、建设和管理这一链条中，善于主动抓前端，把城市管理的"关口前移"，让有效的城市管理贯穿于规划、建设和日常运行的各个环节之中，树立起提前管理、全程管理意识；同时着力提高城市管理的现代化水平，加强数字化城市管理的全新城市管理模式，采取"万米单元网格管理法"和"城市部件管理法"相结合的方式，实现城市管理的信息化、标准化、精细化和动态化。在积极探索城市管理统筹城乡发展新路子的同时，推进公共产品和公共服务的均衡化，突出构建多层次、覆盖城乡、功能完善的综合公共服务体系。

3. 总结与评价

重庆在城市管理当中探索出了符合重庆自身发展的管理之路。重庆着力优化发展城市定位，完善基础设施，平衡管理、规划、建设三者之间的关系，探索城市管理统筹城乡发展的新路子，同时积极推进市政公用行业市场化改革，让重庆在城市管理中大放异彩。在城市建设发展中，规划是"龙头"，建设是基础，管理是根本，三者相互依赖。要建设宜居城市，政府必须采取行政、法制、经济、技术等多种手段，进行综合管理。

（五）营销推广

1. 重要性概说

推广的重要性在于将内部要素与外部环境相整合，并发挥主观能动性来改变已有的公众认知，营造有利于城市发展的环境。俗语说"上有天堂，下有苏杭"，杭州这片人间胜地从来都因其适宜的气候，旖旎的西湖及隽永的人文气息让人向往。在城市营销时代，杭州凭借其独特的优势成功将这座美丽的城市打造为"宜居城市"，并不断地致力于对外推广，力求将杭州最终打造为"休闲之都"。

2. 经验观察：杭州品质

"生活品质之城"体现了杭州城市整体特色和综合优势，是城市发展的总体目标和总体品牌，也是杭州"人间天堂"美誉在新时期的延伸、充实和发展。在全力打造生活品质之城的过程中，杭州市通过开展"生活品质评价"活动有效构建了理性评价与感性评价相结合的杭州生活品质评价体系。同时，通过开展"杭州生活品质点评"活动，实施杭州最具"生活品质"年度人物点评、特色区块点评、特色活动点评和特色社会生活现象（事件）点评，形成国内有一定影响和鲜明特色的评价活动，打造方便杭州旅游休闲的"导游图"、引导杭州特色产业的"示范点"、传播杭州城市文化的"新载体"、展示杭州生活品质的"金橱窗"。

以"生活品质之城"城市品牌为核心，以城市品牌关键词为基本元素，在吸收"东方休闲之都"、"天堂硅谷"、"中国茶都"、"中国丝绸之府"、"中国动漫之都"等现有各类形象口号的基础上，促进形成城市品牌与行业品牌、工作品牌相互连接、彼此映衬的行业（工作）组合品牌，构建起丰富多彩的城市品牌表述体系，推进品牌序列化。品牌的建立需要相应的品牌推广去维系，杭州市特别注重加强"生活品质之城"城市品牌的宣传与推广，先后开展了加强城市品牌的新闻报道和宣传推介，推动"生活品质之城"主题文学艺术创作，加强城市品牌宣传载体建设，加强市民素质和公德建设，积极开展对外交流等系列活动，逐步完善杭州"生活品质之城"的品牌信誉提升机制。

3. 总结与评价

在确立了城市品牌形象核心定位之后，就需要向社会各个层面宣传、推广和渗透城市的品牌竞争力。杭州市政府充分意识到增强主流媒体宣传力度的重要性，充分发挥城市的品牌优势，加大招商引资和人才引进的力度，营造良好的舆论环境，全方位、多层次地利用各种有利条件为杭州的经济发展服务；策划承办具有特色的公关、节事活动及文化活动，特别是一些艺术、广告、设计等体现现代创意文化发展时尚的展览、大赛等全国性和国际性文化活动。致力于增强城市的创意时尚感，使城市的创意文化得以延续和发展；善于打"组合拳"，做好整合传播，多渠道有效传播。影响一个城市品牌的内容是多方面的，要做好城市品牌推广工作也是需要从多方面入手，集中各种力量，利用整合传播的观念，才能起到事半功倍的效果。

四、国内案例：银川打造宜居之城的探索

宜居城市的话题似乎更加具有普适性，人们对于宜居的理解也常常是趋同的。也就是说，每个进取的城市的生活都应该是有品质的，良好的人文环境和生态环境是宜居的共同基础。课题组选择西部城市银川予以解读，读者似可从中得到感悟。

（一）银川：内陆城市的突围

银川是融江南风情与塞北豪情于一体的新兴"两宜型"城市。2008年9月17日，宁夏回族自治区首府银川市被中国城市国际协会（CCIA）授予西北地区首个"宜居城市"称号。银川建设宜居城市的目标是到2010年荣膺中国"最适宜居住"城市称号，2012年获"国际宜居城市与社区竞赛"奖，全力将银川打造为集"塞上湖城，休闲之都；绿洲之心，果园之城；天府之地，幸福之府"等特点为一体的现代化宜居城市。中国城市国际协会推介宣传"宜居银川"的主题词是："西北宜居天府，塞上休闲之都，河套经贸中心，回夏文化胜地。"这四句话，凝聚了国内众多宜居城市专家和银川市领导集体的智慧，凸显了"宜居银川"的特色和内涵。

（二）环境改良下的西北宜居天府

2008年4月15日，宁夏银川市唐徕渠环境综合整治工程荣获"中国人居环境范例奖"，标志着银川市人居环境建设又跃上了一个新高度。近年来，银川市政府大幅度淘汰落后产能、污染企业，不断加快城区湿地水系综合整治，实现了市区水系贯通、水活流清，塑造了"城水相依、碧水灵动"的塞上湖城风貌，生态宜居环境跃然而出。目前银川已形成了以公路、铁路、航空为主的立体交通网：四条国道、四条省道从境内穿越；银川至青岛、丹东至拉萨高速公路在银川汇聚贯通；包兰铁路纵贯银川南北，正在建设的银太铁路，将使银川与东部沿海的联系更加便捷；银川河东机场目前已开通了40多条航线，银川空港口岸也将于2009年投入使用，拉近了银川与全国乃至世界各地的距离。竭力打造两宜城市的银川市政府不断优化投资环境，增强城市功能，在致力于改善投资环境的同时加强人居环境建设。正确的城市发展战略使得银川

生活环境质量得到明显改善。

（三）多元文化下的塞上休闲之都

国内有关专家把休闲指标总结为"一强两高"，即：城市包容性强、幸福指数高、宜居指数高。2007年《瞭望东方周刊》曾对全国31个主要城市进行了城市总体幸福感调查，银川市仅次于成都名列第二。就包容性而言，银川拥有特色鲜明的资源，边塞文化、黄河文化、西夏文化、伊斯兰文化等多种文化在历史的长河里激荡交融，孕育了开放、包容的城市文化个性，具备了建设运动休闲城市的良好文化氛围。同时，银川境内高山、大漠、黄河、草原等多种自然景观并存，田园如织、沟渠纵横的水乡景色与大漠孤烟、长河落日的塞北苍凉交相辉映，神奇的自然组合形成了独特的地貌、独特的气候，这些"银川元素"为开展多彩的运动休闲项目提供了必备的基础条件。回族文化和移民文化是银川人居环境的特点，把历史传统文化与现代文化融为一体，把地域文化、民族文化与现代精神有机地结合起来，进而形成底蕴丰厚、特色鲜明、观念现代的城市先进文化，是奠定适宜居住、和谐生活的文化基础，更是使银川成为区域人居文化创新重镇的关键。

（四）建设宜居城市的举措

银川市依黄河之利，湖泊湿地众多，总面积达20多万亩，号称"七十二连湖"，享有"塞上江南"之美誉。湖泊湿地对银川市的宜居发展起着重要的作用，承担着重要的生态、休闲、科教及建设的功能。宁夏回族自治区党委提出了把银川市建设成为"城在园中、园在城中，城在湖中、湖在城中，城在林中，林在城中"的最适宜人类居住的城市之一。建设"塞上湖城"的理念，就是切实保护好湿地资源，恢复银川湖泊湿地生态，营造城市特色和最适合人居住的环境，促进经济、社会和环境协调发展。湖泊湿地这个特殊生态系统是银川市人居环境建设的优势所在，也是银川市实现"生态立市"的核心之作。截至目前，全市湿地面积已达4.7万多公顷，现有自然湖泊近200块。再造湖城给银川市带来的好处让多方受益，城市环境改善、城市价值提升、市民居住条件提高等都是显而易见的效果，而生态环境的改善是最大的收益，"银川市湖泊湿地恢复与保护"项目荣获2006年度中国人居环境范例奖。文化是人类传承的精髓，也是城市赖以生存的根基。浓郁的回乡风情、古老的黄河文明、神秘的西夏文化，构成了银川多姿多彩的人文资源。以文化为魂，以健康生活为目标，以体育运动为主体，加强文化、体育元素与健康宜居的深度结合，初步塑造了以运动休闲为特色的银川宜居品牌。

（五）问题与建议

银川宜居品牌建设目前也存在若干需要解决的问题。一是缺乏统一的城市营销领导机构，这也是我国城市普遍存在的共性问题；二是城市形象易产生错位。银川城市品牌亟待进行专业化的设计和规划，对银川的认知比较趋同的看法是"一座曾经辉煌的历史古城"，而与此对应的是对银川挥之不去的各种落后印象，而银川新的宜居形象尚待进一步确立；三是银川的城市营销表现出某种短期行为特征，缺乏创意、灵性与活力；四是城市宜居产品的前瞻性开发和创新有待加强，银川人居环境的资源优势也有待进一步创新和开掘。

　　针对上述问题，我们给出的建议包括：第一，银川在宜居建设中应该大力发展新兴和优势特色产业，提升城市经济整体实力与竞争力，为银川宜居建设提供强劲动力；第二，加快建设宜居城市，奋力打造"黄河金岸"，力求做到"六个一体化"即规划编制一体化、基础设施一体化、产业发展一体化、区域市场一体化、生态环境建设一体化、市政服务一体化；第三，宜居城市建设中坚持"一张蓝图管到底"、"沿黄城市一盘棋"的思路，着力打造生命保障线、抢险交通线、经济命脉线、特色城市线、生态景观线和文化展示线，加快公交互通、金融同城、电信同区、电力同网、信息共享步伐，形成以银川为中心的"一小时经济圈"，以四个地级市为次中心的"半小时通勤圈"，提升工作与生活相衔接的现代化宜居网络；第四，在建设宜居城市的过程中，要突出"塞上湖城、回乡风情、西夏古都"特色，塑造具有宁夏地域特色的精品城市，成为西北地区人与自然和谐发展的示范基地。

五、政策启示与展望

　　宜居城市有着丰富的内涵，不仅要求城市适宜人的居住和生活，更要具备就业机会和发展机遇，是良好的物质环境、生态环境和人文环境的聚合体。建设宜居城市是一项长期任务和系统工程，必须以战略思维和长远眼光来谋划城市发展，把以人为本的要求和全面、协调、可持续发展的理念，落实到城市规划、建设、管理的各个层面。以下就我国宜居城市建设的未来发展趋向，浅谈几点建议。

（一）社会文明度是宜居城市建设的追求目标

　　社会文明度是宜居城市建设永恒的追求目标。宜居城市的完整内涵离不开高度发达的政治文明、以人为本的社会和谐、规范有序的社区文明以及广泛深入的公众参与。

　　与西方国家的城市管理相比较，我国在宜居城市建设和规划的科学性、前瞻性以及法律刚性上都存在着一些弱点。宜居城市的整体规划是宜居城市建设的基本蓝图，为政府建设好、经营好宜居城市提供了可预见的发展方向，避免了宜居城市建设与经营管理中的盲目性和发展的无序性。规划应将宜居城市建设作为长远战略，并与宜居城市功能导向模式的扩展趋势相吻合，可以从根本上适应、调控、放大宜居城市的效能。这就要求宜居城市的建设过程中首先要有一个决策民主科学、实施民主监督、行政效率高的职能管理部门，这是确立战略规划和进行有效管理的基础前提；注重和谐发展观的宜居城市建设，其价值追求的人文化，就是文明化、人性化，强调人的价值和人的发展需要，追求真善美及社会的和谐。

　　在宜居城市的建设进程中，对物质财富积累的过分追求，往往会导致人本价值目标的缺失。所以，提出人文化发展理念，就是要坚持以人为本，通过繁荣先进文化、丰富精神生活、延续城市文脉、弘扬城市文明、构建和谐社会，着力塑造人文精神、营造人文环境和人文氛围，在实现宜居城市发展的同时实现人的全面发展，才能真正体现宜居的本质特征。规范有序的社区文明，是宜居城市和谐发展的内在要求。通过高效的社区管理，倡导团结友爱、公道宽容、助人为乐、和衷共济的人文精神，形成珍视团结、注重和谐的社区共识，逐步培养顾大局、识大体，善通融的社区文化，继而增强宜居城市的内在修养。市民参与是宜居城市建设的重要保证，也是以人为本和谐理念的体现，所以宜居城市建设过程中有必要建立城市规划公示、征集公众意见制度并贯彻落实，建立适当的价格听证制度并贯彻落实，实现阳光规划。

（二）经济富裕度是宜居城市建设的基础条件

经济富裕度是宜居城市的后盾和保障，表现在人均 GDP、城镇居民人均可支配收入、人均财政收入、就业率、第三产业就业人口占就业总人口的比重等方面。经济富裕度的重点是要使居民在生活上没有过大的压力，要看这个城市的富裕是不是真正对老百姓有利的富裕。

（三）环境优美度是宜居城市建设的必然要求

环境优美度中既包括生态环境、气候环境、人文环境、城市景观，也包括对文化遗产和自然遗产的保护。优美宜人的生态环境建设成为宜居城市追求的目标之一。生态健康是宜居城市和生态城市共同的目标。从生态的角度讲，宜居城市的生态实质在于实现人与人、人与自然的和谐，倡导生态价值观，建立有自觉保护环境、促进人类自身发展的机制。宜居城市的生态建设要求空间结构布局合理、基础设施完善、生态建筑广泛应用、人造环境与自然环境融合、城市景观优美而富有生态文化内涵。大量的实验和实证研究结果表明，优美的自然景观可以给人以满足愉悦感的体验。建设生态宜居城市，同样需要重视人文环境建设。人文环境是社会本体中隐藏的无形环境，是一种潜移默化的民族灵魂，包括共同体的态度、观念、信仰系统、认知环境等。要建设生态宜居城市，还必须要加强人文环境的保护和开发工作。人文环境的合理规划对于提升城市品位、彰显区域特色、拉动经济发展意义深远。

（四）生活便宜度是宜居城市建设的核心本质

生活方便、适宜是宜居城市的重要影响因素，甚至是决定性因素之一。宜居城市要拥有城市公众基本价值观、城市居民身份认同和地域认同感，拥有城市治理和公众参与机制、监测机制、评价机制以及城市自学习系统。同时宜居城市中完整的社区、繁荣的市中心核心区域、合理分布的工业组团、令人赏心悦目的绿地系统等是其组成器官；自然资源的输入/输出流、绿色走廊、能量网络、通信网络、交通网络等是其循环系统。在宜居城市中，居住、交通、工作、游憩等功能要完整，各项功能要运转健康。宜居城市要有满足各城市阶层的多种生活方式需要的功能，能够提供良好的居住环境、工作条件、经济收入、教育、娱乐、社会保障。宜居城市应该为广大市民生活的各个方面提供高质量的服务。这些服务主要涉及城市交通、商业服务、市政设施、教育文化体育设施、绿色空间、城市住房、公共医疗卫生服务体系等方面。一个城市是否宜居，不应由专家说了算，而应由居住在这个城市里的居民说了算。澳大利亚的墨尔本和加拿大的温哥华，之所以能位居全球"宜居城市"前列，不是因为它们建设得多么豪华，多么"宜资"、"宜商"，而是因为生活在城市中的市民非常舒心、非常方便。这不仅体现在城市的交通四通八达、功能完善上，更体现在城市管理者对城市不同群体的利益关怀上。城市的定位应当以符合居民的意愿为标准。

（五）公共安全度是宜居城市建设的有力保障

现代化大都市集中化、密集化的城市特征，使其成为易受地震、洪水、环境污染、人为破坏打击的脆弱系统。因此，如果将宜居性作为一个未来城市建设的主要追求目标，就首先应该注重在城市建设和城市安全之间保持一种动态稳定与平衡协调状态。真正的宜居城市应该具有对自然灾害和社会与经济异常或突发事件干扰的良好抵御能力。安全城市所应该提供给市民的不仅仅是城市的公共安全保障，还应包括城市生态环境安全、城市食品安全、城市社会安全、城市经济安全等。未来的宜居城市必须要有较高生命线工程完好率，完善的预防、应对自然灾难的设施、机制和预案，有完善的预防、应对人为灾难的机制和预案，有较强的对公共安全事件的处理能力。近几年，城市公共危机突发事件频发，不仅影响城市发展，也使城市居民的工作、学习、生活受到不同程度的影响。这就要求未来的宜居城市建设中必须将城市公共危机管理作为城市管理的一项重要工作，不断加强突发公共事件应急管理体制建设，随时做好应急、响应、善后处理的准备，把公共危机带来的损失降到最低，真正做到宜居先安居。

综上所述，宜居城市追求适宜人类居住的城市环境，整体宜居性是其主要特征。建设宜居城市，必须从经济、文化、社会、环境等多种角度来实现其宜居性，要从全方位整体地实现其宜居性，而不只是满足其中一方面的要求。经济高效性是宜居城市发展的内在动力，强劲的经济实力是宜居城市建设的坚实支撑，为其提供源源不断的发展动力；文化多元性是宜居城市的内在特质，宜居的城市，不仅要尊重本土文化和地方精神，而且要尊重与包容外来文化，以满足不同人群的需求，方便互相间的交流与融合；社会和谐性是宜居城市的本质要求，宜居的城市，应具有完善的教育和社会保障体系、文明的社会风气，人与人和谐相处；资源环境持续性是宜居城市的外在体现，宜居城市应当节约和集约利用各种资源，减少各类废弃物的产生，发展循环型经济；同时注重生态环境的保护，尊重自然，按照自然规律办事，取得生态系统的平衡，最终实现人与自然的和谐相处。

第18章

中国城市营销发展的正确道路与当务之急

本研究认为，中国的城市营销实践，已然迈出了可喜的步伐，并且正处在开启战略性和专业化转型的关键阶段。本章拟在分析我国城市营销进展、问题和突出困扰的基础上，就中国城市营销的正确道路和当务之急，尝试给出分析和建议。

一、中国城市营销发展历程总结

本报告对全国七大区域的城市营销发展历程进行了回顾与梳理，同时选择国内100个城市进行了城市营销指数（CMI）的量化分析。此外，在理论和观察的基础上，就城市品牌、旅游、投资和人居等城市营销主要领域进行了理论与经验的对标研究。至此，我们可以将中国城市营销的进展、不足和当前的主要困惑总结如下。

（一）中国城市营销已取得长足进步

从20世纪90年代以来，中国城市营销在探索中发展和进步，可以说取得了可喜的成绩，突出地表现在以下三个方面：

1. 城市营销意识和热情空前高涨

20世纪90年代，城市营销还是极少数城市的大胆探索，比如大连、昆明、珠海等，其所依凭的概念也较为混乱，诸如推销城市、经营城市、营销城市、塑造城市形象等，不一而足。其间，对城市营销现象既有褒扬和支持，也有观望和怀疑，甚至还有不少批评和挞伐。究其原因，一方面固然是人们对城市营销理论和现象还颇为陌生所致，另一方面也与部分城市深陷"城市经营"（其实质是土地经营）的误区相关。进入新世纪以来，随着我国城市管理制度的规范（特别是国土法规和政策的规范），城市营销逐渐发展成为城市管理的主流战略选项，被寄予厚望。目前，城市营销概念已被城市管理者和广大市民普遍接受和认同。城市营销概念频频出现于政府的重要文件，如政府工作报告、领导讲话以及城市各项中长期发展规划（如"十一五"规划）等，成为城市发展的一个指导性理念。同时，城市的外宣部门、旅游部门和招商部门，更是通过积极探索和尝试城市营销方法来改进和创新本部门的工作，成为城市营销的自觉主体和重要力量。

2. 城市营销推广力度逐年加强

进入新世纪以来，伴随城市间竞争的加剧，城市营销的积极性和推广的力度也迅速增强，其典型标志就是城市仿佛在一夜之间就发展成为媒体最重要的广告主体之一。从前述章节的回顾中我们不难发现，近年来各城市竞相推出别具特色的营销策略和创意，其推广手段之多样、沟通创意之丰富，令人赞叹。部分城市如北京、上海、成都等，还积极尝试城市国际营销推广。目前，城市营销推广正持续走强，方兴未艾。一方面，在传统推广阵地如电视、报刊等，城市的宣传投放仍在继续扩大；另一方面，新兴媒体也受到城市的空前关注。门户网站纷纷推出城市频道（如新浪、央视国际、搜狐、腾讯、凤凰网等），搜索引擎竞相开发城市产品（如谷歌城市地图及城市关键词搜索营销、百度的城市贴吧、百度百科等），还有更多的专业网站、移动媒体，也在积极探索和努力，抢占城市推广的市场。

3. 城市营销生长点遍地开花

事实上，除了营销力度特别是宣传推广力度的快速增强外，我国城市营销的发展，还体现在营销生长点的培育和开发方面。比如城市文化方面的生长点，有非遗保护与开发、文化创意产业发展等；城市经济方面的生长点，如节庆品牌和会展品牌的创新等；城市形象方面的生长点，如大型标志性工程、环境整治、城市规划馆和博物馆等。此外，以北京奥运会、上海世博会、广州亚运会和深圳大运会等为典型案例，通过申办或创新大型活动来促进城市发展、提升城市形象，也已成为国内城市所热捧的重要营销策略。

（二）中国城市营销尚存在很多不足

通过前述的回顾述评与对标研究，我们也清醒地看到中国城市营销发展中的诸多问题和不足，主要表现在以下三个方面：

1. 城市营销组织分散

迄今为止，我国的城市营销始终在多主体各自为阵、分散运行的状态下发展。旅游、招商、外宣、文化等部门，从各自的理解和愿望出发，运用各自的资源来营销城市。城市营销组织分散，缺乏一个领导和协同的平台。少数几个城市设立了城市品牌的统一管理机构（是一个重要的进步和发展），但目前看来，这些机构在实质上仍不具备城市营销的协同职能。组织分散、协同缺失所带来的最大问题，就是城市营销资源零散化，信息分散化、投入低效化，极大地制约着城市营销的发展。

2. 营销战略规划缺乏

可以说，我国城市普遍缺乏总体的城市营销发展规划。这其实是城市营销组织分散的一个直接后果，或是同一问题的两个方面。更严重的是，即使在分散组织各自内部，专业和明确的营销规划，亦即在市场和竞争分析基础上，运用定位、品牌、营销组合等营销管理工具所进行的规划，也普遍缺乏。多数营销活动只是在项目规划（如某一重大节事）、宣传规划（如广告）而非系统性的营销规划下展开。

3. 营销技能与经验不足

城市营销技能和经验是城市营销专业化转型的重要资源，直接关系到城市营销的战略规划、决策和执行。我国的市场化改革只有二三十年历史，营销人才和经验，特别是国际营销的人才和经验原本就不足；加之公共部门与商业实践的隔膜，特别是我国公务人员人才流动的制度局限和障碍，使得我国的城市营销管理普遍缺乏专业人才和经验的支持。这将会是长期困扰我国城市营销发展的问题之一。目前，不少城市寻求外脑的帮助，同时加大和当地企业部门的合作，发出了解决这一问题的一个积极信号。

总之，城市营销组织分散、战略规划缺乏和技能经验的不足，导致我国的城市营销实践尽管热情高涨、投入不菲，却未收获理想的营销效益，也错失了许多经验累积和成长的机会。如前所述，城市营销可以划分为四个阶段，即离散式推销阶段、组合式营销阶段、形象营销阶段和品牌营销阶段。通过细密的梳理和观察，本课题认为上述四个阶段在我国城市营销发展中均有局部的展露，甚至在城市营销的高级阶段，如形象营销和品牌营销，也已产生难得的萌芽（如杭州、重庆等）。然而，总体来看，我国的城市营销，尚整体处于离散式推销阶段，亟待进行专业化的转型和升级。

（三）目前面临的主要困惑

城市营销的专业转型和升级是一个系统化的工程，也是一个长期的过程。为达成这一目标，我们有必要聚焦现阶段的主要困惑和突出问题，来作为突破和改进的发力点。本报告认为，当前困扰中国城市营销发展的典型问题，集中在以下四个方面：

1. 认识上的困惑

尽管城市营销概念已被普遍接受，但对于这一概念的困惑，显然还非常突出。城市营销的最大功用究竟是什么？是经济发展还是社会和谐，还是二者并举？重点是提升城市形象还是推进城市增长（如促进旅游和投资），还是兼而有之？重点是短期营销目标还是长期营销目标，还是兼顾二者的平衡？是把城市现有的产品营销出去还是根据需求来开发和建设城市，还是二者同步？诸如此类的不同理解会导致不同的营销行动。就当前而言，把城市营销作为单一经济促进工具，特别是收割短期利益目标的工具，是我国城市营销在认识上的突出误区。

2. 机制上的困惑

协同城市营销努力，理论上是势在必行的，并且是众望所归，但执行起来却有着诸多现实的困扰。我国城市管理机制存在明显的部门利益边界。旅游、招商、外贸、文化、居民福利、基础设施等，往往也分属不同的管理系列。要达成真正有效的营销协同，意味着必须进行行政职能和管理体制的变革。目前，部门利益（政绩追求）驱动下的城市营销动力是现实存在的，然而直接源自城市整体利益的城市营销驱动力却不明显。在这种情形下，寻找变革突破点，改革城市营销的组织体制，建立城市营销的协同机制等问题，必是不少有识之士所关注的焦点，同时也是当前我国城市营销发展所不能回避的问题。

3. 方法上的困惑

这里所说的方法上的困惑，固然包括对营销专业方法的陌生，但这不是问题的关键。真正的问题是，即使引入商业领域市场营销的理论和经验，似乎也无法有效解决城市营销所遇到的难题。比如，城市品牌化是城市营销的制高点，作为城市品牌载体的城市"产品"如此复杂，包括旅游、投资、人居、文化和历史等，提炼和抽象出一个城市品牌是否可能？城市品牌到底该如何着手？此外，城市营销主体多元、错杂，各有其诉求，各有其安排，如何才能制定出足以整合并指导各部门行动的营销规划？城市营销是一个专业概念，但其理论和方法却是众说纷纭，这在某种程度上也加剧了城市管理者的困扰。

4. 资源上的困惑

营销城市是复杂、艰巨的任务，但城市所拥有的营销资源和经费却明显不足。一般来说，一个城市直接的"营销预算"，即外宣预算、旅游和招商市场预算等的总和，甚至比不上一个大中型企业的营销预算。在如此有限的预算约束下，城市管理者常感心有余而力不足，那么城市营销究竟能走多远？

解决以上的现实困扰，是关系到我国城市行政改革步伐、公共投入效益乃至城市发展战略的重大而紧迫的问题，因此是我国城市营销发展的当务之急。

二、开辟中国城市营销发展的正确道路

本报告每个章节的研究，无不是从理论与经验的角度来探讨中国城市营销的未来道路。然而城市营销的理论与方法却头绪纷繁、内容庞杂。准确理解城市营销理论，厘清城市营销思路却并非易事。

综合相关探索的基本理论与核心主张，我们认为坚持中国城市营销的正确（专业正确）道路，重点应把握如下三个方面的工作。

（一）推进营销治理

政府是公共利益的信托者，是城市公共管理的核心主体。城市营销作为一个新兴的公共管理领域，是任何一个负责任的城市政府所应重视和担当的。然而，政府却不应该也不可能垄断和包揽城市营销的全部工作。因为城市产品包罗万象，非政府政策所能涵盖；城市营销主体包括城市所有的利益相关者，也非城市政府所能全部代言。一句话，城市营销绝不是政府的独角戏。

基于文献研究和经验分析，本报告在主题研究部分深入论述了城市营销就是一种特定的城市治理，即城市营销治理。因此，推进城市营销治理，包括确立治理理念、建设治理网络和完善治理机制等，是确保城市营销正确道路的关键所在。城市营销治理不可能一蹴而就，从我国的实际情况来看，这种治理转型尤其任重道远。以渐进改革方式稳步推进城市营销治理转型，无疑是一条现实可行的路径。具体包括如下三个渐次递进的治理建设过程。

一是政府营销治理。从当前的实际情况来看，外宣、旅游、投资和外贸这四个部门，首先应该建立起城市营销的政府治理机制，以达成营销信息的一致性和营销策略的协同性，提升公共投入的营销效益。在此基础上，还可逐步扩展到文化、教育、科技等相关的政府职能部门。站在城市发展的全局高度来开展政府治理，能使相关的政府部门更好地负其责、尽其能。

二是公私协作的治理。上述公共部门与相关的企业、社会组织、教育科研机构乃至相关的市民等，应该逐步建立起城市营销的治理机制。以扩展城市营销的资源、增强城市营销的动力，并进一步明确和深化城市营销的公共利益诉求。目前，我国城市在公私协作治理方面，已经取得了一些宝贵的经验。特别是在环境整治、街巷改造、景区创新等方面，涌现出不少成功的案

例（如北京的奥运会、扬州市的古城民居改造、成都的府南河综合治理等）。将这些经验，上升为城市治理特别是营销治理的常规制度或机制，是推进城市营销治理转型的一条捷径。

三是区域治理。当前，随着区域合作、城市合作成为应对竞争的重要战略手段，城市营销中的区域合作和城市间合作，也必将逐渐兴起。因此，上述政府治理及本地公私协作治理，还可进一步扩展到上级地区和同级的合作城市的政府、企业与社会机构，以进一步扩大城市营销的资源、力量和市场。当前，不少城市在基础设施、环境保护以及国内、国际文化申遗等方面已展开有效的合作，并从中受益。事实上，常规、制度化的营销合作，必能为合作城市和地区带来更加显著和长远的利益。

（二）加强战略规划

城市营销的战略规划非常必要，却难以实施。其中，加强城市营销的战略统筹、强化城市品牌的整合功能，应是最重要的两个"抓手"。

1. 加强城市营销的战略统筹

城市营销绝不是随时、随手供采用的简单工具。短期导向的城市营销，极易陷入华而不实的"浪费战略"怪圈。正如有学者指出，"地区营销竞争的本质，常常带来许多游说性的文字和言谈，产生那些华丽词藻和口号标语"（Ryan，1995：39）。这是既往国内外城市营销的常见通病。其实还不止如此，短期导向的城市营销，可谓流弊甚广。

一是重营销推广、轻营销建设。从顾客需求出发的建设，比从自身产品出发的推广，更能体现城市营销的战略精髓。应该从顾客需求出发来提炼城市的新概念，开发城市新产品，与从顾客需求出发来优化城市既有的资源和吸引物同样重要甚至更加重要。重推广、轻建设的片面营销推广，无益于城市的可持续发展。

二是重营销创意、轻营销创新。城市营销创新，包括相关的制度、文化、品牌和公共服务等创新，是提升城市软实力的重要途径（Ham，Peter van，2008）。而浮泛的营销创意和营销努力，无补于城市核心能力的培养。

三是重受众眼球、轻根本目标。当前，随着城市竞争不断加剧，信息干扰的程度也是前所未有，注意力显然成为城市竞争中的稀缺资源。然而，需要哪些注意力，如何抓住注意力，却是一个战略性的问题。如果在众多不确定的诱惑下迷失方向，只重眼球而游离在根本目标与方向之外，实无助于城市形象的打造。

可见，城市营销不应是一时、一事的短期功利诉求，而是根植于城市发展战略、帮助达成城市战略目标的长远规划。应该从城市发展战略的高度来统筹城市营销的规划、建设与推广。

首先，城市发展战略提供了城市营销的原则、目标和方向。城市总体发展战略原则、目标和任务，依其重要性排序，完全可以转化或分解为城市营销的原则、目标和任务。当然，一些中小城市可能并无明晰、合理和有效的总体发展战略可资依凭。在这种情况下，城市营销战略规划，就为修正和完善城市发展战略提供了宝贵的机会。因为城市营销规划要求立足于城市发展全局，能够运用环境、市场、产业、文化、产品等多种分析和决策工具，不失为制定市场导向的城市发展战略的有效工具。

其次，需求和竞争分析提供了城市营销规划的具体依据。城市营销规划要具备很强的针对性和可操作性。而城市顾客的需求和城市竞争的现实，则为城市建设、城市规划、城市产品创新和城市产品推广等提供了具体的依据。在城市总体战略的指导下，城市营销规划包含了形象、旅游、投资和人居等诸多方面的系列项目。每个项目都应该有相应的可操作规划。

2. 夯实城市品牌的整合基础

城市营销既能产生有形回报，如投资、出口和旅游收入的增长等；也能产生无形回报，如市民满意度和凝聚力的增强，特别是城市形象的提升和品牌的增值等。然而，不论有形资产还是无形资产，都应纳入专业化的管理，才能确保其保值和增值。也就是说，城市营销的成功首先是管理的结果，而不是推广的结果。

本报告就强化城市营销的管理方法，已进行了多个角度的分析和阐述。其中最值得强调的一点，就是要确立城市品牌的统领地位。城市需要一个核心识别和品牌主张，来统领城市的旅游、投资和人居。当然，城市品牌形象本身也需要更具体和规范的管理，其生成、推广和维护，更需要通过城市治理的机制方能达成。

城市品牌立足于本地的资源，具有强大的整合和管理功能。主要表现在它能够形成差异化的产业、产品及形象优势，有效促进结构优化与经济增长；能够确保城市形象的一致性和持续性，强化顾客认同；能够增强市民和企业的忠诚度和凝聚力，并支持外部顾客的决策，等等。抓住了城市品牌这条"红线"，就抓住了城市营销专业管理的关键命脉。

（三）开展关系营销

城市营销从本质上看也是一种关系营销。也就是说，城市营销的目的，就是要达成顾客的好感和认同，并建立起一个互利、共赢的关系网络。坚持城市营销的正确道路，从关系营销的角度看主要表现在以下几个方面。

1. 城市营销不仅是自身的投入和努力，更是社会资本的自我增值

首先，城市营销必须为本地的利益相关者所接纳和认同，这就意味着城市营销首先是城市利益相关者的关系营销。城市营销治理网络的形成过程，事实上也就是关系营销的过程。

其次，城市营销推广，不应是一次性和战术性的投入。如何通过有效的管理和激励，强化顾客忠诚，甚至将顾客转化为城市营销的主体、渠道或口碑传递者，才是营销战略的重点。所谓将顾客转化为城市营销的主体、渠道或口碑传递者，就是使之在城市营销战略框架内，发生自觉的营销行动。这就是城市营销社会资本的自我发展和增值，能够极大增益城市营销的力量和效益。

2. 城市营销不仅是竞争策略，更是合作策略

城市营销是城市竞争的产物，却不应是加剧城市竞争的工具。通过市场导向的管理，达成竞争的有序度和和谐度，是城市营销的重要诉求。关系营销的合作策略，不拘一格。可以在建设方面合作，也可以在品牌推广方面联手，类似的案例不胜枚举。如港深、郑汴、成渝、京津等城市深入合作已成效初显，韩国首尔 HI-SEOUL 城市品牌对本地优秀中小企业的背书支持被

传为美谈，而曼彻斯特足球俱乐部的"This is Our City"[1] 运动，更是社会组织、企业自发植入和支持城市品牌的经典案例。

三、当前中国城市营销专业化转型的当务之急

以上我们阐述了坚持正确城市营销道路的若干重点认识和方法。然而目前的当务之急，却是要解决当前我国城市营销发展中的观念困惑、机制困惑、方法困惑和资源困惑等问题。本研究认为我国城市营销当前的突破点，可用四句话来概括。即基于正确观念，始于品牌定位，兴于组织建设，成于内部营销。

（一）基于正确观念

所谓基于正确观念，是指树立经济与社会共赢的正确城市营销理念，是城市营销突围的认识基础。在报告第3章，我们剖析了城市营销概念的经济功能和社会功能内涵，指出经济繁荣与社会和谐都是城市营销概念的题中应有之意，也都是城市营销的根本目标。城市营销作为公共管理所追求的公共价值，正体现于经济和社会两个方面。不仅如此，能否树立经济与社会共赢的城市营销理念，直接关系到城市营销战略方法的路径，因此也关系到城市营销的成败。这也是本报告将主题确定为"通往和谐与繁荣"的用意所在。

追求社会和谐与经济繁荣，意味着城市营销必须同时关注内部与外部的顾客。然而，包括西方国家的城市营销实践在内，这在当前都是一个很大的难题。正如克拉克（Clark，G.，2006）指出，本地的"再投资者"（企业）、机构、市民和现有的游客，与外部的投资者、外贸商等，同样都是重要的城市顾客。现有顾客尤其是城市最重要的资产，但除非在选举时期，城市居民等作为本地重要顾客却常常被忽视。

树立经济与社会共赢的理念，不应只从责任的角度来解读。实际上，在经济价值和社会价值的背后，城市内外顾客所承载的经济资本和社会资本，亦即城市的经济力量与社会力量，不仅是城市营销的重要目标，更是城市营销不可或缺的重要支撑。须将认识提到这样的高度，才能准确把握城市营销内涵，并从城市营销的基本价值取向出发，找到城市营销发展的正确方向。

（二）始于品牌定位

针对我国当前城市营销最突出的"方法困惑"，我们提出"始于品牌定位"的观点，是指城市形象建设要规避"形象工程"误区，走出 Logo 和口号怪圈，高起点突破，从专业品牌化方法入手来奠定城市营销的扎实新起点。

当前，城市形象建设中的"广场热"、"标志工程热"已明显衰减，而近年来逐步升温的城市"标志设计热"、"口号热"，在2009年度却突如洪波涌起。仅2009年上半年，就有几十个城市和地区同时面向全球有奖征集城市口号和标志设计，其中有不少是"再征集"或"再再征

---

① Edensor, T. & Millington, S. (2008), "This is Our City": Branding Football and Local Embeddedness, *Global Networks* 8, 2 (2008), 172–193.

集"，足见地方政府对形象建设的重视程度。然而，这一波的标志和口号热潮，从专业角度审视仍未得章法，亟待加以规范和引导。

1. 打破品牌标志和口号"神话"

品牌标志（logo）和口号（slogan）是品牌的重要元素，但品牌却绝不只是标志和口号而已。每一个城市都有其确定的名称，有历史、特色、优势和故事，就是一个历史形成的"品牌"。如何让人们发现并认同其价值，才是城市品牌化的关键。因此有学者认为城市品牌化（branding）的概念，确切地应称之为"再品牌化"（re‐branding）（Pasquinelli, 2009），也是不无道理的。

标志和口号是外在的辅助手段，是城市品牌价值的承载者而不是创造者。标志和口号可比作"椟"，却并非珠玉本身。开发"珠"显然才是要务，而"椟"的制造，只是一个量身订制的最佳配饰。这其实正是城市品牌识别和定位的问题。比如，可口可乐（Coca‐Cola）作为当今世界最具价值的品牌，100 多年来标志屡经修缮，口号变化更无法计数。在 20 世纪的 100 年里，可口可乐几乎每一两年就要更换一次口号，但其核心的识别和定位即"快乐和活力"却从未偏移，他们并且通过广告创意、媒体宣传、赞助和活动等各种方式来不断强化这一核心的认知。

可见，如果将城市内在固有价值的开发和提炼置之不顾，却独独青睐外在的标志和口号，实为舍本逐末，买椟还珠，对品牌建设于事无补。有学者批评不少外部顾问公司也常常投其所好（指口号和标识），而不是提供给城市系统和长远的战略规划（Gildo Seisdedos, 2006）。当前，不少城市用一个草率制定的规则面向全球征集标志和口号，怎么可能得到呢？另一些城市则已经设计了标志、制定了口号，之后就好像完事大吉，极少建设跟进和支撑，这个抽象的标志和口号又能有什么意义？因此，城市营销应该首先打破标志和口号神话，扎实从识别和定位做起。

2. 设计城市识别和品牌定位

关于品牌识别和定位，报告第 3 章已作了理论阐述，但相关理论却可能较难被城市营销者准确理解和采纳。我们强调"品牌识别"是指城市的自我形象规划，是城市最核心的特色和价值，包括物质、功能和价值维度，也包括精神、情感和气质维度。而品牌定位则是受众对这种特色和价值的理解与认知。如果将城市品牌比作文学作品，则城市品牌识别正如一首诗、一篇散文和一部小说。其中，诗歌富有韵律和情感，正如城市品牌的个性和气质；散文"形散神聚"有主题，好比城市品牌的核心价值；小说情节跌宕起伏，是指城市品牌也要有故事性、持续生发，才能不断充实品牌实质，打造品牌口碑。不断创作这些"作品"，来强化受众的品牌认知，也正是城市定位和推广的本意。

值得指出的是，城市品牌定位要精准，指的是定位要精准呼应品牌识别。对于定位描述和定位口号本身，则不可狭隘地固守。我们还可用交响乐来形容城市品牌，即用不同的乐器和旋律组合，当然能奏出独有的华章。现在有城市在设计其主色调或标准色，也是一个认识褊狭的误区。总之，城市定位要精准，但巩固和强化定位的手段却是生动活泼、灵活多样的。

3. 走出品牌标志和口号迷思

在明确了城市品牌的识别和定位之后（经验表明这个过程需要专业团队进行 1—3 年的研究才能完成），标志和口号的设计就真正具备了价值——贮配品牌这颗"宝珠"。然而，与企业品牌相比，城市品牌标志和口号的设计更具挑战性。

首先，城市品牌设计要立足品牌实质。品牌实质（substance）和品牌现实（reality）是两个不同的概念。所谓品牌实质，是指品牌识别和定位内容的实在性、丰满度和可信度，而品牌现实则是指品牌目前的实际状态。品牌实质源自品牌现实又高于品牌现实，包含物质和精神的层面，也包含历史、现实和未来发展愿望的成分。品牌实质重在展示城市美好的一面，却不失其坚实的支撑；而品牌现实却是无所不包、见仁见智，也当然不尽完美。当前，在城市品牌设计中存在着两种极端的趋势：要么突出一厢情愿的野心、流于浮夸，比如某些区域性旅游景点，居然会轻率抛出"国际级旅游休闲目的地"的定位口号；要么裹足于品牌现实的顾虑，失之感召，如对于一些包含理想成分、却可具品牌实质的口号选项（如"让梦想都成功"等），自己先打退堂鼓。总之，城市品牌标志和口号设计，应重点立足于品牌实质。

其次，品牌设计是专业性和受众偏好的折中。品牌识别和定位，为标志和口号设计提供了依据和准则，但其表现形式却见仁见智，很难达成一致。因此，标志和口号的设计过程，是依据品牌识别和定位所进行的受众测试过程，也是一个权衡和折中的决策。比如爱丁堡经过近三年的研究，从无数的备选方案中锁定三个口号，即"变化的世界"（world changing）、"纯真品质"（pure quality）和"鼓舞人心的都市"（inspiring capital）。就每个口号，本地及国内外的受众，都有赞同意见和反对意见，都被清楚地列出。其最后的决策（即工作团队的最末选项，鼓舞人心的都市）可以说就是权衡和折中的结果。[①]然而，经过持续的努力，该品牌至今已成功运作了近五年，共识和认同早已显著扩大，已成为当今城市品牌建设的经典案例之一。

反观我国不少城市的品牌设计，经常在缺乏识别研究基础的情况下，一味追求标志和口号的"尽善尽美"，必然是劳而无功的。因为这样的"最优解"是个伪问题，不可能存在；也有部分城市的标志和口号选择，在很大程度上仅仅取决于领导者个人偏好，更形同游戏，亟待加以改进。如果上述品牌设计的"神话"与"迷思"不破，品牌识别与定位工作不立，则这一波城市"标志热"与"口号热"将仍有可能继续空转、注定鲜有积淀和斩获。

更重要的是，即使拥有了符合城市品牌识别和定位的标志与口号设计，也只是城市品牌化的一个开始。城市品牌化是包括城市品牌战略规划、城市品牌战略建设、城市品牌战略传播和城市品牌战略维护与管理等在内的系统工程，需要投入长期的努力，加以持续的改进。但这在我国的城市品牌化进程中，目前还不是当务之急。

（三）兴于组织建设

如果没有总体性营销或品牌的组织建构，即使掌握了品牌定位的方法，城市营销与品牌化至多也只能达到相关职能部门所塑造的城市副品牌层面，如旅游、投资、产业、人居或某一特定项目等。比如，"浪漫之都"、"浪漫之城"以及"煤都"、"石油城"等，都只是突出某一城市功能的品牌定位，还不能发挥总体品牌的整合作用。其城市品牌化显然还大有提升的空间。

"兴于组织建设"，是指必须要有专门的、整合性的组织和领导建构，城市营销才会迈出实质性的步伐。这一组织应拥有常规建制、特定职能和专门预算，是专业化城市营销的发起者、

---

① Building the brand, *live*, issue 2 （March 2005），p. 5，www. brandedinburgh.com.

规划者、领导者和协调者。有关组织建设的突破路径，包括正式和非正式职能机构设置以及公私协作组织的建构，本报告在第 26 章已有详细论述，此处不赘述。

（四）成于内部营销

提到城市营销，城市管理者乃至学者，普遍过多地关注城市的对外营销和推广。事实上，外部营销乃至国际营销诚然非常重要，但如果我们深入研究城市营销的本质特征和内在规律，就会得出一个新的结论，那就是无论处于哪一发展阶段的城市营销，其重心永远都应该是内部营销。这是城市营销区别于企业营销的最大特征。

"成于内部营销"，是指现阶段中国的城市营销发展，将借由内部营销而奠定成功的基础。或者说，当前中国的城市营销任务，就是内部营销。

城市内部营销的中心意义，就是要打通多元主体、多元产品和多元目标之间的障碍或隔膜。这一障碍、隔膜的存在，足以使市场营销的一般原理在城市营销的实际运用中遭遇困难乃至部分失效，其效果必会大打折扣。探究城市内部营销的意义，可以归纳为如下几点：

首先，只有通过内部营销，才能达成城市价值、承诺及品牌认知的统一，从而有效增进城市价值和城市品牌的实质性和可信度，同时奠定协同行动的基础。目前，有不少城市虽然推出了城市品牌口号，甚至注册了城市品牌，但其应用和接受的范围却非常有限。一方面，他们用极有限的资金在央视等全国性媒体投放广告，另一方面，其城市品牌设计在本地却很少被接受和采用，在其诸多大型活动和项目中见不到城市品牌的踪影，甚至连本地所辖的区、县、市也都不采纳既定的城市品牌设计，而是纷纷另起炉灶，设计和推出各自的标识和口号。这样的营销推广必然乏力、难以持久，另外其形象的可信度亦无从保障。

其次，只有通过内部营销，才能整合各界的零散资源，保障城市营销的足够力度。如前所述，政府的外宣和营销预算极为有限，根本难以独立达成营销的目标。城市政府的战略性营销投入，应通过有效的内部营销来动员更广泛的营销主体参与，通过整合各界的资源和投入，才有望形成对外营销和推广的规模效应。

再次，只有通过内部营销，才能形成建设与推广并进的良性循环，并通过本地的口碑来切实影响外部的舆论和认知。本地的城市顾客囊括了城市营销的诸多功能领域，如创业投资、旅游休闲和人居学习等，其需求足以启发基础性的建设，其力量也足以能形成对外的推广和口碑。如果本地的市民、企业和现有的游客对城市失去好感和信心，就断难指望外部的人才、投资者和游客对这个城市产生信赖感。

总之，城市营销的奥秘，在于求诸于内而收之于外。也就是说，城市营销的战略性任务，就是通过内部营销的过程（亦即动员、协调和规划指导的过程），来发动本地内外尽可能多的营销者协同行动起来，积极进行城市的对外营销推广。这就需要有统一的规划和领导组织来实施内部营销，更要坚守公共利益最大化的原则和目标，以激励各界营销者的持久动力和热情。

最后，我们想指出的是，解决中国城市营销的当务之急并非易事，开辟城市营销的正确道路更其悠远。因此，城市营销不仅是热情与智慧的较量，更是信心、耐心和专业能力的较量。在后续的章节中，我们将进一步聚焦当前城市营销中的热点问题进行探讨，并就城市营销治理问题展开深入研究。

热点聚焦：
城市营销的机遇与挑战

Special focus:
Opportunities and challenges

第19章

城市营销：科学发展观背景下的城市管理变革

全球化竞争时代，城市间对生存空间和发展机会的竞争空前激烈。在全球化、信息化、市场化和工业化背景下进行的中国城市化进程，注定要比早已完成城市化的欧美城市面临更大的挑战。当前的全球金融危机则进一步加剧了城市面临的困境。党的十七大报告指出要"以科学发展观为指导，坚持走中国特色的城镇化道路"。探索如何贯彻落实这一指导方针，实现中国城市的全面和谐发展，具有非常重要的理论意义和现实意义。

科学发展观的核心是以人为本，基本要求是全面、协调、可持续的发展，根本方法是统筹兼顾。这就要求我国城市的发展必须围绕以人为本的核心理念，借助统筹兼顾的方法，实现经济、社会、文化、生态、科技等全面协调的发展，而城市营销是贯彻落实上述指导方针的一条战略路径。在欧美城市应对城市竞争，摆脱城市困境的实践中发展起来的城市营销理论对我国城市从容应对挑战，成功实现突围具有非常重要的借鉴价值。城市营销通过设计、生产和提供比竞争城市更能满足城市顾客特定需求的城市产品或服务，获取更大的城市顾客份额，不断提升城市竞争力，确保城市在激烈的市场竞争中立于不败之地。本章拟从城市营销的角度，对科学发展观背景下的城市管理变革进行理论剖析，从而探讨如何通过城市营销来贯彻落实科学发展观的基本思想和方法。

一、挑战与突围

按照科特勒等（Kotler et al.，1993）的研究观点，所有城市的发展都将受到来自内部和外部两方面力量的制约，城市困境将不可避免。城市营销正肇始于此，一开始就扮演着应对挑战、解决困境的理论角色。中国正在上演着的人类历史上最大规模的城市化进程，正面临着全球城市发展史上前所未有的挑战。而战略路径选择，将直接决定城市的未来是走向繁荣，还是被边缘化，抑或是走向衰落。

（一）我国城市发展面临的挑战

1. 全球化竞争

在全球化竞争时代，中国的城市不得不面对竞争范围国际化、竞争领域多元化和竞争主体多层次化的挑战（倪鹏飞，2003）。从竞争范围看，竞争对手已不仅是国内的城市，亚洲、欧洲、北美的城市也都在为有限的资源而展开激烈的争夺。从竞争领域看，竞争已扩展到对投资、旅游、人才、移民、求学、创业、出口市场等所有领域的争夺。从竞争主体看，城市群与城市群之间，城市与城市群间，城市与其上级或是下级行政区域间，都在进行着全方位的竞争。

2. 技术进步

技术进步被经济学家熊彼特称为是"创造性破坏"，它对人类社会的生产、生活和工作方式都会产生深远影响。革命性技术的出现往往会导致相关产业的衰退甚至是消亡。同样，城市的繁荣与衰落和产业的兴衰息息相关。美国智库兰德公司认为，21 世纪前 20 年，世界正在经历一场全球技术革命，生物技术、纳米技术、材料技术和信息技术融合的速度会越来越快[①]。对任何一个城市而言，抓住这一历史机遇，就会搭上产业进步的快车，一旦错失机遇，就会陷入产业衰退的困境，城市也会随之陷入困境。

3. 城市化的泡沫

我国大多数城市都不同程度上存在着城市化的泡沫（陈昭锋，2004）。首先，城市形式主义严重。很多城市盲目追求城市变大、变新，热衷于建设"标志性"建筑，结果劳民伤财的"形象工程"屡见不鲜，城市蔓延发展，城市用地消耗殆尽，资源浪费严重。其次，城市重复建设现象比比皆是。在旧城改造、新城建设以及基础设施建设过程中建设时序混乱，"拆了建，建了拆"的现象非常严重。再次，城市发展中盲目攀比现象普遍存在。在城市发展目标制定和城市硬件建设等方面，盲目攀比，一味赶超现象非常严重。如，我国 661 个城市中，竟然有 183 个城市提出要建"现代化国际大都市"[②]。

4. 城市同质化

特色与差异化是城市在竞争中取胜的法宝，然而我国城市却陷入了"同质化的泥潭"。首先，定位雷同。定位为"现代化国际大都市"、"会展之都"、"休闲之都"、"美食之都"的城市比比皆是，另外要将"服务外包"、"总部经济"、"汽车产业"等作为支柱产业的城市也是不胜枚举。其次，风格雷同。城市建设追求宽道路、大广场、大园区、大 CBD，以及欧陆风情的建筑风格，直接造成了如今"千城一面"的现象，导致了城市特色和城市记忆的消失，城市间低水平恶性竞争不断加剧。

5. 低社会城市化水平和环境资源约束

按照 2005 年全国人口普查口径统计的经济城市化率已达 43%，而按照社保口径的社会城市化率却低于 15%（李津奎，2008）。城市发展中长期存在着"重经济发展，轻社会发展"的倾向，服务、医疗、教育等方面的社会基础设施建设相对滞后，公共服务、公共产品的供给数量严重不足。同时，高投入、高能耗的粗放式发展模式也越来越受到环境和资源的双重约束。转变发展方式，建设生态和谐城市是唯一的出路。在一个资本和人才"用脚投票"的时代，城市的公共服务水平、社会保障程度、环境和谐程度等在争夺"投票"过程中扮演着越来越重要的角色。

6. 弥漫全球的经济危机

弥漫全球的这场"大萧条时代"以后最严重的全球经济危机，对每个城市都是巨大的考验。出口、投资和内需这三驾拉动经济增长的马车，都遇到了不同程度的困难。据海关总署公布的

---

① 参见《2020 预言：人类与世界》，《环球》2009（04）：15。
② 参见《183 个城市要建国际都市，建设部长怒斥形象工程》，记者侯利红，《第一财经日报》2005 – 02 – 02。

数据显示，2009 年 2 月我国出口额较上年同期下降 25.7%，为历史上最大降幅之一，连续四个月出现下滑。虽然国家出台了 4 万亿的投资计划，但是对于中国数量众多的城市而言，幸运者只是少数城市，相反经济危机导致的企业亏损、倒闭潮还在继续扩散，同时政府土地收入也在锐减，财政能力严重削弱，投资拉动也是困难重重。教育、医疗、养老"新三座大山"，加上当前的失业潮，都成为当前扩大内需必须克服的问题。

（二）城市突围之路

中国的城市化进程有别于欧美发达国家所走过的城市化道路，它是在人口数量多、人均资源少的国情背景下，与工业化、市场化、信息化、全球化交织在一起进行的，具有强烈的中国特色，无法照搬发达国家的经验与模式。党的十七大报告为我国城市正确应对挑战指明了方向："以科学发展观为指导，坚持走中国特色的城镇化道路。"如何贯彻落实这一指导方针，实现城市经济社会全面协调的可持续发展呢？

城市营销的缘起决定了它是应对竞争、摆脱城市发展困境的战略选择之一。科特勒等认为外部竞争环境和技术进步的影响以及内部经济增长和衰落的周期性循环，往往会导致城市发展的困境，为了强化城市应对市场变化的能力，城市必须改变原有发展理念，求助于新的城市管理方式——城市营销（Kotler et al.，1993）。伯格等则从城市的动态演化与区域竞争的角度来解释城市营销的缘起（Berg et al.，1999）。他们认为从城市空间聚集开始到后来的城市郊区化阶段、逆城市化阶段、城市多中心阶段和信息化城市阶段，城市面临的内外竞争日益激烈，迫使管理者必须采取更具战略性的、以市场为导向的城市管理方法。在进入城市发展的高级阶段后，地理区位的重要性大不如从前，而城市生活环境质量、文化服务水平等软性要素日益成为城市竞争力的重要来源，这就为城市通过营销战略吸引投资者、游客、居民和就业者创造了条件。

城市营销的理论特质使它可以担负起建设有中国特色城市化道路的历史重任。首先，营销理论的市场导向性和战略性，使得城市在应对复杂变化的市场环境时具有更好的适应性，通过设计、生产和提供比竞争城市更能满足顾客特定需求的城市产品或服务，城市可以获取更大的顾客份额和更强的竞争力，确保城市在激烈的市场竞争中立于不败之地。其次，满足顾客需求和最大化顾客让渡价值（customer delivered value）始终是城市营销理论的核心，这恰恰是"以人为本"精神的体现。最后，社会营销、非营利组织营销和战略营销被认为是城市营销理论获得突破性发展的三大奠基石，也是其主要的理论来源（Kavaratzis et. al.，2008）。因此，重视社会和环境的利益、追求社会公共价值的实现、强调发展的战略性、协调性和可持续性都是城市营销的题中之意。

二、"以人为本"的回归

科学发展观的核心是"以人为本"，它至少包含两层含义：一是发展的目标是为了不断满足人民群众日益增长的物质文化生活需要。二是发展要依赖人民群众的参与。城市营销是在政府和市民以及其他利益相关者的共同努力下，通过满足城市顾客的需求，来实现城市的可持续发展，真正体现了"以人为本"的思想。

（一）需求导向的城市建设：城市营销以人为本的产品设计和供给

现代营销观念强调以顾客为中心，实现组织目标的关键在于正确地确定目标市场的需要和欲望，并且比竞争对手更有效地为目标市场创造、传递优越的顾客让渡价值。科特勒等（1999）强调城市营销是一个不断满足城市顾客需求的过程，只有当企业和居民从城市提供的产品和服务中获得了满足，城市潜在顾客的期望得以实现，城市营销才能取得成功。刘彦平（2005）提出的城市营销动力系统论认为，城市顾客的需求牵引力是城市营销的基本动力，对城市顾客需求的满足则是城市价值的体现，城市营销的过程实际上是一个让渡顾客价值以赢得顾客满意度和忠诚度的过程。显然城市顾客的需求是整个城市营销活动的逻辑起点，满足城市顾客的需求，则是城市营销成功的关键。

城市作为产品，其含义非常广泛，可以是环境、观念、服务、项目、人物以及形象，等等。城市产品可以细化为人居生活类产品、创业投资类产品和旅游休闲类产品三大类，而城市品牌形象作为城市产品，则寓于上述产品之中。

从顾客导向角度看，城市产品的开发、建设和供给，实际上就是建设城市的宜业性（即投资价值）、宜游性（即旅游价值）和宜居性（即增进市民的满意度以及对外来人才的吸引力）。立足宜居、宜业、宜游的建设与推广，就是把市民、企业、投资者和旅游者作为城市顾客来看待，尽可能地研究和了解他们的需求，设法创造、创新城市产品和服务来满足他们的需求，从而取得事半功倍的效果。基于此，我们认为城市营销的方法，是一种以人为本的城市发展路径，是市场导向的城市统筹发展思路，因此也是落实科学发展观的一个重要的战略性"抓手"。

1. 城市宜居建设

城市宜居建设的诉求包括吸引人才、留住人才，不断提升市民的满意度和幸福感，提升城市的生活质量。而城市规划、城市发展的终极目标是以人为本，提高城市宜居水平和质量。作为一种深刻的价值取向，宜居应该是城市发展的基本方向。目前国内外各种有关城市宜居竞争力的指标体系，几乎都囊括了经济、社会、文化和政府管理等方面。所以抓宜居形象，绝不只是社区民生，实际包括城市建设的方方面面，重点是满足居民、雇员需求的一切城市软硬环境，如市民生活设施、教育及培训水平、就业环境、社会治安及城市环境的清洁度、舒适度和优美度等。所以宜居优势是城市综合优势的体现，是城市的核心优势，同时也是塑造城市形象最坚实的支点。因此，城市应该思考自身宜居建设及其评价标准和评价体系，并确认与竞争城市相比所要突出的宜居优势。宜居的一个重要含义，一方面是要吸引高端的、富有的、有特长的居民，另一方面则是要服务于现有的市民。在吸引人才方面，城市需要考虑如何甄别目标对象；以及为了吸引这些人才，并更好地为本市市民创造优良的生活环境，城市需要重点提供哪些项目和服务。类似的思考、规划和建设，就是顾客导向、竞争导向的思考模式。

2. 城市宜业建设

城市宜业建设，就是要鼓励创业、吸引投资，吸引总部、分支机构、有影响的非政府组织和政府间组织，保留现有优质企业并支持其发展和扩张。其中，关于投资环境的评价体系也有许多研究,从不同角度涉及众多指标的考察,但重点不外乎是能够满足企业及投资者创业、成长和发展的一切城市软硬环境,包括区位优势、基础设施、市场准入、地方生产要素、人才、金融支持、经济活力、政府服务等等。城市在改进投资和创业环境方面,需要思考其具体的建设和评价标准及评价体系,并突出自己具有比较优势的地方,同时设法改进相对不足之处。此外,选择要鼓励、吸引和保持的产业、企业和投资者对象,根据他们的需求来改进城市营商环境,这也是一个顾客导向、竞争导向的思考模式,同时也应该是城市建设和推广城市宜业形象的切入点和突破口。

3. 城市宜游建设

城市的宜游建设涉及面也很广泛,包括满足游客、访客功能性需求,体验性需求和情感性需求的一切城市软硬环境,如旅游景点、配套设施、信息服务、交通服务、接待服务、旅游体验等等。同样的道理,从建设与推广角度来看,必须要有一个顾客导向、竞争导向的战略思考和规划体系。

需要指出的是,城市的宜居、宜业和宜游功能,是一个相互作用的系统。这个系统聚合的要素,就是城市文化以及城市的空间特征。然而,在现实当中,几乎每一个城市都在追求宜居、宜业、宜游功能,那么城市的差异化特性又在哪里?我们认为城市的差异性就在于城市的文化以及城市的空间特征。首先,城市文化是城市的灵魂,是塑造城市特色的关键资源。而塑造城市特色的核心任务,则是打造城市品牌。城市在宜居、宜业、宜游方面,可以演绎出不同的品牌形象,这正是城市差异化竞争优势的重要来源。其次,城市的空间特征,也即其经济区位特征和功能定位,是其宜居、宜业和宜游建设的又一差异化基础。城市的功能定位基于产业定位,而产业结构优化的主要内容是要素供给结构的优化、需求结构的优化、贸易结构的优化和投资结构的优化,体现在城市营销实践中,就是人才的保留和引进,产业的保留和扩张,战略性投资的引进,旅游业的促进以及出口的引导和促进等。因此,以城市文化和空间特征为内核和边界,通过城市营销、城市品牌化,能够协调推进城市的宜居、宜业和宜游建设,既可促进城市的发展和繁荣,又能彰显城市的特色化优势和道路。

(二)顾客便利角度的渠道设计:城市营销以人为本的网络资源

城市营销渠道建设,是城市形象建设中常常被忽视的问题。这里的渠道是指能够面向城市目标市场推广城市产品、宣传城市形象的相关中介或关系网络。渠道策略解决城市产品推广、城市形象传递的可及性问题,从而达成城市顾客获得城市产品的便利性。

城市营销渠道大致可以分成三种类型,即组织类型、活动类型和互联网类型(刘彦平,2005)。组织类型包括城市的各级政府部门(如旅游局、招商局、文化局、外事局和宣传部门等)、非政府组织(如商会、行业协会等)、传媒、企业以及城市其他合作伙伴等;活动类型包括定期或是不定期举办的有一定影响力的大型活动或事件(如博览会、体育赛事、节庆活动等);互联网类型主要指各类与城市营销相关的网站(如投资服务网、旅游资讯网等)。充分运用和发挥各种类型渠道的载体和媒介功能,设法使城市的产品和服务比竞争城市的提供品更易获得,是城市营销渠道策略的关键。因此,城市管理者要结合城市营销目标,同时顾及城市所能达到的组织能力以及关系网络资源的整合能力，系统考虑并规划城市营销渠道选择与渠道合作机制的建立问题。

（三）倾听与对话：城市营销以人为本的沟通方法

城市推广与沟通，旨在就城市产品和顾客需求之间达成及时的交流和充分的沟通，以更好地树立城市形象、促进城市产品推广以及加强与渠道网络的合作关系。

从城市营销战略角度来讲，促销与沟通的前提是首先要判断"对谁说"或"与谁沟通"的问题（受众或对象），即城市营销的市场细分和选择。其次要明确"说什么"的问题，这要根据城市产品的市场定位、城市品牌定位以及城市营销目标体系等战略规划要素来进行设计，目的是建立与目标受众的利益关联或信念关联的关系。在此战略前提下，推广与沟通策略要解决"怎么说"的问题，包括如何应用多种沟通工具，如广告、公关关系、直销、销售促进、人员推销乃至歌曲、体育运动、节庆活动、代言人、形象大使等；如何选择媒体；如何把握宣传的时机；如何开发媒体组合策略；如何评估沟通与宣传的效果；如何处理相互冲突的媒体渠道关系等等。目前，上述沟通策略在城市推广中已经日渐普及，但要达到良好的效果，就要设法使这种"说"变成是一种"对话"，一种双向的交流与沟通，这就需要研究城市顾客的态度和行为方式，以对应选择最适合的沟通模式。这是城市营销推广工作所应予以重视和探究的问题。

（四）让渡城市顾客价值：可持续发展的路径选择

价值是营销的核心概念，它反映的是顾客对有形和无形收益以及成本的感知。顾客总是价值最大化的追求者，他们在购买产品时，总希望把货币成本、时间成本等顾客总成本降到最低，而同时又希望获得最多的顾客总收益，即获取最大化的顾客让渡价值。提供更多顾客让渡价值的途径有三条：降低顾客总成本、提高顾客总收益或是同时提高顾客总收益并降低顾客总成本。对于城市营销而言，就是要为城市顾客创造更多的让渡价值，而城市顾客的总成本，显然还包括了环境成本和生态成本等要素，这就必然要求城市营销者去降低因为环境与生态的破坏而给顾客带来的成本。同时，从波特的价值链理论来看，城市可以被看作是一系列创造价值和支持价值创造的功能活动的集合。刘彦平（2007）借鉴价值链理论构造的城市价值链模型，清晰地显示了城市的价值创造活动由内源内生型价值创造活动、外源内生型价值创造活动、内源外生型价值创造活动以及外源外生型价值创造活动四种基本类型构成。因此，将让渡顾客价值的理念贯穿于城市价值链的管理当中，就要求城市所有价值创造活动，都必须最大限度地降低顾客总成本，这就势必将环境、生态和自然的损害降到最低限度。

（五）公共价值：城市营销的终极追求

哈佛大学莫尔教授（Moore，2003）认为公共管理的终极目标是为社会创造公共价值。目前国际上的大都市，尤其是纽约和伦敦等全球城市，在制定城市发展战略时，普遍把市民的发展权利和自由作为城市发展的基本理念，在城市发展规划上强调对环境、生活质量、人的发展与参与等公共价值的追求（周振华，2008）。城市营销是一种特殊的非营利组织营销，城市营销管理属于公共管理的范畴。因此,城市营销的终极目标就是创造城市的公共价值,实现城市的和谐发展。在实践中,很多欧美城市的营销理念主要是以弘扬和尊重人本思想和城市可持续发展为前提,从人的生存发展环境需求出发,追求社会公益事业总量的不断增加(苏珊,2005)。显然,城市公共价值的最大化是现代城市营销的终极追求。

城市公共价值的实现依赖于城市营销多元主体的参与机制。科特勒等(2002)认为区域营销主体可以分为四个层次:当地参与者、区域参与者、国家参与者和国际参与者,其中当地参与者主要包括公共部门和私人部门参与者,而市民则是私人部门参与者中非常重要的一员。显然,除了政府外,各种商业企业、民间组织和市民个人等都是城市营销的主体,城市营销的成功和城市公共价值的实现都离不开利益相关者的大力支持和积极参与,同时各利益相关者也在这一过程中实现了自己的价值,这真正体现了城市科学发展观中,为了人民,依靠人民的核心要求。

三、统筹协调的和谐管理

落实科学发展观的根本方法是统筹兼顾。要真正实现全面协调的中国特色城市化,必然要求城市的发展能够统筹协调各方利益,统筹经济社会的发展以及人与自然的和谐发展。城市营销的治理机制非常强调城市利益相关者协商共治的管理思想,提倡整合资源,协调统一城市营销各种活动,以确保城市战略目标和城市愿景的实现。同时,以城市品牌关系网络为核心的城市品牌化过程,也非常需要对顾客、服务提供者等城市利益相关者之间的统筹与协调。

(一)城市营销治理机制:协调与共治的和谐管理

城市治理理论界权威学者斯托克(Staker,1998)认为,治理就是由政府与其他城市利益相关者构成的组织网络的运作,这种组织网络的运作是以政府的指导与推动为基础的。城市营销治理机制是指城市营销的领导、组织和控制的相关机制与制度安排。它是在城市营销的动议、规划和执行过程中,统筹协调城市所有利益相关者之间利益和整合他们的资源、力量、行为的一种机制。城市营销的主体多元化、目标市场多样性和城市产品多层次性等城市营销的独有特性,催生了城市营销治理机制的产生,顾客导向的城市营销理念奠定了这一机制顺利运转的基础。

在城市营销实践中,公私合作模式(public - private partnership)被认为是一种有效的城市营销治理模式。建立专门的城市营销规划组织,实行公私合作的组织方式,则是城市营销治理的核心原则。这一合作模式首先为城市营销的成功提供了一种组织上的保障。政府担负着把握发展方向以及组织和协调所有城市营销者的重任,而非政府组织、私人部门以及市民等其他利益相关者的充分参与和支持,又是科学制定城市营销战略规划和有效执行城市营销战略的基本保证。另外,这种以顾客为中心,围绕城市发展愿景的实现而努力的合作模式,也充分体现了对各方利益的协调与兼顾。城市内现有居民、雇员和企业的需求与城市外顾客的需求,城市与城市之间的利益,城市与生态环境之间的关系,在这一机制下会得到最优化的协调。

（二）城市品牌化：城市品牌关系网络的整合

凯勒（Keller，2001）认为城市也可以像产品与服务一样运用品牌化的策略来谋取竞争优势。楚曼等（Trueman et al.，2007）学者的研究表明，城市品牌不仅是一个名字或是一个标识，它是城市向其利益相关者提供的附加价值或是利益，同时它也被用以识别城市，并使之同其竞争对手相区别。好的城市品牌会给城市带来诸多利益，比如可以帮助城市实行差别化战略，从而带来溢价收益；也可以促使城市顾客重复访问，或是向别人推荐，或是提高市民的荣誉感（Parkerson et al.，2004）。更重要的是，它通过品牌的功能属性、象征属性和体验属性等为顾客提供了更多附加价值，进而获得很高的品牌知名度、很强的品牌联想和品牌忠诚度，即更多的品牌资产。因此，城市品牌化的过程就是一个不断创造价值增值的过程，它也就理所当然地成为了城市营销战略管理的核心。

城市管理的成功非常依赖其利益相关者对城市的认知，城市品牌化的过程便是城市营销者影响城市利益相关者认知与行为的过程，是对城市与其利益相关者关系进行管理的过程（Kavaratzis，2005）。汉金森（Hankinson，2004）从关系营销范式和网络营销范式（network marketing paradigm）的视角对城市品牌进行了审视，并提出了城市品牌化的关系网络模型（relational network model）。该理论模型认为，城市品牌体现的是它与城市消费者之间的一种长久关系，而城市自身则处于一个由利益相关者构成的网络当中。城市品牌化的成功依赖于与城市品牌识别相关联的所有利益相关者塑造城市品牌的共同努力，在这一过程中，所有的利益相关者自身所提供的产品或是服务，以及各利益相关者之间的互动，都必须以城市品牌识别的实现为核心。统筹协调的管理思想贯穿于整个的城市品牌化的过程，而这种协调无疑是城市各利益相关者之间的协调，同时也是城市经济发展与社会发展的协调。

四、结语

"城市战"、"城市病"和当前的全球经济危机困扰着中国的每一座城市。如何从困境中突围？科学发展观指导下的中国特色城市化道路是我国城市实现突围走向繁荣的必由之路。城市营销的理论缘起和理论特质决定了它可以成为中国特色城市化道路一条战略路径。从应对城市竞争和城市困境的实践中逐渐发展、成熟起来的城市营销理论，无疑可以帮助中国的城市从容应对当前面临的复杂局面。城市营销的顾客导向性以及营销主体多元化的特点，充分体现了科学发展观"以人为本"的本质要求。城市战略营销为城市的可持续发展提供了有效的调节机制，而提倡"协调、共治"的城市营销治理机制和城市关系品牌网络，通过对城市利益相关者的统筹协调，为城市营销的成功提供了根本的组织保障，同时也最大限度地保证了经济、社会和自然的全面协调发展。当然，城市营销的理论与实践在我国都尚处于起步阶段，为了满足我国城市营销实践的发展需要，亟待营销界同仁继续深化与拓展城市营销理论的研究。

第 20 章 ••••••

文化创意产业：大竞争时代的城市品牌构建

　　当今世界各国、各民族、各地区之间的竞争已经由过去冷战时代的不同阵营、不同国度、不同民族之间的分割、斗争转变为全球化时代各国国际化大都市之间的竞争。无疑，世界进入了一个以城市化为标志的城市大竞争的时代。这种竞争作为基于文化的一种博弈，在一定的硬件基础上，是将城市形象这一"软件活力"或"软实力"作为主要"筹码"的竞争。而文化创意，则是大竞争时代构建品牌城市的核心要素，是原创力时代的核心竞争力。在 IT 革命的背景下，数字内容产业已逐渐成为 21 世纪经济舞台上的重要角色。同时，从城市形象和传播影响方式来看，城市竞争是一种争夺注意力的竞争，是一种争夺眼球的经济方式。体验经济已经逐渐成为继农业经济、工业经济和服务经济之后的一种经济形态。随着经济的发展，消费水平的提高，越来越多的消费者渴望得到体验。而在城市的竞争中，一个国际化大都市，不仅要有生动丰富的创意和创意者阶层，还要将自身创建为一个消费和体验创意的城市。

　　2012 年奥运申办城市的竞争就是前所未有的案例。巴黎、伦敦、纽约、马德里、莫斯科等世界一流国际化大都市纷纷倾力出动，奇招频出。与当年蒙特利尔奥运会之后，奥运会门庭冷落，无人应接的窘境相比，已成天壤之别。何以如此？当然，这首先是由于奥林匹克运动日益增长的全球影响以及它对举办城市的社会经济发展的巨大推动；同时，也由于在当下世界各国、各民族、各地区之间的竞争已经主要表现为国际化大都市之间的竞争，世界进入城市大竞争的时代。而奥运则已成为世界范围内国际化大都市之间竞争和较量的重要机会。争夺奥运举办权，就是争夺城市在国际上的吸引力、话语权、形象力和美誉度。21 世纪，成功的城市将是文化的城市，是吸引眼球最多的城市，是快乐最多的城市，是生活最有滋味的城市。

一、文化新概念：城市竞争力

　　20 世纪 80 年代以来，文化与发展日益引起世界各国的普遍关注。世界经济的一体化、全球化，高新科学技术特别是信息与媒体技术的发展，使人们不得不对文化的发展投以极大的关注。越来越多的国家和民族认识到文化对于当代社会经济生活的巨大影响和制约。世界各国普遍关注文化在人类发展中的极其重要的作用。他们认为，经济的发展是一个民族的文化的一部分，而脱离人或文化背景的发展是一种没有灵魂的发展。人类的发展不仅包括得到商品和服务，而且还包括过上充实的、满意的、有价值的和值得珍惜的共同生活，使整个人类的生活多姿多彩。因此，文化作为发展的手段尽管很重要，但它最终不能降到只作为经济发展的手段或促进者这样一个次要的地位。发展与经济是一个民族的文化组成部分。发展是一种对个人和集体产生强大的思想和精神影响的现象。1998 年，联合国教科文组织又在斯德哥尔摩召开了"文化政策促进发展"政府间会议。在这个会议上提出了一份《文化政策促进发展行动计划》供大会讨论通过。这份《计划》指出，"发展最终可以文化概念来定义，文化的繁荣是发展的最高目标。""文化的创造性是人类进步的源泉。文化多样性是人类最宝贵的财富，对发展是至关重要的。"因此，"文化政策是发展政策的基本组成部分"，"未来世纪的文化政策必须面向和更加适应新的飞速发展的需要"。无疑，未来世界的竞争也将是文化生产力的竞争，文化生产力的发展已成为21 世纪最核心的话题之一。

21 世纪，成功的城市将是文化的城市。所谓文化，不仅仅是指文化产品。不管是高雅的还是通俗的，地方的还是全球的，文化，意味着一种生活、行为、表达、思考和学习的方式。

从历史上看，城市从来都离不开文化。首先是物质文化。城市是石头书写的史书，城市是物质文明的承载者，城市是将时间与历史凝缩、层积、结晶的空间构成物。比如 K. G. 巴顿，作为经济学家，他更注重城市的经济功能："城市是一个坐落在有限空间地区内的各种经济市场——住房、劳动力、土地、运输等——相互交织在一起的网状系统。"① 与许多普通人的感觉类似，美国城市研究专家刘易斯·芒福德首先将城市视为一个无所不包的大容器："在城市发展的大部分历史阶段中，它作为容器的功能都较其作为磁体的功能更重要：因为城市主要还是一个储藏库，一个保管者和积攒者……城市社会的运动能量，通过城市的公用事业被转化为可储存的象征形式，从奥古斯特·孔德到 W. M. 惠勒的一系列学者都认为，社会是一种'积累性的活动'，而城市正是这一活动过程中的基本器官。"② 而在这个大容器中，城市的生命力，城市的灵魂则是它的集体记忆，它的历史文明和它的精神文化。美国学者帕克认为："城市是一种心理状态，是各种礼俗和传统构成的整体，是这些礼俗中所包含并随传统而流传的那些统一思想和情感所构成的整体。换言之，城市绝非简单的物质现象，绝非简单的人工构筑物。城市已同其居民的各种重要活动密切地联系在一起，它是自然的产物，而尤其是人类属性的产物。"③

然而，只有在当今全球化消费时代的背景下，文化才以城市发展轴心战略的姿态出现。经济的、社会的、技术的和教育的战略，越来越紧密地与文化轴心联系在一起。信息、知识和内容创造已经成为城市经济可持续发展的关键，当代都市只有成功应对文化的挑战，才能在竞争中插上腾飞的双翅。④

"软实力"的一个重要方面是城市的"文化度"，它直接影响一个城市的吸引力。1980 年代日本泡沫经济时期，鉴于东京的土地、物价昂贵，不少外国企业迁到新加坡和香港。正在此时，新加坡作为传送信息的国际经济城市，极力向世界倡导"软件活力论"，这对香港构成了压力。新加坡的策略获得了巨大的成功。

---

① K. G. 巴顿：《城市经济学：理论与政策》，商务印书馆 1981 年版，第 14 页。
② 刘易斯·芒福德著：《城市发展史——起源、演变和前景》，宋俊岭、倪文彦译，建筑工业出版社 2005 年版，第 74 页。
③ 帕克等著：《城市社会学》，宋俊岭等译，华夏出版社 1987 年版，第 1—2 页。
④ 参阅 Justin O'Connor, *The Cultural Production Sector in Manchester research & strategy*, p. 4.

日本学者青木保文认为,作为大竞争时代城市的条件,可以考虑以下几点。首先是政治上稳定,行动上自由,秩序井然,安全。其次是开放的社会,外国人出入容易。第三,经济发展富有活力,有各种机会可寻,现代城市的基础设施完备。第四,"软件活力度"高。

近年来,西欧展开城市复兴运动。其中文化旗舰项目成为其城市复兴的重要战略。在西欧,所谓城市复兴,就是对那些传统产业已经衰落,并且其社会、经济、环境和社区邻里也因此受到损失的城市,通过采取一系列的手段在物质空间、社会、经济、环境和文化等方面得到全面的改善,再生其经济活力,恢复其已失效的社会功能,改善生态平衡与环境质量,并解决相应的社会问题。[①] 通过文化基础设施建设、举办盛大庆典活动、文化旅游、体育赛事等文化措施,这些城市综合提升了它们的文化、经济和城市形象。

当代都市的形象营销是城市营销最重要的方面。在当代各种经济要素顺畅流动的今天,哪个城市最受关注,哪个城市就拥有吸引最大资源的可能。形象力将转化为生产力。当代都市形象是全球社会公众、市民和游客对某一城市的整体印象和评价。富于魅力的城市形象无疑将提升一个城市参与国际竞争的竞争力。

当代城市营销就是要通过自我形象魅力的展示,使公众对其产生良好的心理认同,并产生巨大的马太效应。这种传播的扩展效应,就是公众或团体在面临与该城市有关的活动时,会做出有利于该城市的倾向性选择,在无形之中提高城市的竞争能力。

城市形象战略是城市理念、城市环境、城市行为和城市视觉标志的综合构成体。策划、实施与树立城市形象是一项促进城市发展的注意力产业。这一产业将产生巨大的效益,产生难以估量的经济推动力,创造出城市的增值价值。

香港国际化大都市战略是在香港变革、金融危机的特定时刻开始的。它以城市形象的设计开始发动。1997 年,香港遭受了亚洲金融风暴的冲击,经济活力大受影响,香港社会各界弥漫着一股悲观意识,迫切需要重振声威,再建信心,向世界展现一个新的城市形象。

从 2000 年起,香港政府新闻处就开始负责统筹策划香港的新品牌形象,组建了一个跨国的顶尖的专业品牌顾问团。该顾问团成员包括:全球最大的品牌策略顾问与设计公司——美国朗涛设计顾问公司——世界多个著名品牌如可口可乐、耐克、IBM 的形象等都出自该公司;全球顶尖的公共关系和管理专业顾问公司博雅公关公司以及品牌策划市场调查公司——Wirthlin Worldwide 公司。这几家专业公司组合在一起,在全球范围内进行了有关香港城市形象的广泛的专业调查和研究,为香港城市品牌的定位和视觉形象的表现提供了充分的依据和富有创意的设计。

不同于过去很多"了解"西方文化的专家的见解——龙在西方是恶的象征,这一研究在全球调查的基础上,慎重推出新的香港品牌:"飞龙标志",一个与中华文化有着深厚渊源、全球认可度更高的香港形象建立起来,一个百年城市新品牌形象从此诞生。它既借重新世纪中华崛起之大势,又展现了回归后的新香港的进取精神和创新思维。

---

① 吴晨:《文化竞争:欧洲城市复兴的核心》,《瞭望》2005 年第 2 期。

城市形象设计的国际经验表明，成功的城市形象不仅在于设计的过程，更为重要的是维持和不断推广，从而保证一个城市的品牌工程从开始建立一直到全社会的贯彻落实始终在一个健康的体系中运转。香港设计了新的城市形象后，邀请了香港著名影星如刘德华、成龙出任城市品牌形象代言人，大张旗鼓地在全世界推广香港的旅游城市形象，而且不断更新城市的品牌形象广告，在本港台、翡翠台等电视频道大规模推广，保证了城市形象的持续和更新。

欧洲最著名的城市复兴旗舰项目要属西班牙毕尔巴鄂的古根海姆博物馆。1997 年博物馆落成后，人们争相目睹，第一年参观人数就达到 136 万人次，其中 85% 以上来自该地区以外，而这其中的 84% 又是专门为了博物馆而来到毕尔巴鄂，仅博物馆的门票收入就占当年全市财政总收入的 4%。截至 2000 年，博物馆的经济收入已达 4.55 亿美元，成为带动当地经济的龙头产业。对于毕尔巴鄂更为重要的是，就像悉尼歌剧院赋予了悉尼世人皆知的个性特征一样，毕尔巴鄂也从博物馆的建筑中受益，一跃成为国际大都市的典范。

英国伯明翰于 1991 年建设的国际会议中心，吸引著名的交响乐团、歌剧团和芭蕾舞团纷至沓来；谢菲尔德市则建立了文化产业区，1991 年的世界大学生运动会更是其城市复兴的催化剂，赛会过后，给城市留下了高水准的体育、休闲综合设施；利物浦不仅成功改造了一个包括画廊、海洋博物馆以及电视新闻中心在内的规模宏大的艺术、休闲和零售商业为一体的综合设施，同时，甲壳虫乐队的丰富文化遗产和英国肥皂剧《溪畔》（*Brookside*）的成功，都进一步改善了城市形象。

美国纽约将城市精神确定为"高度的融合力、卓越的创造力、强大的竞争力、非凡的应变力"。在纽约，当手工制造业在 20 世纪 70 年代衰落，整个城市陷入严重的经济危机时，市长艾比·毕恩（Abe Beame）主持成立了一个文化政策方面的委员会，这个委员会指出经济的复苏可以在开发文化资产的帮助下进行。20 年后，国家地区计划协会认为作为全球金融交易中心的复苏，这个地区在艺术方面的杰出成就扮演了一个重要角色。纽约有 2000 个艺术机构，15 万位艺术家和 2000 个商业美术行业以及相关的专业人士。美国主要的电视网络在那里占据主导地位，同时有世界最重要的剧院、博物馆、艺术市场经纪人和时尚的领军人。因此，纽约的艺术，时尚、流行文化和"硅港"（计算机商业区；许多计算机公司集中在一起的地方）已成为创意产业发展的沃土。纽约艺术联盟的相关报告《文化资本：纽约经济与社会保健的投资》显示，2000 年，纽约艺术与文化非营利组织所创造出来的经济效益是 57 亿美元。同一年，商业赢利的艺术与文化组织（包括百老汇、画廊、拍卖会、影视产业等）的经济效益则高达 88 亿美元。营利与非营利的纽约艺文组织总共创造了 145 亿美元的经济效益。整个纽约市文化产业提供总计达 13 万个工作机会。该报告还将文化产业看作是纽约经济的"核心财富"（core asset），它对纽约发展所产生的影响不仅仅局限于经济、就业方面，而是形成某种整体效应（见表 20 – 1）。[①]

---

① Alliance for the Arts, *Cultural Capital: Investing in New York's Economic and Social Health*, p. 2.

表 20—1 文化产业是纽约的核心财富

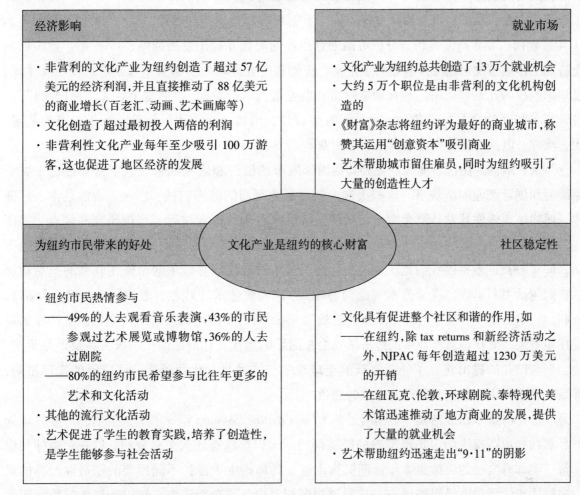

经济影响	就业市场
· 非营利的文化产业为纽约创造了超过 57 亿美元的经济利润，并且直接推动了 88 亿美元的商业增长（百老汇、动画、艺术画廊等） · 文化创造了超过最初投入两倍的利润 · 非营利性文化产业每年至少吸引 100 万游客，这也促进了地区经济的发展	· 文化产业为纽约总共创造了 13 万个就业机会 · 大约 5 万个职位是由非营利的文化机构创造的 · 《财富》杂志将纽约评为最好的商业城市，称赞其运用"创意资本"吸引商业 · 艺术帮助城市留住雇员，同时为纽约吸引了大量的创造性人才
为纽约市民带来的好处	社区稳定性
· 纽约市民热情参与 ——49%的人去观看音乐表演，43%的市民参观过艺术展览或博物馆，36%的人去过剧院 ——80%的纽约市民希望参与比往年更多的艺术和文化活动 · 其他的流行文化活动 · 艺术促进了学生的教育实践，培养了创造性，是学生能够参与社会活动	· 文化具有促进整个社区和谐的作用，如 ——在纽约，除 tax returns 和新经济活动之外，NJPAC 每年创造超过 1230 万美元的开销 ——在纽瓦克、伦敦，环球剧院、泰特现代美术馆迅速推动了地方商业的发展，提供了大量的就业机会 · 艺术帮助纽约迅速走出"9·11"的阴影

资料来源：纽约艺术联盟的相关报告《文化资本：纽约经济与社会保健的投资》。

从该表可以看出，文化产业作为一种"核心财富"，其对地区和城市发展影响并不仅仅局限于直接的文化产业领域，而是对相关产业、就业、社会生活等方面产生一种综合的整体性影响。文化经济在整个国家、地区和城市发展中引发的这种"综合效应"已经非常明显，它也是文化经济与传统产业经济形式的重要区别之一。

二、创意都市：原创力时代的核心竞争力

当代文化创意产业的兴起源于创意产业这一创新理念的发现和发明。创意产业（creative Industry）、创意经济（Creative Economy）或译"创造性产业"，是一种在全球化的消费社会的背景下发展起来的，推崇创新、个人创造力、强调文化艺术对经济的支持与推动的新兴的理念、思潮和经济实践。

早在 1986 年，著名经济学家罗默（Romer）就曾撰文指出，新创意会衍生出无穷的新产品、新市场和财富创造的新机会，所以新创意才是推动一国经济成长的原动力。但作为一种国家产

业政策和战略的创意产业理念的明确提出者是英国创意产业特别工作小组。1997 年 5 月，英国首相布莱尔为振兴英国经济，提议并推动成立了创意产业特别工作小组。这个小组于 1998 年和 2001 年分别两次发布研究报告，分析英国创意产业的现状并提出发展战略；1998 年，英国创意产业特别工作组首次对创意产业进行了定义，将创意产业界定为"源自个人创意、技巧及才华，通过知识产权的开发和运用，具有创造财富和就业潜力的行业"。根据这个定义，英国将广告、建筑、艺术和文物交易、工艺品、设计、时装设计、电影、互动休闲软件、音乐、表演艺术、出版、软件、电视广播等行业确认为创意产业。

近年来，欧洲、美国、澳大利亚和其他国家发布的报告和研究成果大大丰富和推进了关于创意部门和创意产业的新观点。这些报告中创意产业部门的范围包括：广告、表演艺术、广播媒体、博物馆、软件开发乃至交响乐。一些经济学家对创意产业进行了详细研究和调查，力图建立一门新的创意产业的文化经济学。文化经济理论家凯夫斯（Caves）对创意产业给出了以下定义，即"创意产业提供我们宽泛地与文化的、艺术的或仅仅是娱乐的价值相联系的产品和服务。它们包括书刊出版，视觉艺术（绘画与雕刻），表演艺术（戏剧、歌剧、音乐会、舞蹈），录音制品，电影电视，甚至时尚、玩具和游戏"。凯夫斯力图描述和总结当代文化创意产业的特征。在他看来，文化创意产业中的经济活动会全面影响当代文化商品的供、求关系及产品价格。无疑，创意产业的提出建立了一条在新的全球经济、技术与文化背景下，适应新的发展格局，把握新的核心要素，建构新的产业构成的通道。

另一位经济学家霍金斯在《创意经济》（*The Creative Economy*）一书中，把创意产业界定为其产品都在知识产权法的保护范围内的经济部门。知识产权有四大类：专利、版权、商标和设计。每一类都有自己的法律实体和管理机构，每一类都产生于保护不同种类的创造性产品的愿望。每种法律的保护力量粗略地与上述所列顺序相对应。霍金斯认为，知识产权法的每一形式都有庞大的工业与之相应，"这四种工业就组成了创造性产业和创造性经济"（Howkins，2001）。在这个定义上，创意产业组成了资本主义经济中非常庞大的部门。有版权的产品（书籍、电影、音乐）带来的出口收入超过了像汽车、服装等制造业。正如霍金斯所说，"拥有主意的人开始变得比使用机器的人能量更大，在很多情况下，甚至胜于那些拥有机器的人。"

托斯认为，"创意产业"这个词汇的含义包括音乐、戏剧、卡通、唱片、无线电、电视、建筑、软件设计、玩具、书籍、传统、旅游、广告、时装、工艺、摄影和电影，这些东西都是国民生产总值或国际贸易平衡的一部分（Towse，2002；UNESCO，2002）。

许多英国专家与霍金斯的想法相同。英国 1998 年最大的单项出口为与辣妹（the Spice Girls）相关的产品。电影制作人大卫·普特曼（David Puttnam）在 1996 年注意到，"英国的摇滚音乐家为平衡付款做出的贡献超过了钢铁工业"（引自 Heartfield，2000：9）。与此相似，在最近几年，享有专利的音乐一直在美国发行。创造性——被知识产权法所支持——成了一个大生意。文化娱乐服务业已经成为"第一世界"产业的一个至关重要的部分，这种内容方面的创造对英国和美国至关重要。

霍金斯为创意经济所下的定义有不少优点。它为确定一种给出的活动是否属于创造性部门提供了一个有效而又一致的方式。创意产业依赖于知识产权的国家强力保护体系。通过界定创意部门，霍金斯避开了该职业的性质是否有创造性这一潜在难题。对霍金斯来说，"印刷书籍和摆放舞台布景的人与作者、舞台上的表演者一样都只不过是创造性经济的一部分"（Howkins，2001）。霍金斯的定义将不同种类的创造性在同一个题目下放在了一起。

澳大利亚学者金迈克认为，21世纪为我们提供了一个重新估价文化在我们的生活中所扮演的角色的机会。"21世纪将会目击我们（作为消费者、观众和公众）利用文化资源方式的空前的变化。文化被生产、传播和消费的方式将越来越取决于技术创新和全球化市场。文化研究这一概念应该使其自身脱离批判文化理论的会派（high church）并且严肃地作为一种产业来对文化进行思考——一种可以提供就业、培训、出口税收和外汇的产业。"

像在英国、欧洲、新加坡和马来西亚政府资助的信息技术创新所证明的那样，促进以知识为基础的文化产业与经济发展之间有许多交叉点。"创意产业"术语是这一发展战略的核心。创意产业在这个意义上被用来区分传统的受赞助的艺术部门和通过知识产权的产生和开发而具有创造财富的巨大潜能的文化产业。

另外一种更具实践意义的创意产业定义将创意产业与雇佣人员数量的平均值和标准差联系起来。如美国密苏里州经济研究与信息中心发布的"创意与经济：密苏里州创意产业的经济影响的评估报告"就将创意产业这样定义：

> 创意产业是指雇佣大量艺术、传媒、体育从业人员的产业。产业对艺术的依赖度是通过计算下列工作产业内所占的比例确定，这些工作属于"艺术、设计、体育和传媒行业"类。分类是根据联邦政府所制定的"职业分类标准"进行的。任何产业只要其艺术相关的职业比行业艺术雇员平均值高至少一个标准差，即可被界定为创意产业。在本研究里，任何产业的创意工作的雇员超过10%（等于比平均值高一个标准差）即被定义为创意产业。附件（一）列明了一系列产业及其艺术、传媒、体育相关雇佣的平均值和标准差。

在这里，创意产业有三个基点，一是它与文化——艺术、设计、体育和传媒行业相关，二是它是新创业的有新的文化创意和运作方式的企业，三是从事创意工作的雇员超过先前同类行业10%。后一条甚至成了划分是否成为创意产业的实操标准。

"创意产业"这一术语的出现当然有其自身的背景和语境。新术语、新行业的出现往往意味着对旧术语、旧行业的反思与批评，反映了对旧行业的理论范式、现有机制、政策趋向和实际运作的调整或反拨。创意产业的兴起一方面是对现有产业的机制、政策和运作的总结，另一方面也是对其缺乏创造性的批评。创意产业的根本观念是通过"越界"促成不同行业、不同领域的重组与合作。通过越界，寻找新的增长点，推动文化发展与经济发展，并且通过在全社会推动创造性发展，来促进社会机制的改革创新。

对于中国乃至亚洲来说，创意经济确是在寻找最好的高地。对于中国的城市来说，创意经济确是在寻找最好的大脑。一个城市创意的成功，取决于这个城市拥有的创意者阶层。创意人才，才是城市博弈中关键的关键。

三、网络都市：数字化时代内容产业的高端展开

在信息技术革命的背景下，数字内容产业已逐渐成为21世纪一个城市在全球和区域竞争中能否取胜的最重要的元素之一。近年来，现代传播媒介的高速发展，宽带技术、多媒体传播、数字化与互联网的兴起，对传统的经济与文化方式产生了巨大的冲击。这种飞速发展的电子、数字通讯、信息技术给当代社会产业结构带来了革命性的影响，也产生了巨大的泡沫和成堆的问题。1990年代后期，全球知识经济与数字化的狂潮曾使世界欣喜过望，巨量的资金投入了网络业，全世界各行各业都争相到网络业来"烧钱"。结果新经济的泡沫迅速膨胀。在新经济的泡沫吹破之后，人们痛定思痛，深刻地认识到在科技设施、技术手段和传播交互方式——即工具的问题逐步解决之后，传播什么或发送什么就显得极为重要。也就是说，作为"上帝"的消费者们需要什么和消费什么，成了新经济发展的关键。事实证明，正是缺乏内容产业的有力支持，知识经济才落入低谷，经历了严重的危机。同样，正是短信这样最不起眼的"内容"以惊人的力量支持了新经济的复苏，支持了IT业的再度崛起。毕竟，一套软件光盘里面98%是内容，只有1%—2%是程序，几十个电视频道开播了，观众要看的是节目而不是技术。总之，人们想得到的是你所提供的文化内容，而不是内容所依附的介质。因而，从一定意义上说，网络等媒介产业的生存能力取决于"内容"的创造和消费，取决于广大消费者的日常生活、工作与娱乐、休闲的联系。没有千百万人需要或喜爱的文化节目，没有与千百万人的实际生活相关的内容，高新技术与新经济就没有了市场，没有了市场也就失去了持续发展的内在动力。从发展的环节看，内容产业已成为文化经济传播交流的"基础的基础"。

当代信息产业也已不再是单纯的信息技术产业，而是信息技术与文化内容的交融汇合。以制造和经营内容为主的"内容产业"，不再仅仅局限在原先的电影、电视、报业的界域之内，新型的数字多媒体软件等内容产业，早已打破先前文化艺术固有的边界，横跨通信、网络、娱乐、媒体及传统文化艺术的各个行业，进行了"除界域"的融合重铸过程。而数字电影、数字电视、数字报纸、数字刊物、数字艺术、数字游戏等一大批"非驴非马"的新型文化方式则展示了强大的生命力。

早在2001年，全球五大会计师事务所之一的安永事务所向包括诺基亚、时代华纳、索尼、美国AT&T等跨国公司CEO在内的全球128位首席执行官发出"未来问卷"调查，在分析了100多份相关问卷后得出结论：大多数被访CEO认为，以宽带为代表的新技术的广泛应用已迫在眉睫，而依托于高技术的内容产业将占据经济发展重要地位。宽带将促使内容产业在新世纪重排座次，高技术娱乐将成为新娱乐业的领头羊。他们认为，日益普及的宽带网络和无线应用，使人们对内容的需求远远超过从前。接受调查的CEO中，五分之三的人认为，"宽带将改变人们的娱乐体验"，"这是一种快餐式的技术，它可以让你吃得更多"，人们将像吃快餐一样"订购"娱乐。调查显示，拥有宽带的家庭，对娱乐和内容需求的平均消费量为635分钟，远高于没有使用宽带的家庭，越来越多的人会借助于宽带技术"订购"娱乐。后来的事实证明此项调

查的分析结论是完全正确的。

无疑，今后各种软件程序将急剧增加，电视频道将越来越多，互联网上的内容需求将成倍增加。因此，内容集成供应商将应时代之需而蓬勃成长。内容供应商将通过成功管理大量信息，并利用各种方式把它们传送到用户的各种电子平台上——比如网站、PDA、有线电视以及报纸上而获得巨大的商机。同时，宽带内容管理（ICM，Internet Community Management）——内容的精编、归类及网站客户的服务及其管理也已提上议事日程，成为进一步发展的重要方面。

韩国文化产业振兴院院长徐炳文认为，经过 20 世纪 70 年代的硬件时代、80 年代的软件时代、90 年代的信息通信网时代之后，在 21 世纪，"创意性文化内容的时代"已经到来，在未来的竞争中，文化内容是最为重要的竞争力之一。

所以，建设与未来世界新的经济形态和技术形态相协调的新的文化产业形态——内容产业与创意产业，就成了新经济发展的重要战略目标之一。文化产业需要高新技术，高新技术也需要文化产业——内容产业（content industries）。于是内容产业便历史地、合乎逻辑地登堂入室，并快步跨向舞台的中央。今天，哪个城市拥有最好的数字内容，哪个城市就拥有最辉煌的未来。所以一个国际化大都市构建强大的数字文化平台——包括：虚拟创意产业园区，数字文化信息港，网上文化内容市场——就是最根本的城市基础设施。

英国学者沃尔克·格雷斯马克提出了"数字身体"的概念。他认为，在信息社会，人类不仅拥有物质的身体，而且还拥有数字的身体，文化产业成为数字身体的载体和工具。电子商务、电子政务和数量庞大的网络服务、网站、电子邮件、公告版等成为文化产业的不速之客，文化产业具有"真实世界"和"虚拟世界"的双重身份，如何孵化与管理成了最为棘手的问题。制定数字身体的规则成为文化建设的当务之急。

内容产业有一个历史的发展变化过程。比如在日本，20 世纪 50 年代至 60 年代是电影业的成熟时期，70 年代后电影业逐渐没落，代之兴起的是电视业。80 年代末至 90 年代前半期，是早期电视业的兴盛时期，电视剧与综合性娱乐节目大行其道。90 年代中期电视游戏软件业兴盛，90 年代后半期电视节目日趋完善，在数字技术和全球网络的推动下，兴起了信息技术热、个人电脑热、手机热。进入新世纪以来，以手机为代表的"移动通信产业"发展迅速，移动通信的手段（电子邮件、有照相功能的手机等）日新月异，内容产业进入了数字化时代。

全球的发展也是如此。内容产业以强力的发展支持了新经济的复苏。电脑动画和游戏软件等数字娱乐内容市场保持高速增长。全球电脑游戏行业已成为与电影、电视、音乐等并驾齐驱的最为重要的娱乐产业之一，其年销售额已超过好莱坞的全年收入。美国 IDSA 的一份市场调查结果显示，平均每个电脑使用者 70% 的上机时间在玩游戏。连续三年，35% 的美国人认为电视或电脑游戏是最有趣的娱乐活动，远远超过看电视、看电影等；移动内容和数字化教育市场也日趋成为数字内容产业最有力的增长方向。

英国近来加强宽带内容试验可行性研究，加速制定国家宽带计划。英国电子商务部向英国公营与私营企业发布发展宽带内容的倡议，受到公营与私营企业压倒性的全面支持。多数专家认为宽带内容产业在英国未来经济发展中将扮演关键的角色，是提升整体宽带产业，带领地区、国家更具有生产力的动力，是促使国家具有竞争力重要源泉。宽带内容将为国家带来更高的竞争优势。

日本对此也高度重视，把内容产业定位为"积极振兴的新型产业"。日本经贸部 2003 年就专门成立了内容产业全球策略委员会，用来促进和协调数字内容产业的迅速健康发展。他们认为数字内容产业会对文化的产业化作积极贡献，将对产业的结构转型朝着知识密集型方向发展，将使日本造产品成为全球化产品，产业重心从 GDP 转向 GNC（全民酷），从硬威力（经济和军事）转向软威力（文化价值观和品牌）。日本数字内容协会并且认为，依赖于信息技术革命的数字内容产业将对 21 世纪的日本经济起重要的作用。通过内容产业进行战略运用，较其他产业能起到更大的经济波及效果，同时能加深世界各国对本国文化的理解，使本国文化在国际上得到尊重，有利于提高国家的形象。他们对数字内容产业的界定从单件制品、网络在线、移动电话和数字广播四种形式下分为四个方面：音乐、影像、游戏和信息出版。而数字内容产业的市场包括开发和销售数字内容、生产平台和相关服务，也即内容产品、播放产品和服务业务。

韩国政府从 1990 年代中期以来，高度重视文化产业领域的发展，力图跻身世界文化内容产业的五大强国之一。以韩国的最大游戏公司天堂为例，他们的年生产收入约 1000 多亿韩币，纯利润约 350 亿韩币，利润率高达 35%。一个游戏公司产生的利润比韩国最大的企业三星电子还要多。

根据数码研究公司 ComScore2009 年初公布的数字，全球网民人数在 2008 年 12 月已突破了 10 亿大关，即平均 6.79 人中，就有 1 个经常上网搜寻。中国网民就占了 1.8 亿人，是全球最大的网民群。[①] 2008 年底，中国手机用户已经超过了 6 亿[②]，这几年手机用户呈现指数型增长态势和增长速度，超过了以往任何一种媒体形态（也可以说信息型家用电器，比如电脑、电视机、收音机等）。中国还是世界上更换手机频率最高的国家之一。有数据显示，欧美人平均每 40 个月才换一部手机，而中国人更换手机的频率为 8—12 个月。可以上网的手机也成为未来"潮人"的必备产品。这一群体也是未来上网手机的主要用户群体。而据 CNNIC 于 2009 年 2 月 18 日发布的数据，2008 年底，中国手机网民已达 1.176 亿，每天多次使用手机上网的用户接近 4000 万。[③] 可以断言，在当今时代，数字化的网络城市，数字化的内容产品，是世界国际化大都市之间竞争中最重要的"砝码"，也是中国城市吸引全球、走向世界的最直接、最便捷的通路。

四、华彩都市，注意力经济时代的城市形象再塑

与创意产业与内容产业相对应，当代世界进入了一个眼球经济与注意力经济的时代。从城市形象和传播影响方式来看，城市竞争是一种争夺注意力的竞争，是一种争夺眼球的经济方式。

注意力经济源于迈克尔·戈德哈贝尔（Michael H. Goldhaber）于 1997 年在美国发表了一篇题为《注意力购买者》的文章。这位经济学家在这篇文章中指出，有关信息经济的提法是不妥当的，因为按照经济学的理论，其研究的主要课题应该是如何利用稀缺资源。当今社会是一个信息极大丰富甚至泛滥的社会，而互联网的出现，加快了这一进程，信息非但不是稀缺资源，

---

① 《全球网民总数突破十亿 中国网民数排名第一》，《参考消息》2009 年 1 月 26 日第 4 版。
② 此数据来源于国家工业与信息化部网站的统计信息。
③ 《中国手机网民达 1.176 亿 CNNIC 报告首登 wap.cn》，《人民邮电报》2009 年 2 月 20 日。

相反是过剩的。而相对于过剩的信息,只有一种资源是稀缺的,那就是人们的注意力。他进而指出,目前正在崛起的以网络为基础的"新经济"的本质是"注意力经济",在这种经济形态中,最重要的资源既不是传统意义上的货币,也不是信息本身,而是注意力。人的注意力是有限的,相对于无限的信息来说是稀缺的,因此在互联网上人们的注意力是"虚拟经济的硬通货"。

注意力本身就是财富。戈德哈贝尔(Goldhaber)说:"获得注意力就是获得一种持久的财富。在新经济下,这种形式的财富使你在获取任何东西时都能处于优先的位置。财富能够延续,有时还能累加,这就是我们所谓的财产。因此,在新经济下,注意力本身就是财富。"注意力作为一种资源,有它自己的独特之处。与信息相比较,信息是可以准确计量的,而注意力的计算是模糊的;信息是由信息的产生者不断创造的,而注意力对于信息的浏览者却是有限的。简言之,信息产生后能创造多少价值是不确定的,相反注意力却能直接产生价值。

另外两位发轫者,《注意力经济》一书的作者达文波特和贝克也表达了同样的观点:"对于今天的商界巨子来说,稀缺资源不再是土地、资本、劳动力,而且也不是信息,注意力才是供应不足的稀缺资源。"所以争夺稀缺资源的新的经济形式应为"注意力经济"(attention economy)。他们认为,在当前时代,理解和掌控注意力已经成为商业成功至关重要的因素:"假如你想在目前的经济大潮中有所作为,你必须擅长吸引别人的注意力。你若是想留住你的员工,就需要抓住并保持他们的注意力。你若是想出售产品或服务,有时候,顾客将不得不把注意力投向你。如果你开了一家上市公司,想要让你的股票升值,你必须吸引投资者和分析家的注意力。换句话说,公司想要稳定,只有竞争力是不够的,你必须激活你预期中的顾客的脑细胞和心灵。"①

"注意力经济"的理论认为公众的注意力是城市竞争的最大资源,谁能吸引更多的关注谁就能拥有更大的价值,吸引更多的投资。英特尔公司前总裁葛鲁夫在一次引人入胜的演讲中提出过"争夺眼球"的观点,于是有人直白地称之为"眼球经济":谁吸引到的目光最多,谁就可以成为市场中的翘楚。因此,注意力就成为当代城市竞争的稀缺资源。

诺贝尔经济奖获得者赫伯特·西蒙也曾说过:随着互联网的发展,有价值的不再是信息,而是你的注意力。在信息社会里,硬通货不再是美元,而是关注的程度。相对于浩如烟海的信息(据说全球每四分钟便有一个新的网站诞生),个人的注意力将是极为稀缺的资源,这种情形有点像一个听众面对一万个、甚至更多的讲话者,每个讲话者都试图让听众听到自己的声音,于是,如何在巨大的"噪音"干扰中脱颖而出,赢得听众的青睐变得至关重要。因此,研究人的注意力的规律,吸引别人的更多注意力,将成为新一轮城市竞争的着重点。

25年前,一个城市只要有一个标志性建筑,人们就会过目不忘,像北京的十大建筑。一个事件只要有一家报纸报道,就会家喻户晓。现在是无数的楼盘如过眼烟云,无数的新创造叫人目不暇接。新形象新创造要想引起国人注意绝非易事,更何况全球。开了许多新闻发布会,做了许多广告,都可能收效甚微。在今天这个信息爆炸的时代,网络已创造无限量的流通信息,而注意力则是稀缺的和有限的。一个城市如何在无限的信息量中生存呢?必须争夺注意力。于是注意力与眼球成了卖方市场,它待价而沽。几十年前,英国媒体专家斯梅塞就曾告诉我们,

---

① Davenport, Thomas and John Beck. 2001, *The Attention Economy: Understanding the New Economy of Business*. Cambridge, MA: Harvard Business School Press.

每天看电视的观众实际上是在为媒体打工，媒体把观众的观看（收视率）打包卖给了广告商。今天，注意力作为稀缺商品更是奇货可居。

五、舒适都市，体验经济时代的快乐生存

在当代，体验已经逐渐成为继农业经济、工业经济和服务经济之后的一种经济形态。随着经济的发展，消费水平的提高，越来越多的消费者渴望得到体验。而在城市的竞争中，一个国际化大都市，不仅要有生动丰富的创意和创意者阶层，还要将自身创建为一个消费和体验创意的城市。

1999 年 4 月，由约瑟夫·派恩二世和詹姆斯·吉尔摩合著的《体验经济》初版时，受到了广泛注意，该书提出了"工作是剧场、生意是舞台"的理念，体验经济从此走红。如今，一些发达国家已把体验业作为一个重要产业来开发，美国的休闲业已成为第一产业，据预测到 2015 年时将独占 GNP 中的半壁江山；日本在 2001 年时，电子游戏产业就占了全国经济的 20%，超过汽车工业成为第一产业；韩国的游戏产业也成为最有利润的行业，产值达 200 亿美元、年增长率高达 30%—40%。

近年来，体验经济渐渐为中国经济学界、新闻界所熟知。体验经济作为一种新的经济形态，它以全新的文化理念对服务经济进行深化和发展而形成的精神体验作为其内涵。所谓体验就是以服务为舞台，以商品为道具，围绕消费者创造出值得消费者回忆的活动。按照体验经济的观点，商品是有形的，服务是无形的，而创造出的体验是令人难忘的。进一步看，如果你为物品和有形的东西收费，你所从事的是制造业；如果你为自己开展的活动收费，你所从事的是服务业，而只有当你为消费者和你在一起的时间而收费时，你才算进入体验经济。

在体验经济下，消费者不再限于购买产品后所获得的美好体验，而是更加侧重于在消费过程中甚至企业生产过程中所获取的"美好体验"。当消费过程结束后，消费者记忆将长久保存对过程的"体验"。消费者乐意为这类体验付费的原因在于体验是如此美好、不可替代，对某一个消费者来讲它是唯一的，有时是不可再生的。所以体验经济给城市经营者的启示就是：非物质产品比物质产品的价值更高，升值空间更大。一个国际化的都市，必须更多地关注文化、娱乐和格调。

当今的世界是如此丰富多彩，不同的城市拥有不同特色的人文景观和文化遗产，这就给我们享受文化差异体验一个很好的契机。不同的城市，构造了不同的文化空间，代表着另一类文明和异质景观，自然在消费者中产生巨大的吸引力和新鲜感。文化是体现体验因素的最主要的载体或说是体验得以实现的主要途径。

在当代都市的国际化竞争中，温馨的都市氛围，独特的城市格调，很高的舒适指数，享受规范服务的心理体验，都是最重要的因素。美国学者弗罗里达就曾提出创意阶层对生活环境的特定要求。一个社区的生活质量越好，在吸引和挽留高学历、创造性人才方面成功的可能性就越大。"体验营销"方式是使城市拥有独特魅力的一个法宝。

经营快乐是服务业的极致，是体验经济最佳的切入点。每一个到过美国迪斯尼乐园的游客

都会被快乐淹没，那种用心经营的快乐让人兴奋不已，难以忘怀。于是全世界记住了迪斯尼，它的品牌价值无限放大、延伸、辐射，最终使之成为世界娱乐产业的商业巨头。迪斯尼的成功，缘于抓住了服务业最本质的特征：制造快乐并去经营快乐。

由于体验式经济充分满足了消费者体验和消费的愿望并收效明显，这种设计模式很快在美国、日本、欧洲各地流传开来。在日本，著名的花园漫步商场（Garden Walk）是一家专门销售高级女性流行服饰的购物中心，设计师以各种灿烂如庆典般花朵的主题图案，设计和连接了三个不同情调的露天广场，用不同的花瓣和叶子镶嵌在路面上，引导购物者进入三个购物商场，花刺成了购物者舒服的坐椅，橘红色的大向日葵塑成的舞台供朋友聚集与才艺表演之用，绚丽明亮的颜色和图案，营造出复杂而多变的都市花园氛围。花园漫步（Garden Walk）年营业额预计约有 9000 万美元。这是一个以花为元素的主题体验式商业设计方式。这种体验式商业，借规划、设计、装修、材料等来体现统一的商场主题，通过对主题事物的发掘，在建筑、装饰、商品组合等方面采用象征、隐喻等表现手法，创造出令人心旷神怡的商业环境和氛围。

在美国，拉斯维加斯的论坛购物中心就是成功展示体验经济的例子。它以古罗马集市为主题，从各个细节展现主题。购物中心铺着大理石地板，有白色罗马列柱、仿露天咖啡座、绿树、喷泉，天花板是个大银幕，其中蓝天白云的画面栩栩如生，偶尔还有打雷闪电，模拟暴风雨的情形。在集市大门和各入口处，每小时甚至有恺撒大帝与其他古罗马士兵行军通过，使人感觉仿佛重新回到古罗马的街市。古罗马主题甚至还扩展到各个商店，例如：珠宝店用卷曲的花纹、罗马数字装潢，挂上金色窗帘，营造出富裕的气氛。论坛购物中心每平方英尺的营业额超过 1000 美元，远高于一般购物中心 300 美元的水平，这表明了体验的巨大价值。

美国电影《白鲸》中有一位酷嗜咖啡的大副名叫星巴克（Starbucks），他的大名如今已成为世界知名的跨国经营的咖啡连锁企业的品牌，其总部设在美国西雅图。星巴克咖啡店是亚洲白领人士心目中"健康、成功和地位"的象征，是"精英聚会的场所"，并不是因为这里的"物美价廉"，最吸引人的是这里温馨舒适的气氛、动听的音乐、幽雅的会客环境、咖啡文化的浓郁氛围，星巴克把喝咖啡变成了一种情感体验，7 倍于同行业平均利润的骄人业绩，充分证明了体验经济对人们的无穷诱惑。当"体验"不仅仅是一种个体的心灵感受，也不是停留于传统服务业的附属品，而是可以单独作为一种经济价值出售的时候，体验经济时代就来临了。

如今星巴克咖啡公司除了在北美、英国、欧洲大陆、中东和太平洋地区设有 5800 多个销售网点以外，还通过其专门机构销售咖啡和茶叶产品，包括其网上销售商店 Star - bucks. com。在星巴克，客人和咖啡师之间、客人和客人之间的互动是其特征之一。在都市闹中取静的幽雅环境中，有精选的轻音乐、有轻松闲适的聊天欲望。总之，是以顾客的体验为核心的咖啡文化，所以有了相当的认同和忠实的客户队伍。这一切预示了体验营销的无尽潜力。

在体验经济时代，营销城市必须学会创造丰富的、令人动心的城市体验。目前，人类社会（特别是西方国家）正在迅速跨越服务经济，进入体验经济时代，这对尚处于工业经济时代的中国来说无疑是个严峻的挑战。

亚里士多德有句名言，"人们为了生活，集聚于城市；为了生活得更好，居留于城市"。21世纪，成功的城市将是快乐最多的城市，是生活最有滋味的城市。

第 21 章

2010 上海世博会与城市营销机会

世博会作为世界最高级别的综合类会展活动，因其对经济与社会发展具有强大的推动作用而被誉为"经济、文化、科技领域的奥林匹克"。2002 年 12 月 3 日，国际展览局第 132 次大会宣布上海获得 2010 年世博会的举办权，自此开创了世博会 155 年①来在发展中国家举办的先河。中国 2010 年上海世博会以"城市，让生活更美好"为主题，探讨新世纪人类的城市生活。上海世博会的举办，不仅对上海，而且对长江三角洲，乃至全国各城市都将产生重要影响。本章从世博会与城市营销的历史回顾中，分析世博会对于城市营销的意义和影响，并根据上海世博会的城市营销资源，提出国内城市开展世博营销的区域策略、地方策略和企业策略。

一、世博会与城市营销的历史回顾

（一）世博会引发城市事件营销

作为城市活力的指示器和调节器，"事件"正成为当今城市发展战略的一个重要手段。经济全球化把城市带入一个新的竞争环境，面对更大的空间尺度、更多的机遇和风险，城市需要新的发展战略。为此城市研究开始突破以资源开发利用的技术合理性为目的"硬件"，转向从经营、策划等"软件"优化的角度寻找城市发展的契机。世博会作为影响城市发展的重要事件，贯穿并正在引发着城市营销的新趋势。

1. 作为城市事件的世博会主题体系变迁

世博主题是贯穿第一届世博会整体框架、内容和过程的指导思想。为了展现人类在社会、经济、文化和科技领域取得的巨大成就，世博会逐渐演化出鲜明、统一的主题，以体现不同历史时期人类的文明成果和关心的问题。回顾世博会发展 150 多年的历史，世博主题经历了由分类体系向主题体系的变迁②。

自 1851 年伦敦世博会以来，世博会主要是为了展示早期工业文明的成就，基本是百科全书式的展示。1893 年芝加哥世博会在主题演绎体系上实行了创新，放弃了面面俱到的分类体系，不按照知识发明的范畴或起源来安排展馆，而是突出人类文明某一方面的成果，并把这些成果串联起来，走向专题表达。这届世博会以科学为主题，专门设立了科学馆。其后的历届世博会，既有继续使用分类表的，如 1935 年和 1958 年布鲁塞尔世博会仍采用分类体系；也有采用主题体

---

① 第 1 届真正意义上的世博会是 1851 年 5 月 1 日在英国举办的伦敦世博会。
② 侯新冬：《历届世博会主题化设计综述》，《商场现代化》2008 年 6 月。

系的，如1939年和1964年的纽约世博会以及1962年西雅图世博会等。还有既采用分类体系，又采用主题体系的，如1967年蒙特利尔世博会与1970年大阪世博会。但世博会主题演绎体系越来越呈现出主题化发展的局面。

为适应世博主题的变迁，世博场馆布局设计也由单栋建筑向主题区域演变。早期的世博会往往采用将全部展区集中于一栋建筑的布局方式。如1851年伦敦世博会的水晶宫和巴黎世博会的"产业宫"。1873年维也纳世博会，开始出现了设立独立的主题展馆，包括工业馆、机械馆、艺术馆、农业馆。1876年，美国费城世博会第一次出现了主办国展馆，1900年巴黎世博会开始有较为集中的国家展馆区，开始出现比较明确的功能分区，即展区内有明显的中央轴线大道，各场馆区围绕中央大道对称布局，在轴线大道旁放置标志物。世博会从工业的范畴走向文化的范畴，从产品转向概念，走向了专题表达。1933年，芝加哥世博会首次把一个统一的主题贯穿于整个世博会，综合、协调的主题展示成为这次世博会的亮点。从那时起，场馆设计开始受到主题演绎的影响。如1958年布鲁塞尔世博会为了展现"科学文明和人道主义"的主题，一个表达人类安全、和平地应用原子能的愿望的巨大原子球被置于母牛状园区的中央。然后有国际主题区即国际美术馆、国际协作馆以及国际科学馆。主办方建立了一个名为"比利时1900"的民族风情区，展示了比利时小城镇的模型。这种有主题区、国际馆、企业馆以及特色区域的模式应用至今。

2. 作为城市事件的世博会营销模式变迁

纵观世博会的诞生、发展历程，结合世界经济、国际市场营销和国际贸易的发展历程，世博会的营销模式大致可以划分为以下三个阶段（见图21—1）。[①]

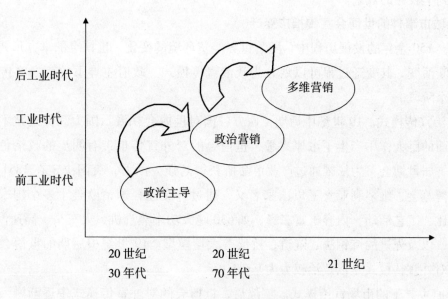

图21—1 世博会营销模式的变迁

（1）政治营销模式。这个时期一般被称为前工业时代，以第二次产业革命和世界市场、国

---

① 修改自吴泗宗、江长伟《世博会营销模式研究》，《同济大学学报（社会科学版）》2004年2月。

际分工的初步形成为标志。在整个世界市场处于求过于供的状态下，营销还处于生产观念阶段。这一时期的世博会主要展示的是农业、工业和艺术产品，主办国都是二战前综合实力强大的国家，举办世博会的目的大多是为了庆祝重大的历史事件或举行国家、地区的重大纪念活动，并展示本国国力。其营销方式是直接单一的政府权力和政府首脑营销。

（2）政府营销模式。以电子计算机的发明和使用为标志的第三次产业革命，全面提升了社会生产力，市场处于供过于求的状态，市场营销开始以销售为中心。世博会的营销也由最初的只注重生产、展示转变为关注销售、以市场为中心的市场营销阶段。这个时期，世博会主题不再局限于科技成果和商业贸易，也开始关注社会和文化，比如蒙特利尔世界博览会提出了大会主题："人类与世界"，首次举行了"世界节"，介绍世界一流的歌剧、芭蕾、音乐及歌手，扩大了世界博览会的影响力。在这一阶段中的各届世博会举办的前期，市场化运作程度比较低，政府干预和扶持的力度比较大。比如，在1964年纽约世博会上，纽约州投入了2400万美元，占总投入的2/3强。

（3）多维营销模式。从20世纪70年代初起，世博会的营销模式也进入了一个多元化的阶段。在此期间，政府角色逐渐由台前变为幕后，主导作用弱化，企业开始在其中发挥越来越突出的作用，多维营销模式有了长足发展。以2000年汉诺威世博会为例，1995年春德国政府向185个国家和9个国际组织发出邀请，充分地发挥了其独特的社交能力，为汉诺威博览会争取更多的参加者。国际咨询理事会在全世界以Expo2000世界展览会使者的身份出现。Expo2000汉诺威有限公司不断地通过电视、报刊等各种媒体将汉诺威2000年世博会的有关情况做详尽的说明。同时，市场细分、差别定价等促销手段被广泛运用，采取了学生票、下午票和晚场票降低票价等措施，收到了较好的效果。①

3. 作为城市事件的世博会宣传推广变迁

在世博会150余年的发展历程中，随着世界经贸环境的变化，世博会的举办形式和对外宣传模式也在不断演变，其变迁过程可以划分为政治宣传模式、政府主导下的市场宣传模式和多维宣传模式三个阶段。②

（1）政治宣传模式。19世纪中后期，西方各国对世博会在展示国力和促进技术、贸易和文化交流等方面的巨大作用产生了浓厚兴趣，世博会的对外宣传也带有明显的政治色彩。如在英国举办的第1届世博会，为炫耀通过产业革命所获得的强大国力，英国决定在1851年举办伦敦万国工业大博览会，维多利亚女王以国家名义，通过外交途径邀请欧美十多个国家参展，其间进行展品评比、工艺活动，内容丰富多彩，如630吨大功率蒸汽机、火车头、高速汽轮船、汽压机、起重机，以及先进的炼钢法、隧道、桥梁等大型模型。19世纪中后期的世博会带有典型的政治色彩，对外宣传模式是以政治权力为基础的。

（2）政府主导下的市场宣传模式。二战后，世博会的对外宣传模式中逐渐融入了许多市场化运作方式和手段，以1967年加拿大蒙特利尔的世博会为例，在这次世博会中，设置了六个无线电工作室，四个移动广播电视单元，三个无线电单位进行宣传，还有280名导游进行推广工

① 孙瑞红、叶欣梁：《上海世博会营销模式分析研究》，《旅游科学》2004年12月。
② 过聚荣、苏卉：《历届世博会宣传模式的演变及其对上海世博会的启示》，《上海管理科学》2007年第6期。

作。不过，在这一阶段中的各届世博会举办的前期，市场化运作程度比较低，政府干预和扶持的力度比较大。在1964年纽约世博会上，纽约州投入了2400万美元，占总投入的2/3强。因此，这一时期的世博会对外宣传模式总体来说是政府主导的、具有一定市场化程度的对外宣传模式。

（3）多维宣传推广模式。从20世纪70年代初起，由于信息技术的飞速发展和世博会理念的变迁，公众、媒体、企业等力量在世博会对外宣传中发挥着越来越重要的作用，世博宣传推广模式呈现出多维的特征。以2005年日本爱知世博会为例，申博委员会是由众多学术专家、商界人士、政府人员等广泛参与的，申博成功后，众多企事业单位、媒体等积极参与到世博会宣传、运营等事务中来，带有典型的多维性。

（二）世博会推动城市品牌营销

世博会涉及政治、经济和文化各个领域。举办世博会不仅影响到推动城市品牌建设的诸多物质因子，如大型活动在城市地区的新发展、基础设施水平的提升、场馆的新建和改造、城市形象的改善等方面，而且会带动城市管治能力的提高、地方文化的发展和更加开放的环境等方面，对城市品牌建设具有深远影响。世博会的承办，对一个城市乃至一个国家而言，既是一次自我形象展示的良机，又是构建或改善城市品牌的一个基点。

1. 世博会塑造城市品牌的营销主题

世博会作为推动城市发展的特大活动，对城市品牌的形成和发展产生了重要影响，世博会也成为城市品牌营销的核心主题。

（1）世博会形成城市品牌的崭新内涵。从世博会与城市发展的互动关系来看，世博会往往具有双重的"城市"意义。世博会园区建设将导致城市空间结构重心发生重大转移，园区及其周边地区将成为城市中心体系中的一个新枢纽。园区的建设或许又可以为城市指引一个新的发展方向，其园区规划对城市精神与和谐概念的弘扬，形成了城市品牌的崭新内涵。

法兰西规划学院（IFU）教授艾什尔（Ascher）在对当代城市社会文化发展变化的分析中指出，当代城市社会多样化和个人化的发展趋势，并不意味着社会文化生活的终结。相反，它对社会文化生活提出了新的要求。社会文化生活不再局限于固定的社会群属和地域范围，而呈现多归属、多尺度的特点。一方面自发的小规模的社区文化活动蓬勃发展，满足人们需求的多样性；另一方面，周期性的国际特大文化和体育活动则在全球范围内对人们的社会生活起到"再同步"的作用。世博会、奥运会和世界杯等通过现代传媒的发展，已经成为全球共同的节日。世博会不仅是城市活力的指示器，而反过来通过"制造事件"，也可以影响城市的发展，因此世博会也是城市活力的"调节器"。1851年在伦敦水晶宫举办的世界博览会以当代的社会进步和未来理想的世界让世人叹为观止。20世纪初，世界博览会成为了标志商业和机器工业价值，促进城市繁荣，提高社会关系的一种城市景观。

（2）世博会推动城市品牌的跨越提升。世博会的成功举办，对城市经济、文化、社会产生全面综合的影响，特别对第三产业有着巨大的推动作用，从而使城市发展呈现出跨越式特征。2000年汉诺威世博会带动了下萨克森州经济复兴（见表21—1）。1985年筑波世博会为日本当年的 GDP 贡献了 0.2%。[①] 1970 年大阪世博会不但推动了以大阪为中心的关西地带城市群的形成，而且对日本经济的腾飞做出了巨大贡献，使日本从此进入了近 15 年的持续稳定增长期。今天中国的经济与 20 世纪 60 年代的日本经济有相似之处，二者的人均期望寿命、婴儿死亡率、农业栽种的比重和恩格尔系数都差不多。通过举办世博会，可以促进上海城市品牌的跨越式提升。

表 21—1   **2000 年汉诺威世博会的整体经济效益**   单位：百万德国马克及人年

任务范围	原发推动	增加值效应 a	就业效应 b
1. 准备和实施工作，其中	8787.3	10629.6	78014.1
● 公路建设	766.8	927.3	6900.1
● 近程公共客运交通	2230.3	2326.6	16259.9
● 科隆山住宅	646.9	835.0	6399.0
● 世界博览会展区（第三方展示）	2946.7	3664.6	27350.8
● 世界博览会运行，世博公司，主题公园	2196.6	2876.1	21105.2
2. 下萨克森州世界博览会的世界项目	1475.0	1738.1	12821.4
3. 旅游性消费，其中	955.6	1018.0	11283.8
● 世界博览会参观者	883.4	932.3	10434.1
● 展会工作人员	72.1	85.7	849.8
总计	11217.8	13385.7	102119.4

注：a——总体经济；b——包括乘数效应。

资料来源：阿尔诺·勃兰特等著：《汉诺威世博会对区域经济影响》，任树银等译，上海科学技术文献出版社 2003 年版。

2. 世博会塑造城市品牌的营销机制

纵观历届世博会都是一次次长远规划、精心彩排、引起世人瞩目并获得持久影响力的城市营销活动。通过这种城市营销活动，来提升一个城市的形象和影响力。世博会塑造城市品牌的营销机制包括：确定城市品牌的基本内涵、影响城市品牌的作用机制和促进城市品牌的持续发展。

（1）世博会确定城市品牌的基本内涵。博览会的效果应通过城市"沟通实力"来达到确定城市品牌的最终目的。[②] "沟通实力"是一座城市的综合实力之一，包括区域经济、区域福利、区域品牌、社会团体的凝聚力四个代表性功能。区域经济是否有活力是人们提高积极性的基础，即通过创造就业机会，搞活区域产业等调动整个区域的积极性。区域福利在日本已有大部分由市民义工承担，这一点上海做得还不够。区域品牌是指对居民、企事业单位、大学等研究机关、行政等与区域有关联的所有相关者而言的附加价值。构筑区域品牌可使增强区域活力与区域再生成为可能。社会团体的凝聚力是指在区域社会中，人与人关系越密切，则越安全、信赖感越

---

① 克劳德·塞尔旺、竹田一平著：《国际级博览会影响研究》，魏家雨等译，上海科学技术文献出版社 2003 年版，第 88 页。
② 渡边广之：《把握上海世博会良机，构建 21 世纪上海市品牌战略》，《中国广告》2006 年第 8 期。

强。上述功能体现在整个城市的沟通实力上，并成为连接博览会与城市品牌确立的关键环节。

在城市品牌确立的具体实践中，城市品牌应与诸如观光服务、城市产业、历史文化、休闲娱乐等城市资源形成的单个品牌结合起来，通过品牌构筑、品牌营销、品牌沟通等实施品牌确立。同时，应注意城市品牌是否具有特色化、约定性、顾客满意性、一流性、扩张性等特点。

（2）世博会影响城市品牌的作用机制。作为提升城市知名度、展示城市新形象的一种手段，世博会不仅为城市更新提供了机遇，还唤起了城市的新形象的形成。1992 年的奥运会不仅为巴塞罗那的城市更新计划创造了契机，而且也促使巴塞罗那市政府将推广城市品牌作为城市发展战略的重要手段。图 21—2 分析了世博会对城市品牌的影响机制。

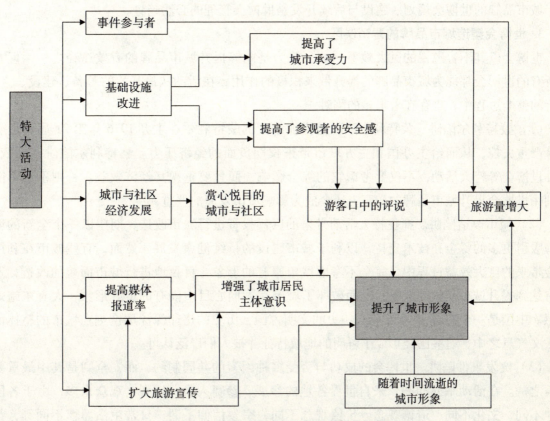

图 21—2　世博会影响城市品牌的作用机制

（3）世博会促进城市品牌的持续发展。世博会往往是暂时的事件，能激发城市建设但并不意味着就能带来良性的影响。而如果事件本身能够成为城市连续发展过程中的一个组成部分，世博会也就获得了时间上的持久性。在当代的世博会中，城市已经成为不可或缺的重要概念。良好的城市环境质量和明确的城市发展战略是世博会计划能否取得成功的重要前提。国际展览局（BIE）在考察各申办世博会的候选城市时，非常注重世博会项目计划和大都市规划战略之间的联系：不仅要考察世博会计划本身的质量，而且要考察主办城市的发展战略以及世博会项目与该战略的和谐程度和在其中可能发挥的作用；不仅要考察主办城市在一定时间内完成准备工作保证博览会如期开幕的能力，而且要考察博览会结束后保证城市可持续发展的可能性。近年来，欧洲的几次世博会计划往往都是举办城市的大都市发展计划中的一个组成部分。例如，

1992 年塞维利亚世博会是城市外围新城市中心建设计划的一部分，该会址后来发展成为一个科技主题公园，其中包括一个设施完备的城市公园；2000 年的汉诺威世博会对已有的城市展览中心进行了更新和改良并优化了公共空间的质量建设，新的展览馆为引导城市向东南方向扩展的总体战略思想服务；而 1998 年葡萄牙的里斯本世博会也是大里斯本发展计划中的一部分。但是里斯本世博会园区规划没有很好地考虑与远期规划的衔接过渡问题，从而造成了现在世博园周边地区后续开发中的种种问题。负责世博园周边地区后续详细规划的曼纽尔·塞尔干德（Manu-el Salgad）总建筑师指出："世博会园区确实被建成一个完美的岛。但令人遗憾的是，它同时也成为一个孤立的岛。在博览会建设过程中一个最大的错误是：将世博会作为一个最终目标进行建设以至于建成一个孤立的城市碎片！"① 从近年来世博会规划与建设的经验与教训中可以看出，融于城市品牌的世博会规划、建设与后续开发是世博会管理的必然趋势。

3. 世博会塑造城市品牌的营销误区

世博会以其不容忽视的巨大效益，被公认为是能够提升城市品牌的有效途径之一，但并不是所有的世博会都能为城市品牌的提升带来积极的作用，在活动从最开始的筹备、建设、宣传、举行的整个过程中，也存在着很多的陷阱。②

（1）蒙特利尔陷阱。蒙特利尔陷阱是指加拿大的蒙特利尔在主办 1976 年第 21 届奥运会时预算严重失控，从而给主办国和主办城市带来长期负面的经济压力。蒙特利尔陷阱昭示我们，举办世博会等特大活动，不仅要考虑它的综合影响，而且要重视其经济效益。否则不仅不能达到利用世博会提升城市品牌的初衷，还会成为影响城市发展的严重羁绊。

（2）城市改造陷阱。抓住特大活动带来的巨额投资进行城市改造，期望以一个全新的城市品牌吸引更多的资金和技术支持，以利于城市建设的持续健康发展。然而，有些城市在利用世博会带来的巨大效益过程中，完全不考虑城市原有的形象，盲目地进行城市面貌的改造，不仅没有达到提升城市品牌的效果，反而破坏了城市在人们心目中固有的良好形象，大有东施效颦之感。中国是一个有着 5000 年悠久历史的文明古国，历史的烙印深深地镌刻在城市的整体面貌和人文气息之中，有些已经形成了鲜明的地域特征并被人们广泛认可。

（3）突发事件陷阱。世博会的成功与否受多种因素的共同制约，而安全则是其中最重要的因素之一。在活动举办期间，来自世界各地的参展、参赛人员、记者、观众众多，由于各国的法律不同，文化不同，道德观念、价值观念不同，宗教信仰不同，日常生活习惯不同等，都会在活动期间带来不安全的隐患。如果发生任何安全问题，都将会给城市品牌的提升带来非常不利的负面影响。

（三）世博会升华城市文化营销

世博会对城市的影响，不仅体现在经济层面和社会层面，更体现在文化层面，并成为提升城市文化营销的重要手段。

1. 世博会开展城市文化营销的意义

世博会的形式是展会，表现手段是科技，其背后支撑的则是文化。世博会不仅对城市经济

---

① 伦佐·勒卡达内、卓健：《大事件——作为都市发展的新战略工具》，《时代建筑》2003 年第 4 期。
② 王静：《浅论如何规避通过大型活动提升城市形象的陷阱》，http：//www. lunwentianxia. com/product. free. 10001383. 1。

的发展具有重要意义，而且更是城市文化发展的原始动力。

（1）世博会自身性质，决定了它的文化意义大于经济意义。世博会是千百万普通民众参观、欣赏人类发展成果的活动。国际展览公约第一章第一条明确指出："展览会是一种展示，无论名称如何，其宗旨均在于给大众以教益。它可以展示人类所掌握的满足文明需要的手段，展现人类在某一或多个领域经过奋斗所取得的进步，或展望人类发展前景。"世博会确实有政治意义和经济意义，但如果不重视文化方面的作用，那就本末倒置。

（2）城市发展的瓶颈在文化而不在经济投入。所有的城市，其发展、成长都是物质因素和精神因素共同作用的结果。世博会对经济的促进只是一个方面，更深远的在于文化层面的带动和促进。举办世博会的精神遗产大过物质遗产，在整个筹办世博会过程中形成的氛围，将对城市文明素质的提升产生深远影响。世博会结束之后，对举办城市社会和文化层面的积极影响将长期延续下去。1986 年加拿大温哥华世博会着力弘扬和平竞争和相互理解的精神，是温哥华世博会成功的经验。世界不同国家和地区，有着不同的文化背景，带来了多姿多彩的文化，世博会上团结协作、相互交流、取长补短，促进了多元文化的交融。

（3）经济意义是对举办地积极性的鼓励。一般来说，举办世博会的城市，都能在就业、税收、城市基础设施建设、旅游等方面得到收益，这种收益不是举办世博会的主要理由。第一，举办国投入很多行政资源、外交资源，并不是为举办城市经济发展锦上添花。第二，正因为举办城市有相当的经济实力，国际展览局才希望在那里举办世博会，经济因素是原因，而不是结果。第三，各国来参展不是为举办城市捧场，而是为了推介本国的形象，为了促进国际文化交流。因此，经济意义只能是客观存在，是举办国、国际社会对举办地积极性的奖励，而不是原始动因。

2. 世博会构建城市文化营销的体系

世博会是一个多维体，它建立在世博会核心理念的基础上，是一个动态的、加入了主办国、主办城市甚至主办城市企业、市民自我表达和民族间互相表达的文化体系。世博会作为一种跨文化传播现象，它所传递的文化由五大体系组成①：①世博会的核心体系：以《国际展览会公约》为组成内容的文化体系，它由展会举办频率、组织规则、颁奖等三大基本元素组成，以国际展览局为支撑，构成了世博会文化的核心体系。②主办城市的文化体系。③主办国家的文化体系。④参展国的文化体系。⑤具有普遍价值的世界文化体系。这几种文化体系以世博会的核心体系为主要的核心元素，其他几种文化渗入其中，构成了一个庞大的世博会文化系统。

3. 世博会渲染城市文化营销的形式

各种文化活动已成为世博会主题表达的重要方式，文化活动的存在和发展，不仅丰富了主题的表达方式，将主题演绎推向深入，同时更以体验的形式，使与会者通过参与活动，对世博会的主题产生深刻的认识和理解。除了国际馆、国家馆、主题馆、综合馆等展示活动外，围绕主题，在世博会期间还进行了国家馆日、学术会议与论坛、各参展国文艺表演、主题游行等各种文化活动。另外，自 1855 年巴黎世博会首创艺术展和歌舞表演，1862 年伦敦世界博览会新添

---

① 孙祥飞、陈姗姗：《上海世博会——上海城市文化的嵌入式传播》，《科教文汇》2008 年 5 月。

了音乐会的形式以后，文艺演出也成为主题演绎的重要部分。2000年汉诺威世博会提出了文化计划，在博览会展区内随处可见艺术品、烹饪表演及上百场音乐会、戏剧舞蹈表演、魔术表演，成为全球文化的盛会。

二、上海世博会的城市营销资源

上海世博会作为探讨人类城市生活的盛会，是一曲以创新和融合为主旋律的交响乐，将成为人类文明的一次精彩对话。上海世博会为国内各省、区、市提供了丰富的参与2010年上海世博会方案[①]，各城市可以参与展示、参与论坛、参与世博园内的活动、参与世博会沟通推介、参与观众组织。本文从上海世博会的城市营销资源的角度，论述城市世博营销的城市最佳实践区、网上世博会展示和城市企业展馆展示这三种重要的营销资源。

（一）城市最佳实践区

城市最佳实践区以城市作为参展主体。政府间和非政府间国际组织、民间团体或企业均可通过其案例所在城市的同意参加上海世博会"城市最佳实践区"的展示。

1. 城市最佳实践区的展示领域

城市最佳实践区是上海世博会主题演绎的重要载体之一，从城市人、城市、地球、足迹、梦想五个概念领域中选取既相互关联又有利于展现当今世界主流的城市最佳实践内容为展示要点。城市最佳实践区分为宜居家园、可持续的城市化、历史遗产保护与利用和建成环境的科技创新四方面展示内容。城市最佳实践区既是展区，又是展品。城市最佳实践区作为展区，利用老厂房的改造，形成一系列展馆；作为展品，采取实物展示方式，将建筑、开放空间和基础设施等方面的最佳实践案例集成为模拟生活街区。

城市最佳实践区的展示方式以实物为主，旨在营造直观体验和互动的展览场景，也可采用模型、多媒体技术、参与性活动等为实物展示作补充。城市最佳实践区同时可展示具有广泛应用前景的实验研究案例。城市最佳实践区的展示类型分为实物案例展示和非实物案例展示。

2. 城市最佳实践区的参展程序

（1）案例提名。城市最佳实践区的参展案例提名方式分为组织者推荐方式和自荐方式。组织者推荐方式由上海世博会组织者从收集的城市最佳实践案例中推荐；自荐方式由各城市或相关国际组织向组织者自荐。案例提名必须向组织者递交"案例说明"和"展示设想"。城市最佳实践区的参展案例应当是在宜居家园、可持续的城市化、历史遗产保护与利用、建成环境的科技创新四个领域，为提高人类生活品质而进行卓有成效的主流城市实践案例或研究案例。

（2）案例初审。其创新意义和示范价值得到国际社会的广泛认同。城市最佳实践区国际遴选委员会的遴选标准是：

a. 公认的标准：参展案例应当得到全球性或区域性影响的政府组织、非政府组织、学术团

---

① 省、自治区、直辖市参与2010年上海世博会方案，http://www.expo2010.cn/a/20080909/000018.htm。

体、专业协会等国际社会的广泛认同。

b. 创新的标准：参展案例应当具有创新意义，包括理念的创新、体制的创新、政策的创新、科技的创新。

c. 价值的标准：参展案例应当具有示范价值，能够在全球或区域范围内产生启示、借鉴和推广效应。

（3）方案征集与提交。组织者向初审通过案例所在城市发布参展方案征集函，征集初审通过案例的参展方案，并向其提供城市最佳实践区区位图、展区分布图、展位分布图及其他相关资料，并向其提出对展示设想的深化要求。

参展城市获得征集信息后，与组织者联系沟通。组织者将向参展城市提出参展方案编制的具体要求，并答复参展城市的各类问题。参展城市完成方案编制后向组织者提交《城市参展案例展示策划方案》并提出展区申请。

（4）案例复选与参展确认。组织者再次将《城市参展案例展示策划方案》提交国际遴选委员会评审。评审通过后的参展案例，由组织者向所在城市正式发出上海世博会城市最佳实践区参展邀请。获得正式参展邀请的城市依据上海世博会《特别规章》和《一般规章》的规定，向组织者提交参展确认函，作为上海世博会"非官方参展者"参加城市最佳实践区的展示。

（5）技术磋商与合同签署。参展确认以后，参展城市与上海世博会组织者就参展具体事项展开磋商。组织者与参展者磋商取得一致意见后，签订正式《参展合同》。

3. 城市最佳实践区的相关待遇

为鼓励世界范围内各城市积极参展，上海世博会将为城市参展者提供以下特别待遇：

（1）参展城市所使用的由旧厂房改建的场馆或参展城市用于自建展馆的场地均由组织者免费提供。

（2）组织者将与参展城市友好协商，妥善安排为展示城市最佳实践案例而投资新建建筑的后续利用问题。

（3）组织者将根据中国政府确定的条件，向来自符合条件的发展中国家的城市参展者提供一定金额的参展援助。

（二）网上世博会展示

为探索信息化时代世博会的展示方式，充分利用和借助互联网的独特优势，组织者在举办中国2010年上海世博会的同时，开创性地推出网上中国2010年上海世博会。

1. 网上世博会及其意义

网上世博会是指，通过网络技术，世博会组织者在官方参展者的参与下将上海世博会的展示内容以虚拟和现实相结合的方式呈现在互联网上，从而构筑一个能够进行网络体验和实时互动，并具有其他辅助功能的世博会网络平台。作为上海世博会的重要组成部分，网上世博会是世博会展示内容的补充与延伸，具有推介、导览、展示、教育等功能。

网上世博会是世界博览会传统展示模式的创新。通过在网上的漫游和体验，网上世博会可以使参观者按照不同的需求和爱好，实现与组织者、参展者的网上互动，扩大世博会的全球覆盖面，弥补一部分无法到现场参观世博会人士的缺憾，从而增强世博会的国际影响力，在更大范围内推广世博会理念。

2. 网上世博会的内容

网上世博会将呈现上海世博会园区的整体风貌，通过浏览、体验、创意三种漫游方式，不同程度地展现园区活动和官方参展者的展示内容。参观者通过网上世博会交流互动、发表评论，并获得组织者提供的相关服务。

（1）浏览型。参观者可以全方位了解世博会展馆的空间布局和主要展项，并通过文字、图片、视频、音频等方式对展示内容进行深度了解。

（2）体验型。体验型包含浏览型的全部内容，可以使参观者实现与展示内容的互动，并获得更生动的体验。官方参展者还可以建设世博会展示内容中不具有的虚拟空间，利用丰富的虚拟技术及手段延伸和拓展参展者企望表达的意境和理念。

（3）创意型。创意型由组织者建设，是面向网络参观者的网上展示区域。在该区域内参观者可以自行建立虚拟展项，充分发挥创意。体验型的开发及费用由官方参展者自主开发并自行承担费用。组织者将适时提供开发费用估算，供官方参展者参考。

除获得组织者书面确认免除费用外，官方参展者自行承担在网上世博会举办期间发生的，用于其网上展示的内容更新费用。网上世博会基础系统平台的运营维护费用由组织者承担。

3. 网上世博会的程序

（1）文件提供。组织者将向官方参展者提供网上世博会参与文件，包括《网上中国 2010 年上海世博会官方参展者手册》《网上展示方案编写指南》和《网上展馆建设指南和规范》等文件。组织者通过邮寄和在上海世博会官方网站（www. expo2010china. com）下载的方式向官方参展者提供以上文件。

（2）技术磋商。组织者在官方参展者收到网上世博会参与文件后，就网上世博会相关内容与官方参展者进行洽谈，洽谈内容包括官方参展者参加的网上世博会展示类型（浏览型或体验型），以及体验型的开发方式等事项。技术磋商可以与上海世博会参展谈判同时进行，也可以通过其他方式进行。

（3）确认参与。官方参展者以向组织者提交《网上中国 2010 年上海世博会参与确认表》（以下简称《参与确认表》）的方式确认参与网上世博会。《参与确认表》应由官方参展者展区总代表签署。《参与确认表》可在上海世博会官方网站下载。为维护网上世博会的完整性，官方参展者未能在 2009 年 9 月 30 日前确认参与的，组织者将对官方参展者及其展馆外观等进行介绍性展示。

（4）提交《网上展示方案》。按照组织者提供的《网上展示方案编写指南》和双方技术磋商的成果，官方参展者应根据与组织者商定的时间，向组织者提交《网上展示方案》，由组织者进行审核。

（5）提交展示素材。选择网上世博会浏览型的官方参展者应向组织者提交网上展示素材；选择体验型的官方参展者自行安排相关展示素材和其他开发建设事宜，需要组织者协助的，组织者将为官方参展者推荐服务供应商。网上展示素材应符合组织者制定的《网上展示方案编写指南》的要求。

（三）城市企业展馆展示

自 1933 年芝加哥世博会企业首次获准建立独立展馆以来，参展企业得以在更广泛的领域、运用更为灵活的手段，向世界展示企业的科技水平和独特文化。企业馆已成为世博会精彩、成功不可或缺的元素。

1. 城市企业展馆的展示主题

国内外著名品牌企业均可申请参加上海世博会。上海世博会全球合作伙伴的企业，按照与组织者签署的《合作伙伴协议》，享有优先参展权。上海世博会合作伙伴根据与组织者的约定享有优先参展权。合作伙伴应在规定的时间内向组织者正式回复是否参展。在此期间，为保证合作伙伴的优先参展权，组织者将不邀请与合作伙伴同行业的其他企业参展。确认参展的合作伙伴，还需在规定时间内向组织者提交《主题陈述》方案，组织者将对合作伙伴的《主题陈述》方案进行评审，评审通过后，合作伙伴企业的优先参展权得以正式确立。组织者将免收上海世博会合作伙伴企业的参展费。

组织者将向建立企业馆的非合作伙伴企业收取一定金额的参展费。根据组织者的规定，参展企业可在上海世博会标志使用、媒体公关活动、企业识别、荣誉待遇、世博会现场接待和门票赠与或优惠等方面享有相应权益。有关权益的具体安排，组织者将与参展企业进一步磋商。

上海世博会企业馆应展示参展企业对上海世博会"城市，让生活更美好"主题的理解，而非直接介绍企业，或展示企业的产品和服务。参展企业应利用自身技术等综合优势，使展示形式具有高度创意，并使展示内容具有故事性、趣味性和互动性。

2. 城市企业展示的展馆类型

企业馆总数计划为 16 个。企业馆类型分为自建展馆和现有建筑改建展馆两种，其中自建展馆为 14 个，改建展馆 2 个。新建企业馆原则上为临时建筑，总体建筑的规划控制高度原则上不超过 20 米，临江低、离江高、错落有致。改建展馆由规划区内的保留老厂房改建而成，面积分别约为 1.2 万平方米和 1.9 万平方米；参展企业可以向组织者申请上述保留老厂房，由参展企业自行改建后作为企业展馆。改建企业馆可以由一家企业独立申请，也可与其他参展企业联合，共同设计和改建；改建企业联合馆也需统一设计、统一布展，不宜设以企业为单位的单独展区。

3. 城市企业展示的参展程序

（1）参展邀请。组织者将通过新闻发布会、有关国际媒体以及上海世博会官方网站（www.expo2010china.com）发布邀请企业参展的相关信息，同样组织者也将定向对相关企业发出邀展信息。组织者将向上海世博会合作伙伴发送参展意向征询文件。

（2）参展意向表达。参展企业收到邀展信息后，可与组织者联系沟通。组织者将向有意向参加上海世博会的企业提供企业展示区位图、展区分布图、展位分布图及其他相关资料，并向其提出企业展示的初步要求。决定参加上海世博会的参展企业向组织者发出《参展申请》，并向组织者提交企业参展公告中要求的相关文件。

（3）技术磋商与合同签署。企业确认参展后，应就参展具体事项与组织者展开磋商。在获得组织者对企业《主题陈述》方案的确认后，参展企业应向组织者确认场地，并提供企业参展的《展示方案》，对其展示进行详细说明。提出并落实展品、交通、安装、计划和其他布置展馆需要的准备工作。组织者将确保《展示方案》内容与《主题陈述》方案保持一致，完整表现上海世博会"城市，让生活更美好"这一主题。组织者与企业参展者磋商并取得一致意见后，签订正式《参展合同》。

三、城市世博营销的策略建议

上海世博会为国内各城市提供了丰富的城市营销资源和机遇，各城市也应认真做好接轨上海世博会的相关研究工作，充分利用城市世博营销的区域策略、地方策略和企业策略，促进城市经济社会的全面和谐发展。

（一）城市世博营销的区域策略

世博会的举办不仅能大大提升举办城市的国际知名度，而且会对周边地区的发展带来巨大的联动效应，促进区域内城市的合作交流和一体化进程。正如 1970 年日本大阪世界博览会带动了日本关西经济带持续十年的经济增长一样，2010 年上海世博会的举办也将通过基础设施、观光旅游、城市发展、产业投资等区域性的经济活动产生显著的联动效应，推动长江三角洲都市圈的区域合作和经济增长。通过近三个月的上海世博会国内巡展活动，长三角地区掀起了第四轮"世博潮"①。第四轮"世博潮"让长三角城市更明白"共同"的意义。在世博会举办之前，长三角地区还将有大量纵向和横向事务需要进行协商合作，一些行政和体制"藩篱"很可能因世博会被打破，在这一过程中建立起来的协商协调运作机制，将是长三角一体化协调发展的重大契机。

1. 城市世博营销的世博圈营销理念

世博会给以长三角地区为核心的世博圈带来的机遇主要体现在四个方面：一是借世博会这个平台，向世界展示各城市改革开放的发展成果，提升城市品牌和知名度。二是提供交流和学习的机会，通过世博会这个窗口，长三角可以更清楚地了解国际可持续发展的先进模式。三是促进城市间的交流，如今，环境、资源等领域的问题都需要城市合作才能解决，通过世博会增进长三角地区彼此理解，可使合作更加稳定。四是对长三角经济方面的影响，和对各个行业尤其是旅游业发展的影响。上海为了更好地服务全国和长三角，提出了"机遇共抓、资源共享、主题共绎、活动共办、声势共造"，深化区域合作的办博思路。世博圈内各主要城市应树立世博圈营销理念，合力开发与把握上海世博会机遇。

2. 城市世博营销的世博圈营销机制

长三角世博圈各成员城市应以世博会为契机，切实从都市圈市场经济发展的内在规律出发，转变传统的各自为政观念，以诚恳、平等的合作态度和整体、开放、互利的观念，弱化行政区

---

① 前三轮分别是世博会园区内企业搬迁期间的来沪招商潮，世博会场馆建设的招投标潮，争当世博会合作伙伴和赞助商的竞聘潮。

划分界限对城市之间社会经济发展的刚性约束，通过空间整合、加强合作和联动发展，在机制、制度、政策、法规、市场、管理等方面确实构筑起一个统一的运作机制。[①] 世博圈营销专题合作机制[②]可以从以下几个方面展开：

表 21—2　　　　　　　　　　　　　　　　世博圈营销合作与机制

合作类型	合作目标	合作形式	合作内容
发展合作机制	为共同利益联合发展	联席会议，研讨会	世博圈的相关理念
促销合作机制	共同举办地方营销，合作进行招商引资的推介和形象建设	共同编制宣传资料，共同举办促销会议	旅游合作，联合招商
协调合作机制	改善公共服务的供给，协调交通等基础设施	基础设施建设协调，统一相关政策等	交通合作，基础设施协调
资源合作机制	共享人力资源和自然资源	合作协议	教育合作、人才合作
战略合作机制	增强产业综合竞争力和缓和城市之间无序竞争	制定宏观战略和明确产业配套领域	共同市场、规范政策

3. 城市世博营销的世博圈营销对策

城市世博营销的世博圈营销对策包括构筑城市功能互补的平台、会展经济与旅游经济互动的平台和世博活动一体化的平台。世博圈城市应是相当完整统一的经济社会和谐体，上海城市功能定位是国际金融中心和国际航运中心，其他城市的功能定位应建立在一种经济互动的平台之上，其基本点是上海与长三角各城市之间的功能互补（资源共享、产业配套、交通对接）。世博圈各城市应遵循市场原则实行跨行政区的产业组织重组，打破城乡分割、地区封锁格局，尽可能减少市场运作的障碍，促进区域统一市场的形成、完善和发展。二是构筑会展经济与旅游经济互动的平台。会展经济与旅游经济也是一种双赢关系。大凡成功举办过世博会的城市往往是旅游名胜之地，7000 万的预期游客将大大带动世博圈的旅游消费。因此，应积极构筑世博圈旅游经济新格局，形成上海都市旅游、江苏园林旅游、浙江山水旅游等优势互补、错位发展的局面，并设置专门线路，安排江苏、浙江等外省市游客到上海世博会场馆，接送游客从世博会场馆到周边其他旅游城市和景点。另外，上海世博会举办期间，预计将有 2 万场左右的活动，需要大量的活动资源。届时，长三角地区可以组织有民族特色、有影响的一流艺术精品到世博会展演，也可以将经典的文化节庆品牌项目引入世博会。此外，世博会期间将会举行一系列论坛活动，包括高端论坛和主题论坛。上海世博局表示，长三角具有地域上的邻近性，因此这些论坛也可以放到长三角其他城市，由当地政府和有关机构组织举办。[③]

---

① 陶希东、赵鸿婕：《2010 年上海世博会与长江三角洲都市圈的联动发展》，《中国人口·资源与环境》2003 年第 4 期。
② 修改自罗小龙、沈建法《基于共同利益关系的长江三角洲城市合作》，《经济地理》2008 年 7 月。
③ 2009 年 5 月 11 日，上海世博会执委会与长三角六城市签署合作协议，正式确认共同主办世博会主题论坛。在上海世博会期间，六场世博会主题论坛将分别在南京、苏州、无锡、杭州、宁波及绍兴举办。

（二）城市世博营销的地方策略

上海世博会不仅给上海带来了建成国际大都市的历史机遇，其辐射效应也为内地各城市经济社会发展提供了新的契机。各城市应根据上海世博会规划及其阶段性特点，对应上海世博会的筹备、举办和会后各个不同阶段的工作重点及其影响，对经济、旅游、交通、文化、会展多个领域全方位整合，实施城市世博营销的地方策略。城市世博营销的地方策略[①]应包括地方实施世博营销的背景与基础、地方实施世博营销的目标与思路、地方实施世博营销的重点与举措。

1. 地方实施世博营销的背景与意义

各地应充分认识到上海举办世博会的总体规划（总体目标、运作模式、规划布局）及各阶段特征（世博会筹备阶段的突出特点是大量投资对经济的拉动、世博会举办阶段的突出特点是消费对经济的推动、世博会后的突出特点是对世博会带来的先进理念、城市文明成果的发扬光大和世博会基础设施与环境的后续利用），结合各地发展世博经济的优劣势，认真分析世博会对各地方经济发展的影响。这种影响体现在以下各领域：

（1）世博会的场馆、交通及配套设施等方面的建设，为各城市企业和民间资金提供了参与建设、进行投资、提供建材与货源等方面的巨大商机，使各地有机会分享世博会的投资利益。上海为世博园建设而进行的旧城改造、产业结构调整，将有力促进各地在沪企业的产业结构与布局调整，扩大各地企业在沪投资与销售市场的份额。

（2）世博会将促进各地在交通、城市基础设施建设及现代服务业发展方面加快与上海接轨的步伐，促进各地城市能级与国际化水平的提升。

（3）世博会举办期间，将为各地旅游休闲、会展业及相关的酒店餐饮、文化娱乐、交通、商品销售、花卉苗木产销等带来巨大的直接经济收入。

（4）通过世博会的影响力及世博会参展商、参观者的口碑，让世界更多的人了解各地独具魅力的自然风光、历史文化和人文精神，提高各地国际知名度与吸引力。

（5）世博会的示范效应与扩散效应，将引起各地城建部门、现代服务业、现代农业等产业部门经营理念的更新、产业与技术的升级、产品与业务的创新等，从而对这些部门乃至各地整体经济产生持续而深远的积极影响。

2. 地方实施世博营销的目标与策略

以接轨上海世博会，推动各地经济社会发展为导向，积极做到与上海"交通共建、产业共兴、市场共享、规划共绘、环境共保"，努力使各地在上海世博会"筹备期间枢纽化、举办期间一体化、后续期间功能化"，促进各地现代服务业在较高层次上发展，提升各地城市能级及国际化水平。各地发展世博经济的基本策略是：合作竞争，借势发展，错位发展。

（1）合作竞争策略。各地要在与上海及长三角其他城市通力合作、共同做大世博会"蛋糕"的基础上，力争较大的份额，获得更多的世博经济利益。

（2）借势发展策略。各地在理念、规划及一些大型活动上主动与上海接轨，借上海世博会的强劲东风，提升各地城市能级与国际化水平。

---

① 此处参考《杭州市对接上海世博会，发展世博经济规划》，http://hzdpc. gov. cn/hzdpc/0302/assists/1714. doc。

（3）错位发展策略。各地在发展世博经济过程中，充分体现自身优势与特色，在与世博会密切相关的产业发展上与上海形成优势互补，特色发展。

3. 地方实施世博营销的重点与举措

现代服务业是与世博会联系最为密切的产业。借世博会东风，加快各地现代服务业与上海现代服务业接轨的步伐，从高起点上上一个新的台阶，既可使各地为上海世博会做出积极贡献，又可获取相应经济利益，更重要的是可以提升我市现代服务业的能级。因此，要将旅游休闲、会展、金融、信息为代表的现代服务业作为各地发展世博经济的重点领域。各地发展世博经济的主要举措包括：

（1）营造世博经济氛围。各地应成立"接轨上海工作协调小组"，负责对接世博、发展世博经济的领导、协调和服务工作。各地要大力宣传上海世博会的意义与作用，着力营造全市齐心协力发展世博经济的良好氛围，为充分发挥世博经济中企业主体作用构筑平台，协调服务，创造条件。

（2）构筑三大枢纽工程。各地应充分利用作为长三角中心城市、省会城市和密切联系城市的优势，在基础设施、制度、理念等方面主动与上海接轨，着力构筑交通、信息和旅游"三大枢纽"。

（3）打造特色产业优势。各地应进一步加大扶优扶强和发展产业集群的力度，鼓励和扶持旅游、会展、金融、信息、建筑建材、苗木花卉、食品饮料等与世博经济较为密切且具有一定实力和优势的产业加快发展，培育一批实力雄厚、管理先进、竞争力较强的龙头企业，以提高各地发展世博经济的产业竞争力和企业竞争力。

（4）提升城市能级水平。借助上海世博会平台，通过媒体广告、城市建筑广告、会场广告等多种广告形式，以及在世博会设立展馆或展台的形式，各地可以充分展示自然风光、人文精神、城市成就及其在全国的重要地位，充分利用世博会的扩散效应及国际影响力，提高各地国际知名度及影响力。

（三）城市世博营销的企业策略

上海世博会十分重视企业的参与，并为中外企业的参与设计了专门的平台——《中国2010年上海世博会市场开发计划》[①]，以保证不同规模和领域的企业及时把握机遇，通过公开、公平、公正的方式找到符合自身需求的参与途径。城市世博营销的企业策略主要包括品牌赞助合作、标识特许经营和商业活动经营。

1. 上海世博会品牌赞助合作

上海世博会品牌赞助项目包括全球合作伙伴和高级赞助商。全球合作伙伴将享有包括在全球范围内使用上海世博会品牌开展市场营销在内的最高权益回报，高级赞助商将享有包括在大中华区范围内使用上海世博会品牌开展市场营销在内的第二级权益回报。

全球合作伙伴和赞助企业将享有五大类排他性权益：品牌类权益（上海世博会标志的使用权；组织者识别计划；市场开发支持；参与反隐性市场计划）、商业类权益（产品类别的排他商业权；为世博会组织者和园区内参观者提供产品和服务）、公关媒体权益（荣誉待遇；媒体和公

---

① 参见上海世博会官方网站：http：//www. expo2010. cn／。

关活动回报；活动和项目赞助优先权；赞助企业俱乐部会员权；广告机会)、参展优先权、会期接待安排和优先权（门票赠与和优先、优惠；现场接待安排；住宿安排；交通；证件）。

2. 上海世博会标识特许经营

上海世博会标识特许经营是指组织者授权国内外企业生产和销售带有上海世博会名称、会徽和吉祥物等世博会知识产权的产品，而企业则通过向组织者交纳特许权费的方式对上海世博会的筹备和举办提供资金支持的经营活动。

上海世博会特许产品是以有利于宣传推介上海世博会"城市，让生活更美好"的主题为目标，根据"美好生活，从家开始"的产品定位，倡导创意新颖、品质优良、环保健康的商品开发理念，针对不同年龄阶段的消费特点和细化的消费需求推出不同层次和特色的产品，以满足消费者投资收藏、礼品馈赠和自用消费等需求，包括与城市生活紧密相关的20大类产品。

上海世博会标识特许经营采用高级赞助商分授权模式，即赞助招商与特许经营相结合。但采用高级赞助商分授权模式的产品种类不包括邮票、纪念币等需经国家相关主管部门许可或专营的产品，以及邮品、贵金属制品等上海世博会组织者特定的产品，这些品类将由上海世博局直接授权运作。

3. 上海世博会商业活动经营

除了官方参展者展区内商业活动外，组织者将在公共区域设立总建筑面积为14万平方米的商业服务设施，供世界各国的商业服务企业共同参与。公共区域的商业服务设施主要分为餐饮设施、零售设施两大类，分布于世博园区各个片区和世博轴，设施点预计达到336个。上海世博会公共区域商业服务设施的主要类型和形态如表21—3所示。

表21—3　　　　　　　　上海世博会公共区域商业服务设施的主要类型和形态

餐　饮	零　售
重要贵宾餐厅	世博会特许产品销售店
正餐厅	礼品纪念品店
标准快餐厅	综合性便利店
二级快餐厅	特色商品店
快餐零售点（咖啡/茶座/饮品店/甜品店/面包店等）	工艺美术品店
清真餐厅	自动售货机
美食广场	各类流动售货车（亭）
团体餐厅	药店
工作人员餐厅	书店

资料来源：本研究整理。

中外商业服务企业可以通过租赁公共区域商业场地等方式参与公共区域的商业活动。参与提供世博会园区商业服务的中外企业应按照中国的法律法规，向中国政府主管部门申请办理营业执照和食品卫生许可证等行政许可手续，依法纳税，并接受组织者监督管理。

第 22 章 ▸▸▸▸

城市营销中的危机管理

随着人类文明程度的不断提高，社会生产力的加速发展，各国的城市化进程沿着本国的车轮轨迹向前推进。然而城市的发展超出了基础设施支持能力、自然环境承载能力、社会稳定承受能力和城市管理能力，使城市成为矛盾的焦点、危机的中心，加上城乡差距的扩大使城市呈"孤岛"式发展，城市社会内部的发展、失衡与分裂，使城市发展面临整体性危机。[①] 城市危机是城市化过程中不可避免的影响因素，也是影响城市发展与城市形象的最广泛最直接的因素。有些灾害在城市出现之前就存在，有些随着城市的发展，城市危机产生了一些新的表现形态。

进入 21 世纪，城市规模扩张、发展加快，城市人口与财富在短时间内快速集聚，使得城市对能源和基础设施依赖性增强。能源短缺、资源匮乏加大了合理配置的难度，城市营销管理面临着严峻的挑战。另一方面，全球化带来了城市要素的快速流动，这种人流、物流、资金流、技术流和信息流在全球的流动下，带来了城市要素的不稳定性和不确定性，从而使传统城市的"超稳定结构"变得脆弱而失衡。展现在世人面前的是一座座高速发展的城市，而在城市的另一面，隐藏着多种危机，自然灾害、传染病、火灾、交通事故、环境污染，甚至恐怖事件等危急时刻都威胁着城市的健康发展。

如何预防突发事件的发生，如何控制突发事件的恶性演化，如何应对潜在和现实危机，如何保持危机中的城市形象，如何恢复危机后的城市秩序、重建与定位城市精神风貌等，是城市营销者必须予以重视的课题。

一、危机对城市的影响：挑战和机遇

（一）城市危机的表现形态和特征

城市危机，是指由于各种自然因素和社会因素相互作用而产生，使得城市在一定时间和空间内丧失正常运转和协调的功能，影响到城市中人类生命财产和生存发展环境的各种现象和过程。

由于突发事件的发生过程、性质和机理不同，可能导致的城市危机的表现形态也有多种，具体可分为四大类：

一是自然灾害危机，即自然不可抗力导致的大规模灾害，主要包括水旱灾害，台风、冰雹、

---

① 杨晓庄：《城市开发与城市发展中的危机管理》，《哈尔滨商业大学学报（社会科学版）》2008 年第 2 期，第 76 页。

雪、沙尘暴等气象灾害，火山、地震灾害，山体崩塌、滑坡、泥石流等地质灾害，风暴潮、海啸等海洋灾害，森林草原火灾和重大生物灾害等。

二是意外事故危机，主要包括民航、铁路、公路、水运等重大交通运输事故，火灾、爆炸、剧毒危险化学品大量泄漏，工矿企业、建设工程、公共场所及机关、企事业单位发生的各类重大安全事故，造成重大影响和损失的供水、供电、供油和供气等城市生命线工程以及通讯、信息网络、特种设备等安全事故，核辐射事故，重大环境污染和生态破坏事故，而在这一类危机中，人为因素难辞其咎。

三是公共卫生危机，主要包括鼠疫、霍乱、肺炭疽、流感等大规模人群感染疫情、群体性不明原因疾病、重大食物和职业中毒，重大动物疫情，以及其他严重影响公众健康的事件。

四是社会安全危机，主要包括重大刑事案件、涉外突发公共事件、恐怖袭击事件、经济安全事件以及规模较大的群体性事件等。这是在错综复杂的经济、社会、政治因素交互作用下由于人的行为而造成的重大事件，具体有骚乱危机、恐怖危机和战争危机。其中战争危机是最高形态的危机。

城市危机具有危机的一般特性，即突发性、不可预测性、高度不确定性、危害性、破坏性以及机遇性。如果能合理科学地处理危机，就能抓住机遇，实现城市的跨越式发展。

除此以外，城市危机具备阶段性、联动性、地区放大性等特性。阶段性表现在危机的发展一般由原始阶段、预警阶段、爆发阶段、延续阶段、恢复阶段五个阶段构成，五个阶段在时间上呈现先后顺序，构成循环的周期。联动性表现在各种城市危机相互联系，一种灾害的发生，与各城市要素之间产生相互作用，引起城市要素的变化，这些变化又成为另外一些灾害发生的导火索，从而使得城市危机的范围和危害扩大。地区放大性表现在随着城市联系的加强，城市危机的地区性有放大的发展趋势。城市发生的灾害，很容易演变成一个地区的灾害，也很容易演变成全国甚至是全球的灾害。[①]

（二）城市危机对城市营销的挑战

当城市危机来临，一个城市内产品、企业、品牌、文化氛围、贸易环境、投资环境、人居环境乃至城市形象等方面的营销资源势必会受到负面影响，本地市场、国内市场、海外市场甚至互联网络上的虚拟市场也将受到不同程度的冲击。

1. 人居环境被破坏

城市危机首先给市民的生命和财产带来危害，有的灾害会直接造成城市人口的减少；城市的硬件设施遭到破坏，水电煤和交通等城市生命线工程被严重破坏。在自然灾害面前，城市的建筑、房屋、公路等基础设施显得不堪一击。如2005年的美国"卡特里娜"飓风共造成1800多人死亡，100多万人流离失所，财产损失高达近千亿美元。[②] 其中路易斯安那州的新奥尔良市被淹没80%的地区，撤离失败，通信、交通、医疗支援瘫痪，经济损失达450多亿美元，而政

---

① 王佃利、曹现强：《城市管理学》，首都经济贸易大学出版社2007年版。
② 新浪新闻：《"卡特里娜"灾区重建未完"埃内斯托"已经卷土重来》（源自《新闻晨报》），http://news.sina.com.cn/w/2006-08-29/07119874706s.shtml。

府慌乱的指挥使民众对其信任度跌至谷底。①

2. 社会秩序被扰乱

社会秩序是一个城市开展营销、保持良性运转、参与城市间竞争、获得更多发展资源的基础。如果市民正常的生活秩序被扰乱，企业正常的经营活动被阻止，会间接引发市民和企业对城市政府当局的抱怨与质疑，造成一定程度的心理阴影。危机事件一般都具有一定的社会性，容易引起社会动荡，破坏社会正常的运行机制，对社会系统的基本价值和行为准则架构产生严重威胁。比如在 2007 年 5 月的无锡太湖水危机中，蓝藻的爆发影响了城市居民的正常用水，危机初期，市民纷纷抢购纯净水和面包，加上太湖水致癌物质超标的不实谣言风传，饮用水危机更引起市民的一片恐慌。又如，2008 年初的南方大雪灾中，受连续雨雪和冻雨天气影响，京广线列车衡阳—郴州区间供电设备出现故障，造成火车出现大面积晚点。京广线 100 多列火车在衡阳—郴州段滞留，致使广州火车站积压了 15 万旅客。这不仅给当地政府造成了巨大的压力，也使各类经济活动趋于停滞。

3. 贸易投资机遇被阻隔

城市危机会对社会经济产生重大的危害，每一次危机的发生都会带来巨大的经济损失。危机对于城市营销最大的挑战就在于危机过后的贸易、投资机遇减少了。究其原因，一是城市经济本身受危机牵累，城市化进程受阻；二是城市形象受损，致使部分投资者不看好该城市的商业机遇而望而却步。

"512"汶川大地震后，由于信息传播失真所带来的信息误读诱发了成都的"经济次生灾害"。②成都一度戴着被外界民众认定的"重灾区"的帽子，因此震后的成都在旅游、地产和外来投资三个方面面临较大的威胁，一时对成都的招商引资、产业重建等工作和城市形象、城市品牌造成消极的影响。

4. 资金遭遇瓶颈

城市营销把城市的经营管理纳入到市场竞争的范畴中，其中资金的流通是保证营销活动顺利开展的前提。不过，危机后的城市可能要面临资金不足、周转不灵的挑战。地方政府要面对财政收入减少、又要为危机后的补偿措施作出额外支出的双重困境。尤其像重大自然灾害过后，城市的重建工程要花费巨额的资金。美国的"卡特里娜"飓风过后，国家政府的拨款没有到位，新奥尔良市唯一的全球 500 强企业安特吉也因濒临破产而无法捐助，当地政府只得依靠有限的税收所得用于城市的重建工作。

（三）危机给予城市营销的机遇

危机给城市造成巨大的损失，但如果能够及时采取正确的危机管理措施，运用恰当的营销方法，也可以将城市危机转化为城市营销机遇。

在公平竞争的市场环境中，只有把城市营销出去，才能获得更多资源。与其把危机看作是

---

① 巫楠：《飓风再次来袭，美国会彻底遗弃新奥尔良吗？》，《南方周末》2008 - 09 - 04。

② 新浪财经：《城市营销重新思维》（来源：《中国经营报》2008 年 08 月 08 日），http：//finance. sina. com. cn/leadership/myxcl/20080808/23475183433. shtml。

从天而降的厄运，不如看作是城市行进道路上的一个转捩点。对于城市营销来说，危机的到来往往会加速城市营销的进程。

危机能使一个默默无闻的小城市瞬间成为众人瞩目的对象；危机能把城市营销的主体——政府推到了风口浪尖，反思和总结城市发展中暴露出来的诸多弊病；危机也是对城市现存各项职能体系、运作能力和城市多种环境的抗压能力的考验；危机也给城市提供了重新整合营销资源、重建城市品牌的一个契机。危机对于城市下一阶段的建设是激励，是鞭策，也是改头换面、重整旗鼓的一个时机。

1. 强化城市形象

城市形象是公众对城市的总体评价和认知，是新经济条件下极其重要的"注意力资源"。而成功应对城市危机的强大号召力可以在短期内促进事件发生地的口碑爆发性地提升。处理好城市危机，能够塑造和延展形象，也可以扭转原来的负面形象。

整个城市的危机管理水平、应急制度建设、全城市民抵御危机的能力和信念都能靠危机来检验。如果当地政府在危急时刻较好地履行了职能；当地民众临危不乱、听从指挥、互相救助；当地媒体第一时间披露真实信息，协助政府做好信息流通、舆论引导工作；当地企业在政策指引下协助救灾、解囊捐赠，那么，即使危机给城市造成了严重的损失，但危机中体现的城市形象、城市秩序、城市风貌、城市精神也能让社会各界刮目相看。

2. 重塑城市品牌

城市品牌是一个城市在推广自身城市形象的过程中，根据城市的发展战略定位所传递给社会大众的核心概念，它的核心价值在于一个城市的灵魂、环境、文化、历史、经济和人本身这些要素。这些要素结合起来最终决定了品牌的本质。不同于单一产品和服务，城市品牌的核心价值既包含了看得见摸得着的东西，同时也渗透了许多复杂多元的无形价值。

城市的重建与形象的恢复也并不意味着要复制成和危机前的状态。危机过后是一个新的开始。市容市貌的建设可以从头开始，城市营销者可以对城市进行崭新的定位，赋予城市崭新的品质，重塑城市品牌。城市危机的应对过程，也会给城市运行机制提供新的理念和思路。比如，南方大雪灾后，大多数外来人员将广州作为了自己的第二故乡。改革开放的春风把一批又一批的外来人员吹到了中国南部的这块热土上，从建筑工地到装配车间，从餐饮服务到市场销售，外来人员在各行各业上忙碌，其直接目的不过"淘金求发展"。外来人员对自己的定位始终是难以融入的"过客"。"外来人员留粤过年"政策的实施，激发了他们融入广州、扎根广州、为广州的发展做出一份贡献的热情，广州将会以一个更加"海纳百川，有容乃大"的城市形象出现在世人面前。

二、国外城市危机管理经验借鉴

近年来，国外很多城市在危机管理方面积累了大量的经验和案例，其中有很多方面值得我国城市借鉴。

（一）美国

美国设有多部门协作的紧急警报系统。各州、县和大城市政府都成立了紧急警报委员会，负责各地"紧急警报系统"的建立和运作，构筑了一个全国性的紧急警报网络。并成立了以联邦应急管理署（简称 FEMA）为中心，从中央到地方，统合政、军、警、消防、医疗、民间组织及市民为一体化指挥、调度，并能够动员一切资源进行法制管理的体系。

美国的加利福尼亚州制定的灾害应急预案中，包含了应急指挥中心、现场的应对、灾情的传递、物资管理、相互救援等多项要素。①

（二）德国

德国联邦内政部下属的居民保护与灾害救助局专门负责重大灾害的协调管理职能，目的是将公民保护与灾害预防结合起来，从组织结构上把公民保护提升为国家安全系统的支柱之一。该局预防灾害的主导思想是联邦和各州共同承担责任，共同应对和解决异常的危险和灾害。

（三）澳大利亚

澳大利亚的灾难管理法于 2003 年由议会通过，从法律上要求州政府和其他机构对危机事件高度反应、协调合作，帮助社区从破坏中恢复。以澳大利亚的昆士兰州为例，州政府相关部门对特殊威胁与灾害承担协调、领导、指挥、督察的职责，法律规定政府必须准备和应对这些威胁并作出应急预案，对突发公共事件作出应急反应和提供资源支持及安排。②

（四）韩国

韩国在防灾方面的专门常设机构名为"中央灾害对策本部"，隶属于韩国行政自治部。中央灾害对策本部的职责是提出各种防灾对策，并审议和制定国家防灾基本计划，协调各地的防灾计划。"中央灾害对策本部"汇集了韩国全国的各种气象、水文和其他灾情资料，包括全国各地水文监测站提供的降水量、水位、流量等具体信息。韩国气象局、交通部水利局、韩国水资源公社等机构以及地方灾害监测单位提供的各种灾害信息都被集中到这里进行综合统计和分析。

（五）日本

阪神大地震后，日本政府对国家的防灾基本规划作了修正，并指导各地方政府对灾害应急规划（预案）进行了修改，其中增加了包括针对外国人救援对策等，对各种应急措施做了更详细的规定。

西方国家的很多城市基本上是自治的，这就决定了政府在城市危机管理中的角色必须用一种规范的形式予以制度化，同时也确保市民在危机中的责任和义务。

---

① 腾五晓：《城市灾害应急预案基本要素探讨》，《城市发展研究》2006 年第 1 期，第 12 页。
② 李继良：《澳大利亚突发事件应急管理》，《中国急救复苏与灾害医学杂志》2007 年 2 月第 2 卷第 2 期，第 97 页。

三、应对危机的城市营销战略建议

"卡特里娜"飓风过后，新奥尔良市的市长雷·纳金在接受新浪网记者采访时总结从灾难中能够学到的东西：首先要确保建立起有效的交流系统，"对灾难的交流绝对是最重要的，要了解灾难，对灾难展开行动"；其次要确保在灾难发生前有一个应对计划，并在不同场合实践这个计划；最后，要有一个重建模式，"可以让公民参与其中的决策过程，这样他们才会认可这个模式，使重建工程加速进行"。新奥尔良的经验和教训同样适用于我国的很多城市，并且远远不止以上这三点，如何在危机下进行城市营销，这既是门科学，也是门艺术。

（一）建立健全有效的危机管理机制是危机下城市营销的关键

我国城市在危机管理方面尚有欠缺，整体上还没有形成一套健全的机制。要保证城市在危机前未雨绸缪，尽可能化解危机或减少危机带来的损失，危机中仍保持顽强的战斗力和生命力，危机后仍展现出良好的发展势头，就需要建立健全城市危机管理机制，形成有效的城市危机管理机制。针对城市危机周期性的特点，可将城市危机管理划分成如下几个阶段。

1. 城市危机管理准备阶段

首先，要转变城市管理观念。与其花费大量资金在损失后的补助，不如把钱花在事前的预防，避免损失花的钱总是少于损失加上损失补偿及救助所需的支出。应通过对市民的危机管理教育、应对灾难的培训和实地演习等素质教育提高公民的危机管理意识和对抗危机的能力，形成城市公共危机的社会参与系统。

其次，重视危机管理的法制化建设，建立城市危机管理法律体系。在统一的国家危机管理法律体系的基础上，加强对城市危机管理的立法。

第三，重视应急预案的制定。分析和预测城市各个要素的危机状况和形势，制定相关城市危机的应对预案。灾害应急预案是危机管理体系中的一个组成部分，与灾害预防、灾后重建与复兴共同组成城市的危机管理的内容。

2. 城市危机预警阶段

要收集、整理、识别城市危机的相关信息，判断危机的性质和程度，建立城市重大危险源监控体系，根据危机预案发出预警。在对重大危险源进行普查的基础上，建立国家、地方重大危险源数据库，对重大危险源进行分级管理。通过重大危险源监控信息管理网络，预防重特大事故的发生。

3. 城市危机应对阶段

这一阶段包括危机的爆发阶段和延续阶段。

首先，实时监测和评估危机情况。当灾害、事故发生或预测到可能要发生时，相应政府部门应该根据灾害的性质，启动应急指挥中心，收集和分析灾害情报，进行危机紧急决策，指挥各部门进行救灾抢险活动。保持冷静、表现果断。制定决策并传达落实。

其次，对于特大灾害，应立即向上级政府汇报，争取获得更快的援助。

第三，加强城市公共危机的沟通和公关。灾害应急中心应该将灾害情报快速反馈给急需获得灾情信息的市民，以防止灾害的进一步扩大。尤其是城市政府道脑，要保持一定的曝光率，要让市民在新闻发布会和现场经常看到，在现场掌握第一手资料并确保满足市民所需。同时合理应对新闻媒体。了解媒体的作用，满足媒体的需要。

第四，通过对灾情的公开，同样可以获得周围地区的援助，并根据灾情的需要，启动跨地区救灾网络体系以及城市危机管理组织系统和社会参与系统。

4. 城市危机恢复阶段

在危机的前几个阶段，城市各界应对危机的表现能间接展示出一座城市的运行情况和精神风貌，但危机恢复阶段最有利于当地政府开展城市营销。城市已经转危为安，当地政府作为城市营销的主体，可以将人力、物力、财力转一部分到重建城市品牌上，包括以下几个方面：

（1）重新定位城市，塑造、推广灾后形象；

（2）合理配置城市的各种资源，打造良好的城市环境，包括政策环境、人居环境、投资环境和旅游环境；

（3）积极招商引资，发展公共事业和特色服务；

（4）考虑与后期的旅游产业结合，建立长期的消费机遇。

表22—1 按照"危机生命周期"的定义列出各个阶段该如何应对危机。

表 22—1   "危机生命周期"的定义和运作

危机生命周期	内容描述	任务实例
预备阶段	在危机发生前采取相应措施发展和提高危机应对与运作能力	<ul><li>准备全面计划</li><li>实施人员培训</li><li>设计可能的撤退路线</li><li>进行演习</li></ul>
应对阶段	在危机发生时采取行动抢救人员，避免财产损失和人员伤亡	<ul><li>向国民发出灾难警告</li><li>实施撤退</li><li>提供食物和暂居地</li><li>进行搜寻和援救</li></ul>
恢复阶段	恢复生活支持体系和基础设施服务系统	<ul><li>清除废墟</li><li>搭建临时房屋</li><li>重建公共设施和家庭住宅</li></ul>
危机缓解阶段	采取措施降低未来灾难的影响，减轻灾难的后果，预防未来灾难的发生	<ul><li>实施建筑标准</li><li>安装预警装置</li><li>在可能发生洪灾的地区提供建筑水平</li></ul>

资料来源：周凯：《处置公共危机和社会突发事件公共机制研究》，2007年政府招标课题。

(二)保证信息流通，控制舆论导向是危机下城市营销的基础

1. 保证民众的知情权

城市危机所具有的突发性和紧急性，要求政府必须迅速作出有效反应，避免因瞒报、谎报和拖报而导致错失应对危机的有效时机；城市危机所具有的不确定性，要求政府协同媒体如实报道危机的发生、进展、影响及处置，避免因流言的误导而造成人心不安与社会恐慌；城市危机所具有的社会性要求政府和媒体在关键时刻及时给民众一个权威、公正而客观的说法，并为凝聚众人的精神和力量而振臂高呼。

在一些城市危机中，媒体的报道走在了政府的通告之前。在重庆市的"史上最牛钉子户"事件中，本来只是拆迁户和城市拆迁部门的矛盾，但该户主的强硬态度和政府某些部门的工作失当，促使一些媒体站在了"钉子户"的一边，推出一批有带倾向性的报道，使重庆市有关部门陷入公关危机的境地。当地政府重视不够、预测不足，在突发阶段舆论"一边倒"的情况下，防范和救济不到位，以致当年人们一提到重庆，就想到了"钉子户事件"。

2. 政府主动公布信息

处理城市危机，政府要给予公众充分、准确的信息。表面上看，政府提供危机信息，可能导致进一步恐慌；但若政府不提供，公众可能通过其他途径获取信息，这些信息中必然掺杂不准确、被夸张和被扭曲的内容，由此可能引发更大恐慌并蔓延开来。此外，政府在危机的第一时刻保证让公众知情也有利于改善政府形象、维护城市形象。

政府需要运用各种现代通信与媒介手段来构建自己的危机管理信息系统平台，以实现有效的组织和传播，从而确保整个系统的运行效率。就外部资源而言，一是利用大众传媒对外发布危机管理信息，保障公民的知情权。这属于政府信息公开的范畴，是政府应尽的责任。二是主动出击，通过媒体相关报道的叙事框架和议程设置来影响公共舆论，从而争取社会公众对政府危机处理措施的理解、支持和主动配合。政府作为大众传媒的众多信息源之一，应与其他信息源争夺"话语权"。三是发挥大众传媒的舆论监督作用，以弥补公共部门危机管理体系内部监督机制之不足（见表22—2）。

表22—2 公共危机事件中的政府信息发布梯度

梯次	危机信息发布者	举例	发表时机	内容要求
1	政府最高层发布信息	省长、市长等；分管副省长、副市长等；政府首席发言人等	危机爆发初期，事态不甚明朗时期	内容从宏观层面到微观层面、从政策层面到技术层面，但是信息要真实，立场要一致等
2	危机涉及的具体部门发布信息	安检、环保部门的负责人或其首席新闻发言人	危机应对的初期	
3	危机应对现场的总负责人发布信息	事故处理小组组长，调查组组长等	危机应对过程中、危机蔓延时期等	
4	专业技术人员发布信息	安全监督员、消防人员、专门从事危机研究和教育的专家学者等	恢复时期、危机结束时期、常规时期等	持续时间较长，作为危机预防和危机教育的一部分

资料来源：周凯：《处置公共危机和社会突发事件公共机制研究》，2007年政府招标课题。

3. 媒体主动披露信息

媒体也有独立的权利参与危机管理的全部进程，并就某些公众感兴趣的问题进行进一步的调查，做出自己的评价，因此西方国家把媒体称为"第四权"。《纽约时报》对美国"卡特里娜"飓风的报道，不仅准时，还具有超前性，预测性报道了飓风的来临。飓风中后期，报道的关注点转到对政府的批评和修复重建上，形成了高度重视、及时预警、全面报道、人性化关怀的报道特色。

危机下的城市形象推广需要媒体起助推的作用。不管媒体持正面还是负面的态度，市民会选择媒体来获取城市危机信息，外部公众也大多通过媒体来了解城市的危机处理情况和发展运行状况。媒体就像一面镜子，映照出城市的容貌，也像是一扇窗口，对外展示出城市的形象。媒体报道是否过关主要表现在两方面：一是是否及时预警。二是是否及时有效地稳定了民众心态。媒体作为突发事件中政府和民众之间信息沟通和传递的中介、桥梁，可以起到上情下达、下情上达的作用，从而有效消除民众的灾难恐慌心理。

（三）构建城市应急文化，全民参与城市营销

在应对城市危机公关的时候，必须要依靠完善的社会参与系统，最大可能地动员城市中的各种力量，调动城市中各种社会资源共同对抗危机。政府是城市营销的主体。但政府在组织、资源、人员等方面相对有限。同时，市民是城市最基本的构成要素，是城市精神的构建者和发扬者，是培育和深化城市文化的土壤。社会公众、城市社区、非政府组织和营利组织既是危机最直接的影响对象，也是城市营销的重要力量。

1. 借鉴西方的城市应急文化

在危机管理实践中，西方发达国家的城市政府在高度分化和多元化的城市社会基础上，依托城市政府之外发达的社会组织系统，逐渐建立起一套社会参与机制，形成了应急管理中政府、NGO、市民责任共担的危机应对网络系统。

从"911"恐怖袭击、北美地区大停电，到伦敦地铁爆炸案等大量危机事件的应对情况来看，良好的市民危机应急素质，直接影响着危机过程中的损失状况和危机处理的效率，也间接展示这个城市的精神面貌和凝聚力。在 2003 年的北美地区大停电事件中，纽约市民在危机面前展示了难得的沉着和从容。当城市陷入黑暗，交通瞬间瘫痪，35 万多人被困在纽约各区的电梯和地铁内，人们不得不担心"911"恐怖事件的重演。但多数市民并未惊慌失措，被困乘客耐心等待救援，疏散过程中未发生拥挤踩踏事件。许多市民自发指挥交通，在路口担任临时指挥。人们主动看望年老体弱的邻居，开车互相礼让。红十字会的义工迅速来到纽约街头，免费向行人发送矿泉水。整个停电事件处理的过程中，纽约市民展现了良好的应急素质。

2. 加强城市应急文化建设

发达国家的城市一直把塑造发达的应急文化，提高市民和各种社会组织的应急意识和应急能力，作为城市危机管理系统建设的一项基础工程，也是在危机情况下能够顺利开展城市营销的坚实资本。我国也必须加强城市应急文化建设，把解决城市危机当作城市社会各界走向团结、信任、合作、支持的契机，培育新的城市精神。

首先，政府要制定和完善危机管理法律体系，为多层次、多渠道共同参与和承担各自责任提供规范。

其次，培育和加强公众的危机意识，在危机预演训练中培育危机自救能力。政府应为公众提供危机应对知识，提供求生技巧方面的安全培训。另一方面，加强社会公众在公共危机中的参与，包括信息提供、资源共享、志愿服务等，实现全民应对危机，力争在最短的时间内将危机的损失控制在最小的范围内。

第三，培育 NGO 等社会组织。NGO 具有非政府性、非营利性等特征。在应对城市危机的时候，非政府组织在资源占有、作用发挥、工作运作等方面，与政府组织存在着互补性。因此，应该充分发挥非政府组织的作用，为市民参与城市危机管理提供途径，从而形成市民有序自救、通过 NGO 等社会组织与城市政府一起开展危机管理的新模式。

第四，社区作为公民自治组织，其主要功能是自我管理、自我服务。城市社区是现代城市管理中最基本、数量最多、事务最琐细、最接近社会公众的组织。在城市社区中有效地进行危机宣传、危机教育、危机预防、危机监测等，能够对城市危机管理发挥重要的作用。[①]

3. 提高企业的危机应对能力

提高工商企业组织自身的危机应对能力也非常重要。城市的繁荣是以城市工商业和金融业的繁荣为基础的，建立工商业组织完备的危机应对机制，使其在危机爆发后能够有效地做出反应，并能够在最短的时间内恢复正常运作，是保持城市繁荣的重要条件。

首先，企业必须按照城市危机管理的统一要求，建立相应的危机管理系统，并且要实现与城市危机管理系统的信息沟通。其次，以企业为载体，进行城市危机宣传和教育。最后，企业拥有一部分物资和人力资源，这些资源能够在城市危机管理中发挥作用。[②]

比如阪神大地震后，东京都政府要求企业加强本身防灾体系的建设，制定防灾规划和应急手册，有效地利用自身力量，不断采取措施和开展活动，保证企业内外的安全；完善储备防灾器材和设备、水、粮食等救灾紧急用品，确保职员和顾客的安全。这关系到危机过后城市能够依靠这批企业快速实现经济复苏，争取在城市产业投资、消费等方面树立一个良好的形象。

又如我国南方大雪灾之际，从广东省政府到各市、各区、各街道，从各职能部门到各企业，从省、市领导到普通群众，大家都通过这种途径参与到"外来人员留粤过年"的政策实施中来。尤其是各大中型企业为留住外来员工给予了大量的财力物力支持：精心筹备年夜饭、发放节日慰问金和礼品等，体现了企业的社会责任感。为保证除夕之夜外来人员与家人联系，移动通信开展免费爱心赞助活动，外来人员能与家人免费通话，互相问候，互相祝福。

（四）多层级交流与合作应对城市危机，间接营销城市

要重视危机处理的跨部门、跨地区联动效应。当紧急事件所需的资源超出地方政府的能力范围时，可以要求其他城市的同级政府或上一级政府的支持，甚至争取国外政府和国际组织的援助。这种城市间多层次的交流与合作，不仅在应对危机时使人觉得"我不是一个人在战斗"，

---

① 王佃利、曹现强：《城市管理学》，首都经济贸易大学出版社 2007 年版。
② 同上。

也把城市推向了更广阔的空间，走出城市的小范围，走向全国，甚至到国际舞台去展示应对危机的风采，也给城市的外向型发展带来机遇。

1. 与基层的交流与合作

政府处理危机的关键一在于反应快捷，二在于资源整合。城市突发事件许多发生在市民阶层，对市民阶层的影响也是范围最广，程度最高的。对于在第一时间、第一现场的控制事态、抢险救援、战胜灾难，市民群众起着至关重要的作用。但民众有分散性、匿名性的特点，在危急时刻也会重点考虑个人利益，加上还有一部分力量来自于 NGO 组织，政府必须做好协调组织的工作。一方面把零散的群众以社区、企业、学校等组织成群体，另一方面协助 NGO 等组织的救援工作，在一线指挥的基础上，肯定、鼓励市民群众积极主动地应对危机，接受挑战，维护城市的形象。

2. 与媒体的交流与合作

政府与媒体之间的良性互动，更能促进危机中的信息公开与舆论引导。一方面，政府希望通过媒体改善和沟通与民众的关系，提高政府形象并赢得信任；另一方面，媒体肩负着新闻道德和公信力的重责，也为了提高知名度和收视率，会加强对政府危机管理的跟踪报道。因此，政府与媒体的合作成为城市危机管理与营销的一个重要内容。

合作表现在以下几个方面：政府和媒体共同搜集信息，然后通过若干途径传播出去。一是政府组织召开新闻发布会，通过答记者问消除公众疑问；二是政府委托新闻发言人，就危机问题公开发表布信息；三是介入新闻媒体的报道，依靠媒介的力量增强信息的透明度、扩大工作的影响力。

3. 城市间的交流与合作

目前我国国内城市间的交流与合作因缺乏规范化的机制显得比较薄弱。以 2008 年初的南方大雪灾为例，大面积雪凝冻灾的紧急状态席卷了大半个中国，电力设备受损、能源供应紧张、交通局面恶化，岁末的春运大规模的人口流动潮不仅加重了自然灾害的烈度，更让单个省份的雨雪灾害"输入"至邻省。地方力量组织自救是必然途径，但这种跨省的灾害防控更要依靠省际间的自觉互动。

因此，有必要建立国内城市间的交流和合作机制并形成规范，成立一系列相关机构提供交流和合作的平台。同时加强地区间的联系，通过城市管理论坛就城市危机问题进行讨论和研究。从横向看，可以各自建立小城市、中等城市和大城市交流与合作机制；从纵向看，在以地域为单位建立交流与合作机制的基础上，规范全国性的交流和合作机制，使之互相契合并形成网络。①

---

① 王志锋、蔡方：《现代城市管理概论》，清华大学出版社 2008 年版，第 211 页。

第 23 章

城市营销治理：机理、模式与运行机制

一、城市营销治理：概念的提出

（一）城市营销与城市治理：共生与冲突

多元城市产品、多元营销主体以及多元营销目标是城市营销区别于企业营销的一个基本特征。如何制定出地区或城市统一的营销决策，同时又使各方营销主体都认同这个决策而不致冲突，以及如何动员和协调最广泛的利益相关者参与到城市营销中来，足够的组织和协调能力以及合理的配套机制就显得至关重要。从理论上讲，城市营销应该是城市治理展开的最重要的领域之一，而且几乎所有的城市营销学者，都极力强调公私协力及利益相关者协商共治的城市管理思想，其实也正是强调城市治理理念的精髓。

然而在实践中，城市营销中的治理，则面临较多的挑战，甚至经常会发生相互对立的情形。即使在城市治理基础较好、转型相对成功的西方国家也是如此，更何况有着高度依赖政府之传统的东方国家。本应是共生的一对概念，何以会发生这样的悖论？本课题认为主要有如下三个方面的原因。

1. 理论属性的差异。如前所述，城市营销的概念以城市顾客的需求为核心，但这种多样化的需求却可以归结为两个范畴的内涵，即经济的内涵和社会的内涵。事实上，这也正是城市营销与城市治理概念达成共生关系的逻辑基础。然而，营销理论属性侧重于方法的合理性，而治理理论属性却强调利益或价值的正当性。这一理论属性的差异在实践中随着理解的偏差而放大，极易造成两个概念的冲突。台湾大学教授赵勇茂等围绕台北县淡水镇的观光发展案例，剖析了城市营销和城市治理的"对立"情形及解决之道，很有典型意义。他们首先将城市营销文献和城市治理的文献进行梳理，比较了二者的关键内涵和主要实践措施（见表23—1），并据此来观察和分析淡水案例。他们认为，城市营销确可解释淡水发展的部分成功，却无法解决动员不足和利益冲突的问题。但如忽略各种社会成员的协力和合作，必会遭遇挫折和反弹，造成负面的后果。淡水同时采取城市营销和城市治理的方法和思维，获得了成功。

表 23—1　　　　　　　　　　　　　城市营销与城市治理的观点比较

	城市营销	城市治理
目标顾客	侧重外部需求	侧重内部需求
决策目标	主要为了经济诱因	主要为了地方社会满足
参与者幅度	造成部分利益群体的排斥	努力扩大参与者范围
政府角色	政府有目标的领导	民间部门取得相当的主动性
方法	投资促进 旅游推广 形象营销 改进服务	政策网络 社会营销 对话参与 协同治理

资料来源：根据赵勇茂和陈雨彤（2008）的文献整理而成。

2. 实践取向的偏颇。城市营销的经济与社会内涵，在方法的层面本来有诸多的理论和经验资源。比如，在优化社会功能、提升社会价值方面，就有成熟的社会营销（social marketing）理论可资应用。然而在实践中，城市营销者却更多地借鉴企业营销经验特别是促销（广告、宣传、推销、事件等）经验，来提升城市形象、促进城市投资和旅游，而针对居民、社区及企业满意度与和谐度的社会营销、公共关系等理论和经验资源，则往往不被视为是城市营销的范畴，因而关注也较少。这也是城市营销努力往往在城市治理问题上面临困扰的主因。

3. 理论与实践脱节。城市营销和城市治理的冲突情形，实际上更多的是由于理论与实践的脱节所致。一方面，虽然经过 20 多年的发展，城市营销理论研究取得长足进展并已确立为一门分支学科，但其理论的扩散却有一个滞后的效应。也就是说，目前大量的研究成果还主要集中在学术领域，表现为研究成果的形态，尚未及时转化为指导实践的普及型思想和工具。另一方面，大多数的城市营销者也缺乏专业意识，其营销努力多半还处在自发或模仿的阶段，很少有基于城市营销理论的专业分析和规划。理论与实践脱节所导致的城市营销与城市治理的冲突是表面现象，其实质是城市管理面对治理转型所遇到的挑战。

综上所述，加强城市营销治理问题的研究，不仅是理论发展的需要，更是城市营销实践发展的需要。

（二）城市营销治理的概念内涵

很显然，单纯的市场手段在限制垄断、提供公共品、约束个人的极端自私行为、克服生产的无政府状态、统计成本等方面存在着内在的局限。而仅仅依靠国家的计划和命令等手段，也无法达到资源配置的最优化，最终不能促进和保障公民的政治利益和经济利益。城市营销治理试图通过协商、协调、合作和激励的方式来规避城市营销中可能存在的"政府失灵"和"市场失灵"，以达到"多赢"效果的营销组织及控制模式。

基于城市营销和城市治理的研究文献，我们认为可以直接采用"城市营销治理"（city mar-keting governance）这一概念来指称城市营销的领导、组织和控制的相关机制及制度安排。所谓城市营销治理，是指在城市营销的动议、规划和执行过程中，城市政府部门之间，以及政府部门与非政府组织、企业部门、投资者、游客和居民等利益相关者之间，存在责、权、利的关系。这种关系是协调互动和动态演变的，它存在于特定城市区域的范围内外，影响和制约着城市营销的全过程。其中，我们将相关的利益、力量和观点的协调与合作，称之为城市营销治理；并将这种有意识的协调与合作关系的建构，称为城市营销治理结构。城市营销治理的本质特征主要有如下几个方面：

1. 城市营销治理是一种营销组织和控制机制，是城市政府及利益相关的组织和个人在参与制定游戏规则中的相互关联、相互制约的机制。这种机制不仅反映不同主体的利益诉求，也体现为资金、技术、知识和市场信息等方面的关联。

2. 城市营销治理是一个持续和动态的过程，是特定时段和特定范围内针对城市营销目标和项目的治理。

3. 城市营销治理的目的是实现城市资源的最优配置，减少交易成本，提高营销效益，进而提升城市的竞争力。它注重公私部门及利益单元的广泛参与和有效决策。其中，政府部门是城市营销治理结构及实施的基本力量和利益单元。

城市营销治理是城市治理的重要展开领域和表现形式，并且是促动我国城市治理转型的较佳契机。

二、城市营销治理的内在机理

（一）城市营销治理的现实意义

1. 城市营销治理是确保城市营销战略规划合理性的需要

组织规划是城市营销战略规划的核心要素和坚实起点。更进一步讲，这里的组织就应该是城市营销最基本的治理结构。对于城市营销而言，仅仅有好的创意是远远不够的，这是因为城市营销的战略背景存在多元的主体和目标维度，这些维度相互交织，对城市营销的组织与控制提出了更高的要求，即对城市内部以及城市之间的各种动态关系及时做出反应和调整，拥有充分的预见和洞察能力以及有足够的权威来保障战略制定和实施的权威性。因此，城市政府应该通过治理转型策略来谋求与非政府组织、私人部门以及市民的合作，才可能确保这种组织能力。而设法将分散的诉求整合为一个统一的愿景和战略，是城市营销"做正确的事"（do right things）的基本前提。

2. 城市营销治理是确保城市营销战略执行效果的需要

在城市营销战略执行过程中，往往需要调动巨大的资源，处理海量的信息，协同纷繁复杂的利益和关系，而且所有这些工作都是在一个动态的过程中进行的。正如伯格等指出，城市营销中的治理策略，能够优化行政管理系统，并使城市能够在营销过程中获得更多的政治支持和社会支持，充分利用和改善城市的空间—经济条件和资源，进而确保战略执行的一致性和持续性。执行过程的治理运作，更多地体现于具体营销项目的细节。这其实也是所谓"正确地做事"

（do things right）的含义。

3. 城市营销治理是建设服务型政府的需要

城市发展和公共服务应该确立顾客导向。提升市民、投资者、企业和游客等城市顾客的满意度、忠诚度和向心力，是城市营销的基本诉求。近年来，我国政府明确提出要建设服务型政府的目标。在城市营销治理过程中，城市管理者有机会准确把握城市顾客的真实需求，同时能够广泛调动服务资源，尽可能地降低政府成本并提升政府服务效率。这种服务导向的城市治理转型，不能只靠设立新的"超级部门"来解决，比较可行的办法是围绕特定的政策目标，在不取消部门边界的前提下实行跨部门合作，同时在公私部门之间、政府与非政府之间、上下级政府之间乃至不同地方政府之间，扩大有效的合作。把具有不同性质、目标、管理模式和动力机制的组织整合起来的关键不是行政命令、也不是市场竞争，而是信任（解亚红，2004）。

（二）城市营销治理的现实条件

城市营销治理诚然会面对各种各样的困难和挑战，但其发生和发展有着扎实的基础和条件。

1. 主体利益诱因

城市营销主体的利益诉求是客观存在的，它们构成城市营销的内部诱因。

（1）政府利益诉求。市场经济条件下政府的作用问题，历来是经济学家探索和争论的焦点之一。西方国家关于政府作用的论述有国家干预主义和自由主义两大思想派别。国家干预主义有凯恩斯学派，自由主义有货币主义学派、供给学派和理性预期学派等。近年来，在西方社会还兴起了倡导将自由市场经济与国家干预结合在一起的"第三条道路"主张。不管是哪种主张，何种制度和经济发展条件，政府总是要对公共事务负直接的和最主要的责任，并对市民负责。因此，追求政绩表现是政府的一种自然表现和努力。随着城市之间的竞争日趋激烈，城市的发展愿望往往与其财政实力、社会经济现实产生尖锐矛盾。在这种情况下，城市政府通常是城市营销的积极倡导者和主要发起者。同样的道理，其辖区政府自然欢迎市政府启动城市营销策略，而作为其上级的地区政府，也通常会报之以良好的预期、鼓励和支持。

（2）企业利益诉求。经济全球化时代，企业与其所在地区的联系纽带变得更加紧密，越来越重视所在地所提供的经济发展环境、本地与外部其他地区和城市所建立的社会、经济联系，以及所在地区的形象和品牌，等等。特别是某些企业的产品生产与提供就建立在不可移动的地方性要素的基础之上，如房地产、观光、接待、交通、物流等企业，尤其凸显出本地化的特点。从追求企业发展和经济利益的角度出发，企业部门对所在城市的营销和品牌化，比以往任何时候都怀有更多的热情和更高的期待。

（3）公众利益诉求。包括第三部门社会公众和城市市民等，诉求更好的生活环境和生活质量，包括工作、生活便利、安全、健康、休闲、文化体验、教育、交往等，特别是渴望建立本地的归属感和荣誉感，往往是城市营销的坚定支持者。

2. 城市竞争压力

企业、投资者、旅游者和人才等城市顾客，通常通过用脚投票的方式来表达对某个城市的态度。围绕这些流动性要素的争夺，城市面临着愈演愈烈的竞争压力。城市营销作为顾客导向和竞争导向的理论工具，自然就成为城市管理者的重要战略选择。

迈克尔·波特（1998）提出一个著名的国家（地区）竞争力模型——钻石模型（也译为"菱形模型"）：一个国家（地区）的某个行业在地区或全球性竞争中，其优势取决于其四项环境因素的表现，即生产要素，需求条件，相关产业和支持产业，企业的战略、结构与竞争对手等。这四项关键要素是一个双向强化的系统，关系到一个国家或地区的产业或产业环节能否成功，迈克尔·波特称之为"钻石体系"。同时，他也强调，在整个竞争力的拼图上，"机会"和"政府"是另外两个极为重要的变量，与上述四项要素构成完整的"钻石体系"图景（1998）。要素之间相互发展、配合、促进、提升，才能促进国家或地区的进步和繁荣。其中，波特也多次强调，政府变量必须与其他要素相互匹配，才能顺利创造竞争优势。政府政策会深刻影响其他环境要素，但究其作用的实质，还是为企业提供发展的环境，并无法左右企业活动。经济、金融、技术是自由流动的、开放的系统（open system），而国家政策则是封闭性的，经济产业结构与空间重组过程受世界性潮流的影响要大于国内要素影响，国家政策不过是充分条件而已。因此，在城市竞争的时代，地方政府与时俱进、推进公共管理转型是势在必行的（见图23—1）。

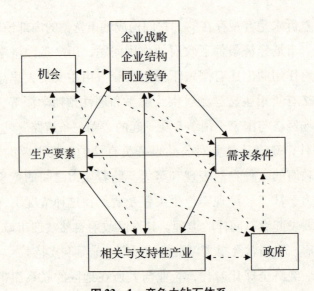

图23—1 竞争力钻石体系

资料来源：根据迈克尔·波特（1998）。

对照竞争力的"钻石体系"，我们对城市营销治理的贡献可简要表述如下：

（1）城市营销治理的努力，能有效界定和扩大城市顾客的需求，改进城市的市场需求条件；

（2）通过协同的城市营销建设，能改进基础设施建设，增强城市文化活力，提升城市品牌形象，进而吸引更多的投资和游客，使城市的生产要素优化进入良性循环；

（3）突破行政和地域界限的产业组织间协同，改进公共服务的市场响应度，有效促进相关与支持性产业的发展；

（4）政、产、学、研高度协同，对于规范市场竞争、增强企业竞争力将发挥实质性的作用；

（5）治理网络的信息与知识互动作用及其扩散效应，会极大促发主体创新和发明的积极性，提供地区成长的驱动力。同时，这种密切的合作网络也会提供更多的内外机会；

（6）作为城市治理转型的重要组成部分，良好的城市营销治理意味着更富弹性和更具作为的政府管理革新。

城市营销治理的主体行为，对"钻石体系"各要素都会有积极的作用和贡献。反过来讲，其实这种作用和贡献也正是城市发展的内在要求。

3. 公共价值与私人价值的博弈

从需求和供给的角度看，城市营销往往表现为公共价值和私人价值的相互博弈（见表23—2）。战略性的城市营销通过在各方主体和对象间建立相互依赖、相互支持、协同合作的网络关系来追求多赢的效果。因此，更确切地说，城市营销的公共价值和私人价值之间存在着一种正向激励的关系。在城市营销治理过程中，政府充当公共价值的代表，以公共利益为依托，引导、支持、协调、监督各领域主体的行为，并努力保持公共价值和私人价值之间达到相互激励的关系和动态平衡的状态。

表 23—2　　　　　　　　　　　　　城市营销主体及其行为比较

类别	公共领域	私人领域	社会领域
活动主体	主要是政府组织	营利组织和个人	非营利组织
行为目标	非营利，追求公共价值	赢利追求私人价值	非营利，追求特定群体的价值或公共价值
产出	公共物品	私人物品	公共物品，准公共产品
资源来源	强制性公共收入	私人资源	政府拨款，社会捐赠，服务收费

资料来源：修改自唐娟（2002：34）。

综上所述，积极谋求和开展城市营销治理，这对于达成城市营销的目标来说不仅是必要的，而且也是完全可行的。

三、城市营销治理的治理模式

（一）城市营销治理模式的特殊性

本书第23章介绍了有关城市治理模式的探讨及其类型的探讨。城市营销治理实质上就是城市治理，加之城市营销的诉求广泛涵盖经济和社会两大领域议题，因此前述有关治理模式的思想和模型也完全适用于城市营销。当然，与其他领域的城市治理实践相比，城市营销治理又表现出一些不能忽视的特征：

一是城市营销治理所涉及的参与者极为广泛。在其他治理领域，如基础设施建设、环境治理、街巷改造或城市减贫等，所涉及的利益相关者相对集中，边界也较为清晰。而城市营销治理则涉及城市内部和外部诸多领域的利益相关者，其治理结构的规模和层次也注定非常复杂。

二是城市营销治理往往伴随着很强的专业学习和渗透的过程。城市营销作为一个新兴的公共事务领域，较少可供参考的公共政策经验，而且其参与者大多对市场营销也不是很熟悉。也就是说，广泛、多层次的治理结构，同时还面临专业性的挑战。解决不当，将使城市营销治理的效率和效益大打折扣。

三是城市营销治理是一个渐进的过程。其他领域的城市治理，相对可以就事论事，局部解决。而城市营销治理，却是在城市总体发展战略框架下展开的战略性管理变革。一方面，城市营销是一项只有起点、没有终点的事业；另一方面，城市营销既要形成覆盖广泛的治理结构，又须跨越专业性门槛。因此，城市营销治理绝不可能一蹴而就，是一个长期和渐进的过程。

（二）城市营销治理模式：治理网络

基于城市治理模式思想以及上述对城市营销治理特征的分析，结合国外城市营销治理的经验和我国城市营销治理所面临的现实挑战，本研究提出一个网络化、多层次、渐进性的城市营销治理模式。也就是说，不管处于何种意识形态或制度背景，或属于何种城市治理模式，城市营销的治理首先应该是一个以城市营销总体规划和领导组织为核心的网络化结构（见图23—2）。

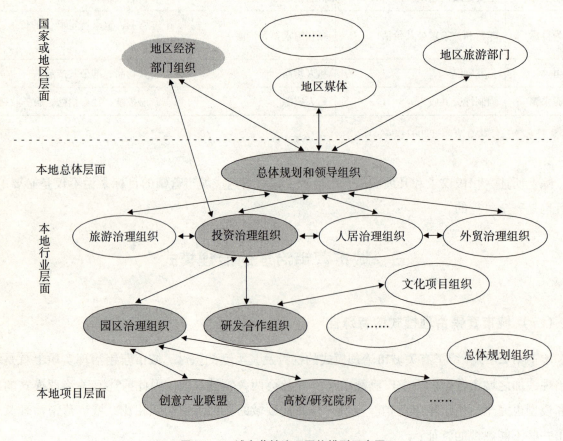

图23—2　城市营销治理网络模型示意图

城市营销治理网络涵盖广泛，图23—2仅以城市投资促进为例来图解这一网络的概念。城市营销治理网络化模式的含义如下：

（1）超越行政本位。城市营销的组织和管理，必须要超越政府行政部门的本位限制，根据城市营销议题和任务的不同，尽可能多地发起、主导或参与不同层级的合作，包括上下级政府间合作、同级政府间合作、部门间合作以及公私合作。城市营销必须要依靠多层次的组织主体来协同完成。而且每一个主体组织本身，都应该发展为公私合作性质的组织，才具有动员、号召和执行的能力。城市相关政府部门在这个多层级、网络化的治理组织中，应该处于主导的地位。

（2）内部交叉营销。不同层级的城市营销治理组织，首要的任务就是在网络内营销自己，并扩大和深化与其他治理组织的制度性联系。这也就是城市营销的内部交叉营销。其中，特别要重视内部营销的层次和效益问题，即居于城市总体营销规划和领导地位的组织，其内部营销的范围应尽可能广，而具体领域或项目的城市营销治理组织，则应聚焦其特定的相关范围，避免内部营销的无限扩张。

（3）外部交叉营销。城市内部交叉营销的成果，在于发展和巩固城市营销治理网络。这个网络的强弱，直接决定了对外营销努力的强弱。同时，依托有效治理网络所展开的城市对外营销，必然是专业的对外交叉营销。可以说，城市的外部交叉营销，取决于内部网络的建设，而非外部营销的谋划。很显然，互补、协同的城市对外交叉营销，是城市营销绩效事半功倍的基本依据。

（4）强化核心组织。如此庞杂、松散的治理网络，要发挥实质性的协同功效是相当困难的。其中有三个要点不能忽略：一是作为城市营销治理网络的核心，城市营销总体规划和领导组织负有城市营销和品牌化的领导和决策责任，要具备足够的权威性和领导力，特别是应具备稳定的财政支持和一定的营销知识与经验。二是这个核心领导和协调机构，能够依据城市的发展愿景，给出一个清晰、准确的城市品牌识别和定位。并且设法让网络内的各部门、各机构认同并支持这个识别和定位。三是核心组织与同级或上级地区政府及治理组织之间，特别是与各具体领域或项目的城市营销治理组织之间，要形成一个现实可行的领导、运行和协调机制。这个机制的核心目标是确保城市核心信息的一致和城市营销战略的协同，核心方法是提供专业化的指导、服务和支持。

（5）发展项目组织。核心领导组织是战略发动机和导航仪，但如果没有局部领域或众多单个项目的城市营销治理组织，则营销的活力就成了无源之水。比如城市辖区政府及社区、城市旅游、投资、外贸及人才引进，城市市民服务、企业服务、文化振兴乃至城市节庆、城市会展、城市产业等领域，都应不断发展和促进城市营销的项目治理组织。局部或项目治理组织，在城市营销治理网络中必须要服从城市营销总体规划组织的指导，同时要加强与其他项目治理组织的联系和合作。有关局部或项目营销治理的模型如图23—3所示。

从城市营销治理的网络模型到局部及项目治理模型，都要求城市政治、经济和社会等各方面要素高度协同，体现了战略性城市营销协调发展的原则和要求。

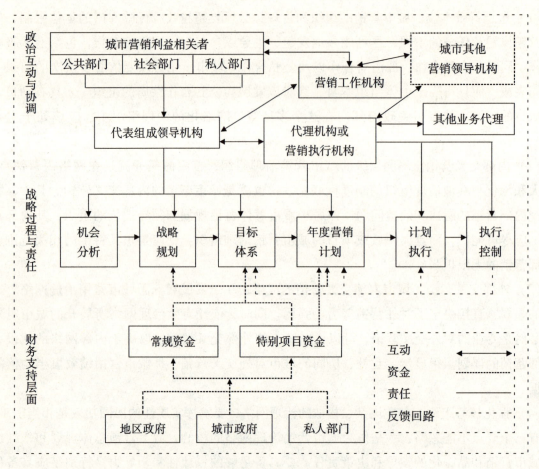

图23—3　局部或单个项目的城市营销治理模式

资料来源：由 Warnaby et al.（2002）整理而成。

（6）优化制度厚度。城市营销治理网络的发展，意味着治理组织间联系的紧密度和有效性，这实际上就是地方的"制度厚度"（institutional thickness）建设与优化。"制度厚度"作为经济地理学制度转向中的重要概念之一，与如下四个非经济因素密切联系，并构成其概念的基本特征：一是强烈的制度存在，亦即不仅是市政当局，其他相关各类组织，如企业、商会、上下级政府部门、研发与创新机构等也都有体现代表性或提供服务的功能；二是本地组织间的高度互动、交流和合作，营造出协同的社会氛围和信任关系；三是在共同的事业中相互了解和认同，增强动员力；四是支配性或联合体系，亦即将部门主义最小化（Amin &Thrift，1994）。这一概念提出以来产生了广泛而深刻的理论影响，其间也存在诸多的争议。随着全球化的深化，新近的文献再度关注"制度厚度"的问题，并被认为是对地区经济发展极富解释力的概念之一（Coulson & Ferrario，2007）。其中，"制度厚度"的第一个特征即"强烈的制度存在"有五个衡量指标，包括"密度"（即参与治理的组织数量）、"承诺"（即各组织对治理议题的资金投入比例）、"所有权"（即公共组织及公私合作组织在参与者中所占的比例）、"空间规模"（即国家、地区和本地的参与）和"责任"（即不同组织对本地的责任和义务界定）。从上述指标的管理意义来看，城市营销治理网络的"制度厚度"，在很大程度上影响着城市营销对促进城市发展和提升竞争力的贡献。

（7）推进渐进变革。由上述阐述不难看出，城市营销治理网络的建设，是伴随城市治道变革的艰难进程，必须树立长期意识和渐进意识，并采取恰当的路径。本研究从我国城市营销实际出发给出如下建议供参考：

首先，确立城市营销管理的行政职能。一个可靠的路径是依托政府外宣或新闻部门，组建城市营销总体规划的职能部门。其他主要城市营销相关部门，如旅游、商务、投资、开发区、文化等部门，进一步明确其机构内市场部门的营销职能定位，并设法与外宣部门的营销职能对接。这一改革，实质是政府营销治理的变革，并为城市营销治理，奠定一个必要的基础。

其次，积极发展相关领域或重点项目的治理组织。比如在旅游、投资、行业、集群、文化、节庆等主要领域，创建公私合作的治理组织并赋予其相关领域的城市营销的职能。已有的治理组织，要强化和提升（许多既有的治理组织，如行会、旅游委员会等常常是形同虚设，缺乏有效的机制，也缺乏激励和动力）其相应的城市营销意识和职能。

再次，以外宣部门的城市营销管理职能部门为核心，吸纳上述局部和项目的治理组织参与，同时也吸纳本地媒体、高校或专业人士参与，形成城市营销的总体议事、规划和决策组织。其名目可以是城市营销委员会、城市品牌委员会之类皆可。这样，常规的工作部门（如外部部门的城市营销管理单位）就将获得更扎实的授权、吸纳更丰富的资源、进行更广泛的动员、提供更有效的服务、施行更有力的指导和协调。

本报告建议城市政府能参考上述论述和建议，进一步思考政府营销治理转型和本地城市营销治理网络建设的问题。本报告认为，尽管我国的城市营销热潮已经持续了十几年，但如果不能及时推进城市营销治理转型，不能有效推进城市营销治理网络的建设，则这种热潮很难持续，城市营销努力也很难取得突破性的进展。

（三）城市营销核心规划与领导组织的治理模式

如前所述，总体或核心的规划与领导组织，是城市营销治理网络生成的中枢。从目前的经验来看，有如下两种治理模式，即政府主导模式与公私合作模式。

1. 政府主导模式：中国香港案例

亚洲国家的城市营销核心组织，较多采用政府主导模式。即以政府职能机构为中枢，来推动城市营销治理。其典型案例有中国香港、新加坡、韩国首尔、阿联酋迪拜以及中国杭州和重庆等，这里主要介绍中国香港的经验。

香港特别行政区政府新闻处是香港最重要的城市营销管理机构，特别是新闻处设立了香港品牌管理组之后，使该处具有了更为重要的城市营销功能。新闻处作为政府的公共关系顾问，负责政府的出版、宣传及新闻工作，推广香港形象。新闻处设有本地公共关系科、宣传及推广科、海外公共关系科等，都是重要的城市营销机构。其中，本地公共关系科主要负责政府公关服务及市民沟通，下辖新闻组、大众传播研究组等，主要负责新闻事务以及研究传媒所表达的民意。该科还包括主要官员的新闻秘书、政府总部新闻组及部门新闻组。目前共有11位新闻主任调任主要官员私人办公室，出任他们的新闻秘书。此外，37个决策局及政府部门设有新闻及公共关系组，以加强政府与传播媒介之间的资讯传递及增进政府与市民的联系。这一安排强化了政府的公共关系职能，便于协调和联络，也为香港品牌形象的协同奠定了组织基础。宣传及推广科负责政府刊物、宣传活动、广告、创作、设计及政府摄影事务。该科基本上有两大任务，即为该科所属部门及其他政府部门提供支持，同时又充当公共服务广告的行政机构。宣传及推广科分为本地宣传事务组、创作组及国际推广组，是香港城市营销的重要策略执行部门。海外公共关系科负责与外地特别是海外地区进行公关沟通。实施香港品牌计划后，该科还设立了香港品牌管理组，成为香港城市营销的核心机构之一。

香港的品牌"飞龙"标识，在所有各政府部门的网站、宣传品以及公职人员的名片上都有非常规范的应用，这已构成统御和整合香港营销信息的一个战略资源及约束机制。香港品牌管理组负责品牌管理及统筹的日常工作，有关香港品牌在政府部门中的贯彻执行，以及香港品牌在公私部门之间协同等的重大决策，则由特区政务司司长直接负责。

香港已初步建立了特区政府统一领导和多元协调并举的城市营销组织机制，并将城市品牌建设视为是一项长期的战略性工作。新闻处与公私营机构紧密合作，有效运用香港品牌向全世界宣传香港。此外，香港品牌的决策和重大协调直接由政务司司长负责，也确保了城市总体品牌的整合性和指导作用。

然而，从近几年香港品牌和城市营销的实际运作来看，由于缺乏进一步的网络扩展，对一些重大议题和环境变化，也缺乏清晰的营销策略和品牌主题的回应，使得城市品牌化的领导力和可持续性面临一定的考验，我们认为这是需要香港城市营销管理者切实加以关注的问题。

2. 公私合作模式：荷兰阿姆斯特丹案例

欧美国家的城市营销核心组织，大多都采用公私合作的模式，亦即由公共部门、企业部门和社会团体的代表，共同组成城市营销的核心规划和领导机构。公私合作模式又可具体分为社团模式和企业化模式，前者是社团组织法人，后者则为企业法人，但其治理结构在本质上是相似的。其中，社团模式的典型案例有阿姆斯特丹、多伦多、巴塞罗那等，企业化模式的典型案例有纽约、赫尔辛基、伦敦等。为节约篇幅起见，这里仅介绍阿姆斯特丹的经验。

阿姆斯特丹市认为城市营销实质上是城市所有的行动者以市场导向的方式协力向外界展示、提供其城市价值的行动过程。同时，城市营销也不能仅仅依靠自身来完成。事实上，周边其他城市与阿姆斯特丹的联系已非常密切，如诺德惠克（Noordwijk）市就打出了"阿姆斯特丹的海滩"作为其城市推广口号，等等。此外，与荷兰品牌工作委员会、荷兰旅游休闲组织、国家投资促进机构以及相关的政策决策机构等的合作也非常重要，因为这些机构一直都是协助营销阿姆斯特丹的重要力量。在这一策略思维的指导下，阿姆斯特丹决定成立一个公私合作的平台，来管理和控制城市品牌。

尽管阿姆斯特丹在欧洲城市中有着很高的声望和排名，但也感到竞争的压力。他们认为城市营销应该被摆到增强城市竞争力努力的优先位置。2004年3月，公私合作的城市营销管理机构"阿姆斯特丹伙伴"（Amsterdam Partners）正式成立，成为协同该市所有城市营销组织的核心力量。该机构的中心任务是围绕阿姆斯特丹的独特定位即"创意、创新和商业精神的结合"的理念，来推广和提升阿姆斯特丹地区的城市品牌形象。"阿姆斯特丹伙伴"设立了监事会，管理委员会、顾问委员会和缔约委员会等。其中，监事会由市长任主席，成员包括主要的企业部门代表以及地区和学界的代表。管理委员会的成员主要由本地企业界和地方政府的领导组成，下设一个负责城市具体实施和协调的工作团队。

2004年9月，该机构制定并正式发布了阿姆斯特丹的新口号"I Amsterdam"（直译是"我，阿姆斯特丹"）并进行了规范设计，创造出城市的新品牌（见图23—4）。"I Amsterdam"的意蕴，是对阿姆斯特丹的偏爱和选择，是表现自豪感，是每个个体对城市的背书，同时，也是城市对自身充满机遇和卓越品质的宣言。目前，"阿姆斯特丹伙伴"已拥有加盟伙伴成员近百个，包括企业、社会组织、城市营销组织、其他城市市政当局等，为机构运作提供主要的基金来源。

图23—4 阿姆斯特丹城市品牌标识街头雕塑

阿姆斯特丹的城市品牌营销管理，充分体现了城市营销治理的思维和模式，不仅吸纳众多的利益相关者参与，而且通过"阿姆斯特丹合作伙伴"这一管理组织，使之成为名副其实的营销主体。此外，若干机构和职能部门的设立，使组织的参与性、利益的代表性和管理的专业性达成协调，这也是阿姆斯特丹的重要经验。总之，阿姆斯特丹的城市营销和品牌管理经验，在欧洲的城市营销实践中处于较为领先的地位，值得借鉴。

（四）迈向城市治理网络化：英国爱丁堡案例①

本书第14章介绍了爱丁堡的城市品牌化案例，我们已初步介绍了爱丁堡城市营销的组织治理情况。这里我们从城市营销治理网络化努力的角度，来跟踪和剖析爱丁堡城市营销的最新进展。

我们知道，就爱丁堡城市品牌（Edinburgh Inspiring Capital Brand, EICB）项目管理，目前已经形成了三级管理的机制，即日常工作层面的EICB品牌项目组，执行策略层面的EICB品牌工作组以及战略指导层面的EICB品牌指导组。事实上，爱丁堡还存在着若干具体领域及项目的城市营销治理机构，比如，爱丁堡旅游发展行动组织（ETAG）、爱丁堡节事联盟（FestivalsEdinburgh）、爱丁堡核心商务（Essential Edinburgh）、爱丁堡会展局（Edinburgh Convention Bureau）、爱丁堡商会（ECC），等等。这些组织与爱丁堡品牌管理组织也保持着密切的协同。然而爱丁堡

---

① 本案例的部分最新资料由爱丁堡DEMA主任肯尼思·沃德洛（Kenneth Wardrop）先生提供。

对其城市营销的协同和领导力度有着更大的雄心和计划，2009 年 4 月 1 日，经过一年多的筹备和运作，在市议会的大力支持下，由公私各界代表组成的"爱丁堡目的地营销联盟"（The Destination Edinburgh Marketing Alliance，DEMA）正式成立并开始运作（DEMA 的组织架构见图 23—5）。

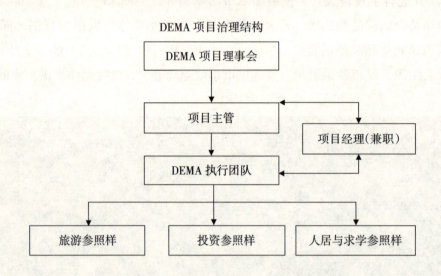

图 23—5　爱丁堡 DEMA 项目治理结构图

爱丁堡目的地营销联盟秉承"鼓舞人心的爱丁堡"品牌，并将其作为推广的界面。事实上，新成立的 DEMA 已成为爱丁堡城市品牌的管理者，并与爱丁堡品牌管理团队保持着有效协同（DEMA 与之在同一处办公）。也就是说，形成了专业化的品牌管理，与强势的战略营销规划与推广力量实现了有效的对接。

DEMA 实行了更大范围的营销治理网络拓展，包括苏格兰地区层面的旅游和经济开发机构以及本地的各界、各类组织。上述城市品牌管理机构以及具体领域和项目的治理机构，无不在其协同之列。目前，DEMA 的成员数量仍在持续增加。同时，DEMA 的治理网络，也初步形成了一个现实可行的运行机制（见图 23—6）。

为制定出一个中长期的城市营销战略规划，DEMA 项目逐一核实和引导各主要成员的具体营销战略安排，在此基础上来编制整体城市目的地营销战略，以切实形成协同作战的城市营销新局面。其工作团队的全职人员也将扩展数十人。目前，爱丁堡目的地营销联盟正在进一步推动着其雄心勃勃的发展计划，并即将注册为一个法人实体。用肯尼思·沃德洛（Kenneth Wardrop）主席的话来说，目前合作伙伴的能量、动力和热情正在推动着爱丁堡的全球营销推广，DEMA 联盟本身就是城市品牌精神的体现：自信、进取、鼓舞人心。

总之，从具体项目的治理到行业治理，从城市品牌治理到跨地域的城市营销网络化治理努力，爱丁堡的城市营销道路已经跃升到了一个新的平台，开辟了一条令人瞩目的城市营销创新之路，具有宝贵的标杆意义。

结构	成员	议程 + 会议
项目理事会	主席: Norman Springford(爱丁堡企协) 成员：市议会 Graham Birse 　　　爱丁堡节事联盟 Faith Liddell 　　　爱丁堡会展局 Alan Johnston 　　　仲量联行 Cameron Stott 　　　爱丁堡旅游集团 Barbara Smith 　　　爱丁堡企业服务机构 Jane Woods 　　　法律实务界代表 Derek McCulloch 　　　金融界代表 Vacant 　　　爱丁堡大学 Richard Kingtonr 　　　苏格兰旅游局 Sinead Guerin 　　　苏格兰企业局 Linda MacPherson 　　　苏格兰国际发展局 Stewart Laing 　　　DEMA 主任 Kenneth Wardrop （目前由各界机构领导约 17 人组成）	双月度例会制 　　审批目的地营销战略规划 　　审批 DEMA 项目发展(沟通及成员扩展)计划 　　审批联盟事业规划 　　审核研究成果 　　审核 DEMA 执行团队绩效
执行团队 旅游、投资、 人居和学习 次级团队	主席: Kenneth Wardrop 　　　爱丁堡会展局 Sue Stuart 　　　爱丁堡商会 Josef Church-Woods 　　　爱丁堡节事联盟 Martin Reynolds 　　　爱丁堡企业服务 Lisa Dransfield 　　　纳皮尔大学 Louise MacDonald 　　　爱丁堡科技研发联盟 Barry Shafe 　　　爱丁堡酒店协会 Chris Wayne-Wills 　　　爱丁堡地区品牌 Ailsa Falconer 　　　苏格兰企业发展局 Margaret McNeil 　　　苏格兰国际发展局 John Viola 　　　苏格兰旅游局 Kathryn Macdonald 　　　市议会 Elaine Ballantyne 　　　市议会 Ritchie Somerville 等	月例会制 　　取消、推进及监督项目发展行动计划 　　协调授权顾客研究和差距分析 　　发展旅游、投资、人居和学习方面推广主题 　　发展整合的目的地推广战略 　　拟订自身建设草案 　　其他

图 23—6　爱丁堡目的地营销联盟治理结构及其活动

四、城市营销治理的运行机制

以上从组织角度分析了城市营销的治理模型和案例。基于上述文献分析还可以从过程视角来进一步探讨城市营销的治理机制。本报告认为城市营销治理的运行机制主要有以下几个方面。

（一）公民参与

公民参与（citizen participation）是公民通过一定的参与渠道，参与或影响政府公共政策或公共事务的行动过程（俞可平，2000），是一种新型的民主形式，也是城市治理过程和体制的特定高级阶段和完善形式（姜杰等，2004）。如博克斯强调指出：就完全实现公民自主治理模式的条件而言，公民治理还必须进入公共组织内部，也就是说，地方居民可以直接参与公共政策的创制，以及决定行政机关在日常工作中实施这些政策的途径（理查德·C. 博克斯，2005）。公民参与的治理功能主要表现在：公民参与开启了双向社会沟通渠道，通过征求和获取有关公共政策的信息，便于政府明确界定公共政策问题，厘清公共政策的目标；更重要的是授权于城市公民，推进地方政府与公民组织分享公共政策制定和执行的权力，使公民能够在关系地区发展的重大决定上拥有实质性的影响力；此外，还可以契约、协议、自愿救助、公益慈善等多种方式，直接投入城市社区公共服务的生产，承担社区一部分公共事务的管理责任（魏娜等，2006）。

（二）公私协作

公私协作制（Public–Private Partnership PPP）是指公共部门与私人部门为提供公共服务而建立起来的一种长期的合作伙伴关系，简称为伙伴制，或 PPP 模式。20 世纪 90 年代，英国率先明确提出了 PPP 模式，继而在美、德、法、澳、日等国进一步发展和演化，目前已在全世界范围内得到广泛应用。

城市公私协作治理就其一般性意义而言，是指公共部门和私营部门共同参与城市生产和提供公共物品与服务的任何制度安排，如合同承包、特许经营、补助等。此外，它也常指涉一些复杂的、多方参与并被民营化了的基础设施项目合作。目前，已有越来越多的文献开始在一种新的意义上来使用这一概念，即城市中的企业、社会自愿部门和地方政府官员为改善城市状况而进行的一种正式合作（萨瓦斯，2002；陶希东，2005）。

在 PPP 的模式下，一些原来由公共部门承担的工作不同程度地转移到了私人部门，但公共部门始终承担着提供公共物品和服务的责任，包括确定公共服务应达到的水平以及可以支出的公共资源，制定提供服务的价格、安全、质量和绩效标准，以及监督执行这些标准并对违反的情况实施裁决和处罚等。

事实上，伙伴制受到世界范围内的追捧，是因为人们通常看中这一模式的三大意义，即协同效应、转换效应和扩大预算的功能（英厄马尔·埃兰德，2003）。其中，协同效应指两个或更多的合作者为了共同（或宣称是共同的）目标而一起行动时所获得的增值效益。转换的观点指的是一个合作者改变另一合作者的世界观、行为和观念的努力。比如，一个公共或非营利机构可以促使私营经济的合作者更加注重社会效应，而一个私营公司可以努力影响公共经济，使其向更加市场化的方向发展，等等。扩大预算的观点指的是集合资源来筹集更多的资金，从而争取更多伙伴的支持。因此，从一定意义上说，"公私伙伴关系"是"政府与市场内在结合"的新发展。当然，也要防止伙伴制僭越为城市决策机构，或蜕变为官商勾结，否则将与善治目标背道而驰。就是说，伙伴制能够带来效率，但这并不是我们要丢掉政府、民主和正义的理由。

（三）元治机制

如前所述，市场协调和政府控制的有限理性（突出表现为"市场失灵"和"政府失灵"）使地方政治、经济中的许多问题得不到有效解决，治理作为一种反思理性出现，但并没有创造出新的政治经济制度，而是市场协调作用的继续深化和政府控制作用的转型延伸，或者说是二者的补充，是对市场和政府两种对立价值和策略的取舍与重组。

城市营销治理是城市多样化的行动者（actors）之间的一种互动过程（interactive process），一种自组织（heterarchy）的调节方式。但地方政府却经常陷入一种极为矛盾的境地，一方面，城市发展需要凭借合作网络引进社会上的众多行动者来参与政策方案，另一方面，却又面临这些网络中的行动者干预其政策。面对上述的治理困惑，亦即潜在的"治理失灵"（governance failure）威胁，Jessop（1998）提出"元治"（meta-governance）的概念。这一理念提出后得到广泛的响应，有关元治的研究，至今已成为治理理论的一个重要支脉。所谓"元治"即"自组织的组织"，它解决的是如何组织自组织过程的问题。元治不是要建立一个统摄一切、至高无上的政府，相反却是要致力于各种制度的设计和战略的构思。比如，设计人际关系网络、组织间关系网络和系统间关系网络这三个重要的自组织治理网络的协调规范。元治具有制度和战略两个方面的内容。在制度上，它提供各种机制，促进集体学习诸功能的联结和物质依存关系。战略上，它促进建立共同的愿景，进而鼓励新的制度安排和新的活动，以支持或弥补各类单一治理模式的不足，解决治理理论在社会实践过程中所面临的合作与竞争、开放与封闭、责任与效率等多种矛盾，真正达到凝聚社会利益的目的（罗小龙等，2002）。人们普遍认为，"元治"和"善治"是克服"治理失灵"的有效设计，元治与善治一样，追求自生机制而批判建构理性，反映了国家对社会自生力量的尊重与合作，反映了人们对现代社会秩序的新的追求。杰索普（Jessop）主张政府应该担负元治的角色，因为政府作为一种制度性的子系统，虽然只是更广阔复杂社会系统中的一部分，但政府往往被赋予整合社会机制和社会凝聚力的责任。在治理的概念中，政府仍是不可或缺的角色，只是角色必须有所调整而已。事实上，在大部分公民的心目中，城市政府仍须承担大部分的治理行动和责任（Jessop，1998；Pierre & Peters，2000）。从"元治"的观点出发，地方政府的正当性取决于它处理复杂网络的治理能力，前提是它必须能够判断自身在各类政策网络的战术及战略位置，以及在各种治理模式中切实而充分地履行其职能。

（四）治理能力

不少人将城市治理能力（governance capacity）误解为地方政府组织的现代化及以各种措施管理人力、财务、资本和信息等能力。城市治理能力不同于城市政府组织的管理能力，它所指涉的是包含地方政府及其他各类治理行动者在内的网络行为，这些利益相关者（如议会、企业、社会团体、社区组织、中央在地方的派出机关等）各有其诉求，各有其禀赋、资源，也各有其劣势。基于民主、法治的战略规划与协商机制，保持这一网络在政治、社会和经济系统中管理需求与管理能力之间的持续动态平衡，才是城市治理能力的基本含义（詹·库伊曼，1993；Kickert，1997）。也就是说，不能认为需求就是社会的事情，能力就是政府的事情。事实上，政府、社会和市场在互动过程中的需求与能力之间合理有效的调整过程体现了社会与政治、公和私、国家与社会之间的相互影响和相互依赖（詹·库伊曼，1993），而这也正是治理的精髓所在。

城市营销治理能力需要对网络进行不断的监控和调适，更需要网络主体间的相互宽容和尊重。因此，就治理的愿景、内容、规则、机制乃至评价等相关的重要议题，需要进行定期或不定期的宣传、培训、学习和教育，这是防止网络关系僵化或极化、提升网络系统自组织的有效性和弹性，为城市营销治理能力的成长，奠定必要的可治理性（governability）的基础。

（五）决策机制

城市营销治理的决策模式问题值得进一步关注。治理理念强调整合不同的群体共同合作，必然会面对许多复杂的"多元观点的公共决策"问题。例如，对于城市营销中所涉及的增加居民就业机会、引进企业及投资的选址、基础设施改造等种种问题，不同的参与群体往往会有不同的观点。如果这些观点不能有效达成共识，决策冲突将难以避免。如果缺乏共识的基础，城市营销势必也难以取得进展。然而，如兼顾了各方面的观点和意见，却又可能无法达成科学化与专业化的决策，这也同样背离城市营销的目标。因此，如何能在兼顾多元观点的情形下达成科学化与专业化的决策就显得格外重要。汪明生和方之光（1998）引用了一种多元公共决策中客观事实与主观价值的区分、结合模型来解决这一两难困境（见图23—7）。

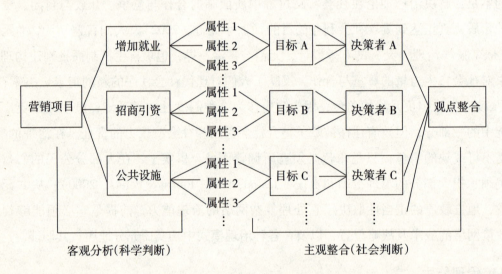

图23—7　多元公共决策模型

资料来源：修改自汪明生和方之光（1998）。

由图25—7所示的模型意义来看，城市营销的相关公共决策问题的合理解决应区分为"客观科学分析"以及"主观多元价值整合"两个部分。其中，第一部分中所要进行的首要工作就是建立一个能用以评估各项可行替代方案的层级结构。结构建立之后，就可利用科学方法去估算各项可行替代方案各属性（attribute）的表现。再者，以这些估算出的科学数据为依据，对各方案中决策目标（如就业及培训、企业选址、公共设施改善等）的共识基础作出"科学判断"（scientific judgment）。模型的第一部分的目的就是要以科学知识为基础来深入分析各项可替代方案的利弊得失。模型的第二部分，是要将上述有关各方案利弊得失的科学论证数据，转化成公众所能了解并关切的决策目标，以便于公众能参考这些目标，进而在营销治理过程中，采用适当的公众参与方式（代表听证、公民投票等），达成营销备选方案可接受程度的"社会判断"（social judgment）。在这一模型中，政府、专家及公众相互尊重、各尽其职，才能兼顾科学技术、社会多元价值以及社会伦理，并使复杂、重大的公共决策问题得到合理有效地解决。

五、城市营销治理：政策建议

从我国的实际情况出发，推进城市营销治理应该从规范城市营销职能和确立城市营销组织建制开始，在此基础上逐步加强公共部门、社会部门和私人部门的协同，推动城市营销治理的制度化建设。

（一）确立城市营销行政职能与建制

我们认为，明确城市营销规划与管理的行政职能并落实其部门（组织）建制，应该被列为城市管理改革的优先议题。当前，已经有越来越多的城市意识到了城市营销作为一项公共管理职能的重要性，将其编列为职能描述并指定了责任部门（如外宣部门、旅游局、投资促进局等相关职能处室）。然而，在城市营销行政职能与组织建制的专门化、协同化方面，尚待迈出新的步伐。我们提出以下两个策略路径，供城市管理者参考。

1. 正式建制的政府治理路径

城市营销的职能部门建制，宜以负有城市营销使命、能站在城市全局又无部门利益局限的新闻宣传部门为基础。事实上，新闻宣传部门在城市营销中历来就发挥着重要的作用。我们的建议是，在新闻办或外宣办平台上，明确改组或新设城市营销管理职能处室，如"城市营销协调处"或"城市营销管理处"等，发挥其在城市行政系统中的城市营销协调枢纽和策略动员的作用。同时，可在主要的部门或单位设派驻联络员或协调员，以进一步明确宣传及新闻部门在城市营销指导协调方面的专业职能定位。这一专业部门的职能重点包括三个方面，即公共关系职能、城市品牌管理职能和城市营销协调职能。以上职能可以通过设立相应的科室来具体担当（见图23—8）。

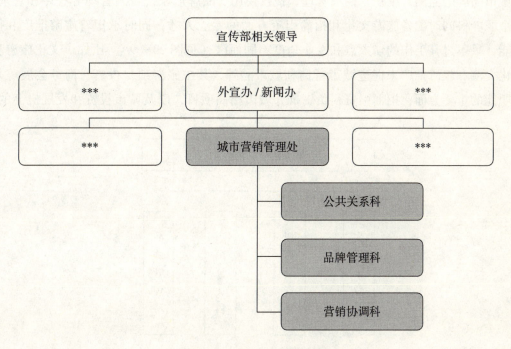

图23—8　城市营销职能化建制

（1）公共关系。公共关系分支职能的设立，旨在充分运用现代公共管理思想和经验，致力于城市发展战略、营销战略的宣传，致力于政府形象的提升、城市社会的融洽祥和，其职能主要包括：负责编制公共关系年度计划和季度计划；积极策划和组办旨在沟通民意、树立政府良好形象的公共关系活动；通过媒体传播宣传有关战略决策和政府政策、与市民进行深入沟通；就城市政府和城市形象，按计划对海内外受众开展公共关系工作。

（2）品牌管理。品牌管理分支职能的设立，旨在充分运用现代品牌管理的理论和经验，扩充新闻宣传部门的城市品牌建设与管理职能，在行政系统中推行规范化的城市品牌管理，以提升政府形象，助力城市营销事业。其职能主要包括：负责政府系统中城市品牌运用的协调和规范；负责政府行为中城市品牌的保护和维护；负责开发城市品牌的相关资料和商品，比如政府礼品、纪念品和宣传品；负责品牌 VI 的管理、授权和监督使用等；与海内外城市、企业及其他机构进行品牌方面的合作和推广。

（3）营销协调。城市营销协调分支职能的设立，旨在使分散的城市营销力量加以协同和聚合。其职能主要包括：负责拟定和实施城市营销协同制度，草拟和执行相关协同行动或整合营销规划；在旅游、投资、文化等部门以及园区等重要单位，派驻营销协调信息员并进行及时的信息沟通和交流；出品营销协调和沟通的内部网站、刊物，发起和组织内部协调会议；评估和改进城市营销的跨部门协调效果。

2. 非正式建制的政府治理路径

当前，城市也可以尝试非正式的城市营销政府治理路径，即成立城市营销（或品牌）领导小组，或领导办公室。相关市领导应担任负责人，以加大协调力度，主要部门（如旅游、招商等）和单位的领导则作为领导层成员（如副组长等）。领导小组设立富有营销经验和能力的城市营销职能团队，比如品牌管理科、旅游文化科、招商引资科和市民公关科等。其中，品牌管理科负责城市品牌的监测、维护、档案管理、授权使用、品牌形象代言人管理等法律和管理职能。其余三个职能科同时配备旅游文化和招商引资方面的专业人才，同时承担着旅游推广和投资促进的职能，只不过其工作的切入点和专业角度不同而已（见图23—9）。比如，文化旅游科重点通过文化交流和旅游推广来促进城市营销和城市品牌，其中旅游项目投资、商务会展等是其投资促进职能的重要方面；招商引资科负责推介城市招商项目，以及城市投资和发展机会的形象；

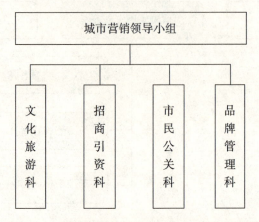

图23—9 城市营销的非正式政府治理组织架构示意图

市民公关科负责和本地市民及本地企业进行沟通，吸纳其智慧和建议，增进其理解和认同、提升城市市民和企业的满意度。领导小组负责人负责跨部门的营销整合和协调，以加大城市品牌营销的协同效应和效率。

我国城市自上而下的管理体制，使城市的行政管理职能创新的空间受到约束。各主要城市营销相关部门如文化、旅游、投资促进等，力量分散、各自为政，同时对品牌营销通常也缺乏专业认识和专业能力。城市营销领导小组作为城市营销的一个非政治领导机构，能够解决协调的权威性和执行的专业性问题。一方面，机构行使城市营销管理职能，另一方面也接受旅游、投资等城市行政职能部门委托的营销任务，此外，也在城市文化、招商、旅游乃至更广泛的环保、治安、基础设施、产业园区等机构之间，架起沟通和协调的桥梁，从而有效整合和配置城市各项资源，促进城市经济又快又好地发展。城市营销领导小组的运行机制如图23—10所示。

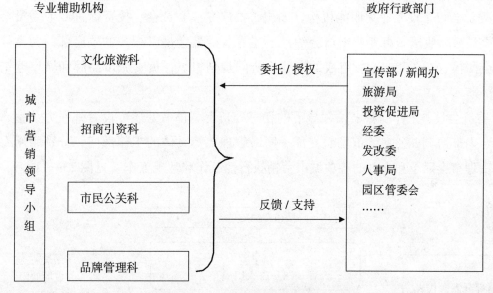

图23—10 非正式城市营销治理运行机制

随着城市行政管理体制改革的深入，上述过渡性解决方案或非正式的制度安排，通过阶段性运作和经验的积累，可逐步探索并转化为正式的建制。当然，城市营销管理机构，最终应该是政府、市民、企业和社会组织共同参与、共同治理的机构，这样才能真正确保城市产品开发的合理性和城市品牌营销的力度，同时也才能深刻体现市民（包括企业）作为城市主人、城市主体的地位和作用，使城市品牌营销成为市民自豪感、热情和理想的表达，成为市民智力、财力和人力的充分协同。

（二）公私协作治理：城市营销核心规划与领导组织

建立一个公私协作的城市营销机构，如城市营销委员会，应能成为城市营销最可靠和扎实的核心规划与领导组织，真正统筹长期困扰城市管理的城市品牌和城市营销协同规划与实施问题。建议的主要思路可描述如下：

（1）委员会成员由公共部门（辖区及开发区，市直行政部门如新闻办、投资促进局、旅游局、商务局、文化局等)、社会部门(相关社会团体,如商会、学会、协会等,以及部分重要的新闻媒体)和私人部门(如航空、电信、金融、房地产以及主导产业的龙头企业、新兴产业的代表性企业等)的领导或代表共同组成。

(2)委员会全体会议是城市营销的最高决策机构,负责城市营销的中长期和重大战略性决策。

(3)全体会议闭会期间,由理事会行使委员会的管理和协调职能。理事会(8—12人为宜)由来自相关部门的重要代表组成,作为城市营销委员会的领导机构,负责委员会的重大工作的协调、工作组人员的委任,以及进行常务的决策等。

(4)聘请部分人大代表、政协委员及社会贤达组成监事会,作为城市营销的监督机构,负责对城市营销项目开展、资金使用、工作绩效等方面进行监督和批评。

(5)聘请本地及海内外专家学者,组成城市营销委员会专家顾问团,负责向委员会的工作和决策提供专业理论的分析和支持。

(6)委员会可下设专业化职能机构,如旅游推广专业委员会、投资促进专业委员会、文化开发专业委员会、宜居城市专业委员会等。上述专业委员会是以相关的政府部门为主导,联合相关的社会团体、企业和专家所组成的专业性协同规划组织,负责城市品牌和城市营销战略在各自领域的落实。

(7)委员会日常工作由秘书长领导下的秘书处负责。秘书处还可设置外联办公室、品牌管理办公室、内部协调办公室、市场研究部、网络管理部等具体的工作部门,分别聘用专业人士担任,负责理事会赋予和交办的各项城市营销执行性工作和常规工作(见图23—11)。

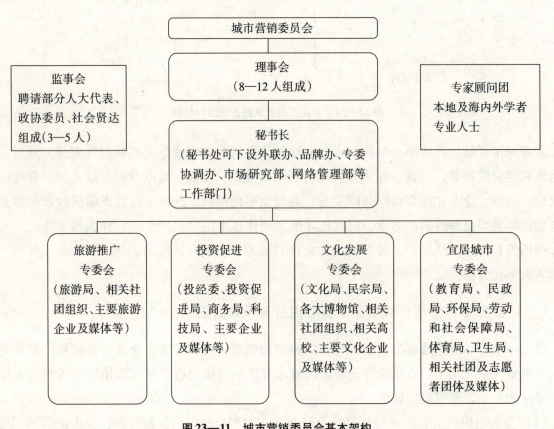

图23—11 城市营销委员会基本架构

（三）城市营销治理绩效评估

引入并强化公共管理绩效评估，是新公共管理运动的一个重要贡献。随着城市治理理念的扩展和实践的深化，无论是城市治理的行动者还是国家、国际投资者或国际组织，都对治理质量问题日益重视。有关城市治理评估也逐渐提上了日程。城市治理的根本形态是多元合作网络的自组织运作，因此治理绩效的评估事实上也较以往的政府绩效评估更为困难（当然治理评估的核心部分，仍然是对政府业绩的评价）。然而，评估什么（what）、如何评估（how）及谁来评估（who）这三个关键问题，却直接关系到评估的规范化、制度化、战略性和公信力。

1. 评估内容。治理绩效不同于组织绩效的概念，是一种"制度绩效"评估，衡量某一制度建设及其运行对社会政治、经济和文化生活的实际作用，其内容往往包括经济效率、社会正义、公共产品与公共服务、公民参与、社会包容及治理能力等多方面的综合性内容。

2. 评估方法。城市营销治理绩效评估方法涉及的关键问题是城市治理指标体系的设计及具体指标的选取。其中，有关治理的指标设计，迄今已有大约 140 种指标体系，较有影响的有国际国别风险指南（ICRG）、自由之家（Freedom House）的治理指标、透明国际（Transparency International）的清廉指数（CPI）、世界银行的国家政策和制度评估（CPIA）以及世界银行学院的指标（通常被称为 KKZ 指标）等（阿尔恩特和欧曼，2007）。其中就城市治理的评估而言，除了广泛的治理指标体系及前述的"城市善治"特征作为原则性的指标可供参考外，还有不少专门的针对性研究和具体的探索，其中最典型的是联合国城市治理运动开发并着力推广的城市治理指标体系（UGI）（UN – HABITAT，2002，2005）。UGI 包括效能（effectiveness）、平等（equity）、参与（participation）、问责（accountability）和安全（security）五类指标，是城市特别是发展中国家的城市为应对全球化挑战、提升城市治理水平的一套颇具参考价值的评估体系。目前，国际上有关战略绩效管理的评估方法有许多，但讨论最多、应用最广泛的绩效管理理论方法体系主要有关键绩效指标法（Key Performance Indicator，KPI）和平衡计分卡方法（Balance Scorecard，BSC）。此外，鉴于多元投入和多元产出的城市营销治理的特点，引入数据包络分析法（Data Envelopment Analysis，DEA）来进行定量的评估也是值得探讨的方法。[①] 此外，北美城市还采用最佳价值（BV）模式和治理报告卡[②]（good governance report card）等评估办法，也是对治理理念的一个很好的呼应，值得研究和借鉴。

3. 评估主体。有别于传统政府绩效评估的封闭性，城市营销治理的内在逻辑和外部利益互动的约束关系，决定了治理的评估过程是一个开放系统，评估过程由单纯的政府机关内部的评估发展到政府、市民、社会机构、传媒及企业等共同参与的评估。此外，引进独立、公正的第三方评估，也正在发挥越来越重要的作用。可见，评估主体的多元化及其广泛参与，本身就构成民主治理的议题之一。

---

① 可参考刘彦平（2005）相关章节。
② 这是联合国开发计划署城市治理行动计划（UNDP. TUGI）所推动的一种方法，参见 www. tugi. org。

附　录

城市营销指数（CMI）指标体系

指标名称	指标含义	指标衡量方法
U1 城市品牌强度	城市品牌强度系数	
U1.1 品牌吸引力	影响受众态度和认知的基础因素	
U1.1.1 区位吸引力	行政区位和经济区位的优越性	行政区位 + 经济区位（所在城市群竞争力排名及在群内地位）
U1.1.2 美誉度	城市所获荣誉	国际荣誉数量 + 国内荣誉数量 + 是否是全国文明城市
U1.2 品牌关注度	城市品牌受关注程度	
U1.2.1 国际关注度	城市受国际受众的关注程度	Google 城市名拼音之新闻标题搜索数据（2007—2008）
U1.2.2 国内关注度	城市受国内受众的关注程度	百度城市中文名称新闻标题搜索数据（2007—2008）
U1.3 品牌独特性	品牌差异化资源和优势	
U1.3.1 文化资源	品牌独特性的基础	世界文化遗产数量 + 非物质文化遗产数量（全国、省）
U1.3.2 文化积淀	城市品牌独特性的历史积淀	建城史的年限
U1.3.3 文化活力	文化资源的经济转化与发展能力	文化产业从业人数
U1.3.4 企业形象	企业品牌对城市品牌的贡献	中国驰名商标 + 中华老字号数量 + 国家地理标志产品数量
U1.4 文化包容性	城市品牌的包容性和辐射力	
U1.4.1 文化辐射力	文化扩散基础	港澳台企业数 + 外资企业数
U1.4.2 文化多样性	文化多元化基础	少数民族数量 + 少数民族人口占比
U1.4.3 社会包容性	文化接纳和吸收能力	流动人口比例
U1.5 品牌管理	城市形象是否有管理	
U1.5.1 设计专业性	城市品牌 VI 标识专业性	专家依据客观资料打分
U1.5.2 品牌整合性	品牌定位对城市功能的整合程度	专家依据客观资料打分
U1.5.3 定位实质性	有无明确的形象价值或个性描述	专家依据客观资料打分
U1.5.4 定位相关性	品牌定位与城市愿景的相关性	专家依据客观资料打分
U1.5.5 品牌元素	品牌核心载体，市花、市树、吉祥物、市歌、代言人、著名标志建筑等	典型品牌元素数量
U1.5.6 定位一致性	连续 2 年来城市品牌诉求是否一致	专家依据客观资料打分
U1.5.7 品牌保护	城市品牌是否已申请注册	网络搜索之媒体报道
U2 城市营销建设	城市营销基础指数	
U2.1 公共服务	公共设施与服务	

指标名称	指标含义	指标衡量方法
U2.1.1 设施基础	关键基础设施建设状况	机场客流吞吐量＋机场货邮吞吐量＋铁路客＋铁路货＋公路客＋公路货＋人均城市道路铺装面积
U2.1.2 生活便利	人居基础设施与公共服务	每万人邮局数＋每万人移动电话数＋每万人互联网用户数＋每万人拥有公交车辆
U2.1.3 文化服务	文化基础设施与公共服务	每万人影院数＋每万人体育场馆数＋每百人图书馆藏书数
U2.1.4 医疗服务	医疗基础设施与公共服务	每万人医生数＋每万人病床数
U2.1.5 教育服务	教育基础设施与公共服务	每万人拥有高校、普通中学数量和小学数量＋每万名普通中学在校生拥有专职教师数
U2.2 人居建设	人居环境建设	
U2.2.1 城市绿化	绿化建设	人均绿地面积＋建成区绿化率
U2.2.2 环境保护	环保建设和投入	工业废物处理率＋生活污水处理率＋生活垃圾无害化处理率＋环境污染治理投资及环境基础设施投资占 GDP 比重
U2.2.3 生活水平	居民生活水平	职工平均工资＋消费价格指数＋恩格尔系数＋城镇登记失业率＋养老保险数、医疗保险数及失业保险数的覆盖率
U2.2.4 人居品质	居民生活质量	人均居住使用面积＋居民人均消费支出
U2.3 产业质量	产业环境建设	
U2.3.1 产业基础	产业发展的市场基础	社会劳动生产率（GDP/从业人员数）＋社会消费品零售总额＋固定资产投资总额
U2.3.2 金融支持	产业的融资环境	金融贷款余额、金融机构存款余额
U2.3.3 产业载体	产业集聚载体建设	产业集群数量、开发区、园区数量、等级（国家级、省级）
U2.3.4 产业服务	服务业发展水平	生产性服务业增加值占 GDP 比重
U2.4 创新建设	创新环境建设	
U2.4.1 创新基础	创新基础的投入和建设	人均财政科技支出＋人均财政教育经费支出＋每万人拥有在校大学生人数
U2.4.2 创新潜力	人才规模与研发能力	各类专业技术人员的数量＋企业技术中心数量（国家、省）
U2.4.3 创新产出	创新绩效与产出	高新技术产业产值占比＋每万人拥有科技专利数＋每万人拥有科技专利立案数
U2.5 旅游建设	旅游环境建设	

续表

指标名称	指标含义	指标衡量方法
U2.5.1 旅游形象	城市旅游目的地形象建设	专家依据客观资料打分（定位＋标识）
U2.5.2 旅游资源	旅游吸引物资源	国家级重点文物数＋省级重点文物数＋A级以上景区数（各级不同赋值）
U2.5.3 接待能力	旅游接待能力	星级以上饭店数
U2.5.4 旅游创新	旅游新产品开发	城市旅游新项目数（从城市旅游"十一五"规划等文件中核查）
U2.6 城市管理	城市管理效率和效果	
U2.6.1 市民参与	市民意见表达和监督	公示数量＋意见征集数
U2.6.2 区域治理	区域合作	与其他地区或城市的合作机制数
U2.6.3 管理效率	城市管理效率	万元GDP财政收入＋万元GDP财政支出
U2.6.4 管理效果	城市管理效果	犯罪率＋刑事案件死亡率＋交通事故死亡率
U3 城市营销沟通	城市营销推动指数	
U3.1 本地支持	城市营销的本地社会资源	
U3.1.1 媒体支持	作为城市营销资源本地传媒	本地报刊数量
U3.1.2 社会支持	作为城市营销资源的本地社会团体	本地社会团体数量
U3.2 节会营销	节庆与会展营销	
U3.2.1 节庆活跃度	节庆活动的频次	节庆活动数量
U3.2.2 会展活跃度	会展活动的频次	会展活动数量
U3.3 旅游推广	旅游营销推广努力	
U3.3.1 推介活跃度	旅游推广活动频率	旅游推介会次数（国内）
U3.3.2 传播曝光率	城市旅游的国内曝光率	城市名＋旅游百度新闻标题搜索（2007—2008）
U3.4 投资促进	投资促进努力	
U3.4.1 推介活跃度	投资促进活动频率	投资推介会、说明会活动次数（国内）
U3.4.2 传播曝光率	城市投资促进的国内曝光率	城市名＋投资百度新闻标题搜索（2007—2008）
U3.5 国际推广	城市国际营销努力	
U3.5.1 推广基础	城市国际推广的渠道和资源	国际友好及合作城市数量
U3.5.2 推广影响力	城市国际推广的曝光率	城市名拼音＋tourism/ investment/ culture 的google news 高级搜索之和
U4 城市网络营销	城市营销趋势指数	
U4.1 网站功能	市场导向的功能设计	
U4.1.1 顾客导向	政府门户网站设计的顾客导向意识	快速通道或绿色通道的数量
U4.1.2 服务信息	政府门户网站设计的顾客服务功能	办事服务信息的类别数量
U4.1.3 营销协同	城市政府门户网站的协同营销意识	到本地其他城市营销网站的链接数量

续表

指标名称	指标含义	指标衡量方法
U4.1.4 语言选择	城市政府的海外推广意识	所有有效语种数量（含汉字简、繁体）
U4.2 网站设计	顾客导向的内容与形式设计	
U4.2.1 内容丰富性	城市政府门户网站的信息量	专家依据客观资料打分
U4.2.2 界面友好度	政府门户网站设计的使用便利性	专家依据客观资料打分
U4.2.3 设计美学	城市政府门户网站设计的美观性	专家依据客观资料打分
U4.3 网站互动	网络营销与服务的互动性	
U4.3.1 用户粘度	吸引城市忠诚顾客的意识	网站注册用户数＋网站社区论坛帖子数＋跟帖数
U4.3.2 功能互动	接纳城市顾客参与的意识	虚拟手册＋城市虚拟地图
U4.4 形象展示	网站本身的形象意识	
U4.4.1 形象规范	政府门户网站设计的品牌意识	政府门户网、旅游网及招商网的品牌标识和口号
U4.4.2 形象展示	政府门户网站的城市形象推广意识	不同主题的城市形象图片数量
U4.5 网络沟通	网络传播与沟通努力	
U4.5.1 新闻传播	城市形象的网络公关传播	新闻传播：六大网站新闻标题百度高级搜索（2007—2008）
U4.5.2 互动沟通	城市形象的网路互动营销	最近一年主要论坛社区城市名标题发帖量（qihoo.com）
U4.5.2 博客营销	城市形象的博客营销	城市博客博文数量＋城市博客访问量＋外网博客近一年博文标题总数（google 中文）
U5 城市营销效益	城市营销效益产出指数	
U5.1 投资效益	投资促进效益	
U5.1.1 外资投资额	年度 FDI 投资总额	统计数据
U5.1.2 外资项目数	新增外资项目数	统计数据
U5.2 出口效益	外贸出口总额	统计数据
U5.2.1 出口总额	外贸出口总额	统计数据
U5.2.2 出口增长率	外贸出口同比增长率	统计数据
U5.3 旅游效益	城市旅游营销效益	
U5.3.1 旅游人气	高端游客数量	入境旅游人数
U5.3.2 旅游规模	年度旅游收入	旅游总收入
U5.3.3 旅游贡献	旅游收入的贡献率	旅游总收入占 GDP 的比重
U5.3.4 旅游增长	旅游发展速度	旅游总收入增长率

注：CMI 指标数据来源主要有：国家统计局数据，《中国城市统计年鉴 2008》，《中国城市年鉴 2008》，《中国旅游年鉴 2008》，各城市 2008 年公布的国民经济与社会发展统计公报，各城市政府官方网站及旅游局、投资促进局、民宗局、文化局、科技局、民政局等职能部门网站，商务部、发改委、文化部等相关部委官方网站，各省相关部门官方网站，百度中文搜索，google 英文搜索，qihoo 论坛搜索等。本课题数据收集工作始于 2009 年初，为兼顾数据的可获得性和可比性，本报告的客观统计数据采用 2007 年数据，事件类数据（如节庆、推广等具有相对稳定性和规律性）采用 2008 年数据，网络搜索数据采用 2007—2008 年两年合计的数据。

参 考 文 献

著 作

1. Amin, A. and Thrift , N. (eds.) (1994). *Globalisation, Institutions and Regional Development in Europe.* Oxford University Press, Oxford.

2. Anderson, B. (1983). *Imagined Communities. Reflections on the Origins and Spread of Nationalism.* London: Polity Press.

3. Anholt, S. (2007). *Competitive Identity: the New Brand Management for Nations, Cities and Regions.* Houndmills: Palgrave Macmillan.

4. Ashworth, G. J. & Voogd, H. (1990). *Selling the City: Marketing Approaches in Public Sector Urban Planning.* Belhaven Press, London.

5. Barney, J. B. (2003). *Gaining and Sustaining Competitive Advantage*, 2nd, Pearson Education Asia Limited.

6. Berg, L. Van Den, Braun, E. & Winden, W. van (2001). *Growth Clusters in European Metropolitan Cities. A Comparative Analysis of Cluster Dynamics in the Cities of Amsterdam, Eindhoven, Helsinki, Leipzig, Lyons, Manchester, Munich, Rotterdam and Vienna.* Aldershot: Ashgate.

7. Brotchie, J. , Batty, M. , Blakely, E. , Hall, P. & Newton, P. (1995). *Cities in Competition.* Longman Australia, Melbourne.

8. Christodoulou, P. (1996). *Inward Investment: An Overview and Guide to the Literature*, London: British Library.

9. Dicken, P. & Lloyd, P. E. (1990). *Location in Space: Theoretical Perspectives in Economic Geography*, New York: Haper – Collins.

10. Donald, J. (1999). *Imagining the Modern City.* The Athlone Press, London.

11. Duffy, H. (1995). *Competitive Cities: Succeeding in the Global Economy.* Spon, London.

12. Friedmann, J. (2002). *The Prospect of Cities.* The University of Minnesota Press, Minneapolis.

13. Friedmann, J. (2005). *China's Urban Transition.* The University of Minnesota Press, Minneapolis.

14. Gold, J. R. & Gold, M. M. (1995). *Imagining Scotland: Tradition, Representation and Promotion in Scottish Tourism since 1750.* Scolar, Aldershot.

15. Gold, R. J. & Ward. V. S. (Ed) (1994). *Place Promotion, the Use of Publicity and Marketing to Sell Towns and Regions.* Wiley & Sons Ltd, Chichester.

16. Goss, S. (2001). *Making Local Governance Work: Networks, Relationships and the Management of Change.* New York: Palgrave.

17. Grealy, S., Theroux, J., Stowell, S. & Sturdevan, K. (1998). *Managing and Marketing Urban Greenery.* Biocycle, Oct, 1998.

18. Hofstede, G. (2001). *Culture's Consequences. Comparing Values, Behaviors, Institutions, and Organizations Across Nations.* 2 Ed., Sage Publications: Thousand Oaks, CA.

19. Kapferer, J. N. (2003). *Strategic Brand Management: Creating and Sustaining Brand Equity.* Kogan Page.

20. Kearns, G. & Philo, C. (Ed.) (1993). *Selling Places. The city as Cultural Capital, Past and Present.* Pergamon Press Ltd, Oxford.

21. Kelly, G., Mulgan, G. & Muers, S. (2002). *Creating Public Value: An Analytical Framework for Public Service Reform.* London: Cabinet Office Strategy Unit.

22. Knox, P. and Agnew, J. (1998). *The Geography of the World Economy*, New York: Arnold.

23. Kotler, P., Haider D. & Rein, I. (1993). *Marketing Places. Attracting Investment, Industry and Tourism to Cities, States, and Nations.* Maxwell Macmillan Int., New York.

24. Kotler, P., Hamlin, M. A., Rein, I. & Haider D. H. (2002a). *Marketing Asian Places.* John Wiley & Sons (Asia), Singapore.

25. Kotler, P., Jatusripitak, S. & Maesincee, S. (1997). *The Marketing of Nations.* Simon & Schuster Trade, New York.

26. Moore, M. H. (1995). *Creating Public Value: Strategic Management in Government.* Originally published by Harvard University Press.

27. Moran, T. H. (1999). *Foreign Direct Investment and Development*, Washington, D. C.: Institute for International Economics.

28. Morgan, N., Pritchard, A. & Pride, R. (Eds.) (2002). *Destination Branding. Creating the Unique Destination Proposition.* Butterworth – Heinemann, Oxford.

29. De Bonis, J. N., Balinski, E. & Alen, P. (2002). *Value – Based Marketing for Bottom – Line Success.* McGraw – Hill, New York.

30. Pierre, J. & Peters. B. G. (2000). *Governance, Politics and the State.* London: Macmillan.

31. Short, J. R. and Kim, Y. H. (1999). *Globalization and the City.* Harlow: Longman.

32. Smith, H. (1994), *Marketing the City. The Role of Flagship Developments in Urban Regeneration*, E& Fn Spon, London.

33. Ward, S. V. (1998). *Selling Places. The Marketing and Promotion of Towns and Cities, 1850 – 2000.* Routledge, New York.

34. [英] 阿尔恩特（Arndt, C.）、欧曼（Oman, C.）著：《政府治理指标》，杨永恒译，清华大学出版社 2007 年版。

35. ［美］艾·里斯、杰克·特劳特著：《定位》，王恩冕、于少蔚译，中国财政经济出版社 2002 年版。

36. ［美］奥威尔·鲍威尔著：《城市管理的成功之道》，姜杰、孙倩译，北京大学出版社 2008 年版。

37. ［美］保罗·诺克斯、史蒂文·平奇著：《城市社会地理学导论》，柴彦威、张景秋等译，商务印书馆 2005 年版。

38. ［美］彼得·德鲁克著：《社会的管理》，徐大建译，上海财经出版社 2003 年版。

39. ［美］布鲁斯·布恩诺·德·梅斯奎塔、希尔顿·L. 鲁特主编：《繁荣的治理之道》，叶娟丽、王鑫等译，中国人民大学出版社 2007 年版。

40. 蔡雪雄、李桂平：《从经济主导型到社会主导型：现代城市管理模式的优化取向》，《社会科学研究》2004 年。

41. 陈昌盛、蔡跃洲编著：《中国政府公共服务：体制变迁与地区综合评估》，中国社会科学出版社 2007 年版。

42. 陈立旭著：《都市文化与都市精神——中外城市文化比较》，东南大学出版社 2002 年版。

43. 陈文华著：《产业集群治理研究》，经济管理出版社 2007 年版。

44. ［美］大卫·A. 艾克等著：《品牌领导》，曾晶译，新华出版社 2001 年版。

45. 杜维明：《现代精神与儒家传统》，生活·读书·新知三联书店 1997 年版。

46. ［荷］范戴克著：《新兴经济中的城市管理》，姚永玲译，中国人民大学出版社 2006 年版。

47. ［美］菲利普·科特勒（2001b）著：《国家营销：创建国家财富的战略方法》，俞利军译，华夏出版社 2001 年版。

48. ［美］菲利普·科特勒等（2001a）著：《市场营销管理（亚洲版·第二版）》，梅清豪译，中国人民大学出版社 2001 年版。

49. ［美］菲利普·科特勒等著：《科特勒看中国和亚洲》，罗汉等译，海南出版社 2002 年版。

50. ［美］菲利普·科特勒等著：《社会营销——变革公共行为的方略》，俞利军等译，华夏出版社 2003 年版。

51. ［美］费正清著：《观察中国》，傅光明译，世界知识出版社 2001 年版。

52. ［美］费正清著：《中国：传统与变迁》，张沛译，世界知识出版社 2002 年版。

53. 傅兰妮编著：《全球化世界中的城市：治理绩效与可持续发展（世界银行学院学习资料系列）》，胡光宇译，清华大学出版社 2006 年版。

54. ［美］盖伊·彼得斯著：《政府未来的治理模式》，吴爱明等译，中国人民大学出版社 2001 年版。

55. 高新军著：《美国地方政府治理：案例调查与制度研究（修订版）》，西北大学出版社 2007 年版。

56. 谷荣著：《中国城市化公共政策研究》，东南大学出版社 2007 年版。

57. 顾朝林等编著：《城市管治——概念·理论·方法·实证》，东南大学出版社 2003 年版。

58. 顾丽梅著：《治理与自治：城市政府比较研究》，上海三联书店 2006 年版。

59. 哈佛燕京学社、三联书店主编：《儒家与自由主义》，生活·读书·新知三联书店 2001 年版。

60. [印] 哈斯·曼德、穆罕默德·阿斯夫编著：《善治：以民众为中心的治理（NGO 治理工作丛书）》，国际行动援助中国办公室编译，知识产权出版社 2007 年版。

61. 何信全著：《儒学与现代民主》，中国社会科学出版社 2001 年版。

62. 何增科著：《公民社会与民主治理》，中央编译出版社 2007 年版。

63. 经济合作与发展组织（OECD）著：《中国治理》，中国科学院—清华大学国情研究中心译，清华大学出版社 2007 年版。

64. [美] 科恩著：《论民主》，聂崇信、朱秀贤译，商务印书馆 1988 年版。

65. [美] 克里斯托弗·H. 洛夫洛克著：《服务营销（第三版）》，陆雄文等译，中国人民大学出版社 2001 年版。

66. 李津奎：《中国：加速城市化的考验》，中国建筑工业出版社 2008 年版。

67. [美] 理查德·C. 博克斯著：《公民治理：引领 21 世纪的美国社区》，孙柏瑛等译，中国人民大学出版社 2005 年版。

68. 刘彦平：《城市营销战略》，中国人民大学出版社 2005 年版。

69. [美] 迈克尔·波特著（1997a）：《竞争优势》，陈小悦译，华夏出版社 1997 年版。

70. [美] 迈克尔·波特著（1997b）：《竞争战略》，陈小悦译，华夏出版社 1997 年版。

71. [美] 迈克尔·波特著：《国家竞争优势》，李明轩等译，华夏出版社 1998 年版。

72. [美] 尼古拉斯·亨利著：《公共行政与公共事务（第 7 版)》，项龙译，华夏出版社 2002 年版。

73. 钱振明等著：《善治城市》，中国计划出版社 2005 年版。

74. [法] 让—皮埃尔·戈丹著：《现代的治理，昨天和今天：借重法国政府政策得以明确的几点认识》，陈思编译，收于俞可平主编《治理与善治》，社会科学文献出版社 2000 年版。

75. 荣敬本等：《从压力型体制向民主合作体制的转变》，中央编译出版社 1998 年版。

76. [美] E. S. 萨瓦斯著：《民营化与私人部门的伙伴关系》，周志忍等译，中国人民大学出版社 2002 年版。

77. [美] 塞缪尔·亨廷顿著：《第三波——二十世纪末的民主化浪潮》，刘军宁译，上海三联书店 1998 年版。

78. 孙兵著：《区域协调组织与区域治理》，上海人民出版社、格致出版社 2007 年版。

79. 孙海鸣、赵晓雷主编：《2003 中国区域经济报告——国内及国际区域合作》，上海财经大学出版社 2003 年版。

80. 孙立平，断裂：《20 世纪 90 年代以来的中国社会》，中国社会科学出版社 2003 年版。

81. 孙立平著：《传统与变迁——国外现代化及中国现代化问题研究》，黑龙江人民出版 1992 年版。

82. 谭昆智主编：《营销城市》，中山大学出版社 2004 年版。

83. 唐华著：《美国城市管理——以凤凰城为例》，中国人民大学出版社 2006 年版。

84. 唐恢一：《城市学》，哈尔滨工业大学出版社 2001 年版。

85. 王敬尧：《参与式治理：中国社区建设实证研究》，中国社会科学出版社 2006 年版。

86. 王郁著：《城市管理创新：世界城市东京的发展战略》，同济大学出版社 2004 版。

87. 王志乐：《2005 跨国公司在中国报告》，中国经济出版社 2005 年版。

88. ［美］维瑟拉·R. 拉奥、乔尔·H. 斯特克尔著：《战略营销分析》，张武养等译，中国人民大学出版社 2001 年版。

89. 魏小安：《游目的地发展实证研究》，中国旅游出版社 2002 年版。

90. 熊永根等：《城市发展中的科技动力》，贵州人民出版社 2003 年版。

91. 许峰：《城市产品理论与旅游市场营销》，社会科学文献出版社 2004 年版。

92. 尹冬华选编：《从管理到治理——中国地方治理现状》，中央编译出版社 2006 年版。

93. 俞可平等著：《政府创新的理论与实践》，浙江人民出版社 2005 年版。

94. 俞可平主编：《治理与善治》，社会科学文献出版社 2000 年版。

95. ［美］约翰·M. 利维著：《现代城市规划（第五版）》，孙景秋等译，中国人民大学出版社 2003 年版。

96. 张鸿雁著（2002a）：《城市形象与城市文化资本论》，东南大学出版社 2002 年版。

97. 张京祥、罗震东、何建颐著：《体制转型与中国城市空间重构》，东南大学出版社 2007 年版。

98. 张君劢著：《宪政之道》，清华大学出版社 2006 年版。

99. 赵苑达：《城市化与区域经济协调发展》，中国社会科学出版社 2003 年版。

100. 郑也夫：《城市社会学》，中国城市出版社 2002 年版。

101. 周振华：《崛起中的全球城市——理论框架及中国模式研究》，上海人民出版社 2008 年版。

102. 倪鹏飞主编：《中国城市竞争力报告 No. 5》，社会科学文献出版社 2007 年版。

103. 倪鹏飞著：《中国城市竞争力理论研究与实证分析》，中国经济出版社 2001 年版。

期　刊

1. Anholt, S. (2005). *Anholt Nation Brands Index: How Does the World See America?* Journal of Advertising Research, September, pp. 296 – 304.

2. Anholt, S. (2006). *The Anholt - GMI City Brands Index*, Place Branding , Vol. 2, No. 1.

3. Barney, J. B. (1990). *Firm Resources and Sustained Competitiveness Advantage*, Journal of Management, 17, pp. 99 – 120.

4. Blonigen, B. (2005). *A Review of the Empirical Literature on FDI Determinants*, Atlantic Economic Journal, No. 33, pp. 383 – 403.

5. Brenda, P. B, Saunders J. (2005). *City Branding: Can Goods and Services Branding Models Be Used to Brand Cities?* Place Branding, No. 1, pp. 242 – 264.

6. Brossard, H. (1998). *Importance of Organizations for Investment Promotion During An Investment Decision Process: An Exploratory Study.* Management International Review, No. 38, pp. 203 – 214.

7. Burris, S., Hancock, T., Lin, V. and Herzog, A. (2007). *Emerging Strategies for Healthy Urban Governance*. Journal of Urban Health. No. 84 (Suppl 1), pp. 154 – 163.

8. Coulson, A., & Ferrario, C. (2007). *"Institutional Thickness": Local Governance and Economic Development in Birmingham, England*. International Journal of Urban and Regional Research. Vol. 31, No. 3.

9. d'Angella, F. & Frank, M. (2009). Tale of Two Cities' Collaborative Tourism Marketing: Towards A Theory of Destination Stakeholder Assessment, Tourism Management, No. 30, pp. 429 – 440.

10. De Carlo, M. and Canali, S. et al. (2009). *Moving Milan towards Expo* 2015: *Designing Culture into A City Brand*, Journal of Place Management and Development, Vol. 2 No. 1, pp. 8 – 22.

11. Gaedeke, R. (1973). *Consumer Attitudes Towards Products "Made in" Developing Countries*. Journal of Retailing, Vol. 49, summer, pp. 13 – 24.

12. Gary, W., Dominic, M. (2004). *The Role of Place Marketing as a Competitive Response by Town Centres to Out – of – town Retail Developments*, Int. Rev. of Retail, Distribution and Consumer Research, Vol. 14, No. 4, pp. 457 – 477.

13. Gertner, D. (2007) Editorial: *Place Branding: Dilemma or Reconciliation between Political Ideology and Economic Pragmatism*, Place Branding and Public Diplomacy, Vol. 3, pp. 3 – 7.

14. Gyorgy, S. (2006). *The Role and Challenges of Country Branding in Transition Countries: The Central and Eastern European Experience*, Place Branding and Public Diplomacy, Vol. 3, No. 1, pp. 8 – 20.

15. Hankinson. G. (2004a). *Relational Network Brands: Towards A Conceptual Model of Place Brands*, Journal of Vacation Marketing, Vol. 10, No. 2, pp. 109 – 121.

16. Hankinson G. (2007). *The Management of Destination Brands: Five Guiding Principles Based on Recent Developments in Corporate Branding Theory*, Brand Management, Vol. 14, No. 3, pp. 240 – 254.

17. Hankinson, G. (2001). *Location Branding – A Study of the Branding Practices of* 12 *English Cities*. Journal Brand Management, Vol. 9 No. 2, pp. 127 – 142.

18. Hankinson, G. (2004b). *The Brand Images of Tourism Destinations: A Study of the Saliency of Organic Images*, Journal of Product & Brand Management, Vol. 1, pp. 6 – 14.

19. Hankinson. G. (2005). *Destination Brand Images: A Business Tourism Perspective*, Journal of Services Marketing, Vol. 19, No. 1, pp. 24 – 32.

20. Healey, M. J. (1991). *Improving the Local and Regional Economy Information Base*, Regional Studies, Vol. 25, No. 4, pp. 363 – 369.

21. Jessop, B. (1998). *The Rise of Governance and the Risk of Failure: the Case of Economic Development*, International Social Science Journal, No. 155, pp. 29 – 45.

22. Joe, S. (1990). *Donald Cooke Discusses the New Business Opportunities TIGER Will Greate*, American Demographics, June, p. 19.

23. Kavaratzis, M. and Ashworth, G. J. (2007), *Partners in Coffeeshops, Canals and Commerce: Marketing the City of Amsterdam*, Cities, Vol. 24, No. 1, pp. 16 – 25.

24. Kavaratzis, M. and Ashworth, G. J. (2008). *Place Marketing: How Did We Get Here and Where Are We Going?*, Journal of Place Management and Development, Vol. 1, No. 2, pp. 150 – 165.

25. Kavaratzis M, (2007). *City Marketing: The Past, the Present and Some Unresolved Issues*, Geography Compass, Vol. 1, No. 3, pp. 695 – 712.

26. Kavaratzis, M. and Ashworth, G. J. (2005). *City Branding: An Effective Assertion of Identity or a Transitory Marketing Trick?* Tijdschrift Voor Economische en Sociale Geografie, No. 5, pp. 506 – 514.

27. Kavaratzis M. (2008). *Cities and Their Brands: Lessons from Corporate Branding*, Place Branding, Vol. 4, No. 4.

28. Kavaratzis, M. (2004). *From City Marketing to City Branding: Towards A Theoretical Framework for Developing City Brands.* Place Branding, Vol. 1, No. 1, pp. 8 – 73.

29. Keith, H., John, R. (1996). *Inter – City Competition for Foreign Investment: Static and Dynamic Effects of China's Incentive Areas*, Journal of Urban Economics, No. 40, pp. 38 – 60.

30. Kickert, W. J. M. (1997). *Public Governance in the Netherlands: An Alternative to Anglo – American "Managerialism".* Public Administration, Vol. 75, No. 4, pp. 731 – 752.

31. Kotler, P. & Gertner, D. (2002). Theoretical papers. *Country as Brand, Product, and Beyond: A Place Marketing and Brand Management Perspective.* Special Issue Brand Management, Vol. 9, Nos. 4 – 5, pp. 249 – 261.

32. Michael, J. B., Emma, C. (2008). *Critical Success Factors in Destination Marketing*, Tourism and Hospitality Research, Vol. 8, No. 2, pp. 79 – 97.

33. Moosa, I. A., Cardak, B. A. (2006). *The Determinants of Foreign Direct Investment: An Extreme Bounds Analysis*, Journal of Multinational Financial Management, No. 16, pp. 199 – 211.

34. Mudambi, R. (1999), *Multinational Investment Attraction: Principal – Agent Considerations*, International Journal of the Economics of Business, Vol. 6, No. 1, pp. 65 – 79.

35. Olins, W. (2000). *Why Companies and Countries Are Taking on Each Other's Roles.* Corporate Reputation Review, No. 3, pp. 254 – 265.

36. Paddison, R. (1993). *City Marketing, Image Reconstruction and Urban Regeneration.* Urban Studies, Vol. 30, No. 2, pp. 339 – 350.

37. Pierre, J. (1999). *Models of Urban Governance: the Institutional Dimension of Urban Politics.* Urban Affairs Review, Vol. 34, No. 3, pp. 372 – 396.

38. Porter, M. (1998). *Clusters and the New Economics of Competition.* Harvard Business Review, Nov/Dec, pp. 77 – 90.

39. Potter, J. and Moore, B. (2000). *UK Enterprise Zones and the Attraction of Inward Investment*, Urban Studies, Vol. 37, No. 8, pp. 1279 – 1311.

40. Raffaello, B. (2007). *FDI Inflows, Agglomeration and Host Country Firm's Size: Evidence from Italy*, Regional Studies, Vol. 41. No. 7, pp. 963 – 978.

41. Read, B. (2001). *European Locations Forecast: Mixed*, Call Center Magazine, Vol. 14, No. 7, pp. 104 – 117.

42. Rhodes, R. A. W. (1996), *The New Governance: Governing without Government*, Political Studies, Vol. 44, No. 4, pp. 652 – 667.

43. Robert, H. P. (1990). *Geographic Information Systems: An Important New Tool for Economic Development Professionals*, Economic Development Review, fall.

44. Rugman, A. M. (1980), *A New Theory of Multinational Enterprise: Internalization Versus Internationalization*, Columbia Journal of World Business, Vol. 15, No. 1, pp. 23 – 29.

45. Stephen, J. P & Rachel, H. (1996). *Place Marketing and Town Centre Management.* Cities, Vol. 13, No. 3, pp. 153 – 164.

46. Stoker, G. (1998), *Governance as Theory: Five Propositions.* International Social Science Journal, No. 155, pp. 119 – 131.

47. Stoker, G. (2006), *Public Value Management: A New Narrative for Networked Governance?* American Review of Public Administration, Vol. 36, No. 1, pp. 41 – 57.

48. Sung – Hoon, L. (2008). *How Investment Promotion Affects Attracting Foreign Direct Investment: Analytical Argument and Empirical Analyses*, International Business Review, No. 17, pp. 39 – 53.

49. Theodore, M. (2007). *City Marketing and City Competitiveness: An Effort of Reviewing the Last 25 Years*, Discussion Paper Series, Vol. 13, No. 18, pp. 401 – 422.

50. Trueman M. M., Nelarine, C., Alison, J. K. (2007). *Urban Corridors and the Lost City: Overcoming Negative Perceptions to Reposition City Brands*, Journal of Brand Management, No. 1, pp. 20 – 31.

51. Van Limburg, B. (1998): *City Marketing: A Multi – attribute Approach.* Tourism Management, Vol. 19, No. 5, pp. 475 – 477.

52. Vanolo, A. (2008). *The Image of the Creative City: Some Reflections on Urban Branding in Turin.* Cities, No. 25, pp. 370 – 382.

53. Waitt, G. (1999). *Playing Games with Sydney: Marketing Sydney for the 2000 Olympics*, Urban Studies, Vol. 36, No. 7, pp. 1055 – 1077.

54. Wu, F. L. (2002). *China's Changing Urban Governance in the Transition Towards a More Market – oriented Economy.* Urban Studies, Vol. 39, No. 7, pp. 1071 – 1093.

55. [法] 阿里·卡赞西吉尔著:《治理和科学:治理社会与生产知识的市场式模式》,黄纪苏编译,原载于《国际社会科学》1998 年 3 月号;收于俞可平主编《治理与善治》,社会科学文献出版社 2000 年版。

56. 艾志鸿:《国外议会促进公民参与的途径》,《人大研究》2004 年第 9 期。

57. 安树伟、母爱英:《中国大都市区管治的理念、结构和模式》,《经济问题探索》2007 年第 6 期。

58. 白晨曦：《发展中的城市伙伴制》，《国外城市规划》2004 年第 4 期。

59. 包双叶、周建成：《从"哈尔滨水危机"事件分析我国城市危机管理体制的革新》，《城市管理与科技》2006 年第 8 卷第 1 期。

60. 蔡小慎、卢鹏展：《试论城市治理主体的多元化》，《前沿》2007 年第 10 期。

61. 曹堂哲：《新公共管理面临的挑战、批评和替代模式》，《北京行政学院学报》2003 年第 2 期。

62. 陈福军、赵阳：《从企业治理概念看城市的治理结构城市问题》2003 年第 2 期。

63. 陈喜强、贾志永：《城市社区组织的治理结构效应分析——基于经济社会协调发展的视角》，《软科学》2005 年第 6 期。

64. 陈昭锋：《我国城市化的困境》，《城市问题》2004 年第 2 期。

65. 陈志诚、曹荣林、朱兴平：《国外城市规划公众参与及借鉴》，《城市问题》2003 年第 5 期

66. 成中英：《面对文明社会：伦理，管理和治理》，《西安交通大学学报（社会科学版）》2007 年第 7 期。

67. 丁元竹：《加拿大的社区服务体系建设及对我国的启示》，《中国经济观察》2006 年第 9 期。

68. 杜志雄、张兴华：《世界农村发展情况及城乡关系演变趋势和政策分析》，《调研世界》2006 年第 7 期。

69. 顾朝林：《发展中国家城市管治研究及其对我国的启发》，《城市规划》2001 年第 9 期。

70. 广州大学思想芦苇课题组：《应急管理中的公共政策运行过程研究》，《中国应急管理》2009 年第 2 期。

71. 郭建、孙惠莲：《公众参与社会城市规划与公平正义》，《城市与减灾》2009 年第 1 期。

72. 郭莉：《网络治理：生态城市管理的路径选择》，《科技进步与对策》2007 年第 4 期。

73. 郭舒、曹宁：《旅游目的地竞争力问题的一种解释》，《南开管理评论》2004 年 第 2 期。

74. 侯凌：《经济学新视角下的城市化与城市治——评〈城市化与经济发展：理论、模式与政策〉经济评论》2005 年第 3 期。

75. 胡必彬：《太湖流域水污染对太湖水质的影响分析》，《上海环境科学》2003 年第 12 期。

76. 胡浩、徐薇：《论地区营销中的品牌化战略》，《青岛科技大学学报（社会科学版）》2004 年第 1 期。

77. 黄钧、杨文国、朱建明：《应急资源体系研究状况与主要研究问题》，《中国应急管理》2009 年第 2 期。

78. 姜杰、周萍婉：《论城市治理中的公众参与》，《政治学研究》2004 年第 3 期。

79. 蒋珩：《21 世纪突发事件应急管理面临的挑战》，《经济师》2007 年第 1 期。

80. 蒋一澄：《新合作主义：欧洲城市治理理念的转型》，《兰州学刊》2006 年第 4 期。

81. ［英］杰瑞·斯托克（Stoker, G.）（2007a）著：《地方治理研究：范式、理论与启示》，楼苏萍译，《浙江大学学报》2007 年第 2 期。

82. ［英］杰瑞·斯托克（Stoker, G.）（2007b）著：《英国地方政府治理的新发展》，董迪译，《中共浙江省委党校学报》2007 年第 1 期。

83. 李继良：《澳大利亚突发事件应急管理》，《中国急救复苏与灾害医学杂志》2007 年 2 月第 2 期。

84. 刘少才：《灾后神户：走过十年依法重建路》，《城市与减灾》2009 年第 1 期。

85. 刘淑妍：《城市化进程与我国城市公共管理变革的新内容》，《同济大学学报（社会科学版）》2006 年 4 月。

86. 刘淑妍、朱德米：《参与城市治理：中国城市管理变革的新路径》，《中国行政管理》2005 年第 6 期。

87. 刘冬华、诸大建：《从空间扩展到网络治理：城市分散化趋势探析》，《城市问题》2007 年第 4 期。

88. 刘晔：《公共参与、社区自治与协商民主——对一个城市社区公共交往行为的分析》，〈复旦学报（社会科学版）〉2003 年第 5 期。

89. 娄策群、刘光容：《国外电子政务发展的经验及其对我国电子政务发展的启示》，《图书情报工作》2006 年第 6 期。

90. 陆明远：《中国城市管理中的民间组织功能研究》，《理论与改革》2005 年第 5 期。

91. 吕维娟：《一位外国学者眼中的中国城市化——约翰·弗里德曼〈中国城市变迁〉综述》，《城市规划》2006 年第 10 期。

92. 罗小龙、张京祥、张洪：《元管治：规范化的自组织协调机制——元管治与我国城市规划公众参与组织形式》，《人文地理》2002 年第 2 期。

93. 罗震东、张京祥、罗小龙：《试论城市管治的模式及其在中国的应用》，《人文地理》2002 年第 3 期。

94. 钱振明、钱玉英：《善治城市：中国城市治理转型的目标与路径分析》，《江海学刊》2006 第 3 期。

95. 任进、石世峰：《英国地方自制制度的新发展》，《新视野》2006 年第 1 期。

96. 芮国强：《城市政府管理范式的转型与创新：从经营到治理》，《学术界》2006 第 1 期。

97. 申剑、白庆华：《城市治理理论在我国的适用》，《现代城市研究》2006 年第 9 期。

98. 沈建法：《城市政治经济学与城市管治》，《城市规划》2000 年第 11 期。

99. 侣传振、崔琳琳：《从单位制到社区制：国家与社会治理空间的转换——以现代国家政权建设为视角》，《武汉理工大学学报（社会科学版）》2007 年第 5 期。

100. 宋薇：《公共艺术与城市文化》，《文艺评论》2006 年第 6 期。

101. 孙柏瑛：《全球化时代的地方治理——构建公民参与和自主管理的制度平台》，《公共行政》2004 年第 3 期。

102. 孙柏瑛：《我国政府城市治理结构与制度创新》，《中国行政管理》2007 年第 8 期。

103. 陶希东（2005a）：《中国城市治理：理论、问题、战略》，《华东理工大学学报（社会科学版）》2005 年第 3 期。

104. 陶希东（2005b）：《公私合作伙伴：城市治理的新模式》，《城市发展研究》2005 年第 5 期。

105. 腾五晓：《城市灾害应急预案基本要素探讨》，《城市发展研究》2006 年第 1 期。

106. 屠启宇：《城市营销管理的战略规划、组织机制和资源配置——基于国际案例的研究》，《社会科学》2008 年第 1 期。

107. 汪明生、方之光:《从地区行销与多元公共决策的观点探讨高雄都会区经济发展与开发建设的问题》,《经济情势暨评论季刊(中国台湾)》1998年第1期。

108. 王佃利:《城市管理转型与城市治理分析框架》,《中国行政管理》2006年第12期。

109. 王芳、翟丽娜:《我国地方政府门户网站 G2B 服务能力评价指标体系的构建》,《图书情报工作》2008年第8期。

110. 王欢明、刘鹤鹤:《从"钉子户"事件看政府危机公关》,《西南交通大学学报(社会科学版)》2007年第6期。

111. 王志锋、踪家峰:《创新政绩考核机制、重塑城市治理结构》,《经济问题探索》2005年第11期。

112. 韦文英:《区域营销系统的目标市场和营销主体》,《改革与战略》2005年第5期。

113. 魏娜、王明军:《公民参与视角下的城市治理机制研究——以青岛市公民参与城市治理为例》,《甘肃行政学院学报》2006年第2期。

114. 文婧、李泉:《城市危机管理:世界市长面临新课题》,《城市科学》2005年第13期。

115. 徐晓林、周立新:《数字治理在城市政府善治中的体系构建》,《管理世界》2004年第11期。

116. 许丰功、易晓峰:《西方大都市政府和管治及其启示》,《城市规划》2002年第6期。

117. 薛刚凌:《论府际关系的法律调整》,《中国法学》2005年第5期。

118. 杨亮:《旅游目的地舒适度评价指标体系的建立和评价方法的研究》,《山东经济》2008年第5期。

119. 杨晓庄:《城市开发与城市发展中的危机管理》,《哈尔滨商业大学学报(社会科学版)》2008年第2期。

120. 杨新海、王勇:《城市管治与地区中心城市竞争力的提升》,《城市问题》2006年第5期。

121. 姚永平、梁平:《走向善治——中国基层民主治理模式探析》,《探索》2004年第1期。

122. 叶国文:《危机管理:西方的经验和中国的任务》,《城市管理》2003年第3期。

123. [瑞典] 英厄马尔·埃兰德:《伙伴制与城市治理》,《国际社会科学杂志(中文版)》2003年第2期。

124. 原毅军、葛海鹰:《城市价值与城市功能优化》,《中国城市化》2004年第4期。

125. 袁方成:《"参与式财政":国外地方治理的实践创新》,《湖北行政学院学报》2006年第6期。

126. 袁政:《城市治理理论及其在中国的实践》,《学术研究》2007年第7期。

127. 翟昆:《对中国大城市危机管理的几点思考》,《城市减灾》2005年第1期。

128. 张鸿雁(2002b):《论城市形象建设与城市品牌战略创新——南京城市综合竞争力的品牌战略研究》,《南京社会科学》2002年增刊。

129. 张鸿雁(2002c):《论城市形象与"城市文化资本"论——从经营城市、行销城市到"城市文化资本"运作》,《南京社会科学》2002年第12期。

130. 张紧跟:《当代美国大都市区治理的争论与启示》,《华中师范大学学报(人文社会科学版)》2006年第7期。

131. 张京祥、刘荣增:《美国大都市区的发展及管理》,《国外城市规划》2001年第5期。

132. 张昕著：《转型中国的治理与发展》，中国人民大学出版社 2007 年版。

133. ［美］詹·库伊曼著：《治理和治理能力：利用复杂性、动态性和多样性》，周红云编译，原载库伊曼编《现代的治理》，萨奇出版社 1993 年版；收于俞可平主编《治理与善治》，社会科学文献出版社 2000 年版。

134. 张卫宁：《现代城市形象的塑造与营销学理念》，《中南财经政法大学学报》2004 年第 3 期。

135. 张远凤：《维也纳城市管理中的公私伙伴关系》，《中国行政管理》2006 年第 8 期。

136. 赵永茂：《英国地方治理的社会建构与发展困境》，《欧美研究（中央研究院欧美研究所）》2007 年第 4 期。

137. 中国减灾编辑部：《李学举在全国民政工作会议上总结分析：2008 年抗灾救灾工作的成就与经验》，《中国减灾》2009 年第 1 期。

138. 周玲：《加强政府应急管理宣教工作探讨》，《中国应急管理》2009 年第 1 期。

139. 庄德林：《陈信康. 基于顾客视角的城市形象细分研究》，《城市问题》2009 第 10 期。

140. 踪家峰、顾培亮：《城市公共管理研究的新领域——城市治理研究及其发展》，《天津大学学报（社会科学版）》2003 年第 4 期。

141. 踪家峰、王志锋、郭鸿懋：《论城市治理模式》，《上海社会科学院学术季刊》2002 年第 2 期。

其他文献

1. Ashworth, G. J. & Voogd, H. (1994). *Marketing and Place Promotion*, in Gold, J. R. & Ward, S. W. (Eds). Place Promotion, the Use of Publicity and Marketing to Sell Towns and Regions, John Wiley & Sons, Chichester, pp. 39 – 52.

2. Bailey, J. T. (1989). *Marketing Cities in the 1980s and Beyond.* American Economic Development Council, Chicago.

3. Berg, L. Van Den & Braun, E. (1999). *Urban Competitiveness, Marketing and the Need for Organizing Capacity*, Urban Studies, May, 1999.

4. Berg, L. Van Den & Klaasen, L. & Meer, J. van der (1990). *Marketing Metropolitan Regions.* European Institute for Comparative Urban Research, Rotterdam.

5. Bognnno, M., Keane, M. and Yang, D. H. (2005), *The Influence of Wages and Industrial Relations Environments on the Production Location Decission of US Multinational Corporations*, Industrial and Labor Relations Review.

6. Boisen, M. (2007), *The Role of City Marketing in Contemporary Urban Governance. 51st IFHP World Congress*, Sept. 23 – 26, *Copenhagen.*

7. Braun, G. O. (Ed) (1994). *Managing and Marketing of Urban Development and Urban life.* Proceedings of the IGU – Commission on "Urban Development and Urban Life". Berlin, August 15th to 20th, 1994.

8. Carnie, J. (2003), *Designing the City Centre – the Application of Marketing Theory.* Conference pa-

per. 5th Biennial of Towns and Planners in Europe. Barcelona 10 – 12 April.

9. Christelle GOUTAL (2003), *The Use of A Web – site as A Branding Tool for City Differentiation in the Representation of A Destination: How Madrid Can Compete in the Urban Tourist Market?*. Bournemouth University.

10. Clark, G. (2002). Emerging Local Economic Development Lessons from Cities in the *Developed World, and Their Applicaaability to Cities in Developing and Transitioning Countries*. World Bank Urban Forum: Tools, Nuts, and Bolts. Washington DC, April 2002. http://www. worldbank. org/html/fpd/urban/forum2002/docs/clark – paper. pdf.

11. Gibson, Timothy A. (2007). *City Living, D. C. Style: The Political – economic Limits of Urban Branding Campaigns*, in Gibson, T. and Lowes, M. ed. Urban Communication: Production, Text, Context, Lanham, Md.: Rowman & Littlefield, pp. 83 – 107.

12. Gildo, S., *State of the Art of City Marketing in European Cities*, 42nd IsoCaRP Congress 2006, www. isocarp. net/Data/case_ studies/858. pdf.

13. Greg, C. (2006), *City Marketing and Economic Development. International City Marketing Summit*, *Madrid*, Spain, November 2006. www. citiesandregions. com.

14. Ham, P. van (2008). *Place Branding: The State of the Art*. The ANNALS of the American Academy of Political and Social Science; 616, March 2008.

15. Herrschel, T. & Newman, P. (2002). *New City – Regional Governance in London: Redefining the Relationship between City and Region*. Conference paper. Multi – Level Governance: Interdisiplinary Perspectives. Sheffield 28 – 30 June.

16. Hogg, S., Medway, D. & Warnaby, G. (2001). *Towards a Typology of Marketing Town Centre Management Schemes through the Use of KPIs*. Manchester Metropolitan University Business School Working Paper Series, July 2001, WP01/11, http://www. business. mmu. ac. uk/wps/.

17. Jones, L. L. (2004). Governance Matters: The First Jones Lang LaSalle City Governance Survey.

18. Karmowska, J. (2003). *Cultural Heritage as An Element of Marketing Strategy in European Historic Cities*. Proceedings of the 5th European Commission Conference – Cultural Heritage Research: a Pan – European Challenge, Luxembourg, January, pp. 139 – 141, ISBN 92 – 894 – 4412 – 6. www. heritage. xtd. pl/pdf/full_ karmowska. pdf.

19. Kavaratzis, M. (2008). *From City Marketing to City Branding: An Interdisciplinary Analysis with Reference to Amsterdam, Budapest and Athens*, Doctoral Dissertation, University of Groningen, Groningen, http://irs. ub. rug. nl/ppn/314660232.

20. Kooiman, J. (1993). *Governance and Govern Ability: Using Complexity, Dynamics and Diversity*. In Kooiman, J. edited: Modern Governance. London: Sage, 1993, p. 4.

21. Lall, S. (1997). "East Asia", in J. H. Dunning (ed.), Governments, Globalization and International Business (Oxford: Oxford University Press), pp. 407 – 430.

22. Matthias, B., Jens, K., Peter, N. (2008). *FDI Promotion through Bilateral Investment Treaties:*

More Than a Bit? KIEL Institute for the World Economy, working Paper, No. 1402, February 2008

23. Mayer, M. (1995). *Urban Governance in the Post – Fordist City.* In: Healey, P. etc., (Eds). Managing Cities: the New Urban Context. Chichester, West Sussex: John Wiley & Sons, pp. 231 – 250.

24. Meer, J. van der (1990). *The Role of City – Marketing in Urban Management*, Rotterdam: European Institute for Comparative Urban Research (EURICUR).

25. Mehta, D. (1998). *Urban Governance: Lessons from Best Practices in Asia.* UMP – Asia Occasional Paper no. 40.

26. Metaxas, T. (2002). *Place/City Marketing as A Tool for Local Economic Development and City's Competitiveness.* Paper presented at the EURA Conference Urban and Spatial European Policies: Levels of Territorial Government. http://www. eu – polis. polito. it/euraconference2002/abstracts_ pdf/Metaxas%20T. pdf.

27. MIGA, "MIGA's FDI Promotion Center", 2008. www. fdipromotion. com/toolkit/user/ content_ paper. cfm.

28. Moon, H. C. (2007). *Outward Foreign Direct Investment by Enterprises from the Republic of Korea, in UNCTAD, Global Players from Emerging Markets: Strengthen Enterprise Competitiveness through Outward Investment*, UNCTAD, New York and Geneva: United Nations

29. Morisset. J, Andrews – Jothson. K. (2004). *The Effectiveness of Promotion Agencies at Attracting Foreign Investment*, FIAS Occasional Paper, Washington.

30. Lee, M. Y. (2003). *The Place Marketing Strategy and the Cultural Politics of Space: A Case Study of the Club Cultures at the Hong – Dae Area in Seoul.* (Korean version). Doctoral Dissertation. Department of Geography, Graduate School, Seoul National University.

31. Oman, C. (2000). *Policy Competition for Foreign Direct Investment: A Study of Competition among Governments to Attract FDI*, Development Centre Studies, OECD.

32. Pasquinelli, C. (2009). *Place Branding for Endogenous Development. The Case Study of Tuscany and the Arnovalley Brand*, Paper submitted to the Regional Studies Association International Conference Understanding and Shaping Regions: Spatial, Social and Economic Futures", Leuven, Belgium 6th and 8th April 2009, www. regional – studies – assoc. ac. uk/events/leuven09/papers/Pasquinelli. pdf.

33. Petruzzellis, L. (2003). *Place Regeneration Towards A Customer – based Approach. Reinventing Regions in A Global Economy*, Regional Studies Association International Conference, Pisa, 12th – 15th April 2003.

34. Plumptre, T. & Graham, J. (1999). *Governance and Good Governance: International and Aboriginal Perspectives.* A Report for the Institute On Governance (unpublished), December 3.

35. Porter, M. (2001). *Regions and the New Economics of Competition*, pp. 155 – 156, in Scott, Allen (Ed). Global City – Regions. Trends, Theory, Policy. Oxford University Press.

36. Pratt, A. C. (2009). *Urban Regeneration: from the Arts "Feel Good" Factor to the Cultural Economy. A Case Study of Hoxton, London*. Urban Studies, 2009 – 46, pp. 1041 – 1061.

37. Rainisto, S. K. (2003). *Success Factors of Place Marketing: A Study of Place Marketing Practices in Northern Europe and the United States*. Doctoral Dissertation. Helsinki University of Technology, Institute of Strategy and International Business. http://lib. hut. fi/Diss/2003/isbn9512266849/

38. Rees, P. & Gardner, H. (2003). *Best Value, Partnerships and Relationship Marketing in Local Government*. Paper presented at the PSA Conference, April 2003.

39. Saxenian A. (1998). *Silicon Valley: Competition and Community*. Regional Advantage: Culture and Competition in Silicon Valley and Route, pp. 29 – 57.

40. Spar, D. (1998). *Attracting High Technology Investment: Intel's Costa Rican Plant*, FIAS Occasional Paper No. 11 (Washington, D. C. : Foreign Investment Advisory Service).

41. UN – HABITAT. (2002), *The Global Campaign on Urban Governance*, Concept Paper, 2nd Edition: March 2002, http://ww2. unhabitat. org/campaigns/governance/docs_ pubs. asp.

42. UN – HABITAT. (2005). *Urban Governance Index*. http://www. unhabitat. org /governance.

43. United Nations Conference on Trade and Development (UNCTAD) (1998). *World Investment Report 1998: Trends and Determinants* (New York and Geneva: United Nations), United Nations publication, Sales No. E. 98. II. D. 5.

44. United Nations Conference on Trade and Development (UNCTAD) (2000). *Marketing A Country: Promotion as A Tool for Attracting Foreign Investment*, FIAS Occasional Paper No. 13 (Washington, D. C. : Foreign Investment Advisory Service).

45. United Nations Conference on Trade and Development (UNCTAD) (2002). *FDI in Least Developed Countries at A Glance*, United Nations, New York and Geneva.

46. Vandewalle, I. (2008). *Critical Points in City Branding*. , working paper, danek. gr/wp – content/uploads/2008/10/kavala – paper – ian – vandewalle – liverpool. doc.

47. Young, C. (2005), *Place Marketing for Foreign Direct Investment in Central and Eastern Eurpe*, in Turnock, D. (ed) "Foreign Direct Investment and Regional Development in East Central Europe and the Former Soviet Union," Ashgate, Aldershot, UK.

48. Zenker, S. , Petersen, S. , & Aholt, A. (2009): *Development and Implementation of the Citizen Satisfaction Index (CSI): Four Basic Factors of Citizens' Satisfaction*. In: Research Papers on Marketing and Retailing, No. 39, pp. 1 – 19.

49. 曹霞：《无锡水危机考验政府危机公关能力》，《中国县域经济报》2007 – 06 – 18。

50. 曹远征：《公共事业公私合作利于实现效率最大化》，《南方周末》2005 – 09 – 22。

51. 陈力川：《民主的民主化——解析〈治理与善治〉》，发表于协同治理网 http://www. governance. cn/governance_ ceshi/1226/browarticle. php? wz_ id =180。

52. 陈申国：《西方发达国家城乡一治的治理模式及启示》，《中国选举与治理网》2006 – 6 – 1。

53. 杜钢建：《寻回城市的自治精神》，《经济观察报》2002 – 09 – 24。

54. 傅浩、李威巍、李满梅、刘磊磊：《地方政府门户网站地区营销绩效实证分析》，《城市问题》2006 年第 5 期。

55. 甘阳：《中国道路：三十年与六十年》，《读书》2007 年第 6 期。

56. ［英］格里·斯托克（Stoker, G.）：《作为理论的治理：五个论点》，原载于《国际社会科学》1998 年 3 月号；收于俞可平主编《治理与善治》，社会科学文献出版社 2000 年版。

57. 郭金喜：《产业集群升级：一个行业协治理视角的分析》，上海社会科学院博士学位论文，2007 年 5 月。

58. 何包钢：《中国地方治理与地方民主——对地方民主化问题的一点思考》，《中国选举与治理网》2003 - 7 - 21。

59. 胡维平：《太湖蓝藻水华污染是多因素所致突发事件》，《科学时报》2007 年 6 月 12 日。

60. 姜智彬著：《以城市品牌为导向的特大活动管理研究》，同济大学博士论文，2007 年。

61. 蓝逸之、庄翰华：《都市竞争时代下的都市发展模式："行销—治理"规划理念之探讨》，第五届国土规划论坛会议论文（中国台湾），2001 年 3 月 17 日。

62. 李佐军：《统筹城乡发展的五大对策》，《中国经济时报》2007 - 12 - 28。

63. 钱明辉：《城市品牌化战略研究》，中国人民大学博士论文，2007 年。

64. 唐娟：《政府治理论——以公共物品供给模式多元化为研究视角》，北京大学博士论文，2002 年。

65. 田飞龙：《权力的公共性与"参与式民主社会"的形成》，北大法律信息网，2007 - 10 - 22。

66. 叶雪芬、陈丽红：《行销城市远景规划理念：探讨城市规划馆之设计内涵》，第十一届（2007）国土规划论坛，www. ldm. leader. edu. tw/Teaching% 20results/chenlinhorng/ author/C04. pdf。

67. 余晖、秦虹：《公私合作制在中国面临的问题和挑战》，《中国经济时报》2005 - 09 - 26。

68. 余坤明、李丽丹：《社区居委会"减负"：反思性考察》，民政部政策研究中心（www. mca. gov. cn）2008 - 01 - 22。

69. 俞可平：《思想解放与政治进步》，《北京日报》2007 - 9 - 17。

70. 赵永茂、陈雨彤（2008）：《乡镇级公共行销与地方治理模式：台北县淡水镇发展个案分析》，research. ncnu. edu. tw/proj5/docs/conference/200810a/1_ b3. pdf。

71. 周凯：《处置公共危机和社会突发事件公共机制研究》，2007 年政府招标课题。

后　记

当前，城市营销已在全球五大洲蓬勃兴起。正如格特纳（Gertner, D.）教授在一篇评论文章中写到的，地区营销已经成为超越意识形态和发展水平的地区发展战略。发达国家和地区为争取高级要素而展开营销，欠发达国家和地区则为振兴旅游或争取经济援助和投资而展开营销。从西欧到东欧，从北美到拉美，从俄罗斯到东亚，从中东、澳洲到非洲，这些看似存在很大差异的国家和地区，却都认识到了从顾客需求出发来重塑公共管理的重要性，成为地区营销的拥趸者和实践者。在我国城市化加速阶段，城市营销的战略意义同样备受重视，其专业功能也开始日益显现。

经过20多年的发展，城市营销业已确立为一门分支学科。其中既有大师经典之作奠基，又有新的研究和拓展。专门的学术期刊、栏目、教学课程及常规的学术会议和论坛作为城市营销研究和交流的阵地正日渐增多，一批独立的城市营销学术团体也开始兴起，搭建起理论与实践互动的平台。更重要的是，世界各地的城市营销制度化实践以及城市营销专业咨询机构的大量涌现，成为城市营销发展活力与潜力的鲜明表征。当前，城市营销研究正日趋深化，活跃于市场营销、公共管理、城市规划、城市文化、经济地理、大众传播、城市经济、区域经济乃至政治外交等相关的学术领域。

中国大陆的城市营销实践起步于20世纪90年代，城市营销研究在进入新世纪以来也渐次展开。从最初的国外理论引入逐渐到本土理论的探索和创新，已取得长足进展，并初步形成了一个学术群体和氛围。

尽管市场营销早已被确立为当今工商管理的核心学科，是市场经济条件下推动经济发展和社会进步最强劲的力量之一。然而，对于市场营销的偏见和误解却从未止息。城市营销作为一门新兴学科，又怎能指望轻易规避类似的曲解呢？本报告将城市营销治理作为报告主题加以研究，意在为城市营销观察和研究，建立一个理性的根基。换句话说，就是试图在"道"和"术"之间，建立起专业所必需的平衡。我们希望城市营销的研究者、支持者特别是实践者，将自己的热情和智慧与推进城市管理革新的使命结合起来，与为民谋福利的事业心结合起来。城市营销以公共价值为旨归，其理论意义应在于此。

《中国城市营销发展报告（2009—2010）——通往和谐与繁荣》是我国第一部系统性的城市营销研究报告。报告回顾了中国城市营销的发展历程，提出城市营销指数（CMI）模型并对国内100个城市的营销实践进行了定量研究。基于理论与实证分析框架，报告就城市品牌、旅游、投资和人居等四个城市营销重点领域进行了理论与实践的对标研究。此外，报告还深入探讨了科学发展观、文化创意产业、上海世博会以及危机管理等城市营销的前沿和热点问题，并以城市营销组织与管理瓶颈即城市营销治理作为本报告的主题，进行了深入的理论和对策研究。作为一项集体努力的成果，本书将为我国城市营销研究提供新的视野，为城市营销实践提供指导与参考。今后，《中国城市营销发展报告》将每两年推出一期新报告，以期梳理和拓展最新的理论和经验。本课题不谋求城市营销学科体系的建立，而是重点立足于实践的角度来推进理论和经验的互动，推动理论与经验的对标。

需要说明的是，CMI 指数是课题组在有限资源基础上尽最大努力所作的城市营销量化评估研究尝试，旨在进一步发现中国城市营销的进展与问题，验证并强调城市营销的核心理论与主张。本报告的 CMI 指标及其排名仅具参考和启发价值，不应作为决策的依据。望读者重点关注本书的理论探索和思想观点。

必须承认，课题研究工程较大，而课题经费和资源却相对有限，因此研究过程确实可用艰苦曲折来形容。然而，课题组全体同仁不计个人利害，出于专业兴趣和责任心投入合作研究，表现出忘我的工作精神，令人感佩至深。衷心感谢课题组的各位同仁！

感谢中国社会科学院财政与贸易经济研究所所长裴长洪研究员、书记高培勇研究员对本课题的关心、指导和支持。中国人民大学商学院郭国庆教授从课题设计到组织协调，均给予大力的指导和帮助。感谢陈栋生教授、邹东涛教授、肖金成教授和丁俊杰教授的指教。中国社会科学院财政与贸易经济研究所倪鹏飞研究员鼎力支持本课题的研究，提供了许多宝贵的指导意见；所科研处孔繁来老师、李建老师和朱小慧老师给予课题研究诸多支持。

感谢成都市委宣传部的彭家贵先生，他从实际工作经验出发对 CMI 指数设计提出了许多宝贵的改进建议。感谢爱丁堡目的地营销联盟（DEMA）主任肯尼恩·沃德洛（Kenneth Wardrop）先生为案例研究所提供的资料和说明。

感谢注意力公关顾问机构董事长马苏格先生、北京育灵童科技发展有限公司董事长李家宝先生、科特勒咨询集团中国区总裁曹虎博士以及灵思传播机构副总裁沈蒙利先生、第一事业中心总经理赵娟女士等好友给予本课题的支持和帮助。中国社会科学出版社胡靖主任、门小薇老师为本书出版付出了大量的辛劳。一句话，衷心感谢所有关心、鼓励和帮助过本课题的人们！

囿于作者的学识、能力和精力，本报告可能存在许多不足和错讹，深望各界前辈、专家和有识之士不吝赐教！

刘彦平

2009 年 6 月 29 日，草

2009 年 9 月 2 日，改